中国城市地理丛书

中国城市地理基础

张小雷 张 雷 张平宇 杨永春 欧向军 雷 军 等/著

科学出版社

北京

内 容 简 介

本书是《中国城市地理丛书》分册之一。20世纪80年代以来，中国城市地理研究取得了丰硕的成果。在分析中国城市地理学学科特征和中国城市地理总体特征基础上，重点阐述了中国城市地理在引进和吸收国外相关理论基础上形成的具有中国特色的城市地理理论，以及中国城市形成发展的资源环境基础、历史基础、经济基础、交通基础、社会基础、文化基础和政治制度基础等，最后在进行中国城市综合实力评价基础上，提出了中国城市发展的地理分区设想。

本书全面系统地概括总结了中国城市地理发展基础，具有可读性、系统性、科学性和创新性，可供大专院校和科研机构相关专业学生和科研工作者参考，也可供城市规划、管理决策部门有关人员参考。

审图号：GS(2020)300号

图书在版编目（CIP）数据

中国城市地理基础 / 张小雷等著. —北京：科学出版社，2021.1
（中国城市地理丛书）
"十三五"国家重点出版物出版规划项目　国家出版基金项目
ISBN 978-7-03-059940-7

Ⅰ.①中… Ⅱ.①张… Ⅲ.①城市地理-中国 Ⅳ.①K928.5

中国版本图书馆CIP数据核字（2018）第273349号

责任编辑：杨帅英 / 责任校对：何艳萍
责任印制：肖　兴 / 封面设计：黄华斌

科学出版社 出版
北京东黄城根北街16号
邮政编码：100717
http://www.sciencep.com

北京九天鸿程印刷有限责任公司 印刷
科学出版社发行　各地新华书店经销

*

2021年1月第 一 版　开本：787×1092　1/16
2021年1月第一次印刷　印张：22
字数：520 000

定价：190.00元
（如有印装质量问题，我社负责调换）

"中国城市地理丛书"编辑委员会

主　　编　顾朝林

副 主 编　柴彦威　周春山　方创琳

委　　员　（以姓氏汉语拼音为序）

　　　　　　柴彦威　方创琳　冯　健　高晓路

　　　　　　顾朝林　何深静　李王鸣　李志刚

　　　　　　刘云刚　宁越敏　孙斌栋　王　德

　　　　　　于涛方　张小雷　张小林　甄　峰

　　　　　　周春山　周尚意

学术秘书　于涛方

丛 书 序 一

中国进入城市化时代，城市已成为社会经济发展的策源地和主战场。改革开放40多年来，城市地理学作为中国地理学的新兴分支学科，从无到有、从弱到强，学术影响力从国内到国际，相关的城市研究成果记录了这几十年来中国城市发展、城市化进程、社会发展和经济增长的点点滴滴，城市地理学科的成长壮大也见证了中国改革开放以来科学技术迅速发展的概貌。欣闻科学出版社获得2018年度国家出版基金全额资助出版"中国城市地理丛书"，这是继"中国自然地理丛书""中国人文地理丛书""中国自然地理系列专著"之后，科学出版社推出的又一套地理学大型丛书，反映了改革开放以来中国人文地理学和城市地理学的重要进展和方向，是中国地理学事业发展的重要事件。

城市地理学，主要研究城市形成、发展、空间演化的基本规律。20世纪60年代，随着系统科学和数量地理的引入，西方发达国家城市地理学进入兴盛时期，著名的中心地理论、城市化、城市社会极化等理论推动了人文地理学的社会转型和文化转型研究。中国城市历史悠久，但因长期处在农耕社会，发展缓慢，直到1978年以后的改革开放带动的经济持续高速发展才使其进入快速发展时期。经过40多年的发展，中国的城镇化水平从16%提升到60.6%，城市数量也从220个左右增长到672个，小城镇更是从3000多个增加到12000个左右，经济特区、经济技术开发区、高新技术开发区和新城新区这些新生事物，都为中国城市地理工作者提供了广阔的研究空间和研究素材，社会主义城市化、城镇体系、城市群、都市圈、城市社会区等研究，既为国家经济社会发展提供了研究成果和科技支撑，也在国际地理学界标贴了中国城市地理研究的特色和印记。可以说，中国城市地理学，应国家改革开放而生，随国家繁荣富强而壮，成为中国地理学最重要的研究领域之一。

科学出版社本期出版的"中国城市地理丛书"第一辑共9册，分别是：《中国城市地理基础》（张小雷等）、《中国城镇化》（顾朝林）、《中国新城》（周春山）、《中国村镇》（张小林等）、《中国城市空间结构》（柴彦威等）、《中国城市经济空间》（孙斌栋等）、《中国城市社会空间》（李志刚等）、《中国城市生活空间》（冯健等）和《中国城市问题》（高晓路等）。从编写队伍可以看出，"中国城市地理丛书"各分册作者都是中国改革开放以来培养的城市地理学家，在相关的研究领域均做出了国内外城市地理学界公认的成绩，是中国城市地理学研究队伍的中坚力量；从"中国城市地理丛书"选题看，既包括了国家层面的城市地理研究，也涵盖了城市分部门的专业研究，可以说反映了城市地理学者最近相关研究的最好成果；从"中国城市地理丛书"组织和出版看，也是科学性、系统性、可读性、创新性的有机融合。

值此新中国成立70周年之际，出版"中国城市地理丛书"可喜可贺！是为序。

中国科学院院士
原中国地理学会理事长
国际地理联合会（IGU）副主席
2019年8月

丛 书 序 二

城市是人类文明发展的高度结晶和传承的载体，是经济社会发展的中心。城市是一种人地关系地域综合体，是人流、物流、能量流高度交融和相互作用的场所。城市是地理科学研究的永恒主题和重要方向。城镇化的发展一如既往，将是中国未来 20 年经济社会发展的重要引擎。

改革开放以来，中国城市地理学者积极参与国家经济和社会发展的研究工作，开展了城镇化、城镇体系、城市空间结构、开发区和城市经济区的研究，在国际和国内发表了一系列高水平学术论文，城市地理学科也从无到有到强，迅速发展壮大起来。然而，进入 21 世纪以来，尤其自 2008 年世界金融危机以来，中国经济发展进入新常态，但资源、环境、生态、社会的压力却与日俱增，迫切需要中国城市地理学者加快总结城市地理研究的成果，响应新时代背景下的国家战略需求，特别是国家推进新型城镇化进程的巨大科学需求。因此，出版"中国城市地理丛书"对当下城镇化进程具有重要科学价值，对推动国家经济社会持续健康发展，具有重大的理论意义和现实应用价值。

丛书主编顾朝林教授是中国人文地理学的第一位国家杰出青年基金获得者、首届中国科学院青年科学家奖获得者，是世界知名的地理学家和中国城市地理研究的学术带头人。顾朝林教授曾经主持翻译的《城市化》被评为优秀引进版图书，并被指定为干部读物，销售 30000 多册。参与该丛书的柴彦威、方创琳、周春山等教授也都是中国知名的城市地理研究学者。因此，该丛书作者阵容强大，可保障该丛书将是一套高质量、高水平的著作。

该丛书均基于各分册作者团队有代表性的科研成果凝练而成，此次推出的 9 个分册自成体系，覆盖了城市地理研究的关键科学问题，并与中国的实际需要相契合，具有很高的科学性、原创性、可读性。

相信该丛书的出版必将会对中国城市地理研究，乃至世界城市地理研究产生重大影响。

中国科学院院士

2019 年 10 月

丛书前言

中国是世界上城市形成和发展历史最久、数量最多、发育水平最高的国家之一。中国城市作为国家政治、经济、社会、环境的空间载体，也成为东方人类社会制度、世界观、价值观彰显的璀璨文化明珠，尤其是1978年以来的改革开放给中国城市发展注入了无尽的活力，中国城市也作为中国经济发展的"发动机"引导和推动着经济、社会、科技、文化等不断向前发展，特别是2015年以来党中央、国务院推进"一带一路（国家级顶层合作倡议）"、"京津冀协调发展"、"长江经济带和长江三角洲区域一体化"和"京津冀城市群"、"粤港澳大湾区"等建设，中国城市发展的影响力开始走向世界，也衍生为成就"中国梦"的华丽篇章。

城市地理学长期以来是中国城市研究的主体学科，城市地理学者尽管人数不多，但一直都在中国城市研究的学科前沿，尤其是改革开放以来，在宋家泰、严重敏、杨吾扬、许学强等城市地理学家的带领下，不断向中国城市研究的深度和广度进军，为国家经济发展和城市建设贡献了巨大的力量，得到了国际同行专家的羡慕和赞誉，成为名副其实"将研究成果写在中国大地"蓬勃发展、欣欣向荣的基础应用学科。

2012年党的十八大提出全面建成小康社会的奋斗目标，将城镇化作为国家发展的新战略，中国已经开始进入从农业大国向城市化、工业化、现代化国家转型发展的新阶段。2019年中国城镇化水平达到了60.6%，这也就是说中国已经有超过一半的人口到城市居住。本丛书本着总结过去、面向未来的学科发展指导思想，以"科学性、系统性、可读性、创新性"为宗旨，面对需要解决的中国城市发展需求和城市发展问题，荟萃全国最优秀的城市地理学者结集出版"中国城市地理丛书"，第一期推出《中国城市地理基础》、《中国城镇化》、《中国新城》、《中国村镇》、《中国城市空间结构》、《中国城市经济空间》、《中国城市社会空间》、《中国城市生活空间》和《中国城市问题》共9册。

"中国城市地理丛书"是中国地理学会和科学出版社联合推出继"中国自然地理丛书"（共13册）、"中国人文地理丛书"（共13册）、"中国自然地理系列专著"（共10册）之后中国地理学研究的第四套大型丛书，得到傅伯杰院士、周成虎院士的鼎力支持，科学出版社李锋总编辑、彭斌总经理也对丛书组织和出版工作给予大力支持，朱海燕分社长为丛书组织、编写和编辑倾注了大量心血，赵峰分社长协调丛书编辑组落实具体出版工作，特此鸣谢。

"中国城市地理丛书"编辑委员会

2020年8月于北京

前　言

改革开放以来，中国城市地理学研究和学科建设得到良好的实践锻炼。1994年，中国地理学会设立城市地理专业委员会，城市地理学得以发展和壮大，中国城市地理的研究进入快速发展阶段。中国城市地理研究与国家经济建设的热点总体同步，在不断引进西方理论与方法的同时，针对中国城市发展中的现实和热点问题，中国城市地理学者开展了大量具有鲜明特色的实证研究，研究的实用性导向较强。同时，中国城市地理研究借鉴西方的经典理论和方法，结合中国的实际情况对城市地理研究的传统领域和新的动向进行了系统研究，形成了具有中国特色的城市化、城市群、城市空间结构等理论。

城市化是社会生产力发展到一定阶段的产物，纵观古今中外城市发展的历程可以看到，尽管城市发展的阶段、特征等细节有所不同，但总体上，城市的发展反映着所在区域的资源环境、历史、经济、社会和文化等基础。资源环境是现代城市发展的客观基础。自然环境的演化过程决定了当前区域分异的特征。在对资源开发中，以能源矿产为主的工业化和城镇化发展对人类社会进步所产生的影响最为强烈和深远。

中国古代城市在原始居民点的基础上，经历了一个漫长的历史发展过程。中国城市的发育与演化历程反映了华夏文化的兴衰及社会冲突和整合进程。在现代化进程中，城市既是国家人口最主要的聚集地，更是整个社会财富积累中心和工业化发育最重要的空间载体。中国正处在工业化、城镇化快速发展的关键时期。交通是城市形成、发展的重要条件。城市交通对城市布局有重要影响，城市的交通走廊一般也是城市空间布局发展的走廊。人口是城市发展的首要社会基础要素，人口数量决定城市规模，人口结构影响城市社会结构特征。

科技资源与科技创新能力成为现代城市社会发展的关键要素。城市公共服务设施基础与社会服务管理能力直接影响城市生活质量与水平。城市文化是城市的灵魂，是城市品位、品质、品格的体现，也是形成城市个性与风格的基础。多元化的地域文化使得中国城市的方方面面产生差异，从而形成各具特色的城市文化。政治经济是城市空间重构的制度逻辑与行动逻辑互动的场域。中国经济、政治、社会体制的转型在城市层面的表现之一就是城市政治的变迁。全球化通过资本、生产要素、信息的流动和国际劳动分工体系正在深刻地重塑着我国的城市发展及其空间形态。自然要素与社会经济要素的密切联系以及实践的需求，使得区划包含不同属性的指标。城市发展划分地理区的目的是加强分区内城市与其周边城市的联系，促进各分区城市内部发展，提高各城市分区的综合实力和国际竞争力，推动各分区城市之间的协同发展，进而有利于国家城市化建设。

本书在分析中国城市地理学学科特征和中国城市地理总体特征的基础上，重点阐述中国城市地理在引进和吸收国外相关理论的基础上形成具有中国特色的城市地理理论，中国城市形成发展的资源环境基础、历史基础、经济基础、交通基础、社会基础、文化基础和政治制度基础等。同时，对中国城市的发展进行了地理分区，并对中国城市地理发展基础有较为全面系统的概括总结，以期进一步推进中国城市地理学发展，并对中国城镇化产生一定的学术影响力。

全书由张小雷、张雷、张平宇、杨永春、欧向军和雷军负责书稿框架的设计和研究内容、研究思路的确定，由张小雷、雷军统稿。参加本书编写的人员，按照章节顺序为：第一章，张小雷、苏长青；第二章，张小雷、段祖亮；第三章，张雷、杨波；第四章，杨永春、李恩龙、金淑婷；第五章，张雷、丁宇；第六章，张小雷、王伯礼；第七章，张平宇、刘大千、谭俊涛、王林峰；第八章，欧向军；第九章，杨永春、王宝君；第十章，张小雷、雷军、杨振。

  本书出版过程中，得到了第四届城市地理专业委员会顾朝林主任、柴彦威副主任、周春山副主任、方创琳副主任和张小林、孙斌栋、冯健、高晓路、于涛方、刘玉亭、张敏等同仁的指点和帮助，在此表示最真挚的感谢！

  本书在撰写过程中参阅了国内外相关文献、资料和数据，虽然标明了出处，但恐有遗漏之处，还望见谅！本书是首次系统全面对中国城市地理基础进行分析总结，由于时间仓促，书中难免有不足之处，请广大同仁批评指正！

张小雷

2016 年 7 月于北京

目 录

丛书序一
丛书序二
丛书前言
前言

第一章 绪论

第一节 城市地理学及其学科特征　　1
　一、城市地理学概念和内涵　　1
　二、城市地理学研究内容与方法　　2
　三、城市地理学学科特征　　4
第二节 中国城市地理学研究总体特征　　5
　一、研究内容广泛　　5
　二、研究理论有所创新　　14
　三、研究实践丰富　　17
　四、研究方法多样　　19
　五、学科交叉明显　　21
　六、研究队伍与机构稳定　　23

第二章 中国城市地理的理论基础

第一节 国外城市地理学理论引进　　26
　一、中心地理论　　26
　二、劳动地域分工理论　　28
　三、城市经济基础理论　　31

四、城市规模分布理论　　32
　　五、空间扩散理论　　33
第二节　中国城市地理学理论　　34
　　一、中国城市化理论　　34
　　二、中国城镇体系理论　　37
　　三、中国城市群理论　　39
　　四、中国城市空间结构理论　　42

第三章　中国城市发展的资源环境基础

第一节　资源环境基本概念的认识　　44
　　一、概念界定　　44
　　二、要素组成　　49
第二节　中国城市发展的环境基础　　50
　　一、自然环境基础总述　　50
　　二、地形要素　　51
　　三、水文要素　　57
　　四、气候要素　　60
第三节　中国城市发展的资源基础　　64
　　一、评价方法　　64
　　二、生存要素占用　　68
　　三、发展要素消费　　81

第四章　中国城市发展的历史基础

第一节　城市起源及夏商周的城市分布　　90
　　一、城市起源　　90
　　二、空间分布　　92
第二节　封建社会秦汉—明清时期的城市空间分布　　95
　　一、封建社会初期（秦帝国时期）　　96
　　二、封建社会中期（汉代至宋末）　　99
　　三、封建社会后期（元明清代）　　106
第三节　近现代时期城市空间分布（晚清—民国）　　110

一、半殖民地半封建社会的晚清时期   111

二、民国时期   114

第五章　中国城市发展的经济基础

第一节　城市化与工业化   118

一、基本概念阐述   118

二、城市化与工业化关系   119

三、城市功能变化   120

第二节　人口集聚   121

一、人口城镇化发育水平   121

二、城镇空间扩展   124

三、城镇规模等级变化   127

第三节　财富集聚   129

一、城镇经济发展   129

二、人均财富积累   132

三、经济规模的结构变化   136

第四节　产业与就业集聚   138

一、城镇化与产业演进的关系   138

二、城镇化与就业的关系   140

三、城镇职能与类型多元化   142

第五节　消费集聚   145

一、生产物质消费   145

二、生活资料消费   150

三、信息消费   152

第六节　污染集聚   153

一、城镇化与空气污染   153

二、城镇化与水污染   154

三、城镇化与固体废弃物污染   154

第六章　中国城市发展的交通基础

第一节　交通发展对中国城市形成的作用   156

一、交通对中国城市形成的作用案例	156
二、水路交通促进城市形成的作用分析	158
三、陆路交通促进城市形成的作用分析	161
四、交通对中国城市形成的作用机制	163
第二节　交通对中国城市发展的作用	166
一、水路交通在城市发展中的作用	166
二、陆路交通在城市发展中的作用	169
三、交通对中国城市发展的作用机制	171
第三节　城市群交通——交通促进中国城市发展的现代版	173
一、城市群交通对中国城市群形成的作用案例	173
二、交通促进城市群形成的作用分析	177
三、交通对中国城市群发展的作用机制	178

第七章　中国城市发展的社会基础

第一节　中国城市发展的人口基础	180
一、人口数量和结构	180
二、人口分布格局及演化	184
三、城市人口分布	187
四、人口与城市发展的辩证关系	193
第二节　中国城市发展的科技创新基础	195
一、科技创新对城市发展的影响	195
二、科技创新的发展与演变趋势	196
三、中国创新型城市建设状况	201
第三节　中国城市发展的社会公共服务供给体系	205
一、社会公共服务体系的内涵	205
二、中国社会公共服务体系的建设和发展	205
三、中国社会公共服务时空分异	212
四、社会公共服务体系和城市发展的关系	213

第八章　中国城市发展的文化基础

第一节　中国城市发展的地域文化基础	214

一、地域文化解析	214
二、中国城市文化	219
三、中国城市文化基础	221
第二节　中国城市发展的多民族文化基础	224
一、中国民族分布	224
二、多民族文化城市	225
第三节　中国历史文化遗产地与历史文化名城	232
一、世界文化遗产	232
二、中国世界文化遗产地	234
三、国家历史文化名城	236
四、国家历史文化名镇	240

第九章　中国城市发展的政治制度基础

第一节　中国城市行政区区域格局	246
一、中国城市行政区的区域格局现状	246
二、改革开放以来中国城市行政区的区域格局变化	249
三、改革开放以来中国城市型行政区的行政区划调整	252
第二节　中国城市发展的制度变迁	256
一、城市发展初期	257
二、封建社会时期	257
三、近现代时期	264
四、当代时期	265

第十章　中国城市发展的地理分区

第一节　中国城市的自然和经济分区	270
一、城市自然地理分区	270
二、城市经济地理分区	273
第二节　中国城市发展综合实力及其城市区	276
一、城市发展综合实力	276
二、城市经济区组建方案	284
第三节　中国城市经济区	287

一、长三角城市经济区	287
二、长江上游城市经济区	289
三、长江中游城市经济区	289
四、环渤海城市经济区	290
五、黄河上中游城市经济区	291
六、新疆城市经济区	291
七、珠三角城市经济区	292
八、海峡城市经济区	293
九、北部湾城市经济区	293
十、东北城市经济区	294
十一、西藏城市经济区	294

参考文献
索引

第一章 绪 论

城市地理学是研究不同地理环境下，城市形成发展、组合分布和空间结构变化的科学，既是人文地理学的重要分支，又是城市科学群的重要组成部分。城市地理学的研究核心是从区域和城市两种地域系统中考察城市空间组织，主要聚焦于城市内部及城市之间的动态空间关系。中国城市地理研究内容与国家经济建设的热点总体同步，在不断引进西方理论与方法的同时，针对中国城市发展中的现实和热点问题，我国城市地理学者开展了大量的实证研究，参与了不同类型和不同层次的城市发展与规划等实践工作。本章介绍了城市地理学的概念和内涵、内容与方法及学科特征，在此基础上，介绍了中国城市地理学的研究内容、研究方法、理论创新、实践应用和研究队伍情况。

第一节 城市地理学及其学科特征

一、城市地理学概念和内涵

城市是一种特殊的地域，是地理的、经济的、社会的、文化的区域实体，是各种人文要素和自然要素的综合体（周一星和孟延春，1997；宁越敏，2008）。城市是有一定人口规模，并以非农业人口为主的居民集聚地，是聚落的一种特殊形态及人类文明进步和发展的标志，城市的产生、发展规模和模式、空间结构和分布等都与地理条件有着密切关系（许学强等，1997；龙昱，2012）。城市人口和城市数量的增长是城市地理学的"原材料"，而城市地理学的主要目标是理解当今世界城市变化的进程与模式（麦克·帕西诺等，2010）。城市是社会发展的中心和动力，是人类文明的集中体现。自18世纪中叶人类社会进入工业革命后，城市化和工业化成为一个国家现代化的必经之路。在现代化进程中，城市既是国家人口最主要的集聚地，更是整个社会财富积累中心和工业化发育最重要的空间载体（张雷等，2013）。全球现代化发展的经验和历程证明，凡是实现现代化的国家和地区也是完成城市化的国家和地区，几乎没有例外（张鸿雁和谢静，2011）。城市地区及其影响力的扩张已成为一种全球现象，据预测，2030年全世界60%的人口将居住在城市。城市在发展过程中，所承载的人口、经济、文化、政治等不断发生变化，城市的功能也随之发生变化，因此就需要对其变化的规律进行把握和总结。自20世纪以来形成了很多以城市为研究对象的学科，其中也包括城市地理学。城市地理学以空间研究为基础，从空间视角对经济、人口、产业、文化等要素进行分析。

直到20世纪50年代末，只有屈指可数的几部教材和专题论文对城市地理学进行了定义。《人文地理学词典》将"城市地理学"定义为"对城市地区的地理学研究"。从本质上讲城市地理学可被定义为对"位于城市体系中的成体系的城市"的研究（Berry，1964）。城市地理学（urban geography）是以地理学原理为依据，研究城市空间组织及其功能的形成、发展、变化和分布规律的学科，着重从空间观点研究个别城市或区域城镇体系的功能结构、层次结构和地域结构（张广照和吴其同，2003），从而为城市化进程的研究和中长期发展规划提供科学依据（崔功豪，1992a）。城市发展和空间形态受全球化的影响（殷洁等，2005）。城市地理学以城市为主要研究对象，各个城市的形成和发展有不同的历史背景和地理条件，有不同的职能，承担不同的分工，形成各不相同的结构和形态，所有这些不同都不是偶然发生的，有它发展的内在规律，城市地理学所研究的城市与政治、经济、文化、社会、军事等人文要素都有密切的相关性，侧重的是人文要素、自然要素在城市空间的组合（崔功豪，1989；周一星和史育龙，1995）。城市地理学按研究的空间尺度不同，又可以分为国家或区域中的城市的空间组织（也称为城市体系）和城市内部的空间组织（也称为城市内部结构）两大部分（周一星和史育龙，1995）。

二、城市地理学研究内容与方法

1. 研究内容

城市地理学的研究对象是城市这一复杂的动态大系统，主要聚焦于城市内部及城市之间的动态空间关系。具体而言，从空间地域性、系统综合性的视角和可持续发展的观念对城市空间组织的规律性进行分析研究。城市地理学的主要研究内容可以概括为以下5个方面（许学强和姚华松，2009）：

（1）城市形成发展条件研究

研究与评价早期人类聚落选址的地理位置、城邑作用与行政功能变化特点，以及迁移的自然与社会背景、社会经济与历史条件对城市形成发展和布局的影响。例如，城市形成和发展研究，城市形成发展的相关条件研究，对早期人类聚落演变研究，以及不同历史时期聚落的发展变化研究。

（2）区域的城市空间组织研究

区域的城市空间组织研究包括城市化研究、区域城市体系研究和城市分类研究3个方面。其中，城市化研究包括城市化的衡量尺度、过程、动力机制、效果与问题，城市化水平预测，以及各国和各地区城市化对比研究等；区域城市体系研究侧重从区域角度、整体观点分析一国或一地区城市体系的结构（规模、类型）和空间组织，各城市间的相互关系，城市在区域中的集聚与扩散，大都市带或都市连绵区的形成和发展等；城市分类研究包括城市规模分类、形态分类和职能分类，通过对一国或一地区城市的考察，拟定分类的依据、指标和方法，划分城市。城市分类研究主要侧重职能分类，其方法从定性到定量，今后还可以把一定地域内各城市的经济与非经济的变量加以综合，用多变量分析方法找出城市之间的异同。

（3）城市内部空间组织研究

城市内部空间组织研究主要集中在城市功能分区、城市功能区演化、城市土地利用、社会空间、行为空间和感知空间等。同时包括以商业网点为核心的市场空间，由邻里、社区和社会区构成的社会空间，以及从人的行为考虑的感应空间的研究。

（4）城市问题研究

城市问题研究主要关注城市环境问题、交通问题、住宅问题和内城问题（如内城贫困）的具体表现形式、形成原因、对社会经济发展的影响，以及解决问题的对策。从可持续发展角度对城市问题进行研究，以寻求人与自然的和谐，创造宜居宜业的家园。

（5）新方法、新技术应用

城市地理学从20世纪90年代以来，将数量方法、系统动力学、仿真技术、计算机技术应用在城市地理研究的各个方面，尤其是遥感技术和GIS技术的逐步推广，大大推进了城市用地扩展、城市空间形态、城市布局、城市系统演化规律的研究，为城市地理学的研究提供了科学的辅助工具，使得研究成果更具科学性和实践指导性。

2. 研究方法

城市地理学的研究方法包括自然地理学、文化地理学、政治地理学、经济地理学等多学科的方法。同时，政治经济学、行为学、城市经济学、城市历史学等都对城市地理学的研究方法有所贡献。芝加哥学派、洛杉矶学派、新纽约学派等不同派别均对城市地理学研究方法有所推进和贡献。对城市地理研究方法具有重要影响的是20世纪60年代早期，"计量革命"在城市地理学和社会科学领域引起剧烈反响，而这两个研究领域的发展促成了这次革命。计量方法、空间分析、计算机等支持系统化、定量化研究城市和城市地域的技术，都对城市地理学的发展产生了重要影响。70年代出现了行为主义方法，专注城市环境中个人活动与决策的研究。尽管行为主义方法论继续沿用实证主义方法论、解释性概念和分析技术，而分析技术由社会心理学和来源于社会哲学的主要思想衍生而来，但行为主义方法论洞察了人类的需求和动力。结构主义方法论在70～80年代的城市地理学中得到应用。

城市地理学归根到底是"人地关系"的研究。在世界快速变化的背景下，随着对城市变化的关注，新的研究主题就渐渐浮现出来，城市本身的变化和城市化本质的变化也推进了城市地理学研究方法的发展，城市地理学开始将新因素、新技术、新经济力量等各种要素考虑在内，城市地理学结合研究内容也发展出多种研究方法。在计算机技术普及之后，利用工具分析和整理信息越来越有效率。

三、城市地理学学科特征

　　约翰斯顿在《哲学与人文地理学》一书开篇即讲到，学科的划分其实并不是自然的结果。因为被研究的现实世界是一个相互关联的整体，而不是一些事先分割好的部分。一门学科之所以存在，并不是因为这个领域天然具有存在的理由，而是因为传播这门学科的人暂定了这个领域并不断进行再生产（Johnston，1983）。黄秉维指出"地理学传统上是联系自然科学与社会科学之间的桥梁"。世界地理学的发展历程表明，地理学从来不是一门单一的科学，这一特点是由于地理学位于自然科学和社会科学的连接点上，这种兼容并蓄的倾向，深植了地理学分化的根源，但也孕育着学科融合的科学基础（周一星和史育龙，1995）。城市发展既受自然环境的影响，同时又影响自然环境。城市的主体是人及其活动，其作用机制虽然也受自然规律的影响，但更主要的还是受社会经济规律的支配。因此，城市地理学的学科性质与地理学虽然有一定的差异，但也脱离不了自然和人文双重因素的影响，并由此决定了自身的学科性质。城市地理学是一门新兴学科，对城市开展地理学的研究始于19世纪，而城市地理学正式成为一门学科是在20世纪，城市地理学的快速发展得益于对20世纪30年代出现的思想和理论的发现（Carter，1972）。过去的半个世纪城市地理学一直朝着地理学的中心位置稳步发展，成为地理学科体系中不可缺少的部分（Herbert and Johnston，1978）。

　　1970年以前，城市地理学家普遍认为自己的学科不属于社会科学。自第二次世界大战以后，西方人文和经济地理学得以快速发展，其中，城市地理研究发展尤为迅速，于是从聚落地理学中分离出来成为人文地理学的一门重要分支学科。60年代末到70年代初，西方世界出现了一系列的社会问题使整个学术界开始关心社会及政治问题，在地理学界出现了人文化和社会化两大趋势，地理学开始与经济学、政治学、社会学等其他学科结合，研究内容上也从传统的区域研究和空间分析转向解决现实性社会问题。随着城市地理学研究学者的增加及研究对象不断扩展，城市地理学成为综合性和跨学科的研究领域。从城市作为人和经济活动集聚特征以及城市发展机制来看，它与社会科学有着共同的哲学基础和目标。在一些发达国家，技术进步、改造自然的能力很强，自然规律的作用力逐步减小，因此，在学科分类上，将城市地理学作为社会科学的一个分支，把城市地理学划归为社会科学。

　　在中国，地理学无疑属于自然科学，地理学的发展过程和整体研究水平制约着城市地理学的发展，两者经历了基本一致的发展阶段，按照地理学的自然、人文二分法中，城市地理学是人文地理学的一个分支学科，是地理学范畴内的三级学科，具有区域性、综合性、交叉性和边缘性特征（周一星和史育龙，1995；许学强等，1997）。人文地理学的部门分支学科分别以政治、经济、文化、社会、军事等人文要素为对象,形成各自的研究领域,而城市地理学研究的城市与这些现象都有关系,但它并不研究它们各自的过程,而专注于以上各种人文要素(甚至还要加上自然要素)在城市空间的组合(周一星和史育龙,1995)。

第二节　中国城市地理学研究总体特征

　　1949 年以前中国城市地理学深受欧美的影响,这一时期中国人文地理学已形成雏形,研究内容涉及人地关系论、经济地理、人口地理、城市地理、文化地理、政治地理、军事地理等各分支领域。中国专门的城市地理学的论文始见于 20 世纪 20 年代,以单个城市的研究为主,论及南京、无锡、重庆、昆明和成都等,理论探讨甚少(周一星和史育龙,1995)。受到苏联学科体系影响,20 世纪 50 年代经济地理替代人文地理。改革开放以前中国城市地理学的发展经历了最初的发展,紧接着受其自身学科特性的影响,人文地理成为研究的"禁区",进入了发展的停滞阶段(柴彦威等,2012)。李旭旦先生在 1979 年 12 月的中国地理学会第四届会员代表大会上提出"复兴中国人文地理"的口号,人文地理学才重新得到逐步的发展,尤其是伴随中国城市规划工作的复兴,城市地理学抓住了良好的实践机遇,成为人文地理学中发展最快的一个分支(宁越敏,1998)。城市地理工作者不仅发表了大量的相关论著(许学强等,1997),而且积极参与了各地的城乡规划工作。1994 年,中国地理学会设立城市地理专业委员会,城市地理学得以发展和壮大,中国城市地理研究进入快速发展阶段。

一、研究内容广泛

　　中国城市地理研究内容与国家经济建设的热点总体同步,在不断引进西方理论与方法的同时,针对中国城市发展中的现实和热点问题,中国城市地理学者开展了大量的实证研究,参与了大量不同类型和不同层次的城市发展与规划等实践工作。中国城市地理的研究内容涵盖了城市-区域、中国城市化过程、城市的形成与发展及其机制、城市性质、城市功能、城市体系、城市内部空间结构、城市历史地理、城市发展政策、城市职能及城市与区域经济发展的关系、城市可持续发展、全球化与信息化背景下的城市地理研究,以及与自然环境、经济和社会之间的相互关系及其规律研究。

　　1. 城市化研究

　　城市化是中国城市地理学最早关注并持续研究的领域。改革开放之初,中国地理学家借鉴国际城市化发展的总趋势,总结新中国 30 年来城市化曲折发展中的经验和教训,吴友仁就"关于我国社会主义城市化问题"发表探讨性论文,由此揭开了中国城市化研究的序幕(吴友仁，1979)。南京大学在全国率先开展了中国城市化问题的研究。城市化研究重点大致包括城市化水平、城市化内涵、城市化过程(或逆城市化过程)、城市化特征、城市化阶段、城市化道路选择、城市化动力机制、乡村城市化、全球化和信息化对城市化过程的影响，以及各国和各地区城市化对比研究等。同时，城市化的空间效应，城市化水平与资源环境、产业结构、经济发展水平、生态环境等的相关性也是城市化研究的重要方向。

  学者们最早对城市人口统计的地域单元、人口构成作了详细探讨，提出了城区、市区、建成区等不同地域单元，城市非农业人口、亦工亦农人口等常住人口为主的统计标准(周一星和史育龙，1995)。中国人口普查对"城镇人口"的统计标准并不一致，不仅不同时间段的城市化水平测度结果不具可比性，即使是同一次人口普查，不同省份之间的城市化水平也缺乏可比性。为此，许学强等和闫小培等概之以"中国统计之谜"(顾朝林和吴莉娅，2008)。为了揭示城市化速度问题，严重敏和宁越敏对新中国成立后中国城市化的阶段性波动的特点进行了分析(严重敏和宁越敏，1980)，陈彦光和周一星(2005)、陈彦光(2012)通过城市化水平逻辑斯蒂方程测量出中国城市化速度。

  中国是一个区域发展差异很大的国家，城市化水平同样存在着较大的区域差异，学者目前依然关注城市化水平的内部结构性差异(陈明星等，2009)。对省际城市化水平的测度及其差异的解释是城市化的重要研究成果(许学强和叶嘉安，1986；刘盛和等，2003；樊杰和田明，2003；陈明星等，2010)，工业化、人口密度等被认为是造成城市化省际差异的主要原因(许学强和朱剑如，1986；薛俊菲等，2010)。城市化水平研究总体来看从以往单纯地关注城市化水平的高低，到城市化水平的综合测度，不再单纯地以人口数量为主要指标的简单计算。

  随着中国城市化进程的推进，20世纪90年代城市化研究进入最为兴盛的时期，城市化动力机制的研究成为核心和热点问题。早期研究从计划经济和户口制度造成的城乡二元分割的国情出发，把中国的城市化进程简化为二元结构的模式，即由政府推动的自上而下型城市化和通过乡村工业化推动的自下而上型城市化(陈郇山，1993；吕玉印，1995；崔功豪和马润潮，1999)。在一般的城市化动力机制研究中提出要从政府、企业和个人3个行为主体互动的角度研究城市化的动力机制，随着中国城市的发展，多元城市化动力替代以往单一的或以二元为主的城市化动力(宁越敏，1998)。不同区域的城市化动力机制有所不同，90年代中后期对外开放、新国际劳动分工与经济全球化对城市化的带动作用在沿海地区和发达地区较为明显。沿海开放地区城市化动力是计划经济体制、乡镇企业和外向型经济。如珠江三角洲(简称珠三角)的城市化是外资影响下的城市化(闫小培和林初升，1994；薛凤旋和杨春，1995)。1990年以来，学术界对既有城市化动力机制研究成果进行回顾和反思，从推动主体、内因与外因、产业结构、要素聚集、制度、教育等方面分析了中国城市化的动力机制，提出了多元城市化动力机制，或者说城市化动力机制体系。从行为主体的角度研究城市化动力机制，发现不同时期城市化的主导因素始终在变化，产业结构、要素推进、制度变迁等因素都被认为有效地推动了中国的城市化进程（许抄军等，2007），包括行政区划体制创新和调整，生产体制改革和现代企业制度确立，户籍制度和人口迁移制度变迁，土地、住房制度改革，以及土地市场、住宅市场的建立和完善，城市建设投资体制改革，金融体制改革，财税体制改革等带动下的各个因素对中国城市化的发展也具有推动作用。

郊区化研究始于20世纪20~30年代的欧美发达国家，盛于50年代以后。90年代起，中国城市地理学者开始关注中国郊区化的问题，主要从人口迁移现象开始，尤其关注交通、大学城建设、土地利用、产业园区布局、行政区划等因素对大城市郊区的影响（龙茂乾和孟晓晨，2015）。上海、北京等个别城市从80年代就开始出现了郊区化现象，90年代后郊区化现象扩散到更多的城市。研究内容包括中国郊区化的现状特点、动力机制、不同类型及其对城市化的影响（冯健和叶宝源，2013）。通过采用不同时期人口普查的数据考察城市人口分布的空间变化，主要研究上海、北京、广州、深圳、南京等大城市的郊区化进行了研究（曹广忠和柴彦威；1998；周一星和孟延春，1997；柴彦威和周一星，2000），主要结论是区域经济发展的不平衡和大量户籍人口从中心城区向郊外迁移，导致中心城区人口的绝对下降，两种不同迁移力量的互动，使90年代中国大城市同时出现人口集聚的城市化和人口扩散的郊区化两种现象。2000年后，郊区化研究主要对中国大城市郊区化的表现形式、动力机制和现象结果进行中西方不同城市的比较研究（孙铁山，2015）。

城市化水平与经济发展之间的关系是城市化研究的经典理论问题（陈明星，2013），也是中国城市化研究的热点，研究借鉴了西方学者城市化研究的理论，又凸显了中国城市化的研究特色，这些理论研究成果是城市化研究逐步深入和成熟的重要体现，一直影响到今天的中国城市化研究。从20世纪80年代初期开始，中国学者对城市化水平与人均国民生产总值之间的关系（周一星，1982）、城市工业、商业服务业（严重敏和宁越敏，1992；杨吾扬，1994）、生产性服务业（闫小培和钟韵，2005；宁越敏，2000）、城市产业发展与布局（林彰平和闫小培，2006；闫小培，1995）、城市经济发展与政策、特殊职能城市、城市竞争力以及区域城市经济体系等方面开展了研究，认为城市化与经济发展高度相关具有普适性规律，城市化与经济发展之间具有动态特征。城市化与经济发展之间的作用过程、作用机制、发展中国家与发达国家之间的差异、中国城市化与经济发展之间的关系，也是我国城市化与经济发展研究的核心问题。知识经济、信息经济、生产性服务业、房地产、旅游性城市化等新经济方式对城市化产生了重要影响。随后的研究则更加注重世界城市和全球城市的产业发展和内部空间结构的变化（宁越敏和李健，2007；李志刚等，2007）。

中国城市发展方针和道路的制定，始终参考了中国城市地理学者对城镇发展道路和政策的研究成果。20世纪80~90年代，城市地理学者围绕中国城市发展道路的问题展开了激烈的讨论（周一星和于艇，1988；董黎，1996；彭明，1998；陈雯，

1996；宁登和蒋亮，1999）。1983年在南京召开了首次"中国城镇化道路学术讨论会"，吴友仁和冯雨峰一开始就质疑"发展小城镇是我国城市化唯一正确的道路吗？"就小城市、大城市、中等城市、多元论和城市体系论，进行了深入的讨论，为国家和区域城市化和城市发展政策的制定提供了科学支撑。研究的焦点主要是针对大城市的"控制""严格"与否及小城市"发展"的力度。随着商品经济的发展，经济效益成为城市发展的主要目标，控制大城市的政策受到了冲击，提出城市化发展方针应该为多元化，走大中小城市协调发展的道路（薛凤旋，1986）。有的认为世界大城市发展趋势是特大城市化，因此中国大城市发展也应顺应历史潮流和城市发展规律（崔功豪，1989；顾朝林和孙樱，1999；石忆邵，1999；胡序威，2000；吴莉娅，2004）。90年代末，国家对城市化和小城镇建设问题有了更为积极的认识。21世纪后，城市发展方针讨论已不在表象的城市规模之争和新的城市发展方针表述上，更注重于城市发展的深层次内涵，健康、质量、特色成为中国城市化道路的主要导向（顾朝林和吴莉娅，2008）。目前，国家正积极推进新型城镇化，未来会形成由城市群和大、中、小城市，小城镇及城乡协调发展的健康城镇化格局（方创琳，2014a）。

2. 城市体系研究

城市体系研究从20世纪80年代逐步得到重视，90年代末成为城市地理研究的热点问题，进入21世纪后成果数量有所下降。城市体系着重研究等级规模结构、职能结构、空间结构，涉及城市体系的界定、理论框架的构建，各种不同层次（省域、市域、县域等）城市体系的现状特征、划分标准、发展趋势等，还对城市体系的现状特征、形成机制、信息产业对城市体系影响进行了研究。90年代以来，城市带和城市群、都市区与都市连绵区、区域城市的发展，城市经济区的划分，中心城市及不同层次城市体系的特征和发展，经济全球化背景下的城市体系研究的新技术新方法的应用等迅速发展起来，取得了理论和实践两方面的成果（顾朝林，2005；许学强等，2009）。其中既有城市体系理论研究，也包括区域城市体系实证研究以及城市体系规划实践。

城市地理学者最早进行了中国城市体系形成发展的历史学研究，同时借鉴西方城市体系的研究传统，采用不同年份的人口资料对中国城镇位序-规模分布的演化进行不同角度的研究（许学强，1982a，1982b），并对中国城镇等级体系和省区级地域单元城镇等级体系进行了详细研究，从不同类型组合的角度研究了区域城镇规模体系的演变过程（周一星和杨齐，1986）。更多的学者进行了中国城镇规模等级类型分布及其演变、中国城市的职能类型等方面的研究。同时，以城市体系的规模等级结构、职能结构和空间结构为中心内容，从分析预测区域城市化的程度，工业、交通布局，区域内部与区域之间的空间联系，以及城市体系的现状特征等方面着手，探讨区域内城市体系的形成和发展机制、影响因素、发展前景，并提出经过选择比较的具有中国特色的城镇体系规划模式。

中国学者对城市体系空间结构的研究更为强调城市体系的空间组织，并与各种区域层面的发展规划紧密相连，因而具有明显的中国特色。1991年，顾朝林提出了中国城市经济区区划体系的构想；1993年，宁越敏和严重敏提出了要加快高等级中心城市国际化的步伐，形成若干个各具特色的国际城市；2003年，周一星和张莉从改革开放的视角对中国城市经济区进行了研究。随着中国大城市的快速发展（大）都市区的出现，也引发了从20世纪80年代中后期开始的对都市区的研究，包括概念引进、形成机制、空间结构、空间演化、空间管治等，并对北京、上海、广州、西安、南京等城市开展了实证研究。

伴随各地城市规划工作的开展，地理学者广泛参与了城市性质、城市功能定位的研究。随着中国城市地理学者广泛参与城市规划，城市性质的研究成为城市职能研究的应用领域。周一星和R. 布鲁德肖（1988）合作进行了"中国城市工业职能分类"研究，基于城市规模的考虑判断一个城市在区域工业发展中的地位。在城市职能基本-非基本概念研究方面，闫小培（1999）强调了生产性服务业的外向功能，从而对经济基础理论予以新的解释。学者们对城市的工业、商业服务业、生产性服务业等经济部门，城市产业发展与布局，城市经济发展与政策，城市特殊职能，城市竞争力以及区域城市经济体系等方面开展了研究。该领域研究集成了地理学、经济学、管理学等不同学科的理论和观点。近期的研究则更加注重世界城市和全球城市的产业发展和内部空间结构的变化。

20世纪80年代，随着戈特曼大都市带学说被引进中国，中国城市地理学家对这种巨大的城市空间组织开始感兴趣。1986年，周一星在分析中国城市概念和城镇人口统计口径时，提出了都市连绵区这一概念，以与戈特曼的大都市带这一概念相对应。在国家自然科学基金的资助下，国内9所院校的城市地理学者于1994～1997年对中国沿海珠三角、长江三角洲（简称长三角）、京津唐、辽中南4个城市密集地区进行了实证研究。这次研究提出了判断都市连绵区成型的指标和都市连绵区发展演变的5个阶段，认为90年代的中期，珠三角和长三角已达到都市连绵区的标准，而京津唐和辽中南两个地区尚处于都市连绵区的发展过程之中。中国城市地理学对长三角、珠三角等都市连绵区的研究对这些区域今后的规划起了积极的作用。

城市群的研究是城市体系研究中最为复杂的问题之一，研究始于20世纪80年代中后期，主要研究内容包括概念引进、发育阶段、规模结构、空间特征、类型划分等。进入21世纪以来，国家将城市群作为推进城镇化的主体形态，引发了更多的研究，主要内容包括动力机制、可持续发展、空间形态以及规划与管治等。对城市群的关注也从早期的长三角、珠三角、京津冀城市群转到中西部城市群的研究。从城市群、城市带到都市连绵区概念的提出，反映了城市化空间研究对发达城市地区研究在纵向上不断深入的过程（顾朝林和吴莉娅，2008）。城市网络研究起步于21世纪初，一定意义上是对传统城市体系研究的扩展和深化，是中国城市地理研究的新领域，其研究内容主要集中在应用航空、通信、铁路等基础设施和行业企业的数据，对城市间的联系及其形成的网络进行分析。

3. 城市空间结构研究

中国城市地理学发展与实践紧密结合，研究的重点始终坚持从区域和城市两种地域系统中考察城市空间组织。在理论研究的基础上，地理学者在不同空间尺度的城市结构研究方面取得了大量的研究成果，城市空间结构研究的内涵不断拓展，研究方法不断提升，这些成果包括城市空间动力机制研究、城市空间结构演化研究、城市社会空间结构研究和城市边缘区研究等。中国城市地理学界在20世纪上半叶，初步探讨了中国城市的分布、区位、城市构造、轮廓和功能等。80年代，在对外国理论进行介绍的基础上，对中国城市地域结构的概念、类型、演变规律、动因机制、合理模式、个别城市地域结构的特征等问题进行了探讨。90年代，大城市地域结构优化、中心城市的扩散机制及空间发展趋势等问题成为城市地理学者研究的重要方向，主要加强了对大城市地域结构演变规律、扩散趋势、功能用地结构变迁等新趋势的探讨。

城市空间扩展动态研究从土地利用角度对扩展规模、特征、动力和模式进行探讨，分析城市内部不同用地的演化和不同用地类型之间的相互关系，研究主要包括城市空间扩展、城市边缘区、城市功能区、城市土地利用、城市社会空间、城市商业空间、城市意象空间、行为空间和感知空间等的研究。从20世纪80年代初起，中国城市地理学家进行了城市不同功能区的布局研究，土地经济评价研究，城市商业中心的结构、规模、等级、分布及成因的系统分析，以商业网点为核心的市场空间分析，并对上海、北京、广州等大城市的地域结构、市场空间结构、中心商务区、感应结构、社会区等进行了大量研究，使中国城市地理的研究体系更为完善。90年代，中国的改革开放进入到一个新的发展阶段，大城市地域结构优化、中心城市的扩散机制及空间发展趋势等问题成为城市地理学者研究的重要方向，中国城市地理学家对单个城市的研究不再局限于城市内部空间结构的研究，而是与其他学科交叉扩展到更广泛的领域。

从20世纪80年代开始，一些学者围绕个别城市的城市形态作了探讨，同时也对不同城市形态组合形式的规律性进行了研究，如同心圆式、多中心式、组团式、带形城市等城市形态的分析。武进（1990）在《中国城市形态：结构、特征及其演变》一书中通过对国内数百个城市形态和内部结构的研究，从社会、经济、文化和自然等角度，探讨了中国城市形态发展演变的动力机制，并预测其发展趋势，提出了合理的发展模式。还有许多学者开展了对具体的海港城市、河口城市、交通枢纽城市、干旱区绿洲城市等城市形态的发展演变和布局形态的研究。

近年来，城市社会空间的研究成为热点之一，但发展速度和规模明显落后于城市地理学的其他领域，并逐步与城市社会问题的地理研究互相融合（许学强和周素红，2003）。社会空间结构主要研究居住空间、社会空间、感应空间、城市环境质量地域分异、流动人口、社会极化、城市贫困、犯罪和社会公平等（龙昱，2012）。20世纪80年代后期，国内学者开始对城市整体社会空间开展研究（王兴中，2000；顾朝林等，2003）。90年代中期以后，特殊类型与特定群体社会空间、城市社会极化的研究（顾朝林和 C. 克斯特洛德，1997）、居住空间（柴彦威，1996；张文忠等，2003）、中国城市内部生活空间特征和时间特征（曹广忠和柴彦威，1998）、行为空间（柴彦威，2005；周素红等，2008；冯健，2010）、城市犯罪（王发曾，2004）、城市贫困（马清裕等，1999；刘玉亭，2005；袁媛等，2006）、绅士化（何深静和刘玉亭，2010）等成为城市社会地理研究的重要分支领域。城市整体社会空间和居住空间研究较为成熟，特殊类型与特定群体社会空间研究成果最多，具有很强的人本主义特色。尤其是学者们将西方城市感应空间研究成果介绍到中国，指出城市意象空间研究包括对意向空间影响因素、空间特征的研究，意义在于抬升城市规划建设中人的地位，影响意象空间的因素是文化程度、居住地点和交通方式，并从意向空间角度对城市规划和建设提出了建议（李郇和许学强，1993；顾朝林和宋国臣，2001；冯健，2005；李雪铭和李建宏，2006）。社会空间的研究尺度逐步由宏观的整个城市走向微观的城市内部空间，研究方法由早期的统计分析向空间分析和质性研究转变，研究主要集中在北京、上海、广州等特大城市，如许学强等（1989）认为广州市区的空间模式呈向东拽长的同心椭圆态势，城市发展历史过程、城市用地布局和住房分配制度是该模式的主导因素；周素红和闫小培（2006）以广州市典型街区为案例，对居民通勤行为进行城市空间解读，发现居民通勤行为空间在很大程度上反映实体空间的现状及其演化，同时与社会空间有一定的关系。此外，相关的研究还有南京（吴启焰和崔功豪，1999；徐昀等，2009；吴启焰等，2013）、西安（王兴中，2000；邢兰芹等，2004；陈志杰和张志斌，2015）和乌鲁木齐（张利等，2012；雷军等，2014；雷军，2016）等城市。

4. 可持续发展视角下的城市问题研究

进入 21 世纪，随着越来越多的人口向城市集聚，城市规模不断扩大，城市数量不断增多，城市中的社会和环境问题逐渐凸显，出现了诸如人口膨胀、交通拥堵、环境恶化等一系列城市发展带来的问题，城市的环境问题和城市病研究越来越多，关于城市环境问题和城市病的具体表现形式、形成原因、城市化中的社会影响、城市环境问题的产生和表现（大气污染、水污染、噪声污染、垃圾污染等）、城市交通问题研究、资源环境承载力等逐步成为城市问题研究的主体内容。中国城市问题的产生和发展与城市发展的水平和所处的阶段具有显著的联系。

学者们认为城市人口快速增长引起了城市问题（葛丰，2014；穆光宗，2010），有学者列举出 5 种问题（刘纯彬，1990），还有的提出六大病症（朱颖慧，2011），随着时间推移，又提出七大症状（倪鹏飞，2013）。《2006—2010 中国城市价值报告》将中国城市化中的城市问题总结为人口无序集聚、能源资源紧张、生态环境恶化、交通拥堵严重、房价居高不下、安全形势严峻六大城市病，指出目前中国有许多城市都面临着大城市病，不平衡、不协调、不可持续的问题依然突出。学者们对城市病进行了梳理和分析，对城市病的内涵、源起、原因进行了细致分析，并提出了相关的解决政策（曾长秋和赵建芳，2007；覃剑，2012；焦晓云，2015），并将城市病的治理与智慧城市建设相关联。有学者试图抓住"城市病"的本质，将"城市病"理解为发展中出现的社会问题（林家彬和王大伟，2012）。这种界定，认为"城市病"直接与城市化进程相连，其发生、发展具有一定的规律性，其产生的根源在于城市系统跟不上城市化进程的需要。从特大城市的空间结构视角着手，对特大城市空间结构扩展中面临的问题进行了系统研究（戴鞍钢，2010），指出由于空间结构缺陷引起要素的过度集聚，从而出现了各种城市病，可通过优化空间结构、疏散城市功能、建设复合型城市等途径来削减城市病（王宁，2015）。

中国城市发展中产生的问题是复杂的社会问题、经济问题和环境问题的叠加，任何单一学科都无法彻底解决这些问题。这一领域的研究引入了生态学和环境科学等其他学科的研究方法，是城市地理研究新的发展方向之一。研究认为"城市病"的本质是城市的资源环境承载力与城市化发展规模匹配度的失衡，又由于城市的资源环境承载力会随着技术进步而发生变化，故这种观点表明，"城市病"可能发生在城市化发展的各个阶段，不一定存在规律性。因而关于城市发展的资源环境约束与承载力的研究逐渐升温，主要研究内容包括城市生态系统、可持续城市、生态城市、宜居城市、生态足迹、低碳城市等，尤其是城市发展过程中如何处理好人口、经济和环境三者之间的关系受到格外关注，因而基于可持续发展角度对城市化开展了更加全面的分析与系统性研究。顾朝林（1994）从研究国外城市可持续发展的角度出发，在分析国外城市可持续发展研究主要内容的基础上，提出了中国城市持续发展四个研究方向。

针对中国城镇化发展中出现的偏差和盲目城镇化问题，开展了促进城镇健康发展道路和模式问题的研究，提出了以不断提高城镇化发展质量为核心内容，走资源节约与环境友好的健康城镇化道路的建议。同时，还开展城市化资源环境保障问题、城市社会犯罪与社会灾害问题、城市生态与生态城市问题、宜居城市问题、城市交通问题、节能减排目标下的低碳城市建设问题、环境友好型城市问题等一系列城市热点问题的研究，并取得了可喜的研究成果。进入21世纪，在继续讨论人口、地域、产业等关注焦点的基础上，可持续理念的深入使学者们关注城市化的生态特征，提出诸如"持续的加速性、极度的不平衡性、与经济发展的相依存性、城镇化与市场化的相伴随性、解决'三农'问题出路的唯一性、资源保护和破坏的双重性"等中国城市化特征表述。

5. 信息/数字/智慧城市研究

地理信息系统技术的发展为城市地理的发展提供了技术支持，学者开始关注城市地理信息系统在城市与区域规划中的应用研究（马布里等，1990；陈述彭，1999），城市交通、城市防灾、城市管理和城市公共服务领域成为城市发展与地理信息系统相结合的最初领域。通过地理信息系统建立管理平台，满足城市建设、企业管理、居民生活对空间信息的要求，服务于城市建设和规划成为城市地理服务于社会经济发展的有效途径。城市地理信息系统的研究在2000年以后涉及的领域更为广泛，该技术的应用使得城市地理研究的理论和成果更为直接地反映在城市管理、规划和服务中。

信息城市是随着现代信息技术的发展和全球信息化从纯粹的新技术角度提出的一种未来城市概念，移动信息技术对传统的以文本语言和地图为表现方式的地理学研究提出了挑战（甄峰等，2012）。近些年来，有关城市网络信息空间的地理学研究也不断涌现，主要集中在地理空间与网络空间的相互作用，以及新的空间形态研究（张楠楠和顾朝林，2002；甄峰，2004），信息空间导致的城市功能的变化整合、互联网城市与城市体系变化研究、信息化对社会经济空间组织的潜在影响和中国互联网城市可达性评价（闫小培，1998；刘卫东和甄峰，2004；汪明峰和宁越敏，2004），城市与区域发展中的新的城市地域空间组织形式、城市空间与出行研究（谢守红和汪明峰，2005；甄峰和翟青，2013）。

1999 年，顾朝林率先对数字城市的研究进行了论证，提出推行数字城市的可能性，较为全面地对数字城市的应用前景进行了分析（顾朝林和李满春，1999）。2000 年以后数字城市的研究迅速地在中国开展起来，取得了大量战略的理论、技术和实践成果，数字上海、数字北京、数字西安等以数字冠名的城市发展伴随着数字城市的推广和开展成了热门研究领域。数字城市研究方兴未艾，多数研究成果已经超出了城市地理的研究范畴和技术领域，但是城市地理学角度的数字城市研究始终是城市地理研究的一个方向。

2005 年，中国城市地理学者开始引入国外"智慧城市"的概念，但直到 2010 年"智慧城市"才成为关注的研究主题。从测绘地理信息视角出发，有学者通过对数字城市地理空间框架建设成果的总结与分析，结合智慧城市建设的相关内容，以时空信息云平台为载体，对数字城市地理空间框架建设成果在智慧城市中的应用进行了研究（刘恒飞等，2015）。从智慧城市的评价指标、城市发展的未来、城市规划等角度进行了研究，国家也对智慧城市的建设给予了特别的关注。无线通信、无线射频、互联网等技术的结合所带来的从有线连接到无线接入的重大进步，以及高速铁路的普及，带来了地理空间的剧烈转型，之前的基于信息技术的数字城市框架正向一个融技术、经济、社会、空间于一体的智慧城市演变，全新的城市移动社会正在形成和发展。

6. 中国城市国际化/全球化研究

1915 年，帕特里克·格迪斯（Patrick Geddes）在其所著的《进化中的城市》一书中，提出了世界城市的概念，是指那些在世界商业活动中占有一定比例的城市。20 世纪 60 年代以来，西方学术界开始对世界城市进行深入系统的研究。中国城市国际化/全球化的研究是城市地理研究的一个新兴领域（薛德升和王立，2014），在全球化对中国影响越来越大的背景下，90 年代初开始起步（谢守红和宁越敏，2004），2000 年后研究成果逐渐增多，2008 年在奥运会等国际重要赛事和活动的影响下，对北京世界城市的建设问题进行了多视角的、系统的研究（薛德升和王立，2014）。该领域的研究最初着眼于全球化背景下世界城市体系的变化和发展，研究内容主要包括世界城市的特征、概念、功能、动力机制等理论研究（朱喜钢等，2001；蔡建明，2001；沈金箴和周一星，2003；周振华，2004；苏雪串，2006；黄叶芳等，2007），分析了世界城市格局和网络（段霞，2002；袁晓辉和顾朝林，2012；唐子来等，2015），引进了世界城市理论研究的相关成果，如新国际劳动空间分工与世界城市发展等。

1990年以后，随着中国对外开放，部分重要经济中心城市特别是沿海大城市，相继提出了建设国际性城市的目标，对世界城市的研究因而迅速升温。国内学者对中国建设世界城市的必要性和可能性进行分析，并针对上海、北京、广州及一些沿海大城市的实证研究（李国平，2000；李国平等，2010；吴良镛，2002；顾朝林和袁晓辉，2012；王聪等，2013；宁越敏，2015），还关注在全球化背景下中国特大城市空间结构的演化（庞晶和叶裕民，2012；薛德升等，2014）。中国学者最早关注到经济全球化与世界城市体系的形成，分析了中国城市在世界城市体系中的位置（闫小培，1994；吕拉昌，2000；杨永春等，2011），全球化对中国城市体系的影响、中国城市全球化发展（顾朝林和孙樱，1999；周一星，2000；薛德升等，2010；周伟林和王幸，2012）；研究了信息产业与世界城市的发展（闫小培，1995），全球化背景下中国城市规划的发展（邹兵，2002；曹传新等，2005），中国城市的全球化和地方化程度（于涛方和刘娜，2005），新国际分工与城市发展（宁越敏，1991），金融活动与生产性服务业和世界城市的发展（顾朝林等，1999a）。中国学者对世界城市的研究多与城市群尤其是发达地区城市群的建设相结合。中国政府对于这一领域的研究相当重视，1997年，建设部组织"九五"重点课题研究了经济全球化背景下中国的城市发展问题。2001年，中国城市化论坛以"大城市群发展战略"为主基调，关注全球一体化背景下分工体系的演变，在这新的分工体系中世界性的大都市圈、大城市群的地位愈显重要，学者们对中原城市群、长三角城市群、京津冀城市群等都展开了以世界城市为背景的研究（费希杰，2000；马昂主，2008；刘士林，2012；路旭等，2012）。虽然，该领域的研究目前形成的系统研究成果较少，但这一领域的研究关乎在全球化背景下中国城市如何更好地发展，是中国城市地理研究中应继续加强的领域。

二、研究理论有所创新

20世纪30年代前后，一大批留学欧美的地理学者如胡焕庸、黄国璋、王成祖、张印堂等陆续归国，将当时盛行于欧美的人文地理学的一些理论和体系相继介绍到中国。这一时期在研究思想和方法上同样受欧美地理学的影响，研究内容局限于聚落沿革、文学描述，开始出现了用综合、比较方法对聚落和都市地理现象及其规律的解释性描述。新中国成立之前，中国的城市地理研究基本处于萌芽状态，谈不上理论的建设和研究，而新中国成立后中国的城市地理学由于特殊的历史原因，研究起步较晚，曾经非常薄弱。新中国成立后，地理学的发展集中体现在地理综合考察和自然区划上，经济地理学代替人文地理学，城市地理学的发展基本停滞（柴彦威，2012）。

20世纪70年代末80年代初，伴随着人文地理学的复苏，城市地理学进入了发展的春天，中国城市地理学界增强了与外国的学术交流和对话，作为世界城市地理学研究的重要组成部分，其思想与传统在很大程度上受到现代西方城市地理学思潮与方法的影响，也形成了自己的特点（柴彦威，2012），但在发展历程中，过多关注社会的现实需求，相对而言缺乏哲学思考和理论建构（沈道齐和崔功豪，1996；闫小培，1994）。中国城市地理学对西方思想与理论的学习多表现为"拿来主义"，缺乏理论批判和革新（刘云刚和许学强，2011），虽然学科理论有了充实和提高，但由于起步较西方晚，在理论和方法的创新水平及程度上与西方地理学界还有一定的差距。

当前，中国在比较稳定的政治经济环境下改革与发展，经济不断开放并与西方接轨，提升城市化的步伐加快并不断增加新的内容，城市发展、结构、转型的速度与尺度是世界其他地区难以比拟的，这为中国城市地理理论与方法的创新提供了条件。中国城市地理研究实现了"理论—实证—实践—实证—理论"的循环，一些学者致力于总结中国特色的理论，并在部分方向上已有所建树（薛德升和王立，2014）。

伴随着世界城市化的快速发展，世界城市地理学思想、理论、方法也在不断演进和翻新，再加上城市问题涉及诸多学科，城市地理学虽然有传统的、相对不变的主题，但研究视角和焦点不断变化和调整，使思想的多元化和方法的多样化成为当代城市地理学研究的突出特征。中国城市地理学思想与传统在很大程度上受到近现代西方城市地理学思潮与方法的影响，在这种背景下，大量中国学生到西方国家学习，他们在理论上相对训练有素，方法上与西方接轨，这些海外学子成为中国与西方联系的重要纽带，近些年中国学者也广泛参加国际学术交流，为城市地理的理论与方法更新提供了人才和知识支持。中国城市地理学在实用主义方法论引导下，借鉴吸纳西方城市地理学的理论与方法，在解决实际问题和国家经济社会建设任务实践中，在中国城市化理论、城镇体系理论、城镇空间结构理论和城市群理论等方面形成了自己的特色（于涛方等，2011），并在城市化和城市体系研究方面已形成独特理论，并具有高度的实践性（宁越敏，2008）。

1992年，顾朝林在《中国城镇体系：历史·现状·展望》一书中全面系统地研究了中国城市起源；中国城镇体系产生与发展；中国现代城镇体系的组织结构（地域空间结构、等级规模结构、职能组合结构和网络系统结构）；中国城镇体系进一步的发展条件、中国城镇化水平及城镇人口增长、国家地域开发等对中国城镇体系发展的影响；并在此基础上，对中国城镇体系发展的前景做出了科学的展望，成为当时国内第一部从城市地理学、城市规划学、城市经济学、城市历史学以及国土规划学多角度，全面系统论述和研究中国城镇体系形成、发展、现状和未来的专著。顾朝林（2005）在对城镇体系研究及其进展进行综述的基础上，系统总结了工业化时代城镇体系规划理论与方法、全球化背景下的城镇体系规划理论与方法、完全市场条件下城镇体系规划理论与方法，提出了中国城镇体系组织结构模式，建立了城镇体系等级规模分布模型，划分了城市经济影响范围和城市经济区，提出了中国城镇体系规划编制流程，进而提出了到2020年中国城市体系的基本框架。宋家泰和顾朝林（1988）、顾朝林（1992）汲取国外经验，结合城镇体系规划的编制实践，提出了城镇体系规划"三结构—网络"

的理论，形成经典的三大结构——等级规模结构、职能类型结构和地域空间结构的分析范式，为城市规划部门广泛接受并应用，有效地指导了空间规划的实践工作，其基本思想被纳入《中华人民共和国城市规划法》以及国家建设部《城市规划编制办法》。此后，地理学者开始尝试探讨新的城镇体系规划理论和方法，不再仅停留在对"三结构一网络"的一般分析，进一步加强对城镇体系动态演变、合理模式、结构调整和科学预测的研究。

中国城市地理学者在城市化方面的研究结合中国发展的实际和特殊的国情，努力创建具有中国特色的城市化理论体系，既有理论创新，也有大量实证研究。在研究非正统的城市化时，结合中国城市化的具体表现，提出了"乡村城镇化"，并引用了崔功豪和马润潮（1999）的论述，从三方面来解释中国"自上而下型城市化和自下而上型城市化"中"下"的具体含义，对中国城市化的独特动力机制进行了较为详细的分析。周一星（1995）对中国城市化水平的界定标准进行了系统研究，建议中国建立一套能接轨国际的包括都市区在内的城市地域概念，其后提出了中国的城市功能性地域"城市经济统计区"的界定指标体系。周一星（1995）通过调查发现：在一定的空间范围内核心城市与它周围县的社会经济联系强度与这些县的非农化水平有密切关系，可以用县的非农化水平来代替通勤流指标，确定了中国都市区的界定指标体系。

1993年，中国城市与人文地理学界获批了第一个国家自然科学基金重点项目"沿海城镇密集地区经济、人口集聚与扩散的机制和调控研究"，在对全球、全国和东部沿海地区集聚与扩散宏观背景分析的基础上，重点探讨了都市区与都市连绵区、大中城市、乡村地区小城镇发展等不同地域层次空间结构演化的客观趋势、集聚与扩散的动力机制、存在的问题及调控对策等。进而对珠三角地区、长三角地区、京津唐地区和辽中南地区四大沿海城镇密集地区的空间集聚与扩散机制做了实证研究，成为指导中国城市密集地区空间结构优化与整合的非常有价值的研究成果（胡序威等，2000）。

中国城市群的研究主要集中在经济全球化背景下的中国城市群空间格局研究、转型经济及其增长对中国城市群空间布局影响的研究，为建设部和全国城市体系空间布局服务。中国城市群形成机制较西方发达国家和地区要复杂得多，研究发展过程中结合了中国国情进行理论和方法的创新。胡序威（1998）在论述城市与区域的关系时就曾经强调了城市群作用，他认为：每一个城市都可以在相应的地域范围内发挥其中的某一项或若干项职能的中心作用。但是作为一个区域的中心，必须是对整个区域的发展有很大影响，能在多种职能（尤其是经济职能）上综合发挥中心作用的城市或城镇群。顾朝林（1991）在中国现代城镇体系地域空间结构研究部分依据分布形态、核心城市多寡和城市数量分为三种基本类型：块状城市集聚区、条状城市密集区和以大城市为中心的城市群，提出了中国两大经济发展地带、三条经济开发轴线、九大城市经济区、33个二级城市经济区和107个城镇群的初步设想。杨吾扬和杨齐（1986）认为当两个或多个城市体系之间，由于引力加强，会出现互为郊区的局面，各日益扩张的大城市环带日益接近，一直到吞没中间城市连成一片，这就出现了城市连绵带或超大城市。张京祥（2000）指出城市群体空间是指在一个城镇群体发展区域内，有一些具体的城镇及分布其间的区域环境共同组成的空间，亦即为一个包括城镇建设占据的实体空间及城镇间的区域基质空间（乡村、生态区域）的有机地域系统，其本质特征是网络性。吴良镛（2002）通过上海及其周边地区空间发展研究，认为像上海这样的特大城市，不单纯是以某特大城市为核心、若干卫星城相环绕的网络体系，而是以点、线、面相结合，呈多核心的城镇群的方式向区域整体化发展。中国城市群的系统研究由姚士谋等城市地理学家完成。姚士谋等（1992，2001）根据城市分布的地域范围与规模等级划分城市群类型，方创琳等（2008，2010，2011a，2011b，2016）提出了中国城市群可持续发展理论，探讨了中国城市群空间范围的识别标准和结构体系，评估了城市群生态状况与生态服务价值，揭示了城市群形成发育阶段与空间配置格局，建立了中国城市群可持续发展的计算试验系统，提出了中国城市群可持续发展模式与对策。

中国城市地理学在研究主题、研究方法、研究领域等方面全面多元化发展，近年来借助信息技术和空间分析方法，从宏观到微观进行多尺度时空分析，在多领域取得一定的研究成果。中国城市地理学取得了重要的研究进展，但是许多研究仍沿着传统的研究路径，重视经验研究，忽视理论概括和模型建立，与主流地理研究相比较，仍有一定的差距；在方法研究上多是借鉴和搬用国外的方法和模型，在适用性上有待进一步提升。

三、研究实践丰富

中国城市地理研究始终结合中国快速发展的城市化背景，在"任务带学科"理念的带动下一开始就具有鲜明的务实性，重视社会影响和学科的生产力，可以说中国城市地理学的迅速成长，很大程度上归于它在实践中的旺盛生命力（顾朝林等，1999b）。

20世纪70年代，城市地理学者主要参与了城市总体规划中的与城市发展相关的一些综合性问题，如城市的职能性质、规模、吸引范围、功能区的布局、重点企业和设施的区位选择、城市环境等（周一星，1995）。这一时期的研究逐步受到国家和地方建设部门的重视，参与分析城市经济发展的区域条件，为日后开展城市地理与城市发展研究奠定了重要基础。其中，中国科学院地理科学与资源研究所、中国科学院东北地理与农业生态研究所、中山大学、南京大学、北京大学、华东师范大学等单位，都相继参加了全国或各地开展的国土规划和城市规划的相关工作，在不同层次上研究城市的发展。例如，中国科学院地理科学与资源研究所1979年完成了国家建设部项目"城镇与工业布局区域研究"，1980年开展了"辽宁中部地区城镇分布特点及发展方向"的研究。南京大学承担了多项重要区域规划、城市群规划、城乡统筹、城市战略规划以及宜居城市研究与规划，涉及长三角、关中城市群、冀中南地区等，海南、南京、江宁等城乡统筹规划，以及南京、银川等城市的宜居城市研究与规划，均产生

中国城市地理基础

了较大的社会影响，许多城市总体规划和城镇体系规划的成果通过法律程序已被各级地方政府批准并得到实施。

20世纪80年代至今是中国城市地理学理论与实践研究最为活跃的时期。这一时期的城市地理科研工作者主要参与到国家和地方开展的各类区域综合开发与整治规划研究中。重点参与研究区域城镇化发展现状及未来影响因素，城镇化与城镇体系、城镇化发展趋势、城镇化道路选择等。如1980年城市地理学者开展的西南三省四川、云南、贵州城镇职能类型研究，成为中国最早的、系统开展区域性城镇职能分类研究的成果。1988年为适应中国东部沿海地区改革开放和经济迅速发展需要开展了"中国沿海港口城市研究"（胡序威和杨冠雄，1990）。1989～1995年开展了民政部委托的"中国设市预测与规划"，完成了"中国设市预测与规划的理论与方法"探索，以此为基础编制全国和分省设市预测与规划，获得国家科学技术进步奖三等奖。开展了山东、北京、广东、河南和兰州及淮海经济区等多地的城镇和经济社会发展规划（毛汉英，1994），获得多个省部级奖励，为在经济全球化大背景下制定中国城市化的新政策提供了重要依据。2000年以后随着城市地理研究力量得到进一步加强，有关城市化与城市发展的研究深度和广度都呈现出快速拓展的局面。先后完成了国务院西部开发领导小组办公室委托的"西部开发重点区域规划研究"的城市专题，北京、天津、郑州、武汉、杭州、石家庄、长沙、重庆、成都、深圳、厦门、大连、青岛、烟台、唐山、德阳、盐城等30多个城市的发展战略规划或建设国家中心城市和国家区域中心城市的规划，提出这些城市的总体发展定位、发展目标、发展战略与重大基础设施建设、重点产业发展方向与空间布局及管治重点。

中国城镇体系规划是改革开放以来中国城市与区域规划领域依据中国国情发展起来的重要规划类型，既是区域规划和城市总体规划的核心内容之一，也是协调国土规划、区域规划和城市总体规划的中间环节（顾朝林，2005）。在缺乏区域规划的背景之下，中国城市地理学家在从事城市总体规划实践时提出了城镇体系规划的编制，用以弥补区域规划缺失产生的问题。20世纪80年代末和整个90年代中国开展了大量的全国、（跨省）区域、省、（跨市）区域、市、县等层面的城镇体系规划实践工作，在规划实践中应用、总结和提升了城镇体系的有关概念和理论，总结出"三结构一网络"的城市/镇体系规划基本内容体系，以及区域城市体系"呈螺旋往复上升"的规律。80年代初，中国科学院的一些地理研究机构和部分大学地理系最先承接了辽中南、京津唐、苏锡常、长株潭及长春地区等城市体系研究，分析了城市化与城市体系发展变化的条件、因素、特点及规律，为城市发展和城市规划提供了可以借鉴的理论与方法。1987～1988年完成了国家建设部委托的"省域城镇化规划理论与方法研究"和省域城镇化预测研究。1989年开展了城市体系理论研究（叶舜赞等，1994）。建设部城市规划司及时总结经验颁布《城镇体系规划编制审批办法》，规范省域、市域、县域及其他特定区域的城镇体系规划编制程序，明确了相关的城镇体系规划编制标准，并在《中华人民共和国城市规划法》中被确定下来。目前，顺应国家城镇化发展方针的转变和新型城镇化发展道路的选择，城市地理学者充分运用城市地理学相关研究成果，面对国际经济全球化和国内经济市场化的实际，开始尝试探讨新的城镇体系规划理论和方法，进一步加强对城镇体系动态演变、合理模式、结构调整和科学预测的研究。

中国城市地理学者先后研究制定了武汉都市圈总体规划、长株潭城市群区域规划、南北钦防城市群规划、成渝城市群规划、中原城市群规划、关中城市群规划、辽中城镇群规划、苏锡常都市圈规划、哈尔滨都市圈规划、乌鲁木齐都市圈规划等。通过规划实践和理论总结，提出的城市群空间格局推动国家形成了中国城市群空间结构的基本框架，引导国家新型城镇化规划把城市群作为推进新型城镇化的主体形态，提出的城市群空间范围识别标准与技术流程对界定国家城市群范围起到了重要作用，提出的城市群系列研究领域带动城市群的研究向着纵深与实用方向拓展，提出的中国城市群形成发育中存在的问题对未来城市群的选择与发展起到了警示作用（方创琳，2014b）。

四、研究方法多样

从世界范围内城市地理学的研究来看，伴随世界城市化的快速发展，城市地理学思想、理论、方法也在不断演进，城市发展所涉及的学科也越来越多，城市地理学在采用传统方法开展研究的同时，伴随研究内容的丰富和研究的视角不断变化，世界范围内研究思想的多元化和研究方法的多样化成为当前研究的一个突出特征。中国的城市化同样处在快速发展时期，城市地理学的发展受哲学思想、交叉学科、技术进步、思想革新等多重因素的影响，城市地理学的研究方法较之以往更趋多样化，并呈现传统方法与前沿方法、理论方法与实践应用相结合的发展态势。中国城市地理学思想与方法的继承和创新使中国城市地理学的学科发展基础更为科学和扎实。

西方城市地理学的发展史表明，数量方法和模拟分析在城市地理学中的广泛应用，是西方城市地理学在短期内发展壮大的原因之一（许学强等，2009）。西方城市地理学的研究从计量革命以后引入了一大批"科学性方法"，包括数学、统计、空间分析和实证主义等科学方法被引入到城市地理研究中。在实证主义的影响下，城市地理学的研究视角从形态描述转向过程分析，研究内容从影响因素综合分析转向形成机制分析，研究方法由描述转为解释和预测，建立了以空间为核心概念的现代城市地理学（Golledge and Amedeo，1968）。中国的城市地理学研究从20世纪70年代末期逐渐发展繁荣的过程中始终朝着定量化方向发展，这弥补了文字描述的不足，以抽象的、反映本质的数学模型分析各类复杂的地理现象。80年代以来使用计量方法的研究就呈明显增多趋势。数理方法和模拟分析在城市地理学的研究中普遍被应用，如利用主成分分析法和聚类分析法研究城市发展空间差异变动特征分析（闫小培和林彰平，2004）。城市地理学方法的发展始终受到西方城市地理学研究方法转变的影响。中国学者更多的是将国外已有的数学模型应用到实践研究中，或者就其中的一些参数和变量进行修正后应用到具体区域的研究中。

中国城市地理基础

中国城市地理研究者不断引进新技术和新手段，吸取相关学科的精粹，在研究方法上进行了大胆尝试，城市地理新方法研究取得重大进展。计算机与数学得到广泛的应用，数学方法应用于城市地理研究，逐步由定性走向定量与定性分析相结合。计算机和计算机理论方法的发展，对城市地理学模型与应用研究产生了深远的影响。特别是信息技术应用的研究已经从理论走向实践，为数字城市建设、城市信息化管理和城市传统研究课题提供了有效的研究手段。早期的定量模型以地域为基本分析单元，通过建立统计模型或数学模型得到有关城市体系或城市内部的宏观结构特征或法则。20世纪90年代中期，中国城市地理学者引入和发展了一系列解决城市复杂系统问题的新方法，如神经网络模型、元胞自动机模型、遗传算法模型、多智能体等（杨国安和甘国辉，2003）。城市地理学率先将定量方法应用于城市规划中的人口规模预测和城市主导职能的确定，也是最早应用电子计算机进行城市交通规划。在城市化、城镇体系、城市分类、职能划分、土地定级、城镇等级结构分析、城市系统演化规律分析、城市人口规模预测等城市地理固有领域中，信息技术已被普遍采用，并开始了仿真、模拟等探索，系统动力学和协同学等国外经验也在部分城市发展战略和某些专题研究中试用，大大提高了城市地理研究的科学性和实践应用能力。在应用的过程中，对模型进行了修正，使其更能符合中国城市研究的实际和应用，如CA模型在应用过程中被不断完善，同时也与其他研究方法结合产生了CA-urban模型、CA-agent模型、神经网络CA模型、"灰度"-GIS-CA模型等新的CA模型，这些模型被广泛用于模拟城市土地扩张、发展密度、城市形态、空间优化建设等问题的研究（黎夏和叶嘉安，1999；刘小平等，2006）。此外，主成分分析、聚类分析、分形网络维数、Logistic模型、城市位序-规模分布幂指数模型、城市人口密度衰减负指数模型等技术手段在城市地理研究中应用广泛。

地图方法是地理学视角研究城市问题的基本方法，通过编制地图可以发现研究对象的地理分布规律和相互关系（吴传钧，1984）。计算机时代的到来大大提升了地理学处理数据的能力，地理学中的信息革命由此开始，空间分析方法不断发展，区域综合研究得到强化（基钦和泰特，2006；姜道章，2006；周尚意，2010）。随着遥感技术水平提高、遥感信息资料普及，城市地理学家已从利用航空遥感影像，进而利用航天遥感资源卫星像片与磁带，通过解释进行城市调查与编制城市专题地图，并对城市用地变化进行空间动态分析，大大有助于城市发展规律的研究。采用遥感技术获得的遥感图像是一种综合的地理信息源，它包括各种地理要素，同时又是一种空间信息，为地理现象的空间分析提供定位、定性和定量的数据。随着空间分析软件的日益成熟，城市地理学在研究城市空间结构时多采用空间分析方法进行缓冲区、集聚度、联系强度、空间可达性、城市边界提取等多尺度时空分析，并通过与社会经济统计软件的兼容，实现社会经济分析空间化，体现了城市地理学在城市规划建设研究中的优势。

地理信息系统技术的发展，也为以"空间"研究为核心的城市地理学提供了更为先进的信息技术和空间分析方法，基于计算机的空间分析能够反映空间秩序和模式、现实发展趋势，比较不同的变量，并能够与摄影和数字定位技术进行集成应用（理查德和詹姆斯，2011）。在研究城市内部空间结构、热力分布以及交通管网和信息网络时，GIS 技术手段十分有效，学者借助数据库、图形图像、虚拟现实、人工智能等 GIS 技术手段，研究城市内部人口空间结构、城市热力分布及动态变化检测、城市信息管理与服务、交通及地下管网管理、抗震防灾等问题，为城市发展提供决策依据（周红妹等，2001）。GIS 改正了土地利用动态变化的测算方法和城市土地利用扩展空间分异的衡量指标，建立了城市土地利用动态变化的空间分析模型，揭示了城市土地利用扩展的动力机制与空间分异规律。GIS 被应用于人口分析、公共卫生、居住通勤等，并基于此来解决城市问题，在城市和区域规划方面具有强大的功能，GIS 庞大复杂的数据集，使得城市内部小区域的特征分析成为可能，GIS 正被越来越多的城市地理学应用于研究和实践中。

技术的发展为城市地理学的研究增加了分析问题的工具和手段，使得城市地理学能够更加精确地解决问题。近年来，随着地理分析技术的不断成熟和发展，以及地理数据的可获得性逐渐增强，新技术在城市地理研究中的应用日益广泛。这些新技术包括因子生态分析、聚类分析、城市分形、GIS/RS 等空间信息技术，城市建模、元胞自动机等，这些技术和方法为实例研究的数据处理提供了便利，尤其应用于城市形态及其演变、城市布局、城市土地利用、城市空间等方面的研究。未来的信息社会，城市形态、人们的行为方式等都将发生很大的变化，注重三维表达的数字化、网络化、智能化和可视化的数字城市将成为城市学界研究的重要课题之一。从学科发展的角度，信息获取与管理能力的提升将推动学科重新审视研究范式的进程，提出面向新时期社会需求、复杂城市问题的新范式（柴彦威等，2010）。信息网络对中国传统的城市等级体系、经济活动区位决策产生着深刻的影响，信息化对城市与城镇体系的影响、信息网络与城市体系的互动关系，信息网络与大城市地域结构的互动关系是城市地理学今后应开拓的新的研究领域。

五、学科交叉明显

现代科学发展的基本特点之一，是从单一运动形态的研究走向多运动形态及其相互渗透、相互联系的综合研究，相邻学科之间的横向交叉、渗透和融合成为明显的趋势。地理学从根本上来说是与人文学科密切相关的学科，城市地理学作为地理学范畴内的三级学科，更是与人文学科具有密不可分的联系。城市是由多方面动态的事物与现象组成的，是一种包含复杂物质要素、社会关系和活动内容的客体，无一学科可以完全覆盖城市发展的各种过程，满足全面研究城市的需求，许多学科以城市为研究对象，形成了城市经济学、城市社会学、城市生态学、城市规划学等（张广照和吴其同，2003）。现代城市的发展，较之以往更涉及新的技术和科技手段的应用，更需要与相关学科的交流及多层次的学习、引用和移植。城市地理学在研究上注重与交叉学科的交流和借鉴，从不同的视角研究城市的发展和变化，达到了多学科共同发展的结果，城市地理学自身也取得更多的创新性成果。城市地理学研究无论是多维视角还是多学科交叉等方面都有所拓展。城市地理学在研究城市的过程中，只有不断吸收相关学科的新进展，不断拓宽研究领域，才能更好地促进社会经济的持续发展。

城市地理学与城市经济学相交叉，研究城市固有的经济问题及其发展规律。城市地理学的研究必然将与城市发展密切相关的经济作为关键因素进行考虑，更注重对城市经济问题的空间表现形式及其与城市发展的相互关系的考量，反过来，城市地理学所研究的经济问题对于城市经济学也有重要的参考价值。城市地理学着重于研究各种经济要素在城市中的组合，以及经济要素和其他非经济要素互相影响在城市所产生的综合结果（周一星，1995）。

城市社会学研究城市发生的社会问题，研究内容与城市休戚相关，城市社会学的研究重点是城市内部发生的社会问题，这些问题与城市发展过程中产生的问题相互交叉，是城市地理学中城市问题研究的核心内容。城市社会学是城市地理学的相邻学科，尤其是20世纪初期芝加哥学派的城市社会学对城市地理学的空间观产生过重要影响。城市社会学侧重从社会发展、社会实践角度探讨城市社会问题，关注城市社会总体良好、有序发展。城市地理学对于城市问题的研究更注重空间概念，从空间视角探讨和解决城市问题。二者都关注城市问题的最终解决，以促进城市的发展。

城市规划学是一门实用科学，注重技术的应用，研究城市的建设和管理，更多的是为城市发展提供科学蓝图。城市规划学和城市地理学的研究对象虽然都是城市，但是侧重点和研究方向存在根本的不同。城市地理学不仅研究单个城市，更关心一定区域范围内城市的产生、发展和演变的规律。城市规划学更注重城市尤其是单个城市内部的空间组织和设计，关注城市内部的功能分区和景观布局，通过城市规划和设计使得城市的发展更为科学和符合人类生存的需求。城市规划学需要用城市地理学的相关理论来支撑其技术设计和思路，城市地理学的许多研究理论和成果都可以直接使用在城市规划设计的具体过程中，指导城市规划。尤其是城市地理学中关于城市性质、规模、发展方向、用地规模等方面的理论和研究成果都被用来指导具体的城市规划。

城市形态学研究城市的实体组合结构以及对这种组合结构随时间演变的模式和规律。城市形态学的研究中心为城市景观。城市景观有3个组成部分：街道布局、建筑风格及其设计和土地利用。城市形态学中的街道布局和土地利用也是城市地理学的研究内容，但研究的侧重点有所不同。城市形态学主要从历史发展的角度，研究这3个组成部分之间的相互关系和影响，以及因这种联系和影响造成的城市形态演化。而城市地理学则通过分析城市内部形态-功能联系的变化，研究城市地域结构的演变规律。城市形态学在城市地理的发展过程中具有重要地位，许多城市地理学家就是从研究城市形态入手步入城市地理学领域的，并逐步拓宽了城市地理学的研究范围（许学强等，1997）。

城市生态学主要研究城市中自然环境和人文环境、生物群落与人类社会过程与社会经济过程之间的相互关系、相互作用。20世纪50年代以来，城市生态学和城市地理学的研究内容都迅速拓展,并相互交叉。城市生态学的"系统"和"平衡"的思想为城市地理研究所吸取,并融入有关城镇体系、城乡关系、城市的吸引力和辐射力、城市中心作用和中心城市作用等研究之中。城市依托一定的自然条件和资源发展而来,不同的自然地理条件和资源条件决定了城市发展分布、空间组织和发展的差异。尤其是资源经济对城市发展的影响日趋明显,如中国的资源型城市鞍山、包头、大庆、克拉玛依等的发展都反映出资源对城市发展的制约和促进作用。因此,城市地理学的研究必须要具备自然科学的思维和方法,在城市研究中充分考虑自然条件对城市发展的影响和未来发展的可能性。尤其是,在强调可持续发展的背景下,城市的发展对自然环境和资源造成的影响,了解城市发展与自然环境和资源的关系,有助于自然和城市的和谐相处,实现人与自然的可持续发展。

六、研究队伍与机构稳定

中国早期的城市研究较为零星,尚未形成以城市地理研究为核心的研究团队。20世纪70年代后期至80年代中期,城市地理学研究主要限于一些综合性大学及地理研究所(许学强等,1997)。伴随中国经济的发展和城市建设的需求,中国的城市规划工作开始逐步展开,客观上推进了中国城市地理学的繁荣和发展。1977年南京大学率先在经济地理学专业的基础上开设经济地理与城乡区域规划(城市规划)专业,开创综合性大学(理科)参与中国城市规划工作的先河。80年代后,中国的城市地理学研究在全国广泛开展,从事城市地理研究工作的学者越来越多,全国各大学地理系和相关研究所都相继设立了相关专业课程和研究小组、研究室,不管在研究领域还是在实践领域,城市地理学的研究队伍逐步壮大,并形成了以大学和科研院所为核心的研究团队。例如,北京大学、南京大学、中山大学、杭州大学(后并入浙江大学)、东北师范大学、华东师范大学等一些院校地理系,以及中国科学院所属的各级地理研究机构纷纷成立城市规划专业或城市研究中心(所),由此带动了中国城市地理学科的快速发展,地理学者对各地城市规划的编制发挥了重要影响,并得到学界、政府和社会的认可。

1985年第一次全国性城市地理学术研讨会在无锡召开,1994年在众多学者的倡议下,中国地理学会城市地理专业委员会成立,形成了"制度化"的研究团体,城市地理学家的研究"阵地"和影响范围进一步扩大。经过几十年的发展,中国城市地理学研究的队伍不断壮大,已经形成了一支稳定的、可持续的研究发展团队,形成了在各自擅长领域特色鲜明的研究队伍,城市地理学研究的团队优势较之以往更为明显。目前来看,老一辈城市地理学家虽已逐步退休,但仍在关注中国城市地理学的发展,并予以积极的指导。中青年城市地理学家的队伍日益壮大,已成为中国城市地理学的中坚力量。

对过去30年发表在核心刊物上的城市地理学相关论文作者的统计表明,主要有中国科学院地理科学与资源研究所、中国科学院东北地理与农业生态研究所、中国科

中国城市地理基础

学院南京地理与湖泊研究所为核心的中国科学院系统的研究结构,以清华大学、北京大学、中山大学、南京大学、武汉大学、香港大学等为核心的综合性院校,以及以东北师范大学、北京师范大学、华东师范大学为核心的师范院校系统(柴彦威,2012;冷疏影等,2016)。这些研究机构各具特色,对中国城市地理学的研究各有侧重,百花齐放,促进了中国城市地理学的全面发展。从地域分布来看,这些城市地理学的研究力量主要集中在北京、上海、广州和南京等地,其他一些城市的城市地理学研究队伍也在不断壮大,多数围绕所处地域形成了各具特色的城市地理学研究方向。例如,北京大学主要进行了中国城乡划分标准、城市发展规模、城市化与经济发展的内在联系、城市土地利用等方面的研究。华东师范大学则把研究重点放在中国最大城市上海,致力于上海市内部空间结构的研究。中山大学主要进行全国城市化、城市系统和珠三角区域城市系统的实证和理论研究,近年来又把重点放在穗港澳城市带形成机制、中国大都市走向国际化研究、城市空间和城市社会文化空间等方面。中国科学院地理科学与资源研究所侧重于工业城市和京津唐区域城市系统的研究。中国科学院南京地理与湖泊研究所主要进行城市群体,尤其是闽江三角洲区域城市系统的研究和长三角城市化研究,对城市空间领域的研究达到了较高水平。中国科学院新疆生态与地理研究所开展了新疆城镇地域系统、新疆城镇化及其空间资源环境效应的研究。

此外,在建筑学背景的城市规划领域,城市地理学研究与应用迅速扩大,清华大学、同济大学、东南大学、天津大学等建筑学专业以及国家建设部、规划设计院,如中国城市规划设计研究院、江苏省城乡规划设计研究院等,开始成为中国城市地理学研究的重要基地。近几年来,城市地理专业委员会实施的"推出年轻人"计划,其中包括组织"城市化与城市发展中青年创新论坛"、开展"年度中国城市地理学优秀青年论文奖"评选及组织年轻人进行国外城市地理学名著的翻译工作,极大地促进了城市地理学中青年人才研究队伍,上述"计划"的制度化,逐渐成为城市地理学研究的重要平台(于涛方等,2011)。

与此同时,以海外华人学者为主体的中国城市地理学研究队伍也不断壮大,在国际刊物上不断发表与中国城市发展密切相关的论文,取得了许多重要的研究成果,成为研究我国城市地理的一支重要队伍。海外研究学者主要集中在北美和英国,这些学者对中国的情况较为熟悉,研究方法能与国际接轨,在国际的主流地理期刊发表了一系列关于中国城市地理研究的论文(Ma and Cui,1987),客观上推动了中国城市地理学与国际学者和研究机构的相互借鉴和发展,促进了中国城市地理研究理论与方法的提高,由单纯的描述、经验性研究,向概念化、模型化、理论化方向发展,拉近了与主流人文地理研究的距离,提高了中国城市地理在国际学术界的地位。

中国作为社会主义国家,经历了计划经济转型期,又是人口大国,城市发展中出现的问题比国外城市发展中的问题更加复杂和多样,国外的城市地理理论很难直接引进和应用,与此同时,国内已有的理论和总结在近年来已经难以适应新的发展需求,面临一系列要解决的科学问题。目前来看,中国城市地理的研究不能满足地方政府的实际需求,有时候甚至滞后于制度和政策的颁布,政府需求推着学术研究向前发展。而且,中国城市地理的研究对于理论的研究和总结还远远不够,这使得中国的城市地理研究落后于国际城市地理的研究。中国城市地理研究的目标应是建立符合中国国情和发展需求的理论框架和体系,并能将之有效地应用于中国城市发展的实践之中,同时也需要适当规避研究活动与政府的关系,创新研究的视角和切入点,力求城市地理研究的权威性、学术性和先进性。

(张小雷　苏长青)

第二章　中国城市地理的理论基础

中国城市化的加速发展为中国城市地理学的发展提供了直接的"营养"。近年来，中国城市地理学研究既注重秉持"理论—假设—检证—理论"的研究范式，强调科学问题和科学价值的实现，又致力于本土问题的"实用研究"，基本立场是"洋为中用"，强调国外理论和方法"引进—消化—吸收—利用—创新"的实用研究方法（刘云刚和许学强，2008）。本章在介绍国外城市地理学的中心地理论、劳动地域分工理论、城市经济基础理论、城市规模分布理论和空间扩散理论的基础上，梳理了中国城市地理学者在中国城市化、城镇体系、城市群和城市空间结构等方面开展的理论研究及实践成果。

第一节　国外城市地理学理论引进

一、中心地理论

20世纪初，西欧国家在经历了一段工业化和商品经济大规模发展的基础上，城市化有了迅速发展。在这一历史背景下，西方城市地理学者、经济学者对区域开发与城市布局问题进行整体研究，最先由德国城市地理学家克里斯塔勒（W. Christaller）和经济学家廖什（A. Lösch）分别于1933年和1940年提出了中心地理论（central place theory）（许学强等，2009），其理论的中心内容是论述一定区域内城镇等级、规模、职能之间的关系及其空间结构的规律性。50年代以后，该理论才引起学术界重视，受到高度评价，对该理论的验证、修正和深化极大地促进了五六十年代地理学的计量革命，推动了城市地理学的发展。中心地理论被广泛应用到区域规划、城镇体系规划和城市内部的市场区研究。

1. 克里斯塔勒中心地理论

克里斯塔勒所著的《德国南部的中心地原理》，建立在下列假设基础上：货物的市场圈（消费者单独购买该货物所愿意出行的最远距离）和货物的门槛（店方为单独销售该种货物而具有商业生存意义所需的最小营业量）。在消费者和店方效用不变的前提下，又假定不同的货物有不同的市场圈，由此决定了在给定人口的区域中销售点的数量和分布。克里斯塔勒将不同类型的零售商店分成7个序列，每个序列都有相似的门槛和市场圈。为了导出不同序列的地理区位，他认为店主将他们的商店尽可能靠近消费者分布，以使消费者的旅费最小，从而使商店的利润和消费者的满意最大化，所以商店将分布在所服务区域的中心区位。如果某个区域的人口分布是均匀的，那么满足中心性需要就会形成中心地商业区位的六边形网络（六边形是不重叠地覆盖一个区域的最有效的几何图形）。最低层次功能的中心地（具有最小的门槛和市场圈）的六边形网络密度最高，高一级的中心地的网络密度较低。根据克里斯塔勒的理论，特定序列的所有中心地也包含低级中心地的功能特征，由此形成了中心地的等级体系。

克里斯塔勒认为空间等级结构的组织形式有3种，第一种结构是使分散的中心地数量最小，中心地服务范围的中心点是相邻3个六边形的交点，即 $k=3$ 市场原则模型（图2.1），在这个模型中每个等级的中心地数量，从第二级开始是高一级数量的3倍（从最高一级到第七级，其数量为1、2、6、18、54、162和486）。第二种结构是使所有相邻的中心地的距离最短，即 $k=4$ 交通原则模型，在这个模型中使得每个中心地的中心位于六边形的边上，并且每个中心地都在2个相邻六边形腹地而不是3个腹地的交界上，因此，中心地数量从最高一级到第七级，其数量为1、3、12、48、192、768和3072。第三种结构是 $k=7$ 行政原则模型，即每一个低级腹地都排他地镶套在高一级中心地的腹地中，其中心地的数量为1、6、42、294、2058、14406和100842。

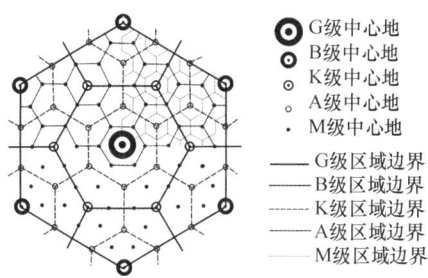

图 2.1　克里斯塔勒 k=3 体系的形成（许学强等，2009）

2. 廖什景观

1940年，廖什在出版的《区位经济学》一书中，独立推导出与克里斯塔勒相同的六角形市场区。他给定了4个假定条件：第一，在均质的平原上，沿任何方向运输条件都相同；生产原料充足且均等分布；第二，在平原中均等地分布着农业人口，最初他们的生产是自给自足，且消费者的行为相同；第三，在整个平原中居民都具有相同的技术知识，所有的居民都可能得到生产机会；第四，除经济方面的作用外，其他因素都可不考虑。

他认为：企业最佳区位是利润最大化点；需求附着价格变化随市场区大小而变化；单个企业的市场区域围绕市场中心呈圆形区域，需求曲线围绕价格变化轴旋转而成的需求圆锥体为需求总量；多个企业市场区域的均衡空间呈蜂窝状的六边形结构。在上述假定条件下，廖什以生产啤酒为例，假定某一农户生产啤酒有了剩余，将进入市场进行销售，以此分析距离与市场需求的关系。在生产地 P 处，啤酒的销售量（需求量）为 PQ；但随着距生产地距离的增加，由于必须增加运费，价格将随之上升，需求量随之减少；到 F 点，需求量为零。则 QF 为需求曲线，以 PQ 为轴，将 QF 需求曲线旋转一周，得到一圆锥体，即为廖什的需求圆锥体，也即该啤酒厂的需求总量。需求圆锥体的底面，即以 P 为圆心、以 PF 为半径的圆形地域就成为啤酒生产的市场地域，其边界线即为啤酒的市场边界线（图2.2）。

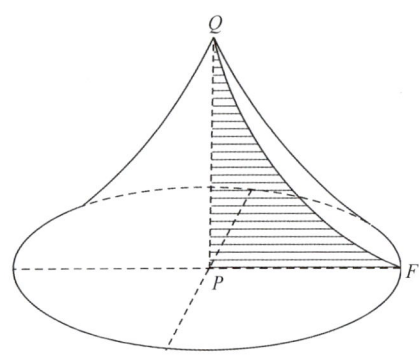

图2.2　廖什的市场区与需求圆锥体（许学强，2009）

在上述情况基础上，如果其他农户也加入啤酒生产，则可在该平原内形成连续的圆形市场地域。圆形区域之间的空间即为啤酒的供给空白地区，为占有这些市场，各生产者开始扩大规模，市场地域扩大，导致圆形市场地域逐渐相接。但即使如此，仍然存在供给的空白区域，就会促使各自的市场地域进一步扩大到重叠，从而形成六边形的市场区域结构。由于六边形既具有最接近圆的优点，也具有比三角形和正方形等其他多边形运送距离更短的特点，因此，需求可达到最大化。按照廖什理论，区位空间达到均衡时，最佳的空间模型是正六边形。廖什的模型考虑居民点除零售外还有制造业职能，他给150种职能分别确立市场区范围（k值），在假设平原上，把所有的市场区进行重叠、旋转，在一定的原则下得出了与克里斯塔勒不同的、较接近现实的"廖什景观"（李德华和朱自煊，2005）。

二、劳动地域分工理论

劳动地域分工理论又称为生产地域分工理论。劳动地域分工，是指相互关联的社会生产体系在地理空间上的分异，它是社会分工的空间形式（刘敏和方如康，2009）。从个别区域的角度来看，表现为各个地区专门生产某种产品，有时是某一类产品甚至是产品的某一部分，即区域生产专门化。从相互联系的区域体系来看，它表现为全社会的生产专门化体系。地域分工的必要前提是生产产品的区际交换与贸易，是产品的生产地和消费地的分离。地域分工的这一性质，决定了它的规模随着产品交换和贸易的扩大而不断扩大。从国内局部性的地域分工到全国统一市场下的各个区域之间的全国性分工，从国内地域分工到国际地域分工，是地域分工由低级形态向高级形态演变的一般过程。合理的劳动地域分工有助于充分开发利用区域资源，提高劳动生产率，获取最佳经济、社会、生态效益。其代表学说有亚当·斯密的绝对优势说、大卫·李嘉图的比较成本说、约翰·穆勒的相互需求论、赫克歇尔-俄林的资源禀赋理论、费罗贝尔的新国际分工理论等。

1. 亚当·斯密的绝对优势说

亚当·斯密是英国 18 世纪古典政治经济学的创始人。他从工厂手工业看到了分工的利益，然后联系到整个社会，论证了地域分工的合理性，即每个生产者为了他自己的利益，应集中生产在社会上有利的产品，然后用其销售所得，去购买其所需的其他所有物品。亚当·斯密认为每个国家都有其绝对有利的、适于某些特定产品的生产条件，而导致生产成本绝对低（绝对利益原则，又称为绝对优势说），如每个国家均按此原则进行专业化生产，通过贸易进行交换，会使各国的资源、劳动力和资本得到最有效的利用。亚当·斯密对地域分工的解释和他奉行的绝对利益原则，使资本主义的国际贸易理论基础从流通领域转到生产领域，促进了世界性的经济交流。他的学说对解释当时国际和区际的地域分工和生产力布局，起到了一定的积极作用。但他的理论是有显著缺陷的，特别是经济发展水平差异很大的地域间的贸易，用绝对利益原则不能解释生产力布局和国际贸易的发展实际。因此后来的很多理论学说，对斯密的观点作了多方面的修订和改正。

2. 大卫·李嘉图的比较成本说

大卫·李嘉图是继斯密之后英国古典政治经济学集大成者。大卫·李嘉图提出了地域分工的基础是比较利益原则，或称为相对成本论。根据比较利益原则，如两个地区中的一个能以较低的成本生产各种产品，两国之间的地域分工和贸易也会使双方均为有利。假设美国比欧洲有较高的劳动生产率（较低的成本），生产衣服是 2 倍，生产食品是 3 倍。这时，如果美国生产食品并出口欧洲，欧洲生产衣服并出口美国，对双方均为有利。李嘉图的比较成本说比斯密的绝对成本说，能较好地解释地域分工和国际贸易问题。但他仅用劳动时间来计算比较利益并不全面，正如斯密主要从地区间条件的差异来解释地域分工一样。实际上，各地生产要素的结构和内在关系是复杂的，再加上资本主义下宗主国对殖民地和保护国的经济控制，实际情况同他的理论分析尚有很大差距。

3. 约翰·穆勒的相互需求论

约翰·穆勒是19世纪中叶的英国著名经济学家。约翰·穆勒除继承了李嘉图的比较成本说以外，还从需求方面和交换比率方面加以补充，提出了相互需求论。他认为两国以两种产品相互贸易时，这两种产品的交换比率，在由比较成本决定的幅度内，取决于两国对彼此产品的相互需求，取决于一国对另一国产品的需求弹性。需要不甚迫切、需要量不大的国家，可以多得好处。反之，需求迫切、需要量大的将使交换比率转向不利的方向。只有在贸易平衡的交换比率下才是稳定的交换比率。

4. 赫克歇尔-俄林的资源禀赋理论

俄林是20世纪初期瑞典著名经济学家，凭借代表作《区际贸易与国际贸易》一书，获得了1977年度诺贝尔经济学奖，因其理论采纳了其师赫克歇尔学说的主要论点，因此也称为赫克歇尔-俄林资源禀赋理论（简称H-O理论）。H-O以新古典主义经济学作为地域分工和国际贸易的理论基础，认为地区是分工和贸易的基本地域单位。H-O理论的核心是相对价格差异，把区域内某商品各类生产要素之间的价格比例称为相对价格，若两地区各要素的价格比例不相等，则为两地具有相对价格差异；若相等，则为无差异。由于某商品的生产要素，在各地会有相对价格差异，再加上其组合状况基本一致，不同的国家和地区，就会利用对自己有利的生产要素生产商品输出，同时输入那些需用本地稀缺的生产要素才能生产的商品。按照相对价格差异的理论，可以根据生产要素的构成，将所有商品大致分为劳动密集型、资本密集型、土地密集型、资源密集型和技术密集型等类别。H-O理论有效解释了地域分工和国际贸易的现象，如澳大利亚、加拿大等国，土地较充裕，资本和劳动力较稀缺，形成地价低、资本和劳动力价格贵的情况，故这些国家形成小麦、羊毛、肉类等产品的专门化，以充分使用土地，节约资本和劳动力；而一些工业高度发达的西方国家，如英国、德国、法国等，则因资本雄厚，劳动力也有一定保证，但土地较少，故以加工工业产品和集约农业商品输出，换取粮食和畜产品；第二次世界大战以后，东亚和东南亚一些国家和地区，则根据劳动力充裕的条件，大力引进外资，在集中的出口加工区发展劳动密集型产业，促进资本和技术的积累，促进经济发展。

5. 费勒伯尔的新国际分工论

费勒伯尔等（Frobel，1980）认为，在传统的国际劳动分工中，发展中国家被认为仅仅是从事原材料的生产，然而这种劳动分工形式在20世纪60年代已经发生了显著变化，劳动密集型产品的生产从工业国家向发展中国家转移，并且在第三世界出现了大量生产部门，也就是说新国际分工重构了世界经济体系的生产联系。费勒伯尔等通过对德国纺织与服装业的全球区位演化研究，指出新国际分工的基本前提是：第三世界国家传统的社会、经济结构的解体，导致了其可提供大量廉价的劳动力；工业生产过程的分离，使非技术的分类过程可以在第三世界国家定位；便宜、廉价而快捷的国际交通与通信的发展，使生产区位转移成为可能。同时，该理论认为：应注重以跨国企业开展的企业内部分工的国际化代替传统的国际分工；世界存在大量的可利用的劳动力；有可能实行生产过程的国际分工；可以设计采取全球化的形式进行生产和管理。这一理论对以后的跨国公司企业经营活动的研究产生了极大影响。但是费勒伯尔过分强调了新国际分工论的国际分散化趋势，忽视了第三世界国家参与新国际分工的主动性和能动性，低估了1960年及其以前世界工业化的水平，也没有认识到发展中国家出现的"新工业化"的主体不是跨国企业，而是引进国一方（杜德斌等，2010）。

三、城市经济基础理论

城市经济基础理论是认识城市成长发展机制的基础理论。根据城市活动的服务对象来看，城市的经济活动可以分为两部分：一部分是为城市自身存在的需要服务的经济活动，被称为城市的非基本活动部分；另一部分是为本城市以外的需要服务的，被称为城市的基本活动部分，该部分是从城市以外为城市所创造收入的部分，是城市得以存在和发展的经济基础，是城市发展的主要动力。基本部分服务对象都在城市以外，存在两种情况：一种是离心型的基本活动，如城市生产的工业产品运到城市以外销售；另一种是向心型的基本活动，如外地人到这个城市来旅游、购物、求学或接受医疗等。城市的非基本活动部分满足了城市内部需求的经济活动，随着基本部分的发展而发展，细分为两种情况，一种是为了满足本市基本部分的生产所派生的需要；另一种是为了满足本市居民正常生活所派生的需要。

1. 影响基本/非基本率（B/N）的因素

城市B/N在不同城市之间有很大差异。首先是随着城市人口规模的扩大，非基本部分的比例有相对增加的趋势。城市越大，城市内部各种经济活动之间的依存关系越密切，城市内部的交换量越多，城市居民对各种消费和服务的要求也越高，城市也越有可能建立较为齐全的为生产和生活服务的各种行业和设施。而小城市一般只有很小一部分的生产和服务是维持本身需要的，基本活动部分比例较高。

在等级规模相似的城市，B/N也会有差异。专业化程度高的城市B/N大，而地方性的中心城市一般B/N小。规模相似的城市，如果一个是位于大城市附近的中小城镇或卫星城，另一个是远离大城市的独立城市，前者因依附于母城，从母城取得本身需要的大量服务，非基本部分就可能较小；而后者必须建立自己较完整的服务系统，非基本部分就较大。

老城市在长期的发展历史中，已经完善和健全了城市生产和生活的体系，B/N可能较小，而新城市则可能还来不及完善内部的服务系统，B/N可能较大。

城市经济的基本/非基本部分的结构随着时间的推移也有变化。另外，城市人口在年龄构成、性别构成、收入水平等方面的差别对城市B/N都有影响。

2. 城市经济基础理论对城市发展的影响

城市发展的内部动力主要来自输出活动即基本活动的发展。由于城市基本活动的建立和发展，从输出产品和劳务中获得的收入增加，收入的一部分导致基本部分的职工对本地消费和服务需求的扩大，也就导致了本地区非基本部分就业岗位的增加和收入的增加。基本活动收入的另一部分则用于本身的扩大再生产，继续为城市从外部获取更多的收入。基本和非基本活动每一次的增加都要引起当地人口的进一步增加，这样反过来又增加本地区的需求和本地区的人口。城市发展的过程也就是基本和非基本两部分活动在一个地方循环往复、不断集聚的过程。城市基本部分每一次的投资、收入和职工的增加，最后在城市所产生的连锁反应的结果是数倍于原来投资、收入和职工的增加。城市基本活动所引起的这样一种放大的机制被称为"乘数效应"（许学强等，2009）。

经济基础理论具有很强的现实意义：第一，城市应根据自己的特点，发展基本经济活动。第二，综合性大城市抵抗外部市场波动的能力较大，新的基本经济活动的引入所产生的乘数效应也较大，而经济结构单一的中小城市则正相反。第三，为了最大限度推动城市和区域经济的发展，应把专业化和综合发展很好地结合起来。一方面，既要合理地确定重点产业部门，寻找出乘数效应较大，产业链较长，能带动一系列产前、产中、产后相关部门发展的推动性产业，发挥为外地服务的专业化部门的主导作用；另外一方面又要求在专业化基础上合理地综合发展城市和区域的经济。

四、城市规模分布理论

城市规模分布理论是关于用什么方法和指标来衡量城市规模结构或者规模分布特色的理论，主要有城市首位度、城市金字塔和位序规模法则等。

城市首位度是马克·杰斐逊（M. Jefferson）早在1939年对国家城市规模分布规律的一种概括。他提出这一法则是基于观察到一种普遍存在的现象，即一个国家的"首位城市"总要比这个国家的第二位城市大得异乎寻常。不仅如此，首位城市还体现了整个国家和民族的智能和情感，在国家中发挥异常突出的影响。城市首位律理论的核心内容是研究首位城市的相对重要性，即城市首位度。首位度在一定程度上代表了城镇体系中的城市发展要素在最大城市的集中程度。为了简化计算和易于理解，杰斐逊提出了"两城市指数"，即用首位城市与第二位城市的人口规模之比的计算方法：$S = P_1/P_2$。两城市指数尽管容易理解和计算方便，但不免以偏概全。为了改进首位度两城市指数的简单化，又有人提出四城市指数和十一城市指数。

城市金字塔即城市数量随着规模等级变化而变动，规模等级越高，城市数量越少，规模等级越低，城市数量越多。把这种关系用图表示出来，形成城市等级规模金字塔。城市金字塔提供了一种分析城市规模分布的简便方法。

位序-规模法则最早是由奥尔巴克（F. Auerbach）在1913年提出。1949年捷夫

（G.K.Zipf）提出在经济发达国家中，一体化城市体系的城市规模分布可以用公式表达为

$$P_r=P_1/R$$

式中，P_r 是第 r 位城市的人口；P_1 是最大城市的人口；R 是 P_r 城市的位序。现在被广泛使用的是罗卡特模式的一般化：

$$P_i=P_1/R_i^q$$

式中，P_i 是第 i 位城市的人口；P_1 是最大城市的人口；R_i 是第 i 位城市的位序；q 是常数。捷夫模式是 $q=1$ 时的特例，公式作对数变换得

$$\lg P_i = \lg P_1 - q\lg R_i$$

当 $q=1$ 时，说明这个区域的第二位城市人口是最大城市人口的 1/2，第三位城市是最大城市人口的 1/3。以此类推，当 $q>1$ 时，说明城市规模分布比较集中，大城市很突出，中间城市位序城镇较少，首位度较高，城镇体系不完善；当 $q<1$ 时，说明城市人口分布比较均匀，高位次的城市规模不是很突出，中小城市发育比较好。公式很好概括了国家和区域的城市规模分布具有相当的普遍性，在实际研究中有广泛的应用价值。

五、空间扩散理论

德国地理学家拉采尔（F. Ratzel）在 19 世纪末期最早使用"扩散"一词。他认为，迁移是所有生物的一个显著特征，为寻求更有利的生存空间，物种都有从其发源地向外扩散的倾向。1911 年，德国人类生态学家格雷伯纳（F. Graebner）首先对扩散理论进行了系统的研究。此后扩散研究开始在欧美国家的人类生态学、地理学和经济学中盛行起来（刘树成，2005）。早期的扩散研究主要是对人类文化特质的地域扩展，以及技术的起源与扩散过程的描述。20 世纪 50～60 年代以来，扩散研究开始注重对思想、创新和行为模式等的扩散及其经济影响的研究，并试图建立各种扩散模型。

瑞典学者哈格斯特朗（T. Hagerstrand）于 1953 年在其论文《作为空间过程的创新扩散》中首次提出空间扩散的问题，他认为空间扩散存在传染扩散、等级扩散和重新区位扩散 3 种基本类型，其中从一个源生点向外做空间扩散，如果是渐进的、连续的过程，称之为传染扩散（contagious diffusion），其特征如同一块石子落入水中后产生的波纹运动；在现实的扩散过程中，地理距离并不总是起着非常强大的影响作用，社会等级、城市规模等级等有时也起着十分明显的作用。例如，价格昂贵的耐用消费品的扩散就与收入等级有关，而某些新思想、新技术在城市中的传播亦往往跳跃紧邻的小城市，在距离较远但属同级规模的城市中首先被接受，然后向次一级的城市扩散，这种形式的扩散被称为等级扩散（hierarchical diffusion）。在传染扩散中，假如扩散导致更多的接受者，就称之为扩张型扩散（expansion-type diffusion）；反之，如果接受者的数量没有增加，仅仅发生了原有接受者的空间位移，称之为重新区位型扩散（relocation-type diffusion），其典型例子就是移民过程。

最初的空间扩散研究偏重空间扩散的格局和现象接受一方的研究，从供需角度看，

重点放在需求一方。以后重点逐步转向供应一方的研究,并加强了对宣传者作用的研究。这是因为扩散不仅是一个被动地接受过程,也是一个主动的、有目的的过程。成功的扩散包含了比被动的接受更为复杂的因素,因而需要宣传者来加速事物接受的速度和扩大事物接受的范围。对成功的扩散来说有3个因素极为重要,即创新的原生地、仔细选定扩散的中心和制定一份周密细致的扩散战略。同时,基础设施对创新的扩散也是极为重要的。自哈格斯特朗开创空间扩散的研究后,有关这一领域的研究发展很快。在所使用的数学方法不断深入的同时,对空间扩散过程的障碍、阻力、特征以及在城市和区域规划中的应用的探讨也不断增加。该理论被誉为20世纪人文地理学研究中两项最重大的贡献之一。

第二节　中国城市地理学理论

一、中国城市化理论

城市化成为中国城市地理学者最早和始终关注的研究领域。中国城市化理论的研究领域则主要形成以下方向:城市化的内涵与测度研究、城市化道路研究、城市化动力机制研究、城市化过程研究、城市化空间研究、乡村城市化研究、国内外城市化对比研究、全球化对城市化影响及区域城市化研究、新型城市化与健康城市化研究等。改革开放之初,首先是地理学家借鉴国际城市化发展的总趋势,总结新中国30年来城市化过程曲折发展中的经验和教训,在国内率先提出需要开展中国城市化的研究。1979年,吴友仁在发表的《关于我国社会主义城市化问题》一文中率先探讨了中国社会主义城市化问题,重点分析了新中国成立以来影响中国城市人口增长的因素,并从粮食生产和基本建设投资角度预测了2000年中国的城市化水平(吴友仁,1979)。严重敏和宁越敏(1980)、姚士谋和吴楚材(1981)、周一星(1982)、许学强和朱剑如(1988)等学者对新中国成立后中国城市化的阶段性波动的特点、农村人口的城市化问题、城市化水平与经济发展水平之间的关系、中国城市化发展的省际差异等问题开展了研究。进入90年代后,中国城市地理学界对中国城市化的研究进一步深入,不再局限于采用数理统计方法研究中国城市化的规律问题,而是转向更深层次的机制研究,在城市化动力机制和郊区化的理论研究方面取得明显的进展,许学强和胡华颖(1988)、宁越敏(1998)、薛凤旋和杨春(1995)等学者分别认为推动城市化的因素包括计划经济体制、乡镇企业和外向型经济,政府、企业和个人三个行为主体及外资影响等,崔功豪和马润潮(1999)则提出中国农村地域的城市化是由地方政府和农民群体力量推动的一种自下而上的城市化过程。进入21世纪,城市化研究的范围更加宽广,与相关学科的渗透也越来越强。2000年后的城市化研究则主要围绕城市结构变化和城市管制问题(交通、居住、生态、人口等)展开,具体内容包括城市再生(张平宇，2004）、城市化格局、城市化过程以及动力机制研究等（顾朝林等，2008）。但由于不同领域的不同视角、不同理解，中国城市化理论研究已呈现出理论的"碎片化"态势（陈春林等，2014），且研究城市化理论模型不多，同时缺乏有力的数学模型来模拟并验证其理论（吴莉娅，2004）。

1. 中国城市化合理进程研究

长期以来主流观点认为中国城市化水平严重滞后，滞后的城市化带来诸多问题，如制约产业结构升级，成为经济发展瓶颈，影响城乡和谐，导致农民收入增长缓慢等。政府工作报告或是一些学者的研究文献都将中国城市化水平的提高视为值得欢呼庆祝的成功，希望通过城市化战略实施推动区域经济快速发展。但是传统的城市化滞后观点逐渐受到质疑，城市化速度偏快，在舆论宣传上偏热，地方攀比严重。对中国高速城市化进程进行反思的标志性成果是以中国科学院陆大道院士为首席专家的课题组围绕"冒进式城镇化"展开的一系列研究。从 2006 年开始，课题组陆续编写了《关于遏制冒进式城镇化和空间失控的建议》《城乡统筹方针下我国城镇化合理进程的建议》《科学引领我国城镇化健康发展的建议》等咨询报告，认为近些年来中国城市化脱离了循序渐进的原则，出现了冒进式城市化现象（陆大道等，2007；陆大道，2010）。2013 年 8 月，陆大道院士代表中国科学院做了《关于走符合我国国情的城镇化道路的认知和建议》的汇报，深刻总结了中国城市化高速发展中的突出问题及主要原因，重点强调了一定要牢固树立走符合中国国情的有中国特色的城市化理念，论证了中国当前产业结构特点及未来提供的就业空间，明确指出中国未来城市化速度不宜过快。城市化系列咨询报告以及相关学术研究对国家决策和学术界产生了重大影响。国家领导人对系列咨询报告都做出重要批示，国家发展和改革委员会组织 11 个部委开展了关于中国健康城市化的方针、政策的系统研究，学术界也对城市化的流行观点进行了认真的反思和总结，多数学者认为中国城市化进程已经由滞后向冒进转变，未来应更加强调城市化质量。因此，中国城市化的一系列传统政策和取向也面临着重构（陈明星，2015）。

2. 城市化与经济增长的实证研究

在国家尺度，对中国城市化与经济发展关系的识别开展了探索。陈明星等（2010）定量分析了 1960～2010 年的中国城市化演化过程，从世界格局来看，中国城市化与经济发展水平基本协调，但是近年来城市化呈现冒进态势。因此，需要重新思考城市化严重滞后论及其相关政策，新时期城市化进程更加关注质量，而非速度。城市化更多的是经济发展的一种结果和现象，城市化本身作为经济发展的直接动力源，特征并不明显。城市化要聚焦要素集聚功能，而非"摊大饼"式扩展和简单数量扩张（蔺雪芹等，2013）。

在区域尺度，樊杰和田明（2003）、刘盛和等（2003）、李国平（2008）、陈明星等（2010）分析了中国城市化与经济发展水平之间关系的空间格局。研究表明全国省际格局呈明显的东西差异，东部沿海地区以城市化超前经济发展水平类型为主，而中西部地区则以城市化滞后经济发展为主，提出当前中国不少发达省份中的城市化超前现象值得关注和警惕，同时中西部地区部分省份的城市化进程仍然需要适度加快发展。孙东琪等（2013）分析了1980~2010年长三角16个地级市的城市化效率、经济发展水平，长三角城市化效率与经济发展水平的耦合度总体经历了缓慢上升—急剧上升—缓慢下降—急剧下降的过程，呈倒"U"形发展。

3. 城市化空间形态、格局与发展模式的研究

随着20世纪90年代中期中国城市化进入加速发展阶段，城市化布局形态呈现出不同空间尺度上趋于集中的态势，城市群成为全国各地推进城市化的主体形态。全国层面上形成了环渤海、长三角和珠三角城市集中分布区，各省层面上通常形成了以省会城市为核心的城市化重点区域，大城市和特大城市得到率先而且长足的发展。顾朝林（2011）、宁越敏（2011）、方创琳（2014b）等围绕中国城市群开展的理论与实证分析研究不断涌现。对城市群的概念与内涵、全国和区域尺度下城市群空间范围划分、空间网络特征与系统分工协作等，取得了很好的研究进展，尤其国家"三纵两横"的城市骨架方案成为国家战略的重要内容。

中国学者许学强和叶嘉安（1986）、顾朝林等（2008）、张善余（2002）、朱传耿等（2006）等在城市化的区域格局取得了丰富成果。曹广忠和刘涛（2011）分析了城市化的内陆化沿边，城市化重心向内陆转移，区域城市化趋同，并进行了解释。由于中国不同区域和省份在自然背景、区位条件、发展历史和经济基础等多个方面存在很大不同，城市化进程及其发展模式也均具有极为显著的地域差异。因此，深入探讨城市化发展的空间格局、区域差异及其变化趋势，能够为因地制宜地制定不同区域的城市化政策提供有关依据（陈明星，2015）。东部沿海地区，作为中国经济发达、人口稠密的新型城市化先行区，经过长时期工业化和城市化快速发展，逐渐进入城市化发展的优化升级期（陈雯等，2013），城镇人口增长规模开始放缓，着力为城市化创造一个有序、健康、可持续的发展环境。东北地区的黑龙江垦区城市化表现为典型的内生性增长，应合理规划农垦小城镇（刘世薇等，2013）。中部地区作为典型的传统农区，生产要素流动性差，空间集聚能力差，城市化进程缓慢，加快传统农区城市化步伐，关键要促进生产要素流动、增强空间集聚（冯德显和汪雪峰，2013）。西部地区是中国重要的政治安全屏障、向西开放的前沿、少数民族聚居区域以及国家生态敏感保育区。近年来西部地区城市化进程明显加快，已经成为区域社会经济发展的核心力量，具有鲜明的地域特色，但干旱区城镇是人地关系最敏感的区域，城镇综合竞争力仍然不强，在水土资源约束下，应走资源节约型城镇化的发展道路（张小雷和雷军，2006）。同时对山地、县域等特殊地区的城市化空间模式展开了深入研究（樊杰等，

2013；王洋等，2012）。

4. 城市化与资源环境承载力的关系研究

资源环境基础成为中国城市化发展的瓶颈之一。近十几年来，伴随着快速城市化，中国部分城市区域出现了资源环境和生态状况逐渐恶化的现状，突出表现为土地资源、水资源、矿产资源的消耗速度惊人；城市大气质量污染严重，城市人居环境质量下降；资源环境基础难以支撑这种"急速城市化"和"空间蔓延式"大扩张。张雷（2009）、马丽和金凤君（2011）等学者开始研究快速城市化对资源环境的影响。在城市化与资源环境相互作用机理研究方面，黄金川和方创琳（2003）探讨了快速城市化与资源环境之间存在着交互胁迫的非线性复杂关系。鲍超和方创琳（2008）及鲍超（2014）等实证分析了水资源与城市化进程的作用效应。近几年来，城市化发展中的区域资源环境超载及其生态补偿问题（刘春腊等，2014），以及城市化与人类健康之间关系也受到了广泛关注（Peng et al.，2012；Zhu et al.，2011），也将成为有潜力的研究方向。

二、中国城镇体系理论

城市体系是城市地理学研究的核心内容之一。西方城市地理学对城市体系的研究主要集中在城市规模分布、城市空间结构和城市职能分类等方面，研究方法上多应用数量统计分析的手段，并形成中心地学说等重要的理论。然而，20 世纪 70 年代后，英国、美国等国政府奉行新自由主义政策，国家对区域发展的调控减少，西方国家层面城镇体系理论的实践应用空间缩小，同时加上西方城市地理学的研究向社会、文化方向的转型，城市体系理论研究相对趋少。

20 世纪 80 年代开始，中国城市体系理论研究在借鉴了西方城市体系理论的成果基础上，紧密结合了中国城镇快速发展的现实，逐渐形成了中国城镇体系理论的三大结构，即等级规模结构、职能结构和空间结构的分析范式。90 年代，城市经济区的划分（顾朝林，1991）、中心城市及不同层次城镇体系（宁越敏和严重敏，1993）、全球化下的城市体系研究（闫小培，1995）和新技术方法的应用等成为热点。2000 年后，更多学者将注意力集中到了更小尺度的城市圈、城市群、都市连绵区、都市区等研究单元，建立了一系列面向规划的城市区域空间形态新概念（胡序威等，2000），主要研究方法也由早期的统计分析向后来的数量模型和空间分析转化。城市地理学者继续开展了对城镇体系的研究，同时部分学者引入分形与分维理论，以定量与定性相结合的方法，开展了对城镇体系空间结构的研究。

在城镇体系理论实践方面，中国城市地理学家创立了城镇体系规划（宁越敏，2008）。20 世纪 80 年代，在缺乏区域规划的背景之下，中国城市地理学家在从事城市总体规划实践时提出了城镇体系规划的编制，用以弥补区域规划缺失产生的问题。早期城镇体系规划的内容主要包括城镇体系基础条件分析、城市化水平预测、规模结构、职能结构、空间结构和基础设施网络的规划等方面。后来，增加了区域环境和生态规划，以及空间管治等内容，使规划内容更加完善。目前，城镇体系规划已被列入《中华人民共和国城乡规划法》，成为法定规划的组成部分。在全国、省级、区域等层面，城市地理学家面对国际经济全球化和国内经济市场化的实际，又开始尝试探讨新的城镇体系规划理论和方法，进一步加强对城镇体系动态演变、合理模式、结构调整和科学预测的研究。在全国、（跨省）区域、省、（跨市）区域、市、县等层面的城镇体系规划实践工作都充分运用了城市地理学的相关研究成果。

1. 中国城市的规模分布

严重敏和宁越敏（1980）和许学强等（1982；1995）先后用全国城市的详细人口资料，进行了位序规模法则检验。周一星和于海波（2004）利用2000年第五次人口普查"市人口"数据分析了前100位城市两种不同截距的位序规模。王法辉（1989）和陈勇等（1993）还用位序-规模分布和帕累托分布检验过中国历年的城市规模分布状况。首先，中国城市规模分布属于相对均衡的分布类型。这是与中国国土辽阔，人口众多，悠久的城市发展历史，发育数量庞大的城市，国家城市体系由明显的大区级、省级和地方级的地域子系统共同组成分不开的。其次，中国城市规模分布的总体趋势是日益均衡，但各时期的波动较大，主要反映中国政治经济政策和经济过程的不连续性，城市人口增长速度的变化。再次，改革开放以后，中国高位序大城市人口增长加快，首位度指数有所回升。最后，在省级或地方级尺度中，某些区域城市体系处于非均衡分布类型。

2. 中国城市的职能分类

中国学者开展全国性城市职能分类始于20世纪80年代后期。周一星和布雷德肖（1988）首次对中国城市的工业职能进行了分类。张文奎等（1990）首次尝试对全国321个城市进行了综合性职能分类研究，将其划分为工业城市、交通运输城市、商业城市、政治城市、旅游城市等10种类型。顾朝林（1992）在发表的《中国城镇体系》一书中，提出了一般描述式的基本职能类型表，将中国城市职能体系分为政治中心、交通中心、矿工业城镇和旅游中心4个体系及若干亚体系和若干子集来加以论述。周一星和孙则昕（1997）在《再论中国城市的职能分类》一文中提出了城市职能三要素理论，认为一个完整的城市职能概念应包含职能规模、职能强度、专业化部门3个要素，在该理论指导下，基于第四次人口普查数据，综合采用聚类和纳尔逊统计分析方法，将全国465个城市划分为4个大类14个亚类47个职能组。

进入21世纪，由于研究经验的积累，数据资料更容易获取等便利因素，这一时期城市职能分类研究成果比以往时期有大幅度增长。不论是研究区域的范围和分类选用的数据指标，还是分类方法的运用和分类结果的应用等方面，都呈现出逐步完善的趋势（徐红宇等，2005）。从研究区域范围来看，既有单个省份城市职能分类（朱翔，

1996；陈忠暖和杨士弘，2001；闫卫阳和刘静玉，2009），也有城市经济区城市职能分类（陈忠暖和闫小培，2001）、城市群的职能分类（林先扬和陈忠暖，2003；刘海滨和刘振灵，2009）和对某一特殊类型城市的职能分类研究（薛东前等，2000；杨永春和赵鹏军，2000；刘云刚，2009）。从选用的指标数据来看，陈忠暖和杨士弘（2001）利用经济基础理论的原理，把非基本部门职工分离出去，直接以城市各部门的基本部门职工数作为聚类分析的变量，同时考虑到城市外来人口增多的现实，对城市规模人口进行了修正。上述对原始数据的处理，使得用于分类的数据在理论上更贴近城市职能的本质含义。此外，还有将三次产业的就业人口比例作为城市职能分类重要参考基础的成果（朱翔，1996）。在分类运用的方法方面，出现了新的方法组合和新的分类方法的运用。Kohonen 模型、SOM 网络、SOFM 网络应用于城市职能分类的研究，利用神经网络在模式识别和分类方面的优势以提高分类的速度和客观性，为城市职能分类提供了一种新的方法（凌怡莹和徐建华，2003；吴聘奇和黄民生等，2005；刘晓晓等，2014）。

3. 中国城市的空间分布

许学强等（1983）采用柯尔摩哥洛夫 - 史密尔洛夫（Kolmogorov-Smirnov）和洛伦兹曲线（Lovenz curve）检验了中国 1978 年 1497 座万人以上城镇的空间分布类型，结果显示 D 值（0.476）大于 99% 置信水平上的临界值（0.074），说明中国万人以上的城镇分布不是泊松分布，即不属于随机型。用洛伦兹曲线检验的中国城镇分布属于集聚型。在此基础上，中国城市地理学者开展了城市经济区划分研究以探讨中国城市的空间组织。陈田（1987）分析了中国城市经济影响区。顾朝林（1991）、周一星和张莉（2003）分别对中国城市经济区进行了划分。

顾朝林（1991）将图论原理与因子分析方法相结合，应用 33 个指标对全国 1989 年的 434 个城市进行了综合实力评价，借鉴经济区划的 d_Δ 系理论和 R_d 链方法，提出了中国两大经济带、三条经济开发轴线、九大城市经济区和 33 个 II 级区的城市经济区区划体系的方案。

周一星和张莉（2003）采取劳动力指标、流量指标和开放指标三大类共 14 项要素，分别代表城市职业构成、空间相互作用和对外开放中所获得的中心性。从建立的多指标体系对城市中心性进行综合评价，确定了中国 223 个地级以上城市的中心性指数，并将所有城市的中心性分为五级。在此基础上，提出了中国城市经济区的组织方案，把中国城市经济区划分为以京津唐、长三角、珠三角为核心的 3 个一级城市经济区，分别为北方区、东中区、南方区。

三、中国城市群理论

中国对城市群的研究始于 20 世纪 80 年代中后期，主要研究内容包括概念引入、发育阶段、规模结构、空间特征、类型划分等（姚士谋等，2006；方创琳等，2005）。进入 21 世纪以来，研究主要集中在动力机制（王士君等，2001）、可持续发展、空间一体化（陈雯和王珏，2013）以及规划与管治等方面（张京祥和吴缚龙，2004），对城市群的关注也从早期的长三角、珠三角、京津唐城市群转到对全国尺度和中西部城市群的研究。其中方创琳等（2005）发表的《中国城市群结构体系的组成与空间分异格局》一文，提出了城市群的概念，指出中国城市群结构体系由 28 个大小不同、规模不等、发育程度不一的城市群组成。此后通过修正提出的由 20 个城市群组成的城市群空间结构格局正式纳入国家新型城镇化规划。实证方面，引导国家新型城镇化规划把城市群作为推进新型城镇化的主体形态，提出的城市群空间范围识别标准与技术流程对界定国家城市群范围起到了重要作用。

1. 城市群及相关概念的研究

中国关于城市群的研究起步于 20 世纪 80 年代。于洪俊和宁越敏（1983）在《城市地理概论》一书中首次使用"巨大城市带"的概念，向国内介绍了戈特曼的理论，之后国内对城市群的理论与实证研究逐渐开展起来。由于缺乏统一的概念来描述城市群，不同的专家学者从各自研究的角度提出了不同的概念。周一星（1986）提出了"都市连绵区"（metropolitan interlocking region，MIR）的概念，借鉴西方空间单元体系提出了中国城市地域概念体系（市中心—旧城区—建成区—近市区—市区—城市经济统计区—都市连绵区）。姚士谋（1992）在其著作《中国城市群》中提出了城市群（urban agglomerations）的概念，即在特定地域范围内具有相当数量的不同性质、类型和等级规模的城市，依托一定的自然环境条件，以一个或两个特大或大城市作为地域经济的核心，借助现代化的交通工具和综合运输网的通达性以及高度发达的信息网络，发生与发展着城市个体之间的内在联系，共同构成一个相对完整的城市"集合体"。史育龙和周一星（1997）认为应当采用都市圈（metropolitan area）或大都市带（megalopolis）的概念来统一国外已有的、与其类似的各种概念。方创琳等（2010）认为城市群是在特定地域范围内，以 1 个以上特大城市为核心，有至少 3 个以上大城市为构成单元，依托发达的交通通信等基础设施网络，所形成的空间组织紧凑、经济联系紧密，并最终实现高度同城化和高度一体化的城市群体。

2. 城市群发展阶段及特征的研究

周一星和布雷德肖（1988）认为都市连绵区的形成必须有 5 个必要条件：具有两个以上人口超过百万的特大城市作为发展极；发展极和口岸之间有便利的交通干线作为发展走廊；交通走廊及其两侧人口稠密，有较多发达的中小城市；经济发达，城乡之间有紧密的经济联系。崔功豪（1992b）认为城市带具有高密度的聚落、发展的枢纽、形状的模糊性、发展的阶段性、新趋势的培养器等特点。程大林等（2003）认为城市群存在低水平均衡、低水平极化、高水平极化和高水平均衡 4 个发展阶段，并从交通联系强度、产业联系强度和社会联系强度 3 个方面划分了南京都市圈的圈层地域结构。陈小卉（2003）把我国城市群分成雏形期、成长期、成熟期 3 个发展阶段，每个阶段相应的发展目标分别为培育、发展与协调。刘荣增（2003）划分了城镇密集区的发展阶段并建立了判断演化阶段的指标体系，且探讨了城镇密集区演化机制的历史变迁。方创琳等（2005）根据城市群发育程度指数模型计算结果，将中国 28 个城市群划分为 3 个等级，并指出中国城市群总体发育程度低且差异很大。陈群元等（2009）将城市群发展划分为雏形发育、快速发育、趋于成熟和成熟发展 4 个阶段，并对长株潭城市群与泛长株潭城市群的发展阶段进行了实证评判。

3. 城市群空间划分研究

谭成文等（2000）提出了一种界定首都圈空间范围的定量方法，应用引力模型和场强模型，选取市区人口、市区 GDP、城市间的时间距离、北京政治文化可达性系数、接受程度修正系数等指标对中国首都圈的空间范围做出了界定。孙娟（2003）对城市群的空间范围界定进行研究，提出了四要素界定法（空间、时间、流量、引力），并对南京城市群空间范围的界定进行了具体划分。姜世国（2004）提出了界定城市群的功能法和计算法，并具体界定了杭州城市群的地域空间范围。李彦军（2008）引入引力模型与场强模型对都市圈空间界定的方法进行了系统研究，并以武汉城市圈为例，考察了武汉都市圈的空间范围，将结果与"1 + 8"城市圈进行了对比。陈群元和宋玉祥（2010）基于引力模型对长株潭城市群空间范围进行了界定，并对引力模型本身的局限性进行了分析。

4. 城市群发展机制的研究

姚士谋（1992）指出长三角城市空间演化趋势是城镇密集区向巨大的城市群区演变。宁越敏（1998）认为宏观政策机制、投资机制、市场机制和辐射机制是长三角都市连绵区的四大形成机制。吴启焰（1999）分析了城镇群的特征以及从城市群向大都市带演变的机制：经济、技术与人口的聚集是转化的动力；交通走廊的形成是转化的前提；农村人口的城市化和大流动是转化的背景；从产业带到区域经济一体化是实质。石忆邵（2002）认为在市场经济条件下，应用经济促动型为主而不是行政推动型为主的方式来构建都市经济圈，才有可能获得成功。张京祥（2000）从区域和圈域两个层面探讨了空间的演化机制，认为城镇群体的发展是一个自构和被构相结合作用的过程。朱英明（2004）认为在城市群地域结构的演变中，集聚与扩散是重要的动力机制，交通体系起着制导作用，企业或企业集团影响城市群地域结构的变化。薛东前和孙建平（2003）从城市群体结构、空间拓展和土地利用等方面讨论城市群空间演化过程、动力机制、基本特征和规律，以及由此引起的城市群用地优化配置趋势。

5. 城市群空间结构的研究

周丽（1986）从城市发展轴与城市形态的关系出发，提出了城市空间结构演变的扩散假说。张京祥（2000）以城市群体空间演化基本机制构建城镇组织体系、城乡关联体系、网络联通体系和空间配置体系构成的城市群体空间运行系统，从多维空间展示其运行过程，进而提出有序竞争群体优势律、社会发展人文关怀律、城乡协调适宜承载律和敞密有致空间优化律的空间组合规律，以及城市群体空间发展组织调控模式，这是城市群空间理论研究的新突破。年福华等（2002）探讨了城市群的空间网络结构，认为城市群存在4种网络化空间结构模式：极核网络化模式、双子座网络化模式、多中心网络化模式和走廊发展型城镇网络化模式。朱英明（2005）认为中国城市群具有独特的空间等级结构和空间布局形式，建立了城市流强度模型，以沪宁杭城市群为案例进行了实证研究。宋吉涛等（2006）应用中心地理论，引入中心性指数和分形网络维数等方法以及GIS格网化技术，对由160个地级市和700多个县级市构成的28个城市群及其空间结构的稳定性进行了定量测度。方创琳（2006）认为中国城市群存在空间分异的规律性，内部集聚的异质性和分化性特征。顾朝林（2011）提出城市发展表现为开放性、模糊性和非嵌入式的过程，城市密集地区的多核心区型城市区空间结构向低密度网络城市空间结构转变，最终导向"无边界"的格局。

四、中国城市空间结构理论

城市空间结构基本理论主要包括城市物质空间结构、城市经济空间结构、城市社会空间结构3个方面。改革开放以来，在快速城市化及经济转型背景下，中国城市空间结构日益丰富复杂，城市空间问题亟待展开研究；同时由于人口普查、土地调查、经济普查等全国性调查活动的开展，为城市空间结构的研究提供了基础，共同推动了中国城市空间结构研究的不断深入（周春山和叶昌东，2013）。从20世纪80年代开始，中国建筑学、城市地理学、社会学等学者尝试将西方城市空间理论引入，具有代表性的有国外城市建设、城市空间布局等理论（沈玉麟，1989）；中心地理论、城市土地利用模式等理论（许学强等，1989）；城市社会空间结构模式等理论（虞蔚，1986）；开展的实证性研究主要集中在对中国古代城市的结构形态（董鉴泓，1989）、计划经济下中国城市土地利用空间模式总结，城市空间结构中城市边缘区、城市交通、历史文化等特定问题的研究（崔功豪和武进，1990）。90年代之后，中国城市空间结构进行的实证性分析不断增多，主要集中在城市内部人口分布变动与郊区化的研究（胡兆量和福琴，1994），社会区、住房、城市贫困等城市社会空间的研究（柴彦威，1996），商业和高新技术产业等城市产业空间的研究（闫小培等，2000），城中村、开发区等城市空间形态的研究（闫小培等，2004），城市空间结构形成机制的分析（王兴中，2000）等方面。进入21世纪以后，中国城市空间结构研究趋于成熟，研究主要集中在对转型期中国城市物质空间结构模式、社会结构模式（高晓路等，

2012)和经济空间结构模式(王战和和许玲,2005)等方面总结,近年来,针对全球化、信息化、生态化、网络化所带来的新城市空间现象,开展了智慧城市、节约型城市、宜居城市、生态城市、低碳城市等研究,同时重视对城市新区、同城化和一体化等新的城市空间现象的研究(图2.3)。

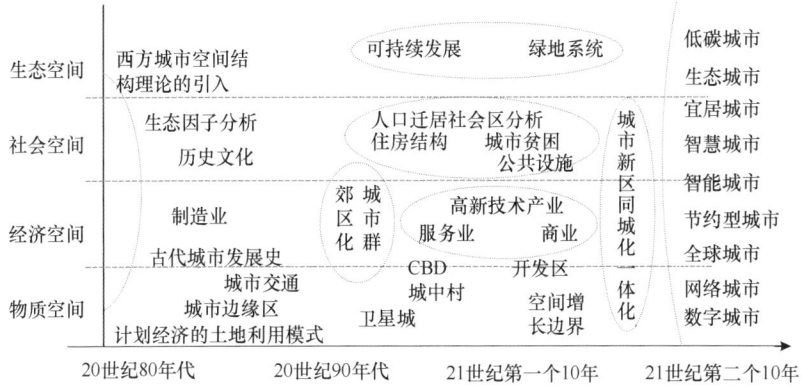

图2.3 中国城市空间结构相关研究主题(周春山和叶昌东,2013)

(张小雷 段祖亮)

第三章　中国城市发展的资源环境基础

　　城市（镇，下同）的出现和发展所体现的是人类不断深化地球资源环境开发的一种长期努力和必然结果。以求生存为目的的人类天然群居习性是城市化发展的主观基础，而存在于地球表层的自然资源与环境则是最终成就人类现代城市化发展的客观基础。中国城市发展的环境基础包括了地球表层系统中的地理要素和气候要素两大类，这些要素共同构成城市发展的自然环境基础，即自然环境本底。在这些要素的共同作用下，城市发展的格局呈现出一定的地带性规律。本章在资源环境的基本概念和要素组成认识基础上，分析中国城市发展的资源基础和环境基础，以揭示中国现代城镇化的基本进程、结构演进和资源环境占用（消费）特征。

第一节　资源环境基本概念的认识

一、概念界定

1. 资源环境的内涵

　　一般来讲，资源是指一切生产资料和生活资料的来源，是在一定技术条件下，可以作为人类生产和生活所需要要素的总和。因而广义上的资源包含了阳光、空气、水、土壤等自然资源和工具、设备等人类生产出的物质资源，甚至包括了人类自身技术、知识和能力所体现的人力资源和信息资源、技术资源等。

　　狭义的资源一般是指自然资源。按照联合国环境规划署（UNEP）的定义：所谓自然资源，是指在一定的时间、地点条件下能够产生经济价值的，以提高人类当前和将来福利的自然环境因素和条件的总称。

　　《新语词大词典》（韩明安，1991）中对"资源"的解释为人类赖以生存和发展的全部自然条件的总和，如土地、矿藏、空气、阳光和水等。

　　《技术学辞典》（姜振寰等，1990）认为"资源"是为人们提供生活资料、生产资料的各种来源。资源可以包括自然资源、劳动力资源、经济资源等。但一般来讲，资源主要是指自然资源。

第三章 中国城市发展的资源环境基础

《加拿大百科全书》（蓝仁哲等，1998）中定义：资源是自然环境中有价值并能用于生产商品或提供服务的部分。这个定义本身就表明，自然资源虽然产生于自然环境，却是由人类"创造"的。当然，自然资源也可以按照人类的不同标准进行分类，其中包括信息与可获得性、时间、空间和所有权等特点。根据信息与可获得性而确定的资源一般包括潜在型、条件型和现实型3种。潜在型资源是被认为存在的资源，然而缺乏明确的信息；条件型的资源则已被确定存在，但其实际运用还依赖于一些条件的创造；现实型的资源则已经满足了所有必需的条件，并且正在被人们利用来创造效益。按其时间特点确定的资源是指那些可以在相对较短时期内再生、更新的资源，比如水、动植物等。按空间特点确定的资源分为可动型资源和集中型资源。可动型资源包括空气、水和野生动物，集中型资源包括矿产和河流等。根据所有权的特点，资源又可以分为私有资源（如农场）、政府拥有的资源（如森林、矿山和水）和不属于任何人所有的公有资源（如野生鱼类和大气等）。

《财经大辞典》（何盛明，1990）指出：资源是指生产资料和生活资料的天然来源。包括自然界中没有经过加工而以现存形式存在的一切天然物质财富。现代管理理论中，还包括设备、资金、人力、信息、时空等方面。就一般而言，资源主要有：①国土资源，如土地、河流、海洋等；②生态资源，如各种动植物；③矿产资源，有金属矿产品与非金属矿产品之分，前者通常以固体形态存在，如金、银、铜、铁等，后者以液体、气体、固体3种形态存在，如煤、石油、天然气等。

按照不同的分类体系，自然资源存在不同的类别。例如，Haggett（2001）主张分成不可更新资源、可更新资源和其他资源。李文华和沈长江（1985）主张分为耗竭性资源、非耗竭性资源，其中耗竭性资源包括了再生性资源和非再生性资源，非耗竭性资源包括了恒定性资源和易误用及易污染资源（图3.1）。此外，还可根据自然资源在地球圈层的分布分为矿产资源、气候资源、水资源、土地资源、生物资源五大类；也可根据用途分为工业资源、农业资源和服务业资源（蔡运龙，2007）。

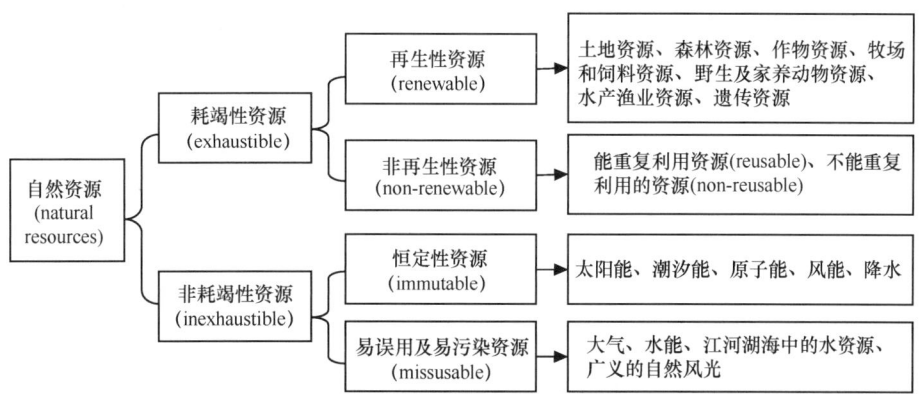

图3.1 自然资源分类系统（李文华和沈长江，1985）

中国城市地理基础

对于环境的概念不同的学者同样存在不同的解读，通常"环境"是指中心事物周边的一切事物的总和。在以人类为中心对环境进行探讨时的环境就是指人类生存的空间和相关因素的总和，其中包含了空气、水、土、动植物等自然环境和涵盖了经济、文化等方面的社会环境。

《新语词大词典》（韩明安，1991）采用了1989年《中华人民共和国环境保护法》对环境的定义，即"环境"是指影响人类生存和发展的各种天然的和人工的自然因素的总体，包括大气、水、海洋、土地、矿藏、森林、草原、野生动物、自然遗迹、人文遗迹、自然保护区、风景名胜区、城市和乡村等。

《加拿大百科全书》（蓝仁哲等，1998）对环境的定义是：围绕着人类的外部世界，人类赖以生存和发展的社会和物质条件的综合体。

通过上述资源与环境定义可以看出，正如蔡运龙（2007）所指出的："自然资源与自然环境是两个不尽相同的概念，但具体对象和范围又是同一客体。自然环境是指人类周围所有客观存在的自然要素，自然资源则是从人类能够利用以满足需要的角度来认识和理解这些要素存在的价值。因此有人把自然资源和自然环境比喻为一个硬币的两面，或者说自然资源是自然环境透过人类社会这个棱镜的反映。"

此外，还需要特别强调的是，本章中主要讨论的环境是以"环境本底"或"环境基础"的角度出现，而不是当前研究可持续发展中所面临的"环境问题"。一般地讲，环境问题是全球环境或区域环境中由于自然力或人类活动所引起的环境数量和质量的变化，以及这种变化对人类生存和发展造成影响的问题（王惠，2009）。换句话说，本章集中关注的是作为本底或基础的环境如何影响城市发展，而不是城市发展或人类活动如何影响环境。在人类文明的发展历程中，同样存在着人类活动影响环境后进而反过来影响人类自身的情况，在这种背景下，本章力争将环境作为客观的存在进行讨论，即将环境的概念限定在作为本底的地理环境基本要素上，而非探讨生态破坏、环境污染等问题对城市发展的作用。

根据地理学人地关系的基本观点，资源环境基础是指人类社会赖以生存和发展的一切物质来源，或可称为地球表层物质集合体。就人类居住的地球而言，其物质世界是由大气、矿物和水三大基本要素组成。这就是人们常说的地球三大圈（大气圈、岩石圈和水圈）。土地是三大基本要素的再造物。它是来自地球外部（太阳辐射）和内部各种动力通过大气圈和水圈长期作用于地表矿物圈的能量交换结果，因而形成了包括山川、沙漠、平原和湿地等形态各异的土地类型。种类繁杂的植物和动物则正是根植于这三大基本物质要素及土地基础之上的地球表层衍生物群体。上述基本要素、要素再造物和衍生物群体就是人类生存和文明发展的资源环境基础所在（张雷等，2009）。

资源与环境在内涵上密不可分，在人类活动方式和模式特征影响下，大多数的环境问题都在一定程度上是人类对资源的不合理开发利用造成的。环境保护问题常常与资源开发利用紧密相连。

2. 城市发展与资源环境开发

"自然资源禀赋"或者"资源环境基础"在国家和地区发展中占有极其重要的位置。根据Perloff等（1961）观点，自然资源禀赋一般是指所有可用于人类社会经济发展、满足国内和国际消费市场需求的自然物质基础。每当人类社会经济的需求结构发生变化时，这种自然物质基础的构成特点也就随之发生变化，因此，资源环境基础的概念会随着国家或地区社会经济的发展而不断地改变其含义（张雷，1997）。

与地球表层其他生物种群不同，人类既有被动地适应自然环境变化的一面，又有能动地创造大量体外工具以改造自然环境的一面，而最能展现人类这种主动创造能力的物质来源就是人类赖以生存和发展的资源环境。从这个意义上讲，人类从愚昧走向文明的历史就是一部资源环境的开发与利用历史。

在漫长的资源环境开发与利用历史过程中，人类社会大体经历了史前社会、农业社会、工业社会和后工业社会4个基本发展阶段（图3.2）。

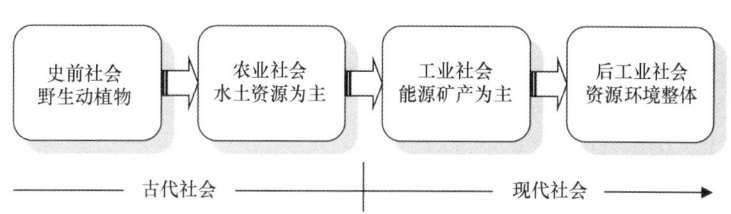

图3.2 人类社会的资源环境基础开发阶段（张雷等，2009）

1）史前社会。史前社会是指在人类文明发生之前以采集和狩猎野生动植物资源为主的时期。

根据考古学家们的研究，在600万～300万年前，人类和其他动物一样使用最原始的方式采集和猎取食物，以维持自身的生存。在当时的原始生存环境中和有限视野范围内，无处不在的石头便成为人类进行资源环境开发和利用的初始起点。从此，人类开始走上了漫长的"石器时代"。在人类的资源环境开发和利用的整个历史进程中，以采集和猎取方式为主的"石器时代"所延续的时间最长，大约占去了人类社会历史的99.8%。

2）农业社会。这是以种植业和畜牧业为主的土地资源开发和利用时期，代表着人类文明的开端。

大约在1万年前（公元前8000年）人类开始学会使用金属类矿物。各类金属工具，特别是铁制金属工具的制造和发展使人类获取了在广大平原和山区进行林地开垦和大面积农田耕作的能力，并且以此刺激了包括水利、交通和居住等在内的基本社会基础设施建设。这种资源环境开发利用的进步将人类社会带入了农耕经济时代。

3）工业社会。这是指工业化生产为主的能源矿产资源开发与利用时期，是古代人类文明与现代人类文明的分水岭。

中国城市地理基础

与农业社会不同,工业社会不仅极大地提高了对金属外形的改造能力,更为重要的是,人类开始掌握了有效控制金属内部各类化学元素和对矿物能源进行大规模开发利用的技术。正是这些科学技术的发展,不仅极大地提高了人类社会的物质财富积累速度,而且从根本上改变了人类智能的开发方式。人类从此进入了工业社会。

4)后工业社会。这是近年来刚刚开始的人类自身的智力和资源环境开发整体协调的时期。

与前三个阶段不同,这一阶段资源环境开发的重心已经不再是单一资源要素开发规模的扩大(如农耕时代的耕地面积扩张和工业时代的矿产投入规模增长),而是资源环境基础开发各要素间的协调及改善的可能。人类社会对资源环境基础的科学再认识和合理行为规范将决定这一阶段资源环境基础开发的基本走向。

在资源环境基础开发的上述4个基本阶段中,以能源矿产为主的工业化和城市化发展对人类社会进步所产生的影响最为强烈和深远。

另外,资源环境的形成服从于一定的地域分异规律,其空间分布并不均衡。同时,资源环境开发利用的社会经济条件和技术工艺条件也具有地域差异(蔡运龙,2007)。

资源环境的时空特征表明,人类社会经济发展与资源环境开发的关系在不断变化之中,城市发展与资源环境开发的关系亦然(表3.1)。随着工业化、城市化进程的加速,人类对自然资源的需求不断加大、对自然环境的影响逐步增强,人类在应用先进技术开发和利用自然资源环境的同时,资源短缺、环境恶化等全球性危机成为人类不得不面对的问题。这些问题若不被重视和解决,将进一步制约人类文明的进步和社会经济的可持续发展。作为一个人口基数大、资源环境相对脆弱的大国,中国未来的资

表3.1 主要自然资源的转化链简表

自然资源	主要转化链
土地资源	土地→粮食→食品 土地→粮食→饲料→肉、蛋类 土地→棉花→棉纱→棉布→服装
森林资源	森林→林上产品→木材→纸浆、家具、建筑物 森林→林内产品→珍稀动植物、林副产品 森林→林下产品→药材→营养品
草场资源	草原→牲畜→肉、奶、皮、毛等食品和用品
海洋资源	海洋→鱼虾→水产食品→水产制品
水能资源	水能→机械能→电能
矿产资源	矿产→矿物能源→煤炭→热能→机械能→电能 矿产→矿物能源→石油→热能→机械能→电能 矿产→矿物能源→天然气→乙烯、丙烯等→合成纤维→纺织品 矿产→金属矿石→金属锭→金属材料→机械产品 矿产→非金属矿石→农肥矿产→化肥→粮食、饲料、经济作物 矿产→非金属矿石→化工原料→化工制品 矿产→非金属矿石→建筑材料→建筑、装饰→建筑物、装饰品

资料来源:贾芝锡,1992

源环境开发利用与保护将对城市发展和建设造成巨大的影响。如何协调城市发展与资源环境开发利用的关系一直都是未来也仍将不可忽视的严峻问题。

二、要素组成

1. 地理环境要素

自然环境是气候因素和下垫面耦合作用的结果。下垫面包括了地形地貌和江河湖海特征及其植被繁茂程度。地形地貌和流域水系特征是由新构造运动作用决定的，而植被状况则又受气候因素和地形地貌特征制约（李祥根，2006）。因此本章主要选定的地理环境要素包括地形、水文等地理要素，也包括太阳辐射、气温和降水等气候要素。

水是生命存在和文明发展的重要基础。从古至今，择水而居也是人类的主动选择。水文的含义有广狭之分，广义上涵盖了从降水到径流，从地表水到地下水，从形成到环境变化等多个方面。在本章里，水文要素作为地理环境要素之一，与作为资源环境要素的淡水资源不同，它所探索的是城市建设和发展的本底背景，涉及江河湖泊的分布及其走向可能对城市发展的影响等，也就是说水文基础决定了城市形成与发展的大框架，水资源基础决定了城市发展的走向。城市发展的水文基础与城市水文学研究的目标不同，后者是研究城市与水相互作用的关系，包括给水、排水、城市化导致洪水增加和水质变化，城市化对河川径流与水质的影响等（刘昌明，2014）。

2. 资源环境要素

根据地球表层物质世界的要素组成，最终确定人类社会发展的资源环境基础组成包括：淡水、土地（耕地和草场）、矿产、能源和其他环境资源（图3.3）。

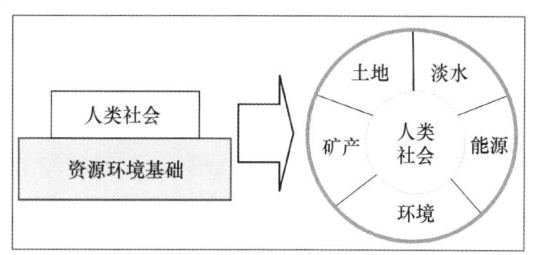

图 3.3　人类社会发展的资源环境基础（张雷等，2009）

根据对人类文明进步的作用，上述五大资源环境要素可以划分为生存要素和发展要素两大类，其中，人类文明生存要素包括土地（通常是指耕地和草场）、淡水和森林三大资源环境要素；人类文明发展要素包括能源和矿产两大资源要素（图3.4）。

在生存要素中，森林要素主要起到涵养水源、保持水土和固碳生氧等生态作用。按照上述分类体系，能源与矿产资源属于资源环境基础的发展要素，同时它们也属于不可更新资源。这类资源的开发利用速度将影响未来的可获取性，因此对这类资

中国城市地理基础

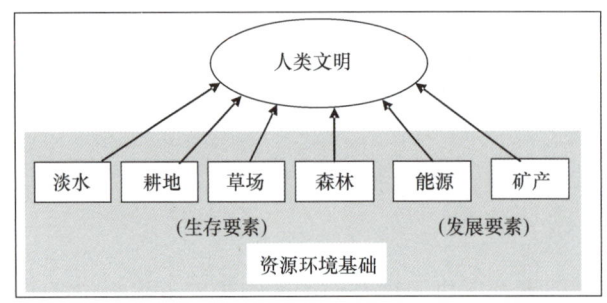

图 3.4　人类文明发展的资源环境基础分类（张雷等，2009）

源的开发利用一方面影响了城市发展的进程，另一方面还体现了人类的技术水平。而事实上，人类文明发展的生存要素同样面临是否可更新的问题，一旦土地、淡水、森林被滥用和误用，同样会造成退化等现象，如果这类要素退化到一定的程度，必然导致很难恢复。

由于地理环境基础和资源环境基础对城市发展的作用方式有所差别，因此在后续内容的论述过程中，对地理环境基础要素的论述主要以空间格局分析为主，对资源环境基础要素的论述主要以总量分析为主。

第二节　中国城市发展的环境基础

一、自然环境基础总述

中国地形总体呈西高东低逐级下降趋势，构成三大阶梯，其中，青藏高原地区为最高一级，其外围至大兴安岭、太行山、巫山和雪峰山之间为第二阶梯，东部平原和丘陵区为第三阶梯。

中国境内河湖众多，流域面积在 1000km^2 以上的河流有 1500 多条，大多顺地势自西向东流入太平洋，境内京杭运河是世界上最长的运河，湖泊主要分布在青藏高原和长江中下游两个地区。

中国国土地跨温、热两大气候带，大部分地区位于北温带和亚热带。中国东部属于东亚季风气候；极高山区为寒冷气候，青藏高原是特殊的高原气候。自东向西有从湿润到干旱不同的干湿地区，加之叠加了多种地形地貌影响，形成气候环境复杂的特点和多样的气候类型。每年 9～10 月至翌年 3～4 月盛行西北冬季风，全国大多寒冷干燥，南北温差很大。以上就是中国自然环境的基本特征（李祥根，2006）。

随着城市化进程的加快，城市气候学、城市水文学等学科逐渐受到重视。城市气候学的主要研究对象和任务是城市中人类活动对气候的影响（周淑贞和束炯，1994），城市水文学研究的是城市建设和发展对城市内外水文过程的影响（吕明强和都金康，1993）。但本节所要陈述的是自然环境基础的地理要素和气候要素如何对城市的发展起到支撑作用，因此将仅从自然环境对城市发展的基础支撑作用来展开。

二、地形要素

1. 地形对城市环境的影响机制

地貌是地表外貌各种形态的总称；地形，即地貌形态，是地貌学研究的基本问题，一般地形更偏向于局部描述，地貌则表达整体特征。

一般来说，气候总与一定的地域性联系在一起，不同地理环境的气候因素会有很大不同，这种多样性在很大程度上是地区总体的地形差异所引起的。

（1）地形与太阳辐射

地形对太阳辐射的影响由与地形相关的辐射状态的差异所决定。首先，因地理方位、地形、坡度、标高以及太阳直接辐射和天空漫射不同，地面各处的太阳辐射量呈现出明显的差异性。其中，对地区太阳辐射量影响最大的还有坡态。坡态还影响地上建筑物的阴影长度，位于南坡的阴影缩短，而在北坡的则变长。

其次，与太阳光线垂直的法线面有最大的辐射热，直接辐射热与地面和太阳光线所形成的角度成正比，它们会随季节和纬度不同而变化。此外，太阳辐射还与当地空气中的水蒸气含量、浮尘含量及云量等大气清晰度有关。例如，湿度高的海岛型气候，就因为空气中的水分吸收太阳辐射而造成太阳辐射量比同纬度的大陆性气候区低。

（2）地形与温湿状态

在地形较为复杂时，由于太阳辐射不同，再加上其他因素的综合作用，形成城市局部地区特定的温湿状态。研究发现，高出河谷 $50 \sim 100m$，朝向较为理想的坡地，由于较少受到有害强风侵袭，再加上它们大多位于那些在低洼地区形成的导致地表冷却或相对密度大的冷空气沿坡下沉的逆温层和"冷湖"区上方，一般都具有较佳的温湿环境，而坡顶和坡谷则往往形成冷高原和冷气坑，环境不佳。

高大山脉形成潮湿的向风坡，而小的山脉则形成潮湿的背风坡。当遇到高大的山脉坡地，潮湿空气集聚并且快速上升，当空气达到其露点时，就会在向风坡形成湿冷气候。穿过山脊，空气下降并逐渐变暖，低于其相对湿度而使背风坡变得干燥。因而造成"迎风坡多风多雨，而背风坡干旱少风"的局部气候现象；对于小的山体，情况恰恰相反。

温湿状态还主要表现为气温与地方海拔的规律性关系上。在通常情况下，温度呈现为一定的垂直梯度，当一定体积的空气上升时，每升高 $100m$ 平均温度大约下降 $0.5 \sim 1℃$；而当一定体积的空气下降时，温度也以同样的速率升高。对许多城市而言，如格鲁吉亚的第比利斯、意大利的热那亚等，城区之间的局部高差都在 $200 \sim 400m$，平均温差达 $2 \sim 4℃$。作为极端例子，玻利维亚最大的城市拉巴斯，位于很深的峡谷内，其建成区范围内的高差竟达 1000m，从而导致城内建筑层次极为复杂，街道形态蜿蜒曲折，局地微气候差异很大。

由此可见，地形高差所形成的城市内部温差对改善居住条件非常有效。寒冷或炎热地区的城市功能布局，若能对地形及其引起的温湿状态变化加以综合考虑和利用，对于提高城市环境的舒适性有着积极作用。

（3）地形与城市风环境

起伏变化的地形能够明显改变大气总循环中近地气层的方向，再加上前述坡态的冷热温差共同作用，可形成地区性的大气循环，从而对城市风环境产生很大影响，形成局部地形风。局部地形风作为局地微气候的特殊现象，其影响规模约为水平范围 10km 以内，垂直范围 1km 以下。丘陵和山区地形对气流的影响比城市建筑物对气流的影响大得多，因而，城市设计方案构思和选择通常要依据地形影响下的主导风向和风速等因素。

山谷风是一种与大气循环无直接关系的特殊地方风，一般产生于长而狭窄的陡峭山谷内，具有昼夜循环的周期性特点。这种风通常比较轻微，是因为夜间空气沿着山坡下降，在与土地接触的过程中被冷却而产生的，在静风情况下对城市局地气候的改善起着很大的作用。虽然山谷风对局部风环境的影响不如海陆风那样显著，但也足以改变一个地区某一季节的主导风向。例如，徽州地区，由于群山环抱，各个村落夏季主导风向迥异，不如江淮平原地区那样有规律。

从上述分析中可以发现，影响城市局地微气候环境的基本地形如丘陵、山脊、山坡、谷地等，都有着相对独立的自然生态特点。分析不同地形及与之相伴的局地微气候条件，能为城市设计提供一定的理论依据（徐小东和徐宁，2008）。

2. 中国地形要素空间格局

中国境内地势西高东低，分为 3 个阶梯。第一阶梯青藏高原上山岭沟谷纵横，湖泊众多，世界最高的喜马拉雅山脉位于高原南部边缘；第二阶梯是青藏高原以北、以东，涵盖云贵高原、黄土高原、内蒙古高原和四川盆地、塔里木盆地、准噶尔盆地；第三阶梯为大兴安岭、太行山、武陵山及云贵高原东缘一线以东，一般为海拔 500m 以下的丘陵和平原间隔分布，包括东北平原、华北平原、长江中下游平原、江南丘陵（图 3.5）。

除地形总体上显著的阶梯性外，中国还是个多山国家，山地和高原面积极大，海拔 500m 以上地区占全国总面积的 75% 左右。多山的状态也造成了中国地貌类型的复杂多样，包括了山地、高原、丘陵、盆地和平原。这些丰富的地形地貌，加上复杂多样的气候条件，均在不同程度地影响着中国的人口分布和城市发展。

从坡度上看，东北平原、黄淮河下游地区、内蒙古高原、新疆大部分地区和四川盆地坡度相对最小；黄土丘陵区、东北平原周边山区、青藏高原部分地区坡度相对较小；东南丘陵区、云贵高原区和青藏高原大部分地区较大；青藏高原边缘地带，尤其是横断山脉地区的坡度最大，为平均坡度高于 25° 的地区（图 3.6）。

第三章 中国城市发展的资源环境基础

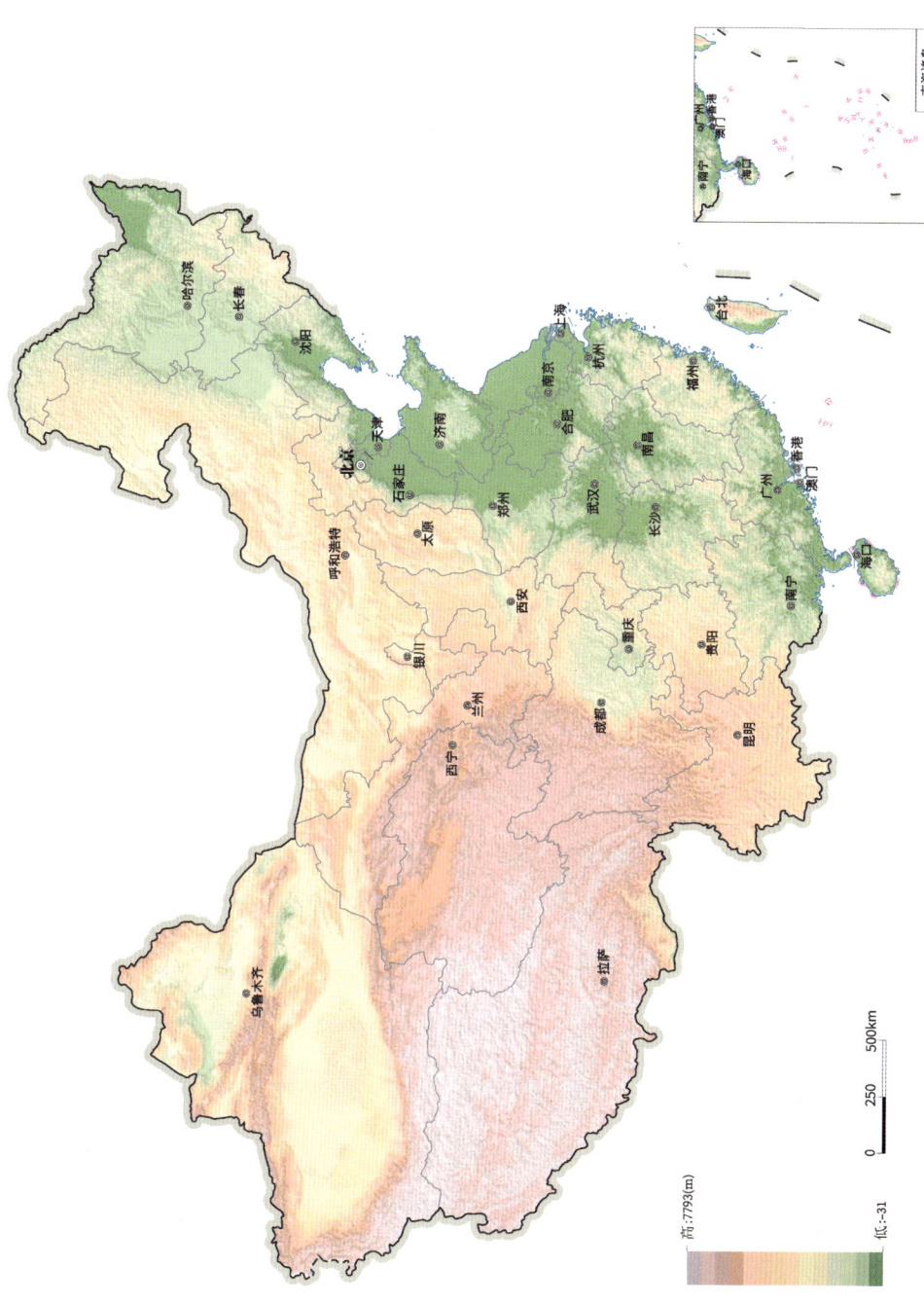

图 3.5 中国地形高程分布图（杨波，2019）

中国城市地理基础

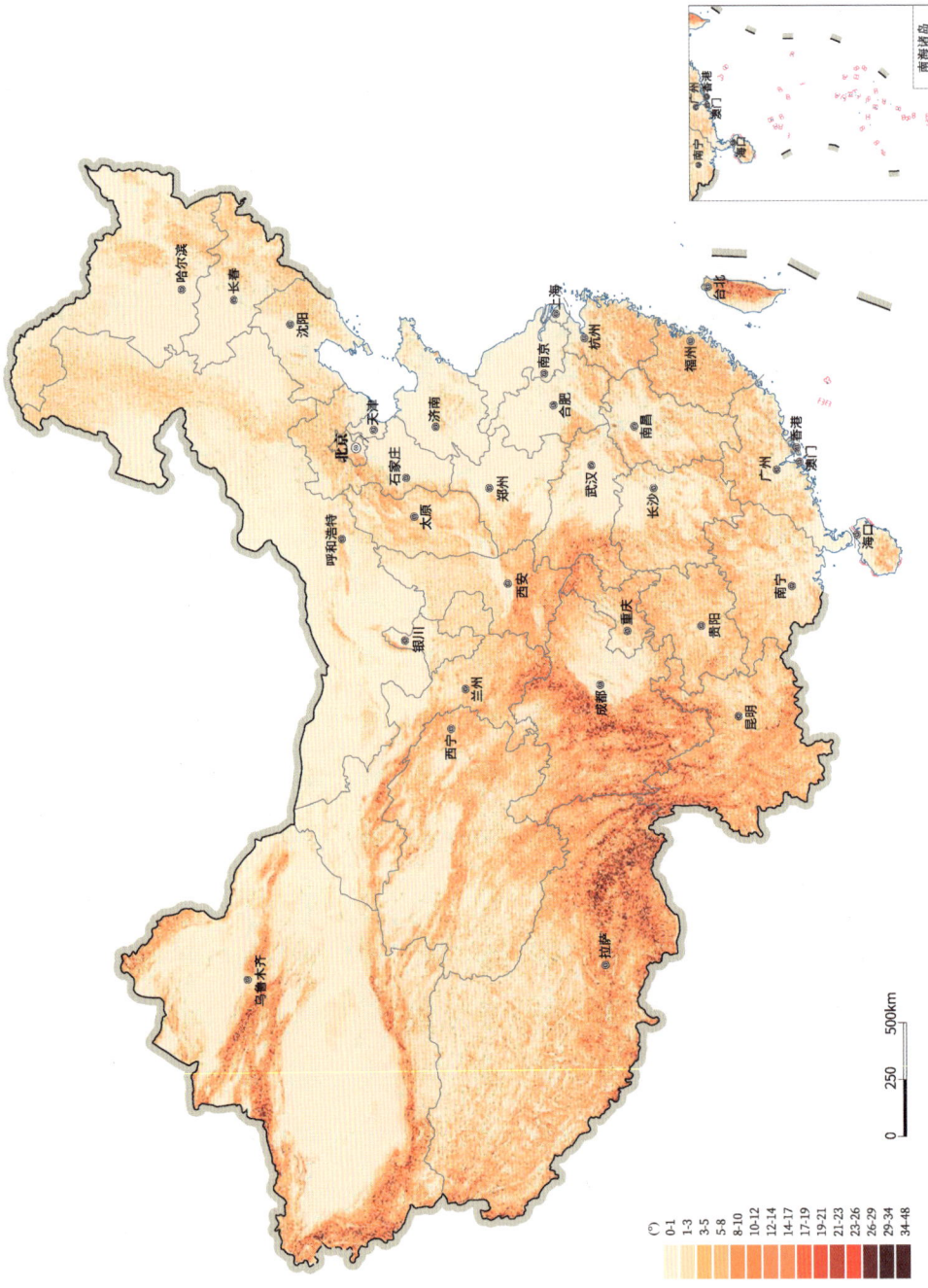

图 3.6 中国地形坡度空间分布（杨波，2019）

地形破碎度是与地形起伏度概念类似的一个地形要素,然而地形起伏度仅表示某一尺度下的相对高差,并不能表达土地的连续性。换句话说,地形破碎度表现为地形起伏的连续性,地形破碎度越大,目标区范围内连续起伏越多。由地形破碎度空间分布图可以看出,中国地形破碎度大致呈现南高北低的趋势。其中四川盆地以西、青藏高原东南部横断山脉地区及新疆天山北部地区的地形破碎度最高,地形破碎度均高于8;云贵高原、东南丘陵区和太行山区地形破碎度其次,在4～7;黄土丘陵区、东北平原周边山区的地形破碎度略小,在1～3;东北平原、黄淮河下游地区、内蒙古高原、新疆大部分地区的地形破碎度最低(破碎度值为0)(杨波,2019)(图3.7和表3.2)。

表3.2 国内主要城市城区地形指标

城市	高程范围/m	平均坡度/(°)	平均地形破碎度
北京	142～2271	3.82	2.87
天津	96～135	0.48	0
石家庄	189～215	0.10	0
太原	884～1807	2.27	0.90
呼和浩特	1140～2241	1.85	0.80
沈阳	140～461	0.33	0.01
长春	304～732	0.65	0.06
哈尔滨	227～323	0.24	0
上海	121～158	0.08	0
南京	122～470	0.60	0.1
杭州	123～1152	1.44	0.76
合肥	126～254	0.24	0.01
福州	121～1146	4.10	2.39
南昌	134～939	2.20	1.21
济南	141～1006	1.71	0.92
郑州	204～370	0.26	0
武汉	127～808	0.48	0.11
长沙	143～340	0.70	0.05
广州	109～447	0.88	0.30
南宁	150～921	0.96	0.18
海口	121～279	0.39	0
重庆	270～1344	3.36	1.24
成都	573～1082	0.98	0.50
贵阳	1042～1723	2.12	0.75
昆明	851～4241	7.40	4.41
拉萨	3760～5669	9.41	5.90
西安	464～1383	1.13	0.34
兰州	1625～3134	3.60	2.45
西宁	2299～2888	4.00	1.72
银川	1226～3112	1.93	0.91
乌鲁木齐	764～3279	2.87	0.94

中国城市地理基础

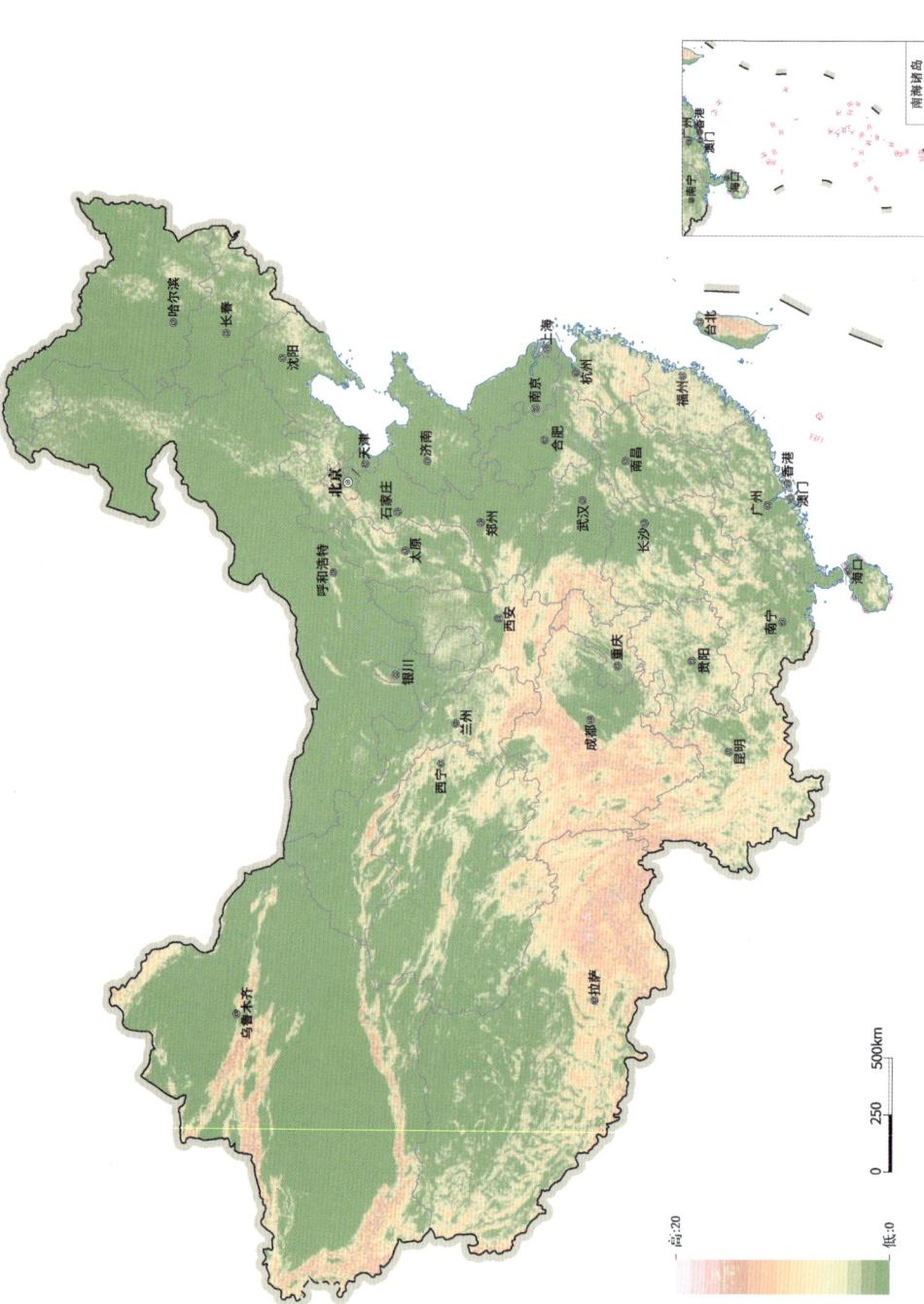

图 3.7 中国地形破碎度空间分布（杨波，2019）

中国是一个多山国家，不同类型地形地貌条件下均有城市的分布，但由于建设难度等问题，多数城市分布于海拔、坡度和起伏度都相对较低的地区。

此外，日照、温湿度、风力风向等自然因素也会受到地形的影响。城市的地方性气候特征，在很大程度上是由城市用地的海拔及城市在大区地形中所处的位置决定的。山脉可以大大改变大气团的流动方向与流动特点，是使山脉迎风面多雨、背风面少雨的原因，对于坐落在自然隘口或山垭附近的城市，由于气团溢过或者绕过地形障碍而具有多风和大风的特征。在复杂地形条件下，由于太阳辐射量不同和其他许多原因，形成城市某些地区的特定温湿状态（克罗基乌斯，1982）。

三、水文要素

根据第一节中对城市发展的水文基础内涵的界定，反映水文基础的主要指标包括了径流、湖泊、地下水等。

根据全国两次水资源评价的结果，中国河川径流的补给来源主要是降水。此外，不同流域的河川径流大小还受到下垫面条件的影响，包括地质地貌、植被（土地覆盖）和土地利用（人类活动）以及水能开发等（刘昌明，2014）。其中建设水利工程设施可以有效地促进当地社会经济的发展、优化经济布局（表3.3）。

中国年径流量分布的总趋势是自南向北递减，近海多于内陆，山地大于平原。全国年径流深[①]的地带性分布大体可以10mm、50mm、200mm、900mm等值线，划分为丰水带、多水带、过渡带、少水带、贫水带（刘昌明，2014）。

（1）丰水带

年径流深大于900mm。包括东南沿海地区如广东、福建、台湾等省大部，江西、湖南的山地，云南的西南部和西藏的东南部。大致相当于亚热带和热带常绿林带。浙闽丘陵和台湾山地是中国径流最丰富的地区。

（2）多水带

年径流深在200～900mm。包括广西、云南、贵州、四川以及秦岭-淮河以南的长江中下游地区。年径流深部分山地可达1000～2000mm，如四川盆地西缘山地达

---

① 径流量的表示方法及度量单位：
（1）流量Q。是指单位时间内通过某一过水断面的水量。常用单位为立方米每秒（m^3/s）。各个时刻的流量是指该时刻的瞬时流量，此外还有日平均流量、月平均流量、年平均流量和多年平均流量等。
（2）径流总量W。时段Δt内通过河流某一断面的总水量。以所计算时段的时间乘以该时段内的平均流量，就得径流总量W，即$W=Q\Delta t$。它的单位是立方米（m^3）。以时间为横坐标，以流量为纵坐标点绘出来的流量随时间的变化过程就是流量过程线。流量过程线和横坐标所包围的面积即为径流量。
（3）径流深R。是指计算时段内的径流总量平铺在整个流域面积上所得到的水层深度。它的常用单位是毫米（mm）。若时段为Δt（s），平均流量为Q（m^3/s），流域面积为A（km^2），则径流深R（mm）由下式计算：
$R=Q\Delta t/(1000A)$

表 3.3　中国古代水利建设粗略年表

时间	朝代	水利工程内容
公元前 2000 年前后	夏	大禹治水
公元前 1600～1100 年	商	井田由开挖的灌排沟渠分开
公元前 1000 年前后	西周	西周记载的水利有蓄水、排灌、防洪等
公元前 486 年	春秋后期	开凿运河沟通长江和淮河，连通沿线湖泊，称为邗沟，是有明确记载的最早开通的运河
公元前 476 年	春秋末期	吴国开凿杭州至镇江的运河，称为江南运河
公元前 361 年	战国中期	魏国开挖浪荡渠，连接黄河与淮河支流颍水，又称为鸿沟
公元前 256～251 年	战国后期	秦国蜀郡太守李冰主持兴建都江堰；郑国在今陕西修建郑国渠；楚国在今安徽修建芍坡
公元前 206～25 年	西汉	在今陕西修郑白渠；开发今青海湟水流域、宁夏河套地区和甘肃河西走廊
公元前 129 年	西汉	开凿漕渠接通黄河与渭河，长 150km，使长安—潼关可在漕渠行船
公元 204 年	东汉	开凿一系列运河，连通海河、滦河、黄河、淮河、邗沟、长江、江南运河到杭州
公元 584 年	隋	开凿长安—潼关的广通渠，长 300km 余
公元 605 年	隋	开凿洛阳—盱眙通济渠，沟通黄河南岸洛阳—淮河北岸泗水
公元 608 年	隋	开凿永济渠，沟通永定河与黄河使南北大运河直通北京（涿郡）
公元 1283～1289 年	元	修成通县—玉渊潭的通惠河，至此京杭大运河全线打通
公元 1542 年	明	连成荆江大堤（长江）
公元 1565 年	明	修南阳—徐州的南阳新河
公元 1604 年	明	修夏镇（今山东微山县内）—宿迁的迦运河
公元 1688 年	清	修宿迁—清口的中运河

资料来源：李祥根，2006。有修改

1200mm 以上，湘西北山地达 1200～1400mm。该带大部分地区属北亚热带及中亚热带气候类型，西藏东南部属高原南缘湿润气候，为季风落叶、常绿阔叶林气候带。

（3）过渡带

该带地处多水带与少水带之间，正处于中国气候分界线淮河、秦岭一线的两侧，相当于落叶阔叶林和森林草原地带，年径流深大都在 50～200mm，主要包括黄淮海平原、东北的大部和山西、陕西的大部、四川西北部、西藏东部。

（4）少水带

年径流深在 10～50mm，相当于半荒漠和草原地带。包括东北西部、内蒙古、甘肃、宁夏、新疆西部以及北部和西藏西部地区，境内多草原和荒漠，是中国的主要牧区。

（5）贫水带

年径流深在 10mm 以下，相当于荒漠地带。主要包括内蒙古中部偏北地区、腾格里沙漠、巴丹吉林沙漠、柴达木盆地、准噶尔盆地和塔里木盆地。此外,东北大兴安岭以西的呼伦贝尔草原也不足 10mm。其中,少水带和贫水带几乎没有城市分布。

湖泊是陆地上封闭或半封闭洼地中水流缓慢流动或不流动的自然水体,中国湖泊众多,分布较广。根据中国地貌和气候的基本特征,以及它们在地区上的差异,可将湖泊分为青藏、蒙新、云贵、东部和东北五大湖区。

上述地表水文基础具有供水、渔业、航运、环境调节等多种功能,其中,航运功能对城市建设与发展具有重要意义。作为便捷且廉价的交通方式,在公路、铁路、航空等现代交通设施并不发达的地区,利用湖泊、河流发展起来的航运对城市间、城乡间、区域间沟通联系具有重要的意义。

从全国来看,以地下水供水为主的城市主要分布在北方。北方几乎所有的大、中城市都存在超采情况。例如,北京、天津、石家庄、沧州、衡水、太原、呼和浩特、包头、沈阳、哈尔滨、济南、德州、东营、郑州、漯河和乌鲁木齐等市均超采,南方常州、南通和嘉兴等城市市区地下水超采(刘昌明,2014)(表3.4)。

表 3.4　以地下水供水为主的部分城市地下水开采情况

城市	可开采资源量 /(亿 m³/a)	现状开采量 /(亿 m³/a)	开采程度 /%
北京	6.2	6.62	106.77
天津	1.72	2.40	139.53
石家庄	1.03	3.74	363.11
沧州	0.08	0.10	125.00
衡水	0.12	0.21	175.00
太原	2.36	3.67	155.51
呼和浩特	1.35	2.09	154.81
包头	1.26	1.57	124.60
沈阳	1.11	8.52	767.57
长春	2.61	1.30	49.81
哈尔滨	2.22	2.38	107.21
济南	3.40	4.00	117.65
德州	0.82	0.87	106.10
东营	0.03	0.05	166.67
郑州	2.04	2.50	122.55
漯河	0.10	0.36	360.00
西安	3.35	3.22	96.12
银川	2.22	1.64	73.87
兰州	0.63	0.51	80.95
西宁	4.65	2.62	56.34
乌鲁木齐	2.35	2.40	102.13
苏州	0.65	0.24	36.92

中国城市地理基础

续表

城市	可开采资源量 / (亿 m³/a)	现状开采量 / (亿 m³/a)	开采程度 /%
无锡	0.32	0.03	9.38
常州	0.45	0.49	108.89
南通	0.07	0.08	114.29
南宁	1.65	0.6	36.36
海口	5.90	2.26	38.31
嘉兴	0.28	1.17	417.86

注：北京除市区外还包括近郊；天津除市区外还包括塘沽和汉沽区
资料来源：刘昌明，2014

四、气候要素

影响城市发展的气候要素很多，其中最为重要的包括气温和降水，以及影响气温的重要因素太阳辐射和日照时数。

从表3.5可以看出，受纬度地带性和垂直地带性影响，国内主要城市气候指标存在较大的差异（表3.5）。

表3.5　国内主要城市气候指标

城市	年平均气温 /℃		全年降水量 /mm		日照时数 /h	
	2010年	2005年	2010年	2005年	2010年	2005年
北京	12.6	13.2	522.5	410.7	2382.9	2576.1
天津	12.2	12.9	355.4	618.5	2089.2	2348.2
石家庄	14	14.3	432.9	389.5	2377.7	2274.1
太原	11.3	10.9	376.6	274.7	2413.4	2620.9
呼和浩特	7.6	7.7	469.5	248.3	2516.5	2816.8
沈阳	7.2	8	1036.6	822.2	2275.2	2249.9
长春	5.2	5.6	878.3	681	2295	2324.6
哈尔滨	4.5	4.7	591.3	507.9	2152.1	2134
上海	17.2	17.1	1128.9	1059.8	1662	1829
南京	16.2	16.3	1298.4	992.3	1899.3	1937.5
杭州	17.4	17.5	1728.1	1138.6	1689.3	1762.2
合肥	16.4	16.2	1316.8	1091.3	1861	1834.1
福州	20.4	20.3	1604.5	1705.4	1485.6	1469.2
南昌	18.5	18.2	2211.1	1908.7	1783.9	1794.5
济南	14.3	14.4	820.9	965.4	2014.3	2369.5
郑州	15.6	14.9	600.3	728.8	1727.1	1740.9
武汉	16.6	17.8	1337.9	1116.6	1544	1829.7
长沙	18.2	17.7	1626.4	1600.9	1708.9	1423.2
广州	22.5	22.8	2353.6	1986.2	1484	1288.5
南宁	21.8	21.4	1376.9	1119.2	1601.5	1423.2
海口	24.6	25.1	2445.1	1187	1823.3	1940.5

续表

城市	年平均气温/℃		全年降水量/mm		日照时数/h	
	2010年	2005年	2010年	2005年	2010年	2005年
重庆	18.6	18.6	1044.7	1019.8	910.6	903.9
成都	16	16.2	936.8	765.6	789	777
贵阳	14.6	14.1	1010	1067.5	1021.5	1004.1
昆明	16.7	16.7	869.1	976	2136.8	2054.3
拉萨	10	9.3	359.8	495.8	3134.2	3100
西安	14.6	15	527.3	541.4	1948.6	1949.4
兰州	7.9	7.2	192	431.4	2651.2	2469.9
西宁	6.4	5.8	405	484.1	2782.1	2477.5
银川	10.3	10.1	206.3	74.9	2759.3	2813.4
乌鲁木齐	7.4	7.5	282.4	276.3	2815.7	2528.7

资料来源：《中国统计年鉴2011》，《中国统计年鉴2006》

1. 太阳辐射

俗话说"万物生长靠太阳"，地球上大部分能量都来自太阳能的转化。除了农作物、森林的生长直接需要太阳辐射进行光合作用之外，煤、石油、天然气等能源也是"古老阳光"能量储存的结果。因此，对于城市发展来说，太阳辐射带来的不仅是光明和温暖，更是能量的来源。

太阳辐射对城市发展的作用机制较为复杂和间接，这一方面体现在太阳辐射或太阳能直接为人类生产生活或城市发展建设所用的比例相对较低，对于城市中生活的居民来说，太阳辐射的作用机制通常是通过绿色植物的光合作用后生产出粮食等产品供人类食用这一途径来实现。因此，太阳辐射这一要素的作用及其空间格局，更多地通过其对农作物的影响来间接影响人类食物来源，进而影响生活在城市中人类的活动。

太阳总辐射在全国尺度上的分布规律是自东向西逐渐增大（图3.8）。年总辐射量最大的地区是青藏高原，大部分地区在 $6 \times 10^6 \, kJ/m^2$ 以上；青藏高原西部地区甚至高达 $7 \times 10^6 \, kJ/m^2$，最高值达到 $7.8 \times 10^6 \, kJ/m^2$。个别地区虽属高寒地区，但由于光照强、日温差大等原因，小麦、青稞、蔬菜等作物同样能获得高产。湖南和湖北西部、贵州北部、重庆市及四川盆地大部分地区年辐射量最低，仅为 $3.6 \times 10^6 \sim 4.0 \times 10^6 \, kJ/m^2$。西北地区年辐射量在 $5.5 \times 10^6 \sim 6.3 \times 10^6 \, kJ/m^2$，华北地区为 $4.9 \times 10^6 \sim 5.3 \times 10^6 \, kJ/m^2$，东北地区为 $4.7 \times 10^6 \sim 5.0 \times 10^6 \, kJ/m^2$，长江中下游为 $4.5 \times 10^6 \sim 4.7 \times 10^6 \, kJ/m^2$（杨波，2019）。

2. 气温要素

在大陆性季风气候控制下，中国气温分布总的特点是东部北冷南热，西部高原冷平原热。年平均气温由北向南逐渐增高。由于日照受纬度和地形等影响，地面积温在各地有所不同。地理学界和农业生产上多用≥10℃（或≥0℃）年累积温度（积温）作为资源指标，进行自然区划（图3.9）。

中国城市地理基础

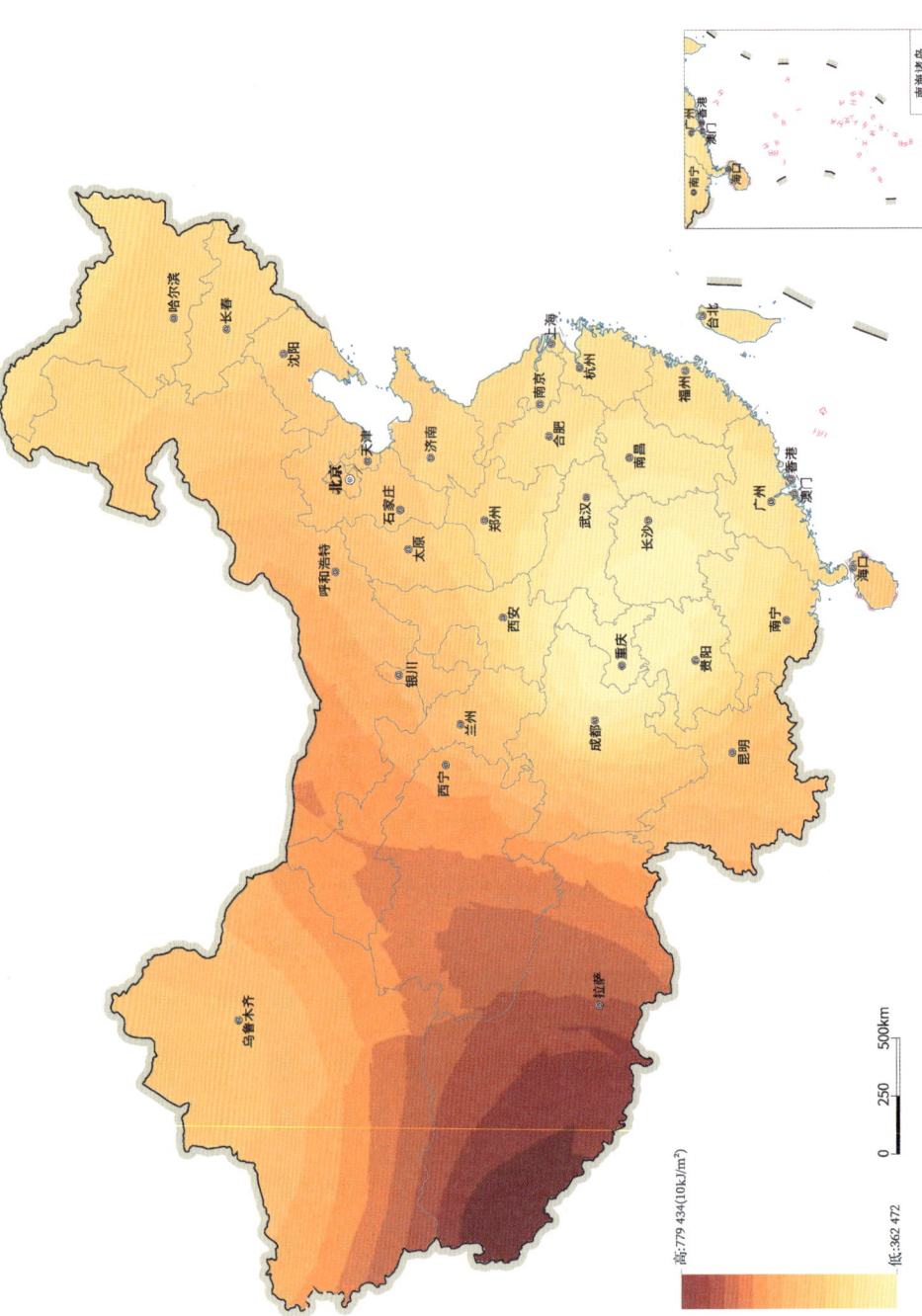

图3.8 太阳总辐射年值空间分布图（杨波，2019）

第三章 中国城市发展的资源环境基础

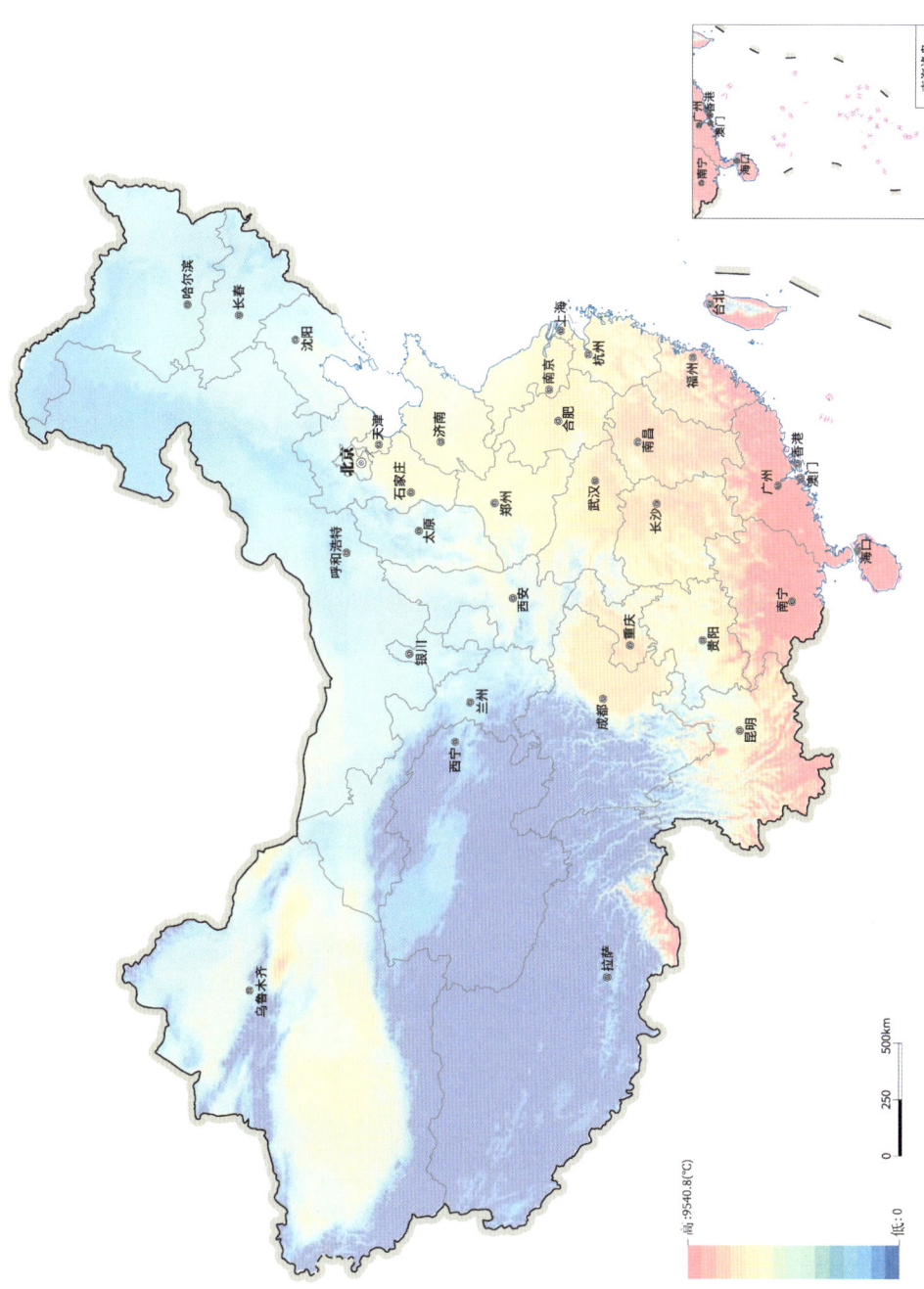

图3.9 年均≥10℃积温空间分布图（杨波，2019）

青藏高原地区由于地势高，大部分地区热量不足，海拔 4500m 以上约占高原面积的 2/3，最热月平均温度低于 10℃，甚至低于 6℃，无绝对无霜期。

此外，根据≥10℃积温指标可以进一步细分出 6 个热量带和 1 个高寒区，高寒区即为青藏高原地区，6 个热量带分别为：①中国东北黑龙江西北隅的寒温带（≥10℃积温小于 1500℃）；②天山—阴山以北的温带（≥10℃积温 1500～3200℃）；③燕山以南，秦岭—大别山以北的暖温带（≥10℃积温 3200～4500℃）；④秦岭—大别山以南，珠江流域及云贵高原和台湾地区中、北部的亚热带（东部：≥10℃积温 4500～7000℃，西部：≥10℃积温 4500～6500℃）；⑤云南南部、台湾南部，即北回归线以南，包括雷州半岛和海南省的热带（东部：≥10℃积温大于 7000℃，西部：≥10℃积温大于 6500℃）；⑥南沙群岛南部地区的赤道带（≥10℃积温大于 9000℃）（李祥根，2006）。

3. 降水要素

中国年均降水量空间差异显著，呈现由东南向西北逐渐减少的趋势。降水量分布如下（李祥根，2006）（图 3.10）：

1）4000～1600mm/a 带。位于中国东南、华南沿海丘陵，尤其是台湾山地迎风坡达 3000～4000mm/a。浙江、江西、湖南、广西等地区雨量在 1600mm/a 以上。西藏东南部喜马拉雅山东南坡、雅鲁藏布江出境处山麓地带高达 4000mm/a 以上。

2）1600～800mm/a 带。位于长江中、下游地区及广西、贵州、云南和四川大部分地区、汉水及淮河流域。

3）800～400mm/a 带。位于东北平原、华北平原、黄土高原、秦岭山地及青藏高原东南部。

4）400～100mm/a 带。位于大兴安岭西坡、西南坡，内蒙古、宁夏贺兰山以西或呼和浩特市—银川市—兰州市—西宁市—西藏日喀则一线以西地区。400mm/a 年降水等值线是中国东部丰水区与西部干旱区的重要分界线。

5）小于 100mm/a 带。位于北东-南西方向，100mm/a 降水线以西的中国西北广大地区包括新疆塔里木盆地和内蒙古西部的阿拉善地区、青海省柴达木盆地等。这些地区的降水量通常在 50mm/a 以下。

第三节　中国城市发展的资源基础

一、评价方法

1. 基本评价方法

就整体而言，目前地球表层存在着两个物质能量交换和循环方式相左的生态系统：

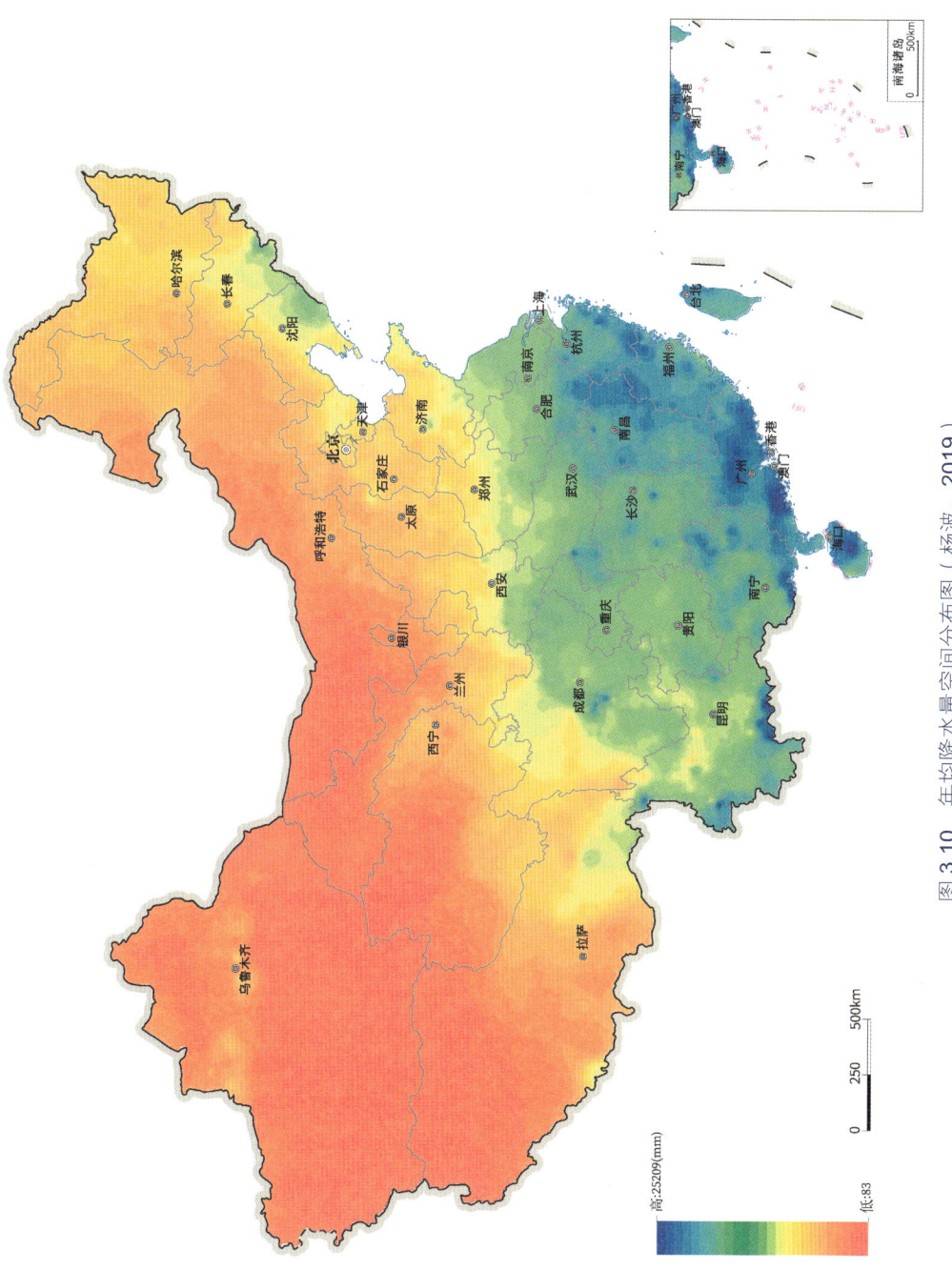

图 3.10 年均降水量空间分布图（杨波，2019）

自然生态系统和人文生态系统。由于所处生存和发育环境各不相同,因此,各类生态系统内部的物质能量交换和循环方式也就各有不同(张雷等,2009)。

作为人文生态系统的重要组成部分,城市生态系统是以人为核心,在自然环境基础上建立起来的自然-经济-社会复合系统。城市生态系统是一个不完全的生态系统(杨小波等,2006)。与自然生态系统能量转换的多样性和自我循环特征相比,城市生态系统的物质能量转换不仅过程短,而且无法实现自我循环。城市所需求的大部分物质能量需要从其他生态系统人为地输入,如依靠农田生态系统输入粮食、蔬菜和棉麻类生物纤维,依靠草原生态系统输入肉、奶,依靠矿山生态系统输入各类原料、燃料,等等。

现代城镇社会经济活动对资源的消费和占用行为主要取决于城镇自身的功能,根据人文生态系统的生存法则,现代城镇发育的资源环境消费与占用同样可以按照能量转换的过程分为直接、间接和诱发三大组成单元(张雷等,2009)。这种物质能量的占用或消费组成特征在土地、淡水和能源供应方面表现得尤为突出。

首先是直接消费和占用。一般是指城市发育进程或空间扩展过程中的资源环境表观上直接占用程度和总体状态,或可称为"立身之用"。例如,城镇的用地、用水、能源等资源的占用和消费。通常,这些资源环境占用和消费是城镇发育所必需的,相关的数据可以通过国家或地区的统计资料获取或查询。

其次是间接消费和占用。通常是指维系和满足城镇发育和成长的必要消费所产生的间接资源环境的消费和占用,或可称为"果腹之用"。一般而言,当城镇消费的产品不是产自于所在的建成区之内,就会产生这类间接的资源环境消费和占用。例如,城镇居民日常消费以及轻纺工业所需生物质原材料等各类农副产品往往依赖于农村地区的供应。由于生产这些农副产品所占用的土地、淡水等资源只能发生在农村地区而不在城镇建成区,于是就有了城镇发育的资源环境间接消费和占用。实际上,城镇居民日常生产所需的各类农副产品消费往往可以在有关的城镇统计数据中找到,但是,生产这些农副产品的资源环境占用状态却很难从相关的城镇统计资源中去查找。

再次为诱发消费和占用。这是指为保障城镇生存与发展的环境需求所引发的相应资源消费或占用,或可称为"环境之用"。通常,这种诱发的土地资源消费或占用主要是指用以维系城镇发育的空气质量(呼吸)和水源地(饮水)安全两大环境功能的森林绿地,以及城镇所在地区的特定地理环境和生态状态。例如,为了保障城镇居民饮用水的安全,需要在城镇饮用水水源地区及上游上风向地区建立相应的水源保护区(带)。此外,为了保证大城镇的空气质量,城镇规划都会对城镇上风向地区大气环境质量的稳定提出相应的规定和要求,特别是对地处半干旱地区的城镇系统发育来说,更是如此。

最后为总体占用或消费。是指城镇化过程中国家、地区或城市的资源环境占用或消费总体状态。这种总体状态可以由前述的直接、间接和诱发三者的资源占用(消费)相加而成,其实用模型可以表达为[公式(3-1)]

$$TUBU = \sum(P_f, S_f, T_f) \quad (3\text{-}1)$$

式中，TUBU 为城镇化的资源环境消费总体状态；P_f 为城镇化发育的资源环境直接消费或占用；S_f 为城镇化发育的资源环境间接消费或占用；T_f 为城镇化发育的资源环境诱发消费或占用。

还有消费和占用系数。这也可以称为城镇资源消费或占用结构演进状态。根据人文生态系统评价模式，城镇的资源环境占用实际模型可以表达为[公式（3-2）]

$$URUE = \sum(P_f/P_f, S_f/P_f, T_f/P_f), (1 \rightarrow \infty) \quad (3\text{-}2)$$

式中，URUE 为城镇或城镇化的资源环境占用或消费结构演进系数；系数的值域可以从 1 到无穷大。

通常，随着城镇化走向成熟，这种资源环境总体占用（消费）往往形成与自然生态系统相左的"倒金字塔"结构（图 3.11）。与世界其他国家相比，中国城镇化的资源环境占用（消费）同样具有直接占用（消费）＜间接占用（消费）＜诱发占用（消费）明显特征。

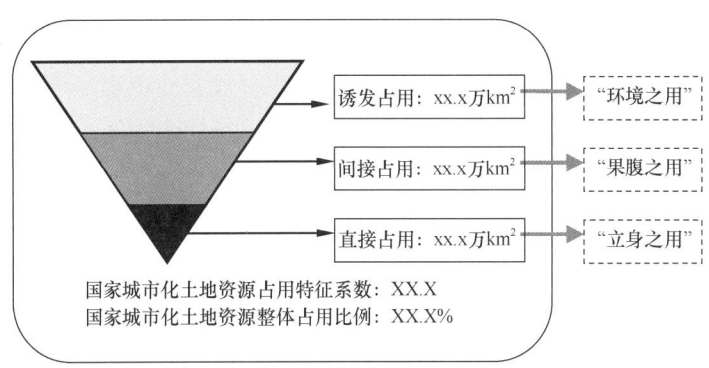

图 3.11　城镇（化）发育的资源环境占用（消费）结构模型

2. 要素评价方法

（1）城镇用地计算方法

1）直接占地。

在中国的统计数据中，城市建成区面积更接近城市的实体区域。因此，中国城市建成区面积之外，考虑到现代城镇化是一个体系，每个城市不是独立存在，而是与其他城市通过各种物质能量流（物质流、信息流等）的交换形成一个相互联系的空间整体，城市之间的这种联系在地域空间上最直观的表现就是交通用地，因此，以城镇建成区面积和交通用地面积之和来表征中国的城镇直接用地。

2）间接占地。

通常，城镇居民日常各类生活消费品的消费往往可以在有关的城镇统计数据中找到。但是，生产这些产品的土地占用状态却很难从相关的城镇统计资料中直接查找。这里，我们根据在相关的统计年鉴中直接查询到的，城镇居民家庭平均每人全年购买

中国城市地理基础

的主要商品数量，选取粮食、蔬菜、食用油、猪肉、牛羊肉、禽蛋、水果7种主要消费品，再加上工业用粮，作为城镇间接消费的农副产品。其中，粮食、蔬菜、食用油、猪肉、禽蛋、水果和工业用粮间接占用的是耕地，而牛羊肉间接占用的是草场。最后，将城镇间接占用耕地面积与间接占用草场面积相加，即城镇间接占用土地面积。

3）诱发占地。

用吸收城镇年碳排放总量所需的陆地森林面积来表征城镇化诱发占用土地资源。

（2）城镇用水评价

1）直接用水。

城镇直接消费用水，即城镇工业和生活用水二者之和，相关的数据可以在国家或地区的统计资料中获取或查询。

2）间接用水。

间接用水的计算是通过计算生产城镇居民日常生活所消费各种农副产品所需的淡水量来进行。为了计算方便性和数据的可得性，选取粮食、蔬菜、食用植物油、猪肉、牛羊肉、禽蛋、禽肉、水果8类城镇居民日常消费的主要产品，再加上工业用粮进行间接用水的计算。在具体计算过程中，把间接用水分成农地用水和草场用水两部分分别进行计算。农地用水为间接占用的农田用水量，草场用水为间接占用的草场所占用的淡水资源。

3）诱发用水。

诱发用水的计算主要是依据城镇的碳排放总量数据来进行，为了计算的简便性和可操作性，把林地的碳吸收功能作为最基本的考虑因素。首先计算出林地碳吸收所需要的面积，然后再计算出这部分林地面积所占用的天然降水量（占用广义绿水量），把它作为城镇诱发用水量。

二、生存要素占用

1. 土地资源占用

（1）总体特征（全国）

在人类活动中，土地是承载城市形成与发展的空间场所，随着城镇化的快速发展，人口与财富的空间集聚方式对土地的需求日趋明显。中国现代城市发展的土地资源占用具有以下基本特征：

第一，与其他资源环境要素相比，城镇化的土地资源直接占用比例要小得多。根据国家公布的数据，2005年，中国的城镇占用（包括道路交通用地）约为10.2万km^2，相当于全国国土总面积的1.07%。

第二，若考虑到包括间接和诱发在内的整体投入产出状态，现代城镇化的土地占用则远大于其他资源环境要素。根据城镇生态系统发育的物质消耗模式谋算，

2005年全国城镇系统的土地占用总面积约为195.0万 km², 约占全国国土总面积的20.3%。在195.0万 km²的城镇生态系统土地总占用中, 直接占用面积为10.2万 km², 约占整个系统的5.2%; 间接占用约为79.7万 km², 占整个系统的40.9%; 诱发占用约为105.1万 km², 约占整个系统的53.9%。

第三, 作为城镇化发育的唯一空间表征要素, 土地占用的情况最能体现城镇化发育的集聚效果, 其中以经济和人口的集聚状态最为明显。

第四, 土地资源占用的结构分析表明, 长期以来城镇生态系统发育的土地直接占用比例始终保持着一个相对稳定的局面。

显然, 国家或地区现代城镇化发育所引发的土地利用压力和挑战, 不仅来自城镇自身的直观扩张（直接占用）, 而且更来自维持这种扩张所必需的间接和诱发占用。

（2）演变特征

根据现代城镇化进程的土地资源占用理论模型, 中国自1952年以来城镇化发育的土地资源占用及其组成如表3.6所示（张淑敏, 1994）。

表3.6 中国城镇化进程的土地资源占用及其组成

年份	直接占地 / 万 km²	间接占地 / 万 km²	诱发占地 / 万 km²	占地总量 / 万 km²
1952	1.46	123.56	1.06	126.08
1957	1.69	125.37	2.30	129.36
1962	1.83	122.02	3.93	127.78
1965	1.89	132.00	4.66	138.55
1970	2.26	128.08	8.36	138.70
1975	2.47	132.48	12.81	147.76
1980	2.89	128.85	17.50	149.24
1985	3.59	103.67	24.57	131.83
1990	4.64	100.85	34.12	139.61
1995	6.28	75.61	50.52	132.41
2000	7.50	74.13	53.17	134.80
2005	10.20	79.69	105.07	194.96

1）直接占地。

据建设部统计, 1952～2005年全国城镇直接占地面积由1.46万 km²增加到10.20万 km², 增长了近7倍, 年均增长1649 km²。从直接占地增长的速率来看, 可以分为两个过程, 在城镇化发育的初始阶段（1952～1980年）, 城镇直接占地增长的速度较慢, 年均增长511 km²; 在城镇化发育的快速阶段（1981～2005年）, 直接占地增长的速度较快, 年均增长幅度达2924 km²。

中国城市地理基础

从城镇直接占地占城镇土地资源占用总量的比例来看，2000年以前这一比例一直呈现上升的趋势，所占比例由1952年的1.16%上升到2000年的5.56%，之后，直接占地比例出现下降的趋势，至2005年直接占地比例下降为5.23%。

由城镇直接占地的组成来看，1952～2005年，城市建成区面积由0.4万km^2增加到3.3万km^2，建制镇建成区面积由0.6万km^2增加到4.6万km^2，城镇交通用地面积也由0.5万km^2增加到2.3万km^2。

2）间接占地。

首先，从城镇间接占地总面积来看，整体上，1952年以来，中国城镇间接占地面积起伏变化，大致可以分为两个阶段。1952～1975年，城镇间接占地面积波动上升，由123.56万km^2上升至132.48万km^2，总体变化幅度不大。1976～2005年，城镇间接占地面积呈下降趋势，2005年仅为79.69万km^2，较1975年下降近40%，降幅较大。

其次，从城镇间接占地占城镇土地资源占用总量的比例来看，一直呈现下降趋势，1952年其比例为98.0%，而到了2005年这一比例下降为40.9%，下降了57.1个百分点。

最后，从城镇间接占地的构成方面，新中国成立以来，中国城镇间接占用耕地面积呈现波动上升的趋势，由1952年的24.2万km^2增加到2005年的50万km^2，增加了1倍多；而间接占用草场面积大幅下降，由1952年的99万km^2下降到2005年的30万km^2，降幅达到70%。城镇化发育间接占用耕地中，满足城镇居民生活消费的口粮而产生的间接耕地占用是逐渐减少的，由1952年的16.4万km^2减少到2005年的11.2万km^2，而满足城镇居民的油料、猪肉和禽蛋、蔬菜和水果消费以及工业用粮消费所产生的间接耕地占用是逐渐增加的，分别由1952年的2.4万km^2、1.6万km^2、0.5万km^2和3.3万km^2增至2005年的11.4万km^2、11.7万km^2、4.7万km^2和11.2万km^2。

3）诱发占地。

首先，从城镇诱发占地面积的变化来看，诱发占地一直呈现上升的趋势，增长迅速，由1952年的1.06万km^2迅速增加到2005年的105.07万km^2，增长了100多倍，平均年均增长1.96万km^2。如此高速的增长是由城镇经济的快速发展带来城镇的能源消费剧增引起的。例如，1952～2005年，全国城镇煤炭消费由1387万t标煤上升到153866万t标煤。由城镇诱发占地的增长速率来看，在城镇化发育的初始阶段（1952～1980年）和快速阶段（2001年至今），诱发占地的增长速率差异较明显。在前一阶段，城镇诱发占地增长了16.4万km^2，年均增长0.66万km^2；而在后一阶段，诱发占地增长了87.6万km^2，年均增长3.5万km^2，是前一阶段的5.4倍。

其次，在城镇诱发占地占城镇土地资源占用总量的比例方面，总体上，其比例持续快速上升，由1952年的0.8%迅速上升到2005年的53.9%，增加了53个百分点，是中国城镇化发育3种占地组成中变化最快的。

4）占地总量。

中国自1952年以来，城镇化发育的土地资源占用总量呈上升趋势，由1952年的126.08万km^2增加到1980年的149.24万km^2，再增加到2005年的194.96万km^2，共增加了68.9万km^2，年均增长1.3万km^2。总体而言，中国现代城镇化发育的土地资源占用大体经历了以下3个阶段：

第一，初始增长发育阶段（1952～1980年）。在现代之初，由于中国城镇职能的传统色彩强烈（集聚生活和集聚消费），其土地资源占用以间接为主，1952年，全国城镇占地总量为126.08万km^2，相当于全国土地面积的13.1%，此后，随着大规模工业化建设的展开，各地城镇的现代职能得到明显增强，特别是集聚生产和集聚污染方面。其结果是全国城镇诱发占地有了较快的提升，到1980年全国城镇土地资源占用总量上升至149.24万km^2，相当于全国土地资源总量的15.5%。总之，在初始发育时期，全国城镇土地资源占用总量以0.83km^2/a的速度增长。

第二，波动发育阶段（1981～2000年）。改革开放以来，由于城镇人口和经济的快速增长，城镇直接占地面积不断扩展；同时，随着农业技术的进步，农用地产出效益逐步提高，导致了城镇间接占地的下降；而随着中国城镇的经济产出职能和集聚污染的职能得到进一步的强化，诱发占地保持快速提升。三者综合作用导致城镇土地资源占用总量波动变化。至2000年，城镇土地资源占用总量为134.80万km^2，比1980年有所下降，相当于全国土地面积的比例也降为14.0%。总体上，此阶段，全国城镇土地资源占用总量以0.72km^2/a的速度减少。

第三，快速增长发育阶段（2001年至今）。2000年以来，城镇诱发占地表现出强有力的增长态势，导致中国城镇土地资源占用总量又呈现快速上升，至2005年，全国城镇土地资源占用总量达到194.96万km^2，相当于全国土地资源的比例又上升至20.3%，平均以12.0km^2/a的速度在增加。

5）占地结构。

具体而言，中国现代城镇化的土地资源占用结构变化可分为两个基本阶段（表3.6、图3.12和图3.13）：

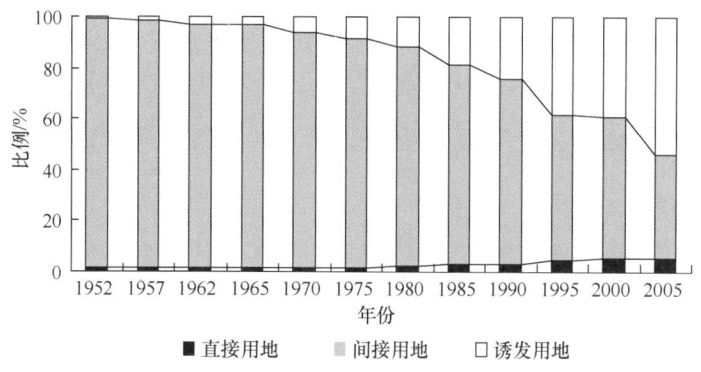

图3.12　1952年以来中国城镇化发育的土地资源占用结构

中国城市地理基础

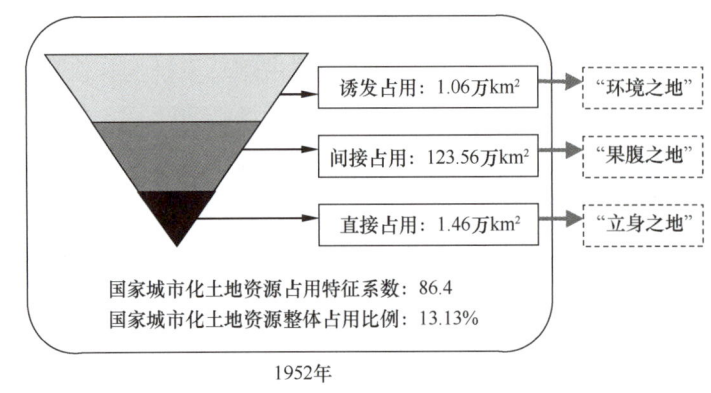

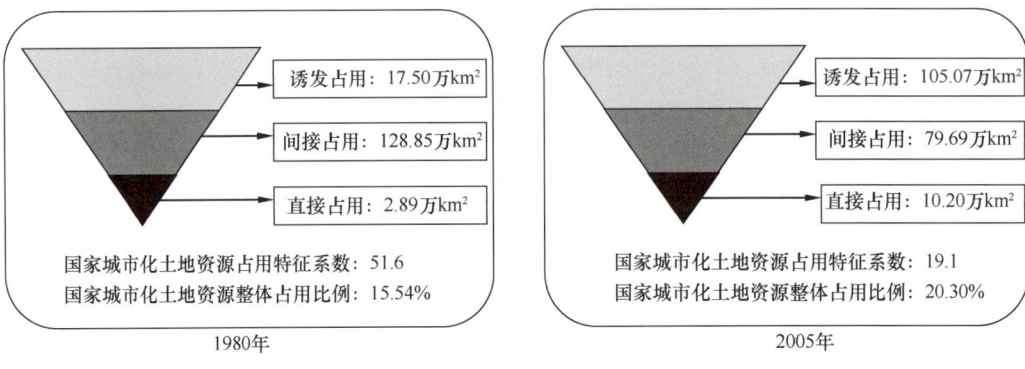

图 3.13 中国城镇化的土地资源占用特征（1952～2005 年）

第一，初始发育阶段（1952～1980 年）。为了确保集聚生活职能，这一阶段中国城镇的土地资源占用主要集中在间接占地，但是呈现下降的趋势。1980 年城镇间接占地占城镇土地资源占用总量的比例为 86%，但相对于 1952 年的 98.0% 下降了 12 个百分点。

第二，快速发育阶段（1981～2005 年）。这一阶段，中国城镇土地资源占用主要集中在间接和诱发占地。2005 年，城镇间接占地占城镇土地资源占用总量的比例为 40.9%，又下降了 45 个百分点；诱发占地比例为 54.0%，上升了 42 个百分点，并且已经超过间接占地，成为城镇土地资源占用的最重要的组成部分；直接占地所占比例也是上升的，由 2.0% 上升到 5.2%。总体上，中国城镇土地资源占用结构逐步演变为现在的倒"金字塔"式的格局，渐趋完善。

（3）案例分析：上海

1）城镇化进程。

自 20 世纪初以来，上海始终保持着全国最大经济中心和最大城市的地位，其城市化水平在全国也是最高，已经进入城镇化阶段的成熟期。如图 3.14 所示，除 1962～1980 年受自然因素和国家城市化发育政策的影响，上海市城镇化水平有所降低外，其余年份整体城镇化水平保持在 85% 以上，2005 年其整体城镇化水平达到 92%。

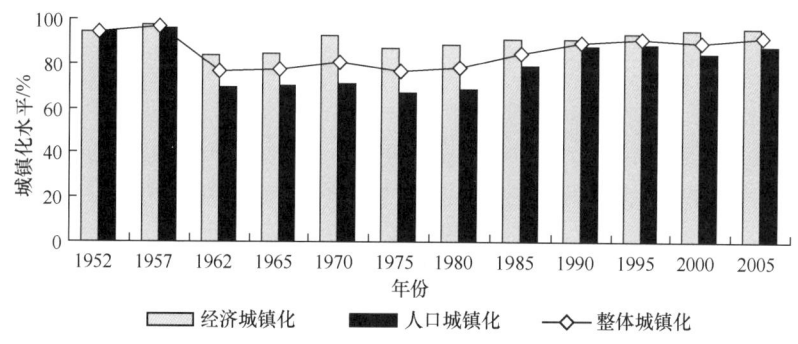

图 3.14　上海市城镇化进程（1952～2005 年）

2）用地变化。

尽管自新中国成立以来，上海市城镇化水平稳定在较高的水平，但是其城镇土地资源占用还是不断扩展的。如图 3.15 所示，1952～2005 年，上海市城镇土地资源占用总量由 168.7 万 hm^2 上升到 471 万 hm^2，其中，直接用地面积由 1.6 万 hm^2 扩展到 16.6 万 hm^2，间接用地面积由 136.6 万 hm^2 减少到 94.9 万 hm^2，诱发用地面积由 30.5 万 hm^2 扩展到 359.5 万 hm^2。城镇用地总量的扩展是由城镇人口的快速增加造成的，而间接用地的下降是受土地生产力提高的影响。

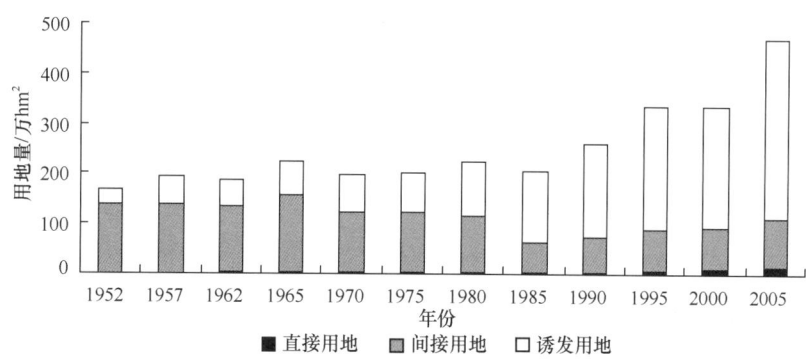

图 3.15　上海市城镇化进程的土地资源占用演变（1952～2005 年）

从人均城镇土地资源占有量来看（图 3.16），上海市人均土地资源占有量是波动变化的。在各组成部分方面，人均城镇直接占地面积不断扩展，由 $28m^2$ 上升到 $104m^2$，人均间接用地面积快速下降，由 $2477m^2$ 下降到 $594m^2$，下降了 76%，人均诱发用地面积由 $552m^2$ 增加到 $2248m^2$，增长了 3 倍多。

城镇用地结构方面，上海市城镇土地资源占用结构系数呈明显的正态演进（图 3.17）。城镇用地结构系数由 1952 年的 106.6 下降到 1980 年的 70.2，再下降到 2005 年的 28.3。就各用地组成的比例来看，直接用地的比例持续上升，由 0.9% 上升到 1.4%，再上升到 3.5%；间接用地的比例持续下降，由 81.0% 下降到 50.7%，再下降到 20.2%；诱发用地的比例持续上升，由 18.1% 上升到 47.9%，再上升到 76.3%。

中国城市地理基础

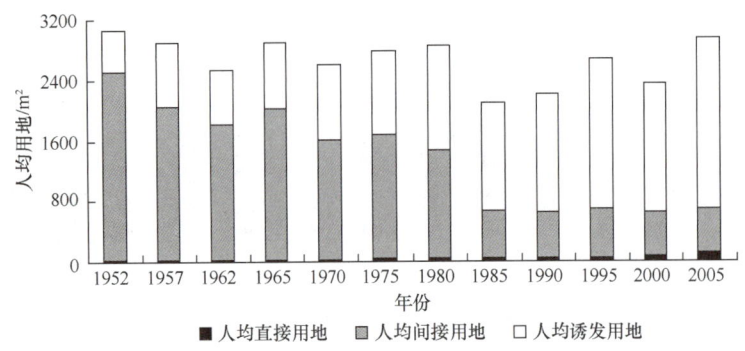

图 3.16　上海市人均城镇用地演变（1952～2005 年）

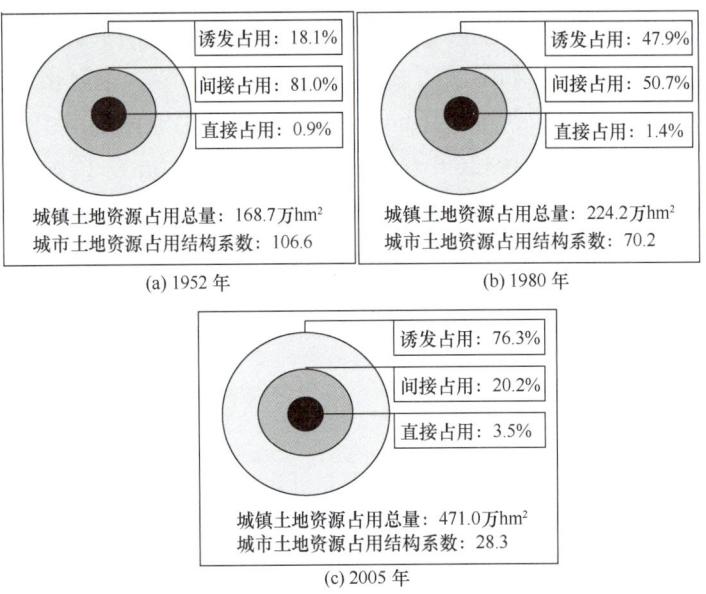

图 3.17　上海市城镇用地结构演变

城镇用地结构逐渐形成倒"金字塔"的结构演变过程。

2. 水资源占用

（1）现状特征（全国）

城镇化的发展与水资源的利用有着密切的关系，随着城镇化进程的推进，城市用水人口将不断增加，城市规模不断扩大，城市产业结构不断升级，城市总用水量、城市用水结构以及城市用水效率将发生相应的变化，同时城市以及周边区域的水资源环境将受到一定程度的影响。另外，城市周边区域水资源的数量、质量以及分布将会对城镇化的发展产生一定的影响，将会影响城市的人口规模、产业发展以及基础设施的布局等诸多方面，特别是对一些缺水地区的城镇化的发展起到明显的制约作用（朱鹏，

2009)。

中国城镇化的淡水资源利用存在着 5 个基本特征：

第一，在传统的或直接的淡水资源利用部门结构中，城镇的淡水资源提取比例最小。2005 年，全国淡水提取总量为 5633 亿 m^3，约占当年淡水资源总量的 20.1%。其中，城镇生产和生活用水为 1452.5 亿 m^3，约占当年淡水资源总量的比例为 5.2%；农村生产和生活用水为 4088 亿 m^3，比例为 14.6%；人工生态补水接近 92.7 亿 m^3，比例只有 0.3%。

第二，根据投入产出的概念计算，全国城镇化的淡水资源使用则发生了明显不同。数据分析显示，2005 年中国城镇生态系统的总体用水量为 8551.8 亿 m^3，约占全国淡水资源总量的 30.5%。其中，城镇淡水直接使用量为 1425.5 亿 m^3，约占系统用水总量的比例为 16.7%；间接使用量为 4000.0 亿 m^3，约占系统用水总量的比例为 46.8%；诱发用水量则达到了 3100.0 亿 m^3，约占系统用水总量的比例为 36.2%。

第三，非线性回归分析表明，在淡水资源使用的相关程度方面，全国经济城镇化与人口城镇化两者有着完全相左的趋势。这种相左的趋势表现在：当经济城镇化与淡水使用两者的曲线变化趋于明显的减量特征时，人口城镇化与淡水使用两者的曲线变化则呈现出相反的增量特征。这种情况表明，当城镇的集聚生产在技术和规模的作用下开始步入一个用水减量的阶段（用水总量增长慢于经济总量增长）时，城镇的集聚生活则在质量大幅改善的情况下开始迈入了一个增量用水的新时期（用水总量增长快于人口总量增长）。

第四，淡水资源使用的整体结构分析表明，在过去半个多世纪的工业化过程中，城镇淡水资源的直接使用比重存在着一个由升到降的变化。

第五，为了抵偿矿物燃料消费和人口大规模集聚造成的大气污染（主要是二氧化碳排放），全国城镇化发育的诱发用水总量在过去的 50 多年中有了明显增长。然而，一方面由于城镇化的总体发展水平较低，另一方面由于灌溉农业达到相当高的水准，这种诱发用水的快速增长尚未从根本上动摇全国城镇化发育过程中间接用水的主导地位。

（2）演变特征

利用中国水资源公报、中国统计年鉴、农业年鉴、中国国土资源年鉴以及其他一些相关的统计资料和书籍上面的数据，对新中国成立以来城镇直接、间接和诱发三部分消费用水进行统计计算，计算结果如表 3.7 所示。

1）直接用水。

首先，从用水量的变化来看，一方面，城镇直接用水量一直呈现增加的趋势，城镇直接用水量从 1952 年的 48.99 亿 m^3，增加到 2005 年的 1452.47 亿 m^3，用水量增长了近 30 倍。另一方面，在此过程中，直接用水增长速度是不同的，1980 年之前，城镇直接用水增长速度较快，1952～1980 年，城镇直接用水的年均增长速度达到 8.8%，城镇直接用水量增长了 10 倍多；1980～2005 年，城镇直接用水的增长速度与前一阶段相比趋于缓慢，在这期间，用水的年均增长速度只有 4.2%，相应用水量增长了不到 3 倍。

表 3.7 城镇化进程中各部分城镇用水变化情况

年份	直接用水 / 亿 m^3	间接用水 / 亿 m^3	诱发用水 / 亿 m^3	用水总量 / 亿 m^3
1952	48.99	3086.25	31.18	3166.42
1957	110.16	3055.49	67.82	3233.47
1962	158.86	2957	115.95	3231.81
1965	199.09	3362.7	137.53	3699.32
1970	273.8	3092.82	246.75	3613.37
1975	377.1	3272.81	377.79	4027.70
1980	525.09	3520.79	516.33	4562.21
1985	653.33	3474.09	724.96	4852.38
1990	810.08	3378.98	1006.45	5195.51
1995	1012.78	2923.52	1490.36	5426.66
2000	1250.14	3403.02	1568.57	6221.73
2005	1452.47	3999.83	3099.52	8551.82

其次，从城镇直接用水所占城镇总用水量比例来看，则可以以 2000 年为界，明显划分为两个阶段。从 1952～2000 年，城镇直接用水所占的比例一直呈现上升的趋势，其所占比例由 1952 年的 1.55% 上升到 2000 年的 20.09%；2000 年以后，直接用水所占比例出现迅速的下降，到 2005 年比例仅为 16.98%，比其在 1995 年时所占比例还要小。

城镇直接用水主要是由城镇工业用水和城镇生活用水组成的，新中国成立以来，随着中国城镇化和社会经济不断向前发展，城镇工业发展迅速，导致城镇工业用水不断增长。另外，城镇人口不断增多，同时人们生活水平不断提高，城镇人均生活用水定额不断提高，从而导致城镇生活用水不断增长。这两方面因素的综合作用，导致城镇直接用水不断增长。但同时，1980 年以来，增长速度出现了减缓，则主要是由于技术的提高、工业节水的发展、单位工业产值用水量下降以及工业用水结构调整的结果。

2）间接用水。

首先，从用水量的整体变化方面上看，新中国成立以来，城镇间接用水量呈现波动起伏的特点，没有一个明显的变化趋势。我们可以把整个变化过程分为两个阶段。从 1952～1995 年，在这期间，城镇间接用水量波动起伏，但总体变化不是很大，最小年份是 1995 年，当年的用水量为 2923.52 亿 m^3，最大年份是 1980 年，当年的用水量为 3520.79 亿 m^3，两者相差近 600 亿 m^3；然而从 1995 年开始，城镇间接用水却出现明显上升，间接用水量从 1995 年的 2923.52 亿 m^3 增大到 2005 年的 3999.83 亿 m^3，短短的 10 年间增加超过了 1000 亿 m^3。

其次，从所占用水比例方面，除个别年份外，城镇间接用水在用水总量中所占的比例一直呈现下降的趋势。1952 年其所占的比例为 97.47%，占绝对优势，而到了

2005年其所占的比例则降至46.77%，不足50%，所占比例下降了50.7个百分点。

城镇间接用水主要反映了城镇居民日常消费农副产品所产生的淡水资源的占用和消费情况。其用水量的大小与城镇人口、城镇居民人均农副产品消费量、农副产品的年总产量、农业用水量、每年的降水情况等许多因素相关，因此其变化比较复杂。

3) 诱发用水。

首先，从城镇诱发用水量的变化来看，诱发用水量一直呈现上升的趋势，增长显著，用水量从1952年的31.18亿m^3，增加到2005年的3099.52亿m^3，增加了将近100倍，年均增长率达到了90.6%。

其次，在城镇诱发用水所占城镇总用水量比例方面，从整体上看，除掉个别时间段（1995～2000年），城镇诱发用水在城镇用水总量中所占的比例呈现持续快速上升的趋势，其所占的比例由1952年的0.98%迅速上升到2005年的36.24%，所占比例增加了35.26个百分点。

城镇诱发用水主要反映了为保持和改善城镇环境质量，特别是大气环境质量而产生的淡水资源的占用和消费量，在这里是消化和吸收城镇的碳排放而占用的林地所占用的淡水资源量，由于在城镇化的发展过程中，特别是快速发展的中期阶段，城镇的碳排放一直呈现快速上升趋势，从而导致了城镇诱发用水量以及在用水总量中所占比例的快速上升。

4) 用水总量。

新中国成立以来，从整体上看，城镇所占用消费的淡水总量一直呈现上升态势（除去个别时间段），所消费的淡水总量从1952年的3166.42亿m^3增加到2005年的8551.82亿m^3，淡水消费总量增加超过了5385.4亿m^3；相应的所占淡水资源总量的比例从10.43%提高到了30.41%，在此期间提高了将近20个百分点，国家城市化进程中淡水资源压力不断增大。

从具体变化来看，我们可以把所消费总的淡水量划分为以下3个阶段：

第一阶段（1952～1980年），这一阶段消费的淡水总量变化表现为波动起伏的特点。所消费的淡水总量有的年份上升，有的年份下降，其所占的比例同样表现为这一特点。

第二阶段（1980～1995年），这一阶段消费的淡水总量表现为缓慢增长的特点。在此15年间，所消费的淡水总量仅增加了1000亿m^3多一点，年均增长率只有1.5%。

第三阶段（1995～2005年），这一阶段消费的淡水总量表现为快速增长的特点。在此10年间，所消费的淡水总量增加了将近3200亿m^3，年均增长率达到5%。

5) 用水结构。

从整体上来看，截至目前，城镇用水中所占比例最大的是城镇间接用水，但从新中国成立以来整体发展来看，其所占的比例呈现逐年下降的趋势，由新中国成立之初的绝对优势（1952年比例达97%），到2005年不足50%；而直接用水和诱发用水的比例整体上呈现上升的趋势（除去个别年份），其中诱发用水的比例上升幅度最大，在此期间增加了35个百分点，直接用水增加了15个百分点。

从上述变化过程，我们可以初步判断出，在城市化发展的初中期阶段，随着城市化的发展，城镇间接用水的比例将呈现逐渐下降的趋势，而城镇直接用水和诱发用水的比例则将呈现逐渐上升的趋势，特别是诱发用水的比例将出现大幅度的上升，并且其最终将成为城镇用水组成中所占比例最大的部分。

（3）案例分析（北京）

1）城镇化进程。

作为全国的政治和文化中心，自20世纪50年代以来，北京的现代城镇化发育始终处于上升态势。北京的整体城镇化水平1952年时为44.6%，到2005年便上升至87.6%，高出全国均值水平29个百分点（图3.18）。

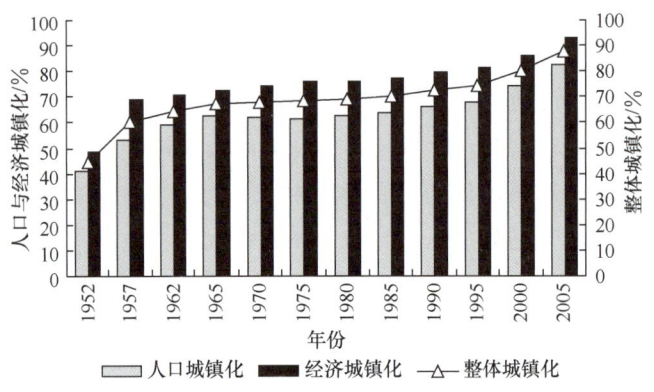

图 3.18　北京市城镇化发育过程（1952～2005年）

就北京城镇化发展过程而言，大体经历了3个阶段。

第一阶段：恢复发育阶段（1952～1957年）。自新中国成立后，北京的城镇化发育经历了5年的恢复阶段。期间，城镇人口增加了135万多人，城镇GDP增长了24.3亿多元。其结果，北京的城镇化整体发育水平提高了15.8个百分点。

第二阶段：缓慢发育阶段（1958～1995年）。受国内外政治和经济环境影响，这一阶段北京的城镇化发育较为缓慢。期间的人口城镇化、经济城镇化和整体城镇化发育程度分别提高了11个百分点、8.5个百分点和10个百分点。

第三阶段：快速发育阶段（1996～2005年）。在全国社会经济高速发展的背景下，北京的现代城镇化也表现快速发育的特征。在过去10年中北京的城镇人口增加了443万多人，城镇GDP增长了525亿多元。其结果是，北京的城镇化整体发育水平提高了13.5个百分点。

2）水源地演变。

新中国成立以来，北京市直接用水的水源保障区域的变化经历了3个阶段（图3.19）。

第一阶段：直接用水的保障区域在本市范围之内，此时主要利用地下水。新中国成立初期1950年在长河打井取水供城区使用。

第二阶段：直接用水的保障区域扩展到上游地区，即河北省张家口的坝上地区。

第三章 中国城市发展的资源环境基础

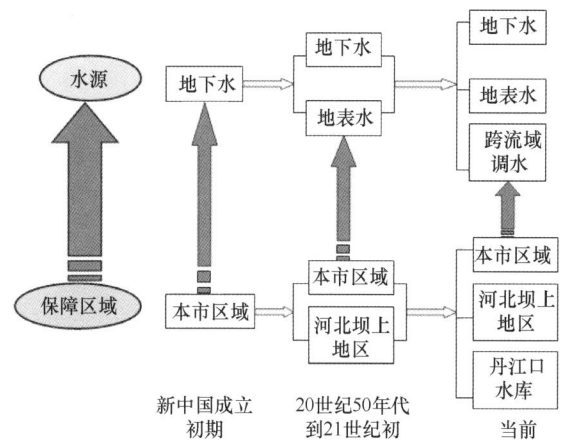

图 3.19 新中国成立以来北京市主要直接用水水源及保障区域演变

此时直接用水除了用地下水外,开始通过在河流上建水库的方式利用地表水。先后于 1954 年和 1960 年建立官厅水库和密云水库向城区供水,到了 20 世纪 80 年代又进一步实现了官厅水库、密云水库、怀柔水库、白河堡水库等的地表水联合调度。

第三阶段:当前,直接用水的保障区域除了北京市的市域及周边的坝上地区外,扩展到了长江流域的丹江口水库区,跨流域调水成为北京市直接用水的又一重要来源。

3)总量与结构变化。

北京的城镇用水总量与结构变化大体经历了以下 3 个阶段。

第一阶段(1952～1980 年):城镇用水量表现出稳步增长特征,从 1952 年的 35.1 亿 m³ 增长到 1980 年的 115.9 亿 m³,年均增长量 2.9 亿 m³。显然,城镇间接用水的主导地位是造成用水增长的关键所在(图 3.20～图 3.22)。

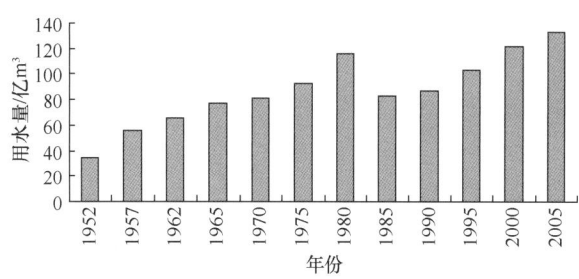

图 3.20 北京市城镇用水演变过程(1952～2005 年)

第二阶段(1980～1985 年):城镇用水量出现了明显下降,期间的减幅达 32.9 亿 m³。形成此种局面的关键在于草场承载能力的提高所导致的城镇间接用水快速下降,并且开始从根本上动摇了当地城镇间接用水的主导地位。

第三阶段(1985 年至今):城镇用水量再次呈现快速增长,期间的增幅近 50 亿 m³,年均增长约 2.5 亿 m³。诱发用水取代间接用水的主导地位是如此变化的主要原因。当然,近年来随着城镇一次能源消费结构逐渐转向石油和天然气,已使北京的城

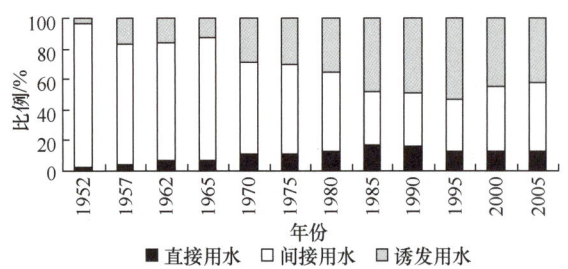

图 3.21 北京市城镇用水结构演变过程（1952～2005 年）

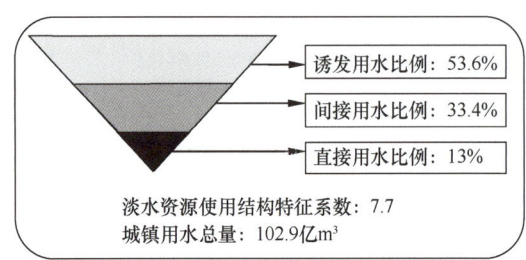

图 3.22 北京淡水使用及结构特征（1995 年）

镇诱发用水增长得到有效控制，并开始实现了城镇用水结构的均衡演进状态。

（4）产出效益

新中国成立以来，北京的城镇用水产出效益呈现出抛物线型的增长趋势。

第一，缓慢增长阶段（1952～1980 年）。1952 年北京的城镇用水的单位产出效益只有 0.13 元/m³。此后，随着经济城镇化的发展，1980 年时达到 1.16 元/m³。尽管如此，增速相对较慢，年均增长量仅有 0.04 元/m³。

第二，快速增长阶段（1980～2005 年）。此阶段用水产出效益增长迅速，2005 年时已达到 7.75 元/m³，期间的年均增长量将近 0.26 元/m³。出现此种局面的主要原因：一是经济城镇化的快速发育使北京城镇 GDP 的年均增长速度保持在 8.5%；一是工农业用水效率的提高，其中万元工业产值的用水量减少了 400 多 m³，农业亩均灌溉用水减少了 150 多 m³（图 3.23）。

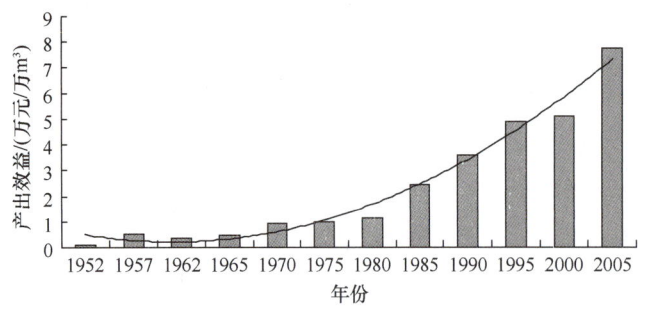

图 3.23 北京市城镇用水产出效益演变过程（1952～2005 年）

三、发展要素消费

1. 能源消费

（1）基本特征

能源是维持现代城镇生命和发展的基本能量来源。与土地和淡水两大资源要素的占用相比，由于资源空间分布和利用环境不尽相同，如煤炭、石油、天然气等一次能源主导矿种通常为点状分布，具有明显的空间收敛特征。如此资源分布特征与建立在水土两大资源基础之上的国家城镇总体建设布局往往产生明显的空间分布非吻合特征。因此，为确保国家城镇化发育的能源消费需求与供应的时空一致性，能源产品必须通过不断扩大其空间交换范围来满足城镇日益增大的消费需求。

国家城镇能源消费特征主要表现为以下两个方面。

1）总量特征。

在一次能源的消费上，城镇的主导地位十分明显。根据国家统计局的有关资料，2005 年，全国一次能源的消费总量为 22.3 亿 tce，其中，城镇消费为 17.8 亿 tce，所占比例接近 80%（表 3.8）。

表 3.8　中国一次能源消费的城乡构成（2005 年）

地区	综合能源消费 / 万 t 标准煤（占一次能源消费比例 /%）				
	合计	煤炭	石油	天然气	水电*
全国	218 582（100.0）	153 867（68.9）	46 897（21.0）	6 476（2.9）	16 079（7.2）
城市	177 789（79.6）	144 482（63.4）	46 897（26.4）	6 472（3.6）	11 782（6.6）
农村	40 793（20.4）	9 385（68.6）	0（0.0）	4（0.0）	4 297（31.4）

地区	实物量（占全国比例 /%）				
	合计	煤炭 / 亿 t	石油 / 万 t	天然气 / 亿 m^3	水电 / 亿度
全国	—	21.18（100.0）	32 756（100.0）	485（100.0）	3 969（100.0）
城市	—	20.24（73.2）	32 756（100.0）	484（99.9）	2 908（73.3）
农村	—	0.94（26.8）	0.0（0.0）	1（0.1）	1 061.0（26.7）

* 包括核能发电
资料来源：国家统计局、工业交通统计司和国家发展和改革委员会能源局，2007

2）质量差异。

不同的社会生产空间组织形态（城镇与乡村）不仅决定了能源消费数量的多寡，而且也决定了能源消费质量的高低。目前，中国城镇一次能源消费中煤炭的比例为 63.4%，石油和天然气的比例为 30.0%，水电比例为 6.6%。相比之下，中国农村的一次能源消费的煤炭比例高达 91%，水电比例为 9%，其中煤炭比例高出城镇 28 个百分点（图 3.24）。

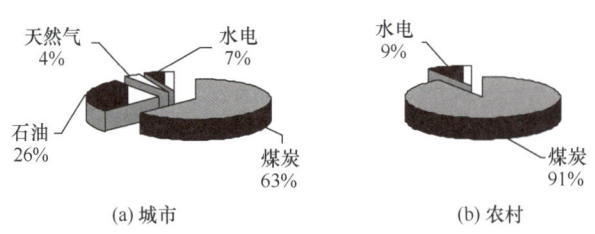

图 3.24 中国一次能源消费结构的城乡变化（2005 年）

（2）演进过程

1）总量增长。

总体而言，中国现代城镇化发育的一次能源消费大体经历了以下 2 个基本阶段：

第一，初始发育阶段（1952～1980 年）。在现代化之初，由于中国城镇职能的传统色彩强烈（集聚生活和集聚消费），其一次能源消费水平低下。1952 年城镇的一次能源消费不足 1500 万 tce，仅占全国一次能源消费总量的 30.5%。此后，随着大规模工业化建设的展开，各地城镇的现代职能得到明显增强，特别是在集聚生产方面。其结果，全国城镇一次能源的消费水平也有了快速提升。到 1980 年，城镇一次能源消费已经超过了 3 亿 tce，约占全国消费总量的 53.6%（图 3.25）。换言之，在初始发育时期，全国城镇一次能源的消费需求以每年 1100 多万 t 的速度增长。

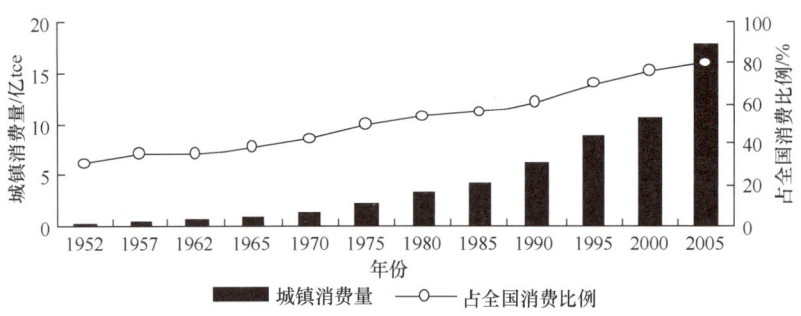

图 3.25 中国城镇化能源消费总量增长（1952～2005 年）

第二，快速发育阶段（1981～2005 年）。改革开放以来，中国城镇的经济产出职能得到进一步的强化。在市场经济，特别是外向经济发展的刺激下，中国城镇的一次能源消费需求呈现出更为强烈的增长势头。数据分析表明，到 2005 年，全国城镇一次能源消费已经达到了 17.8 亿 tce，约占全国消费总量的 79.6%。以此计算，在这期间全国城镇一次能源的消费需求每年增长 5800 多万 t，是初始发育期的 5.3 倍。

2）结构变化。

同样地，中国城镇的一次能源消费也经历了 2 个基本阶段。

第一，初始发育阶段。为了确保生产职能的转变，这一阶段全国城镇的能源消费主要集中在满足工业生产发展所需。特别是在 20 世纪 60 年代中期以后，随着石油化学工业的快速发展,全国城镇一次能源消费的结构演进明显加快。1980 年,中国城镇一次能源消费结构中煤炭比例为 51.2%,与 1952 年时相比,降幅超过 42 个百分点(图 3.26)。受此影响,1980 年中国城镇一次能源消费的结构演进系数达到了 2.12,为 1952 年的 2 倍。

第二,快速发育阶段。遗憾的是,在中国城镇能源消费总量快速增长的同时,消费结构的演进却呈现同步。实际上,受国内能源政策摇摆和国际能源市场动荡的共同影响,此阶段的中国城镇能源消费结构演进反而呈现明显倒退。数据分析显示,2005 年中国城镇一次能源消费结构中煤炭比例为 63.3%,比 1980 年时上升 12.1 个百分点。相应地,2005 年中国城镇一次能源消费的结构演进系数为 1.58,比 1980 年时下降了 0.54(图 3.27)。

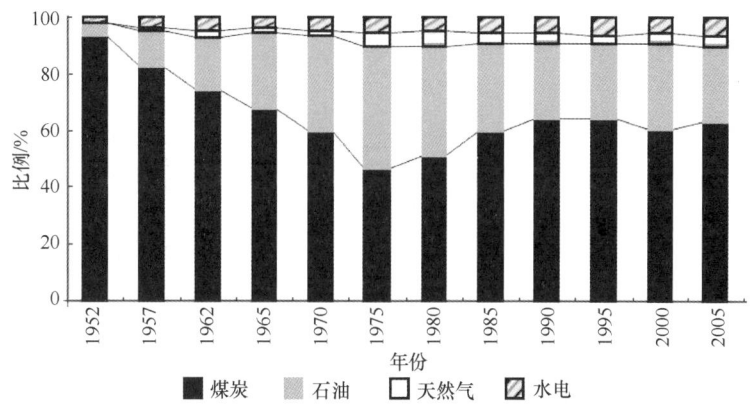

图 3.26 中国城镇化能源消费结构(1952~2005 年)

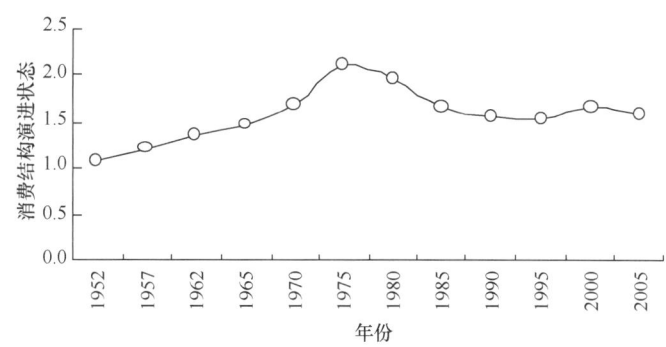

图 3.27 中国城镇化能源消费结构演进状态(1952~2005 年)

3)资源流动状态变化。

总体而言,由于国内资源的种类齐全和数量庞大,长期以来,中国一次能源供应基本上保持着自给有余的状态。但是,自 20 世纪 90 年代中期以来,随着现代城镇化发育速率的不断加快,中国一次能源的消费水平也发生了根本性的变化。在社会总量需求,特别是质量需求不断上升的巨大压力下,中国的能源供给开始从完全依赖国内逐步走向部分依赖国际的道路。到 2005 年，中国一次能源的自给率为 92.3%。与 20 年前的 1985 年时相比，中国一次能源供应自给率的降幅达到了 19.3 个百分点（图 3.28）。

与生产总量相比，中国能源生产结构的变化相对平稳了许多。由于国内资源自身的结构特征，因此中国能源生产结构的演进幅度变化不大。1952 年煤炭占全国一次能源产量比例的 96.7%，石油和天然气的比例仅有 1.3%，水（核）电约为 2.0%。到 1980 年时，全国一次能源产量中的煤炭比例曾降至 69.5%，石油和天然气比例则升至 26.7%，水（核）电比例为 3.8%。20 世纪 80 年代中期以来，随着国内石油资源开采进入高峰期，中国能源生产结构的演进开始呈现出倒退态势。到 2005 年，全国一次能源产量中的煤炭比例再次上升至 76.4%，石油和天然气的比例下降至 15.9%，水（核）电比例则继续稳步上升，达到 7.7%（图 3.29）。

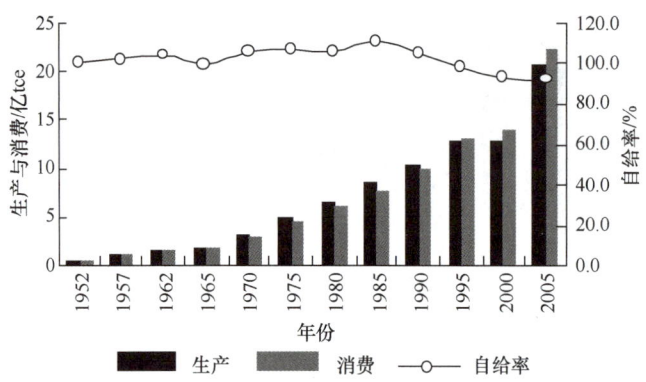

图 3.28　中国一次能源供给及自给率变化（1952～2005 年）

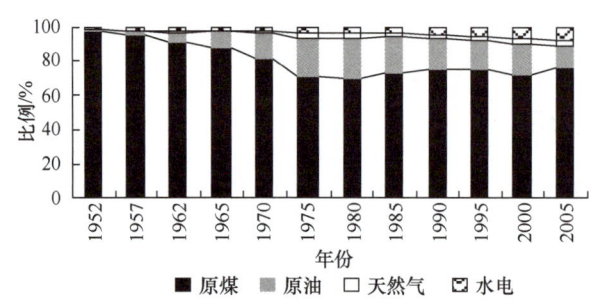

图 3.29　中国一次能源生产结构变化（1952～2005 年）

应当指出的是，作为一个地域辽阔和人口众多的大国而言，由于始终存在着城镇化发育与能源（矿物燃料，下同）生产两者空间分布非吻合的矛盾，因此，即便在能源供应长期保持自给有余的条件下，中国能源资源的流动也会达到惊人的规模。

实际上，由于总体消费水平低下，20 世纪 50 年代初中国能源资源（矿物燃料）的流动规模仅为 0.26 亿 tce。此后，随着现代城镇建设的展开和消费水平的提高，中国的能源资源流动规模也呈现出快速上升态势。1980 年，当中国城镇化的整体水平接近29%时，矿物燃料的流动规模超过4.6亿tce。到2005年，当中国城镇化的整体水平超过59%时，矿物燃料的流动规模已经超过了16亿tce（图3.30）。

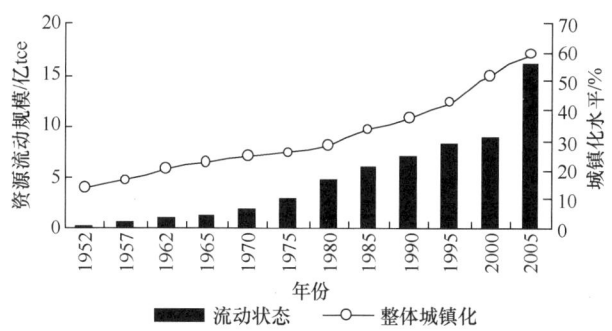

图3.30　中国城镇化发育与矿物燃料流动变化（1952～2005年）

4）平均运距变化。

总体而言，在消费需求不断增长和资源流动规模不断扩大的共同作用下，中国能源供应的平均运输距离也在不断加长。这种变化反映了城镇化进程中能源供应的空间格局基本变化特征。

20世纪50年代初期，受制于落后的交通运输基础设施条件和有限的资源开发水平，中国城镇的能源供应表现出明显的地方性特征，其资源（矿物燃料）的平均运输距离不足150km（图3.31）。

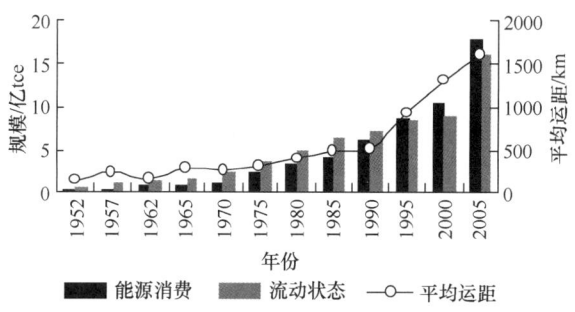

图3.31　中国能源供应距离变化（1952～2005年）

经历了初始阶段大规模的交通运输基础设施建设和各类资源开发，中国城镇化的能源供应距离有了明显扩展。到1980年时中国矿物燃料的供应半径已经超过了400km，1990年时更进一步扩展到500km的范围。

20世纪90年代中期以来，随着国内能源自给水平的降低和国际原油进口规模的增大，中国能源（矿物燃料）的供应半径开始突破了1000km的大关。到2000年，中国矿物燃料的平均运输距离达到了1310km，2005年则超过1600km。

就具体燃料矿种而言，其供应半径的变化则相对复杂了许多。

作为一次能源供应的主体，长期以来煤炭在整个国家能源资源（矿物燃料）流动半径的扩展进程中起着极为关键的作用。然而，随着消费结构的演进，煤炭在能源供应半径扩展过程中的这种地位开始受到来自石油和天然气等现代矿物燃料矿种的不断挑战。

1952年中国城镇一次能源的供应半径为147km，其中，煤炭供应半径平均为最长，约145km；紧随其后的是天然气，其供应半径为44km；石油（原油）供应半径最短，仅有21km［图3.32（a）］。

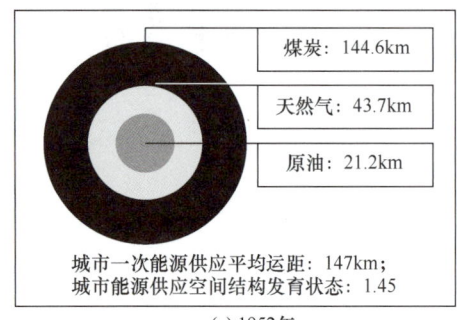

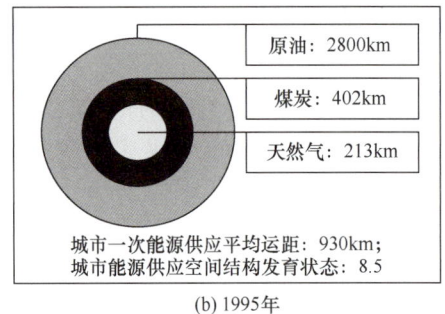

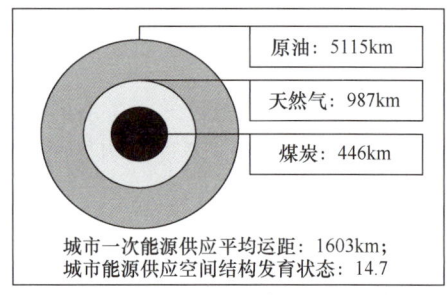

图 3.32　中国矿物燃料供应距离变化

20世纪60年代中期以来，随着国内石油资源开发规模的急剧扩大，中国城镇能源消费结构也开始发生了重大变化，并最终影响到城镇一次能源供应半径的扩展进程。例如，1995年全国城镇一次能源供应的半径为930km，是1952年时的6.3倍余。其中，原油的供应半径为最长，为2800km；煤炭的供应半径次之，为402km；天然气的供应半径最短，为213km［图3.32（b）］。

进入到20世纪90年代中期后，中国城镇一次能源供应半径有了进一步的扩展，究其原因，国际原油的大规模进口至为关键。2005年全国城镇一次能源供应的半径达到了1603km，为1995年时的1.7倍余。其中，原油的供应半径依然保持在第一的位置，为5115km；天然气则取代煤炭的位置，其供应半径达到了987km；煤炭的供应半径最短，为446km［图3.32（c）］。

2. 矿产资源消费

（1）基本特征

根据一般的矿产品分类，中国城镇化的矿产品消费大体分为金属和非金属两大类。

总体而言，中国城镇化的矿产品消费有以下几个基本特征：

第一，主导地位明显。资料分析显示，2005年全国矿产品消费总量约95亿t，其中8.3%为金属类矿产品，91.7%为非金属类矿产品（主要为建筑用的沙石）。

在上述矿产品消费总量中，城镇消费所占比例大体在80%，其中金属类矿产品所占比例为83.8%，非金属类的占79.2%（表3.9）。

表3.9 中国基础矿产品消费城乡构成（2005年） （单位：%）

地区	类型		
	总计	金属类	非金属类
城镇	79.6	83.8	79.2
农村	20.4	16.2	20.8
全国	100.0	100.0	100.0

资料来源：①国家统计局，2006a，b；②中国乡镇企业年鉴编辑委员会，2006

第二，消费结构先进。应当指出的是，中国工业化的发展与发达国家所经历的演进过程不尽相同。由于地域广阔、资金和交通基础设施落后等，因此中国工业化从一开始就实行了一种独特的"两条腿走路"的发展政策。这种政策的目的在于，最大限度地调动广大农村生产者的能动作用，直接参与国家工业化发展，即在城镇工业化尚未进入成熟之际就开始着手推进广大农村地区工业化的发展。在经历了长期而艰难的发展之后，目前中国工业化已经形成了城镇与乡村相互依存的两大地域生产系统。受此影响，中国城镇的矿产品消费结构明显优于农村，从而造成两类不同生产地域系统间的质量差异。

在金属类矿产品中，城镇的初加工产品消费比例要小于其初级产品消费水平。同样的，在非金属矿产品中，城镇的化学矿产品消费比例又远大于其建材类矿产品。例如，1997年，城镇工业系统生产的水泥和化肥分别占全国的53.9%和68.3%。显然，生产技术、产品结构和规模经济是造成两大地域生产系统消费质量差异的主要原因所在。

第三，与一次能源消费相同，中国城镇化的矿产品消费也存在着一个与经济城镇化的相关性低于与人口城镇化的相关性的基本变化趋势［图3.33（a）和图3.33（b）］。初步分析的结果显示，自20世纪90年代以来，由于全国城镇化发育的不断加速，特别是房地产业的快速发展，引发了城镇金属和非金属各类矿产品消费需求的大幅上升，从而造成人口城镇化与基础矿产品消费两者关系的走强。

（2）空间扩展效应

主要是指随着矿产（包括能源如煤炭和石油）开采规模的扩大，新的矿业生产基地建设对国家城镇化建设布局的空间扩展所产生的推动作用。

实际上，自20世纪50年代以来，矿产资源的开发利用开始逐步取代了水、土两大资源的主导地位，为国家城镇化的发育注入新的活力。1952～1989年，全国共新

中国城市地理基础

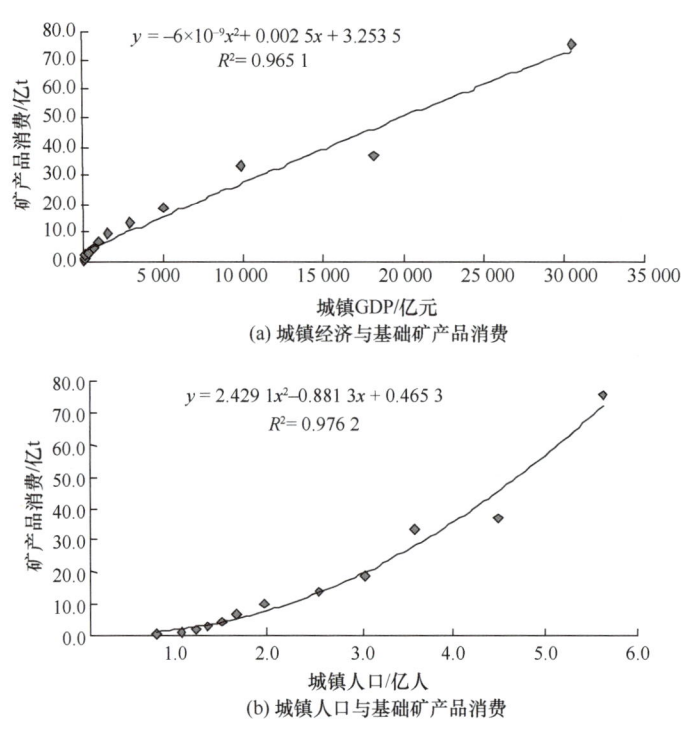

图 3.33　中国现代城镇化的基础矿产品消费（1952 ~ 2005 年）

设城市近 300 座，其中有 54 座城市的兴起几乎无历史基础可言。这 54 座新建城市中，有 28 座是建立在矿产资源开发基础之上的（表 3.10）。

表 3.10　1952 ~ 1989 年在非县城基础上兴建的矿业新城市

城市类型和主要职能（座）		分布地区和设市年份		
		沿海地区	内陆地区	边远地区
矿业开采	煤炭或煤电（15 个）	铁法（1981 年，1986 年）、枣庄（1960 年）、新泰（1960 年，1982 年）、合山（1981 年）	双鸭山（1956 年）、七台河（1970 年）、平顶山（1957 年）、鹤岗（1957 年）、义马（1981 年）、吉安（1988 年）、淮北（1961 年）、铜川（1958 年）、六盘水（1978 年）	乌海（1961 年）、石嘴山（1960 年）
	石油开采（5 个）	茂名（1959 年）、东营（1982 年）	大庆（1960 年）	玉门（1955 年）、克拉玛依（1958 年）
矿产品加工	有色冶金（4 个）		铜陵（1956 年）、东川（1958 年）	白银（1958 年，1985 年）、金昌（1981 年）
	黑色冶金（4 个）		马鞍山（1956 年）、攀枝花（1965 年）、娄底（1961 年，1980 年）	嘉峪关（1965 年）
能源生产	水利、水电（3 个）		三门峡（1957 年）、丹江口（1983 年）	青铜峡（1960 年，1984 年）

资料来源：张雷等，2009

以矿产资源开发为基础的工业化发展对中国城镇化进程产生深刻的影响，例如，1990 年，中国城市总数为 467 座，其中有 162 座城市的经济是依赖或部分依赖矿产资源发展起来的(表 3.11)。

表 3.11 中国以矿业开发为主的城市区域分布及结构特点(1990 年)

省区	黑色金属		有色金属		煤炭工业		石油开采		城市数/个
	城市数/个	矿业生产占城市工业产值比例/%	城市数/个	矿业生产占城市工业产值比例/%	城市数/个	矿业生产占城市工业产值比例/%	城市数/个	矿业生产占城市工业产值比例/%	
河北	7	10~43	1	34			2	50~84	10
山西	3	12~43	2	4~9	6	17~66			11
内蒙古	2	24~36			4	19~88	1	72	7
辽宁	5	10~14	3	9~20	4	32~76	1	78	13
吉林	2	9~40	2	6~11	2	19~22			6
黑龙江	2	13~15	2	5~24	5	7~93	1	74	10
山东			3	7~15	4	11~46	1	95	8
江苏	2	10	4	5~9	2	11~18			8
浙江			4	10~36					4
安徽	1	66	3	12~39	2	23~41			6
江西			3	23~75	2	20~40			5
福建			1	9					1
河南	2	27~85	5	4~17	6	11~88	1	75	14
湖北	2	29~44	5	4~20					7
湖南	5	5~63	2	9~23	2	32~35			9
广东	1	20					1	8	2
广西	1	10			1	41			2
四川	5	9~68	4	5~7	2	6~14	1	14	12
贵州	2	14~39	3	6~11					5
云南			3	11~74	1	20			4
陕西	1	10	2	6~8	2	26~30			5
甘肃			5	4~98	1	88	1	78	7
宁夏					1	28			1
青海	1	27							1
新疆			2	4~15	1	16	1	52	4
总计	44	9~85	59	4~98	48	6~93	11	8~95	162

作为矿产资源开发的一种特殊类型区域,矿业城市是城市体系中的重要组成部分,是以矿产资源为对象的采掘工业及其相关的资源生产和资源初级加工产业发展到一定规模后形成的地域。作为城市它又是人类社会经济文化发展到一定时期的产物,是生产力集中的空间地域。城市的发展不仅有力地推动人类社会经济文化的发展,而且加快了工业化和城市化进程。资源指向型城市在中国工业化和城市化过程中占据了突出的地位,而以不可再生的矿产资源为基础的矿业城市又是资源指向型城市中的主体(沈镭和魏秀鸿,1998)。

(张 雷 杨 波)

第四章 中国城市发展的历史基础

中国城市的发育与演化历程反映了华夏文明的兴衰及社会冲突和整合进程。中国城市发展可大致划分为两个阶段时期,即清末以前和清末之后。本章详细地阐述了中国城市起源及夏商周时期、封建社会秦汉—明清时期、近代晚清—民国时期的城市分布。

第一节 城市起源及夏商周的城市分布

一、城市起源

1. 原始居民点的形成

早期人类文明形成具有相似的共同地理条件,即有适度的自然条件,相对封闭与隔绝的地理环境,温暖湿润的气候,地处河湖沿岸的平原地带和温带、亚热带(毛曦,2002)。肥沃的土壤,配之以雨热同期的季风气候,这些条件是华夏古文明形成的自然地理基础。史念海(1991)认为中国地处欧亚大陆和太平洋相接的地理位置,使得中国东部地区降水丰富。这种季风气候和肥沃的大河冲积平原与大小不等的河谷盆地相配合,是发展种植业的理想自然条件。

华夏先祖在经历了以采集、狩猎为生和穴居或巢居的旧石器时代后,逐步进入到新石器时代,通过长期实践和经验积累,懂得了栽培作物,驯养牛羊猪狗鸡等动物,这导致农业革命——原始社会后期的农业和畜牧业的出现及其分工,促进了社会生产力的大发展,带来了产品剩余,创造了交换的前提,并步入半穴居和在地面修建房屋的时期,从而形成了固定的原始居民点。

中国大陆当时最为发达的黄河流域文化虽历史久远和多有变迁,但史念海先生认为"这个文化最为发达地区大致都是平原,仅有少数的山地","远古时期的文化发达地区是西起陇山,东迄泰山,这里是渭河下游、黄河中下游之间以及济水的上中游相连的东西一线。"而且,"这个地区和新石器时期文化遗址分布地区相对照,实际上包括了仰韶文化和龙山文化的主要地区。"同时,"这个文化最大的地区实际上也是当时农业最为发达的地区。农业发达，经济自然富庶；经济富庶，文化也就能够发达起来。……这个文化作为发达地区的附近，居住着若干族类，特别是西和北两方都是从事游牧或狩猎的部落。因为是游牧或狩猎部落，故土旷人稀。……对土地并不十分重视。"西汉司马迁在《史记·货殖列传》中，曾经划出一条农牧分界线，该界线大致是碣石一直到达龙门，即大致经过今北京市与山西太原市之北和吕梁山的南端。这条界线以北多牛、马、羊等为主的游牧地区，南侧则是农业地区。

中国大陆已发掘的新石器时代的原始居民点总数已达1000余处，已发现的新石器文化遗址大都濒临河岸两旁。庄林德和张京祥（2002）将中国原始居民点的特点归为4点：①选址一般都是背山面水的高爽地段，靠近河流的多选在二级阶地上。由于当时掘井技术尚未发明，为了用水方便，河岸是较理想的选择。在河岸两旁，取水灌溉十分方便，可促进原始农业的发展。同时，由于水上交通比陆上交通方便，利用河水有助于人们互相交往。②规模大小不等，一般范围较大，分布和居住也比较密集。③由成群成片的房屋建筑组合而成。④开始形成一定的功能分区，如住址和墓葬地的区分。

随着剩余产品的出现及越来越多的财富向少数人集聚，部落的首长和族长们依赖权力保护自己的财富，他们逐渐脱离劳动，从而导致社会分化和阶级的产生。农业的产生，定居生活的开始，社会生产力发展以及阶级分化，这些都为早期城市的产生创造了条件。

2. 城市的产生

中国古代城市在原始居民点的基础上，经历了一个漫长的历史过程发展形成。在这个过程中，"城"与"市"随着社会的发展与进步，通过不断的"量变"积累到"质变"的飞跃，即从萌芽到形成，由各自独立、分离的个体发展成合二为一的复合体（张全明，1998）。同时，历史悠久、地域辽阔、人文复杂等使得中国古代城市起源动力呈多样化态势，安全保障、行政管理、交通枢纽、土地状况、农耕技术、手工业和商业的发展等皆为古代城市起源的动因，这也导致了中国古代城市类型的多样化：政府政权所在地城市；商业及小手工业发展的专业城镇；特殊交通地理环境城镇；大规模的人口迁移城镇；军事驻扎地城市等（罗丽，2007）。

原始居民点成为中国城市发育的雏形，但社会生产力的发展和阶级社会产生才是早期城市成长的社会经济基础。农业革命后，华夏先祖使用的劳动工具从石器逐渐进化到金属工具，铜器和铁器制造技术不断改进，社会生产力有了进一步的提升，出现了手工业的专门化生产方式和专职手工业者——手工业和农业分离。第二次社会大分工产生了直接以交换为目的的商品生产，随着商品生产的发展和市场的扩大，形成了直接以交换为目的的商品生产活动以及专门从事商品交换的商人阶层及其他服务人员，并使固定居民点脱离了农业土地的束缚。第三次社会大分工以及政权管理机构的出现引起工商业劳动和农业劳动的分离，形成了城市和乡村的分离。这在一定程度上印证了城市起源的"社会分工学说"。不过，集市贸易促使居民和商品交换活动的集中，并导致城市起源于这些经常化的贸易和集市之地的"集市说"肯定存在一定的合理性，因为迄今中国一些农村地区依然存在商品交换的集镇。伴随着社会经济的进步，中国最早期城市的起源也可能是以宗教中心面貌出现的——"宗教中心说"，即在原始社会末期，维系社会经济聚合力的血亲制度使狩猎部落酋长逐渐变为权力至高无上的神的化身，作为部落联盟中心的一条无形的纽带——宗教制度将其周围居民紧紧地联系在一起。

中国原始社会后期逐步出现的阶级分化导致阶级社会的出现，并随着剩余产品和权力的集中，为了保护氏族和部落联盟的安全，"筑城以卫君，造郭以守民"。也就是说，越来越多的财富向少数人集聚导致部落领袖和族长们依赖权力保护自己的财富，由此导致了社会的分化，阶级的产生，即"阶级说"——城市是阶级社会的产物，是统治阶级压迫被统治阶级的一种工具。出于防御需要，在居民集中居住的地方或氏族首领、统治者居住地修筑墙垣城郭，形成要塞——"防御说"，以抵御和防止别的部落、氏族、国家的侵犯，保护居民的财富不受掠夺及防范凶猛野兽的侵扰。例如，中国早期城市大都有出于守卫需要而构筑的防御性设施（城墙），多以政治、军事功能为主，空间分布上也已具有功能分区，如将宫殿、祭坛、墓地、农田、房屋等按一定的布局安置在城内（何一民，2012）。

中华早期文明因河流文明发育的地理特性，其城市大都分布在河谷两岸、山麓、河流与海洋交汇处等地区，后来才逐步向平原、低山、沿海地区展开（杨永春，2012）。早期的城市主要分布在有利于农业灌溉和便于向四周征集农产品的地带——"地利说"，河川渡口或港湾等因拥有交通运输方便、自然资源丰富、地处商路交叉点等优越条件而加速城市兴起，即有些城市兴起于水陆交通中心或河川渡口，有些城市兴起于地势险要的兵家必争之地，有些城市兴起则是由于该地区的自然资源。

二、空间分布

夏商周是中国奴隶制社会的形成与发展时期，国家机构从建立到完善，社会基本矛盾是以奴隶主为代表的统治阶级和以奴隶为代表的被统治阶级的矛盾。进一步发展的手工业，尤其是青铜器工艺推动了农业发展，使农业成为社会重要的经济部门，进而推动了商业发展，促进了城市发展。同时，政治发展开创了中国封建社会城市的等级制度。这一时期，早期城市演化为职能较为完善的城市。其中，夏、商、周三代是城市和城市文化的萌芽阶段，春秋战国时期是城市和城市文化的初级发展阶段（喻述君，2012）。

1. 夏商时期

夏代是中国历史上第一个奴隶制国家，它标志着中国历史正式进入了文明时代。

夏王朝以农业立国，在生产力水平提高的前提下，农业生产中谷物的产量有了提高。夏代的手工业生产中出现了世代相传的专业生产者，夏文化遗址出土的生产工具，仍以石、木、骨、角、蚌制品为主，但许多工具比以前精良，已开始出现金属冶炼。商汤灭夏后，在夏代国家制度的基础上，国家机器有所加强。其疆界东达海边，西到甘肃，南到五岭地区，北到内蒙古、河北北部和辽宁部分地区（彭邦炯，1988）。与商代同期而在统治范围之外的若干方国也在各地先后建立了一些城市，其中黄陂盘龙城和广汉三星堆古城则是方国都邑城址的代表（孙亚冰，2010）。商代的农业生产已达到较高发展水平，是当时具有决定性意义的生产部门，耒耜已是普遍使用的工具（何一民，2012）。商代的畜牧业也较为发达，商后期畜禽的驯养相当繁盛，其中马、牛、羊、犬、豕等数量极多。商代手工业生产的发展更为突出，出现了青铜器铸造作坊，烧制陶器，制造骨器、玉器、车辆以及其他各种专业的手工业作坊，青铜冶炼技术和青铜制造工艺高度发展。此外，商代商业也得到了一定的发展。

夏商时期的城市空间分布的总体特点可归纳如下：

1）城市数量不多，城市职能单一。据不完全统计，到商代末期，中国共有早期城市26座（顾朝林，1999）。在社会生产力不发达、交通不便、商业初步发展的情况下，城市建设主要以政治、军事为主要目的，城市职能单一，城市建设目的单纯。加之夏商时期，全国人口较少，城市建设更少。迄今，发掘有代表性的商代城市遗址是河南偃师商城、郑州商城、安阳殷墟、湖北龙城、四川三星堆古城等。这些古城都是奴隶制国家和地方方国的都城所在。

2）城市分布范围较小。据《史记·夏本纪》记载："夏桀之居，左河济，右泰华，伊阙在其南，羊肠在其北。"由此可见，夏朝的疆域是以河南、晋南为中心，东到山东、河北的黄河下游地区，西到河南北部，北为太行山中南麓，南至伊水、洛水流域。据《史记·吴越列传》记载："殷纣之国，左孟门，右太行，常山在其北，大河经其南。"可见商的疆域包括河南、河北、山东，北及易水，南达淮水，东至海，西及太行山、伏牛山。夏商时期的疆域较小，城市分布范围当然也有限。疆域之外的方国虽有城市建设，但少之又少。商代末期，就城市地域分布范围来看，主要集中在黄河中下游以及淮河上游地区，其中以晋南、豫北和豫东最为集中。

3）都城迁徙映射出城市分布范围扩大。由于政治（如盘庚迁殷，实行政治革新）、军事、经济以及自然环境（如夏商时期的都城多分布在黄河下游的黄泛区，受黄河、漳水、济水水患的影响很大）等方面的因素，夏商的都城经常发生迁徙（何一民，2012）。夏朝的都城历经迁徙，但其地址主要分布于今河南及山东、山西境内，迁徙范围主要是在黄河下游地区，并逐渐向中游发展。商代的国家机器和奴隶制经济文化有了很大进步，城市也因之而发展，城市数量增多。其都城地址除河南、山东外，还分布于陕西、河北以及北京境内，即黄河中下游地区。商代都城迁徙范围的扩大映射出商代时期城市分布范围的进一步扩大。同时，考古发掘的商代城市遗址数量更远超于夏代，如河南偃师商城、郑州商城、小双桥遗址、安阳殷墟等。

2. 西周时期

西周是中国历史上的第三个奴隶制王朝，也是中国奴隶社会发展到极盛和开始衰落的转折时期。西周的井田制促进了农业的进一步发展，周人在耕作、选地、休耕、疆理、施肥、除虫等方面都具有较高的技术水平和实践经验，农作物的种类增多。手工业在商代的基础上继续向前发展，青铜器的数量增多和类型显著变化，陶瓷业、车辆的制造、玉器制造都有所发展。农业和手工业发展为城市建设提供了条件。

西周初年，周天子分封诸侯，各地诸侯纷纷在其封地内大兴土木，修筑城邑，同时各诸侯又在封地内实行分封制，将大部分土地分给卿大夫，卿大夫也在其封地内建造城邑，一时间中国城市数量大增。据史料记载，西周分封的诸侯国由最初的71个发展到1200个之多（顾朝林，1999）。这些诸侯国的统治中心——首邑城市都得到了普遍的发展，形成了中国历史上第一次城市建设高潮（于云汉，1998）。随着首邑城市数量快速增加，城市空间分布有了进一步扩展。此时期城市多建设于黄河中下游地区和江淮地区，而除中原地区外，在山东、河北及长江流域的诸侯方国也纷纷建城，城市空间分布随之拓展。

等级社会制度体系下，城市建设等级体系形成。城邑建设制度——"营国制度"，即周天子所居王都—诸侯国国都—卿大夫都（采邑城）的城市建设等级体系。都城大小以国君之级别定之：王城方九里，公七里，侯五里，男三里。重要建筑物、城市道路、建筑物等也因城邑等级而定，因此西周时期城市数量虽然增加不少，但是规模普遍较小，功能也比较单一。这也形成了城邑的等级制度和全国性的城邑网络结构。

3. 春秋战国时期

春秋战国时期是中国历史上奴隶制社会向封建社会过渡的时期，周王朝统治能力衰弱，先后出现了"春秋五霸"、"战国七雄"等诸侯割据的政治局面，社会动荡不安，各国国君为防止别国入侵，保护领土、财富和人民不受侵占，因而大量筑城。同时，各诸侯国为了争霸，都在努力发展经济。铁农具的普遍使用、畜力耕田的推广、施肥技术的进步、水利灌溉事业的发展，大大促进了农业生产水平的提高。生产工具和技术的改进以及农业生产水平的提高，为手工业和商业的发展创造了条件。手工业中的丝织业、漆器业得到进一步发展，"男耕女织"的农业和手工业结合的小农经济逐渐形成，个体手工业者逐渐增多。随着土地私有制的逐步建立和封建生产关系的产生，工商业部门逐渐向私人经营的方向发展，工商业逐渐摆脱了奴隶制的控制和束缚。同时，金属货币的广泛流通，也促进了民间商业的发展。由于农业、手工业、商业的发展，专制主义中央集权制度的形成，促使了政治、经济、文化的集中，引起了城市的迅速发展。当时列国的都城和郡县治所，都发展成为规模不等的城市。正是上述政治大变革、频繁战争和经济大发展等背景，促成城市大发展，城市数量之多、分布之广都是前所未有的，中国城市建设迎来第二次高潮（于云汉，1998）。

首先,频繁的战争与经济大发展促使城市数量增多。《左传》记载春秋时期修筑城市共计68座,其中,新筑城池63座,重修城池5座。当代学者张鸿雁著《春秋战国城市经济发展史论》一书统计了春秋战国时期35个国家的城邑近600个,其中,晋91个、楚88个、鲁69个、郑61个、周50个、齐46个、卫30个、宋35个、莒16个、秦14个、吴10个。若加上未统计者,春秋战国时期中国城邑当有千座之多。例如,鲁国虽只是一个小国,但在春秋时期先后有筑郎、祝丘、郿、诸、防、郜、小穀、郓、平阳、中城、成郛、西郛、武城、莒父、霄、毗、邾瑕等城邑。秦国在春秋时期新筑城较少,但到战国时期有记载的新筑城市则有河旁、庞戏城、南郑、河濒、庞、籍姑、重泉、洛、栎阳、上枳、安陵、山氏、商塞、咸阳、武城、上郡、武遂、殷18个城市(何一民,2012)。

其次,诸侯国城市分布范围扩大。在黄河中下游和江淮地区的基础上,在山东、河北、山西、陕西等地分别出现了齐国临淄,鲁国曲阜,燕国上都蓟、下都武阳,赵国邯郸、晋阳,秦国咸阳等名都,在长江流域出现了楚都郢(湖北江陵纪南城)、下游吴、会稽(绍兴)、下游巴(重庆)、成都等,即城市分布由黄河流域扩展到了长江流域(顾朝林,1999)。

最后,城市之间的联系促进了城市群的形成。社会经济的发展以及驿道、运河的修建,大大促进了城市群形态的城市网络的形成。郑卫城市群以王城为中心,由郑、宋、卫组成,城市数量多,分布密集,城市间距多在10~20km,包括管、蔡、陈、温、滑、息、申、邶、虢、商丘、沫、许等。齐鲁城市群以曲阜和临淄为中心,城市间距离多在20~30km,交通发达,又地处资源地,商业繁荣。邯郸城市群以邯郸为中心,包括邯郸以南、太行山以东、平原西部和泰山以西平原东部。这些城市相距70~80km,地处黄河改道和泛滥区,分布散、发展慢。长江流域城市群以楚国郢都和吴国姑苏(今苏州)为中心,城市相距较远,但俱在长江沿岸地区,联系还算方便(顾朝林,1999)。

第二节 封建社会秦汉—明清时期的城市空间分布

秦统一六国后,城市进入新的发展时期。中国封建社会时期,以国家政治为内核的聚集效应超过了小农业与家庭手工业相结合的自然经济的聚集效应,因而城市的聚集效应表现为政治功能的主导性和空间形态的内敛性,即中国城市的聚集效应总体上是由国家政治开启的(何一民,2004)。政治因素虽是中国城市设置的直接原因,而自然因素却是大多数城市发展的基础性因素,即中国不同时期城市设置相对集中在地形平坦、气候适中且靠近河流及中心城市的地区。整体上,中国城市设置具有明显的以区域中心城市为源点的"圈层"式分布结构以及沿道路的"线状"分布结构。

中国城市地理基础

一、封建社会初期（秦帝国时期）

公元前221年，秦统一六国，结束了长达500余年的纷争割据局面，建立起中国历史上第一个封建统一的国家。秦王朝确认了土地私有，封建生产关系在全国范围内得到保护，地主阶级和农民阶级的矛盾成为社会基本矛盾。自秦以后，中国在城市体系中占主导地位的始终是各级行政区治所所在城市，以县一级政权的治所作为历史城市的主要划分标准也有其合理性（何一民，2014）。同时，地方行政区划系统也反映了城市体系结构，城市的数量与行政建制有着直接关系。

秦废除了分封制，将战国后期实行的郡县制推广到全国，而这些行政建制的郡与县的治所，都发展成为规模大小不同的城市。于是，中国城市在地理空间上的分布发生了一些变化，秦岭、淮河线以南的城市增多，规模有所扩大，一些边远地区也因设置郡县开始出现城市，如秦修长城，置上谷、渔阳、右北平、辽西、辽东等郡；南戍五岭，西南征滇黔，也在边地设置了一些郡县，大小不等的城市随之而起。

1. 郡县制下，秦代城市数量明显增多

战国后期，持续不断的兼并战争和秦国的统一战争，"关卡林立，勒索客商"，"以邻为壑，发动战争"，"攻城以战，杀人盈城"，对中原地区的社会、经济造成了很大破坏，一些城市饱受战争摧残而一蹶不振，甚至不少城市毁于战火之中。秦又下令毁坏战国时各诸侯所筑的城郭，拆除了险要地区所筑的堡垒，将原住在六国城市中的贵族、豪民迁徙到咸阳以及其他偏远地区的城市，防止他们复辟。这样，战国时期许多繁华的重要城市，因战争破坏和人口迁徙而衰落。秦统一六国后，废除了分封制，将战国后期实行的郡县制推广到全国，导致秦代城市数量增多。一方面，秦先设三十六郡，后征服南方百越增置南海、桂林、象和闽中郡，又增设胶东、济北、广阳等郡，设县400多个（庄林德和张京祥，2002），而这些行政建制的郡与县的治所，都发展成为规模不等的城市。另外一方面，秦统一六国后，实行车同轨、税同率、币同值、书同文、度同长短、量同大小、衡同轻重等政策，消除了由于长期分裂割据造成的地区差异，有利于全国的商品流通，以行政、商业职能为主的城市在此时开始兴起。这都促使了秦代城市的快速增加，到秦末时，除都城咸阳（今陕西咸阳市东北）附近关中平原为内史统辖地外，见于《史记》、《汉书》、《续汉书》、《水经注》等记载的秦郡共四十八郡，全国县级政区有1000左右（谭其骧，1991）。正如马克斯·韦伯所说，中国古代城市的兴起，主要并不是靠城市居民在经济与政治上的冒险精神，而是有赖于皇室统辖的功能，特别是治河的行政管理（马克斯·韦伯，2003）。

2. 主要分布于黄河中下游和江淮地区，分布范围扩大

秦之疆域东至海暨朝鲜，西至临洮、羌中，南至北向户，北据河为塞，并阴山至

辽东（《后汉书·南蛮西南夷列传》）。秦代城市主要分布于北方的黄河中下游地区和江淮地区，在黄河下游地区已形成了以河南郑州、洛阳为中心的城市密集区和以黄河中游的咸阳为中心的城市密集区（图4.1）。全国形成了关中、关东、燕赵、江南四大经济区，在每个经济区中，都出现了数量不等的、具有区域经济中心地位的郡县城市（张南和周伊，1989）。在长江下游地区虽没有形成明显的城市密集区，但已有城市密集区的雏形。同时，随着国家的统一，疆域的扩大，在广大的南方、北方和东北地区也开始了广泛城市的建设，城市分布范围有所扩大。例如，秦代时南方出现了闽中郡东冶（今福州市）、南海郡番禺（今广州）、桂林郡桂林（今广西桂平西）、象郡临尘（今广西崇左）等，在内蒙古出现了九原郡九原（今包头市），东北出现了辽东郡襄平（今辽阳市）、辽西郡阳乐（今辽宁义县西），以及甘肃陇西郡狄道（今临洮南）和四川蜀郡成都等（庄林德和张京祥，2002）。而这些地区虽已有城市分布，但城市分布还相对稀疏，城市之间相距甚远。

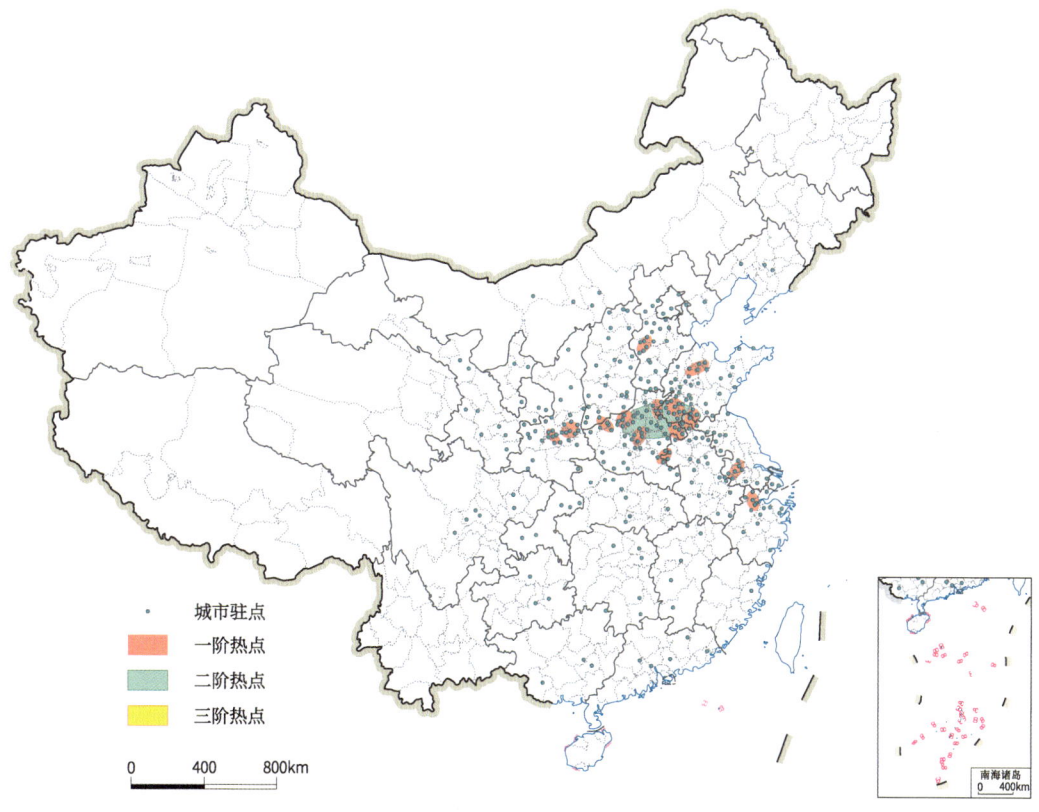

图4.1 秦代城市空间分布（金淑婷，2015b）

3. 沿黄河中下游城市发展轴线的发育

秦起源于北方的渭河流域，建都咸阳，确定了北方政治中心的地位。在与六国攻伐过程中，秦国原属疆域的社会相对稳定，经济发展快速，黄河中游地区的原秦国城市发展较快。而黄河下游的齐鲁之地，由于不战而降，社会经济虽有所改变，而城市并没有遭到破坏。由于地处两大高原以及降水少等原因，黄河上中游的变迁不大，而黄河下游常有决口泛滥，战国中期时在黄河下游全面筑堤，蓄洪拦沙，固定河床，从此结束了多股分流、改道频繁的局面，从而促进了黄河沿线城市的发展。此外，"中央—地方"道路网模式的形成（王成金等，2014）也为中下游城市发展提供了有利条件。秦统一六国后，黄河中下游地区的城市得到快速发展，逐渐形成了以咸阳为中心的关中城市群，以平阳、洛阳为中心的三河城市群（河东、河内、河南）以及以临淄为中心的齐鲁城市群，黄河中下游逐渐形成了中国第一条东西向城市发展轴线。

4. 城市重心分布及其离散程度

由于秦朝时，西部的西藏、新疆地区还未纳入中国版图，城市建设相对较少，所以城市重心总体上相对偏东；加之秦代的政治中心、经济重心都位于北方的黄河流域，城市也在北方的黄河流域中下游地区发展较快，城市重心相对偏北。所以就全国而言，秦代的城市重心处于北方的黄河流域中下游地区。秦统治时期中国城市的空间分布主方向及其重心相对于2010年中国的几何中心（103°50′E，36°N），在东-西方向上偏移量为10.15°，偏离几何中心相对较大（金淑婷等，2015a）。

此外，秦朝统治时期，城市的标准差椭圆覆盖范围达到陕西、山西、河北、山东、河南、江苏、安徽和湖北等地，覆盖范围相对较小，城市分布扩散不明显。而且秦朝时期城市空间分布主要为东北-西南方向，该时期城市空间分布趋向于圆形结构（表4.1）（金淑婷等，2015a）。

表4.1 不同时期城市的重心迁移及标准差椭圆参数

朝代	重心迁移方向和距离					标准差椭圆参数		
	重心坐标	方向	东西方向距离/km	南北方向距离/km	偏移距离/km	X轴标准差/km	Y轴标准差/km	转角θ/(°)
秦	113.98°E，34.21°N					548.41	551.91	60.45
汉	112.53°E，33.97°N	西偏南15.69°	150.32	42.23	156.13	668.39	809.85	45.18
晋	112.41°E，32.73°N	西偏南89.45°	1.3	136.51	136.52	684.77	820.88	39.75
南北朝	112.19°E，32.52°N	西偏南58.89°	14.47	23.98	28.01	676.01	796.4	26.57
唐	111.25°E，32.43°N	西偏南11.66°	84.15	17.37	85.93	869.64	863.71	132.06
宋	112.90°E，32.76°N	东偏北19.19°	−139.52	−48.56	147.73	635.36	997.23	27.74
元	111.88°E，32.15°N	西偏南48.41°	65.51	73.8	98.98	775.39	964.19	37.98
明	112.08°E，32.17°N	东偏北10.22°	−25.74	−4.64	26.15	791.34	1032.92	37.54
清	111.69°E，33.11°N	西偏北62.71°	51.05	−98.97	111.36	952.72	1105.54	42.38

资料来源：金淑婷等，2015a；金淑婷等，2015b

二、封建社会中期（汉代至宋末）

从公元前 206 年汉朝建立到公元 1279 年宋朝灭亡，历时 14 个世纪多，是中国封建社会的发展与完善阶段，先后历经了西汉、东汉、三国、西晋、东晋、十六国、南北朝、隋朝、唐朝、五代十国、北宋、南宋时代。出现了大一统的强盛的汉（隋）唐时期，也经历了三国、南北朝及宋、辽、夏、金长时期的分裂时期。政治上分分合合，王朝更替，社会安定或战乱，导致城市的兴而衰、衰而兴，大到都城，小到道、府、县等，不同规模的城市都受到了影响。农耕技术进步和农业发展为城市发展奠定了良好的经济基础，手工业发展为城市商品经济的繁荣创造了条件。而且，因为陆上、海上的"丝绸之路"创立和不断完善，因对外贸易而产生了诸多的港口城市和贸易（交通）枢纽。

西汉时，除长安、洛阳、临淄、邯郸、宛（今河南南阳）、成都等迅速成为当时著名的大都市外，一些中小城市也在这一时期兴起。东汉建都洛阳，洛阳和长安依然繁荣，成都、邯郸、南阳等地方城市依旧是商业贸易中心。东汉后期，黄河流域的某些经济发展地区人口减少，出现了衰落的迹象，而南方出现新的经济发展地区，人口在急剧上升。西晋灭亡后，中国分裂成南北两大部分，南部基本保持政治上的统一，但北部却陷入了长期的大混战、大分裂的浩劫中。北方社会经济遭到空前的大破坏，经济凋敝，人口锐减，多数城市变成了废墟。而此时南方则相对稳定，北方居民大量南迁，从而给南方带来了新的劳动力、耕作技术和旱作农作物的种子、较先进的生产技术和文化，以及货币财富等，南方得到前所未有的开发。原来人口减少，经济、文化较为落后的南方在此期间发生了较大的变化，中国的经济、文化中心逐渐向南转移，长江流域的城市也迅速增加，规模扩大，出现了人口超过百万的建康（今南京）。隋唐时期，促进了自南北朝以来的民族大融合和南北经济发展，使中国封建经济文化出现飞跃发展，城市发展也进入一个新阶段。北宋王朝从一开始建立就缺乏隋唐时期那种高度统一的政治局面，金人占据了北宋北方大片国土后，高宗退守江南，形成 100 多年的南北对峙局面，然而宋朝统治的疆域内，城市依然繁荣发达。

1. 城市数量呈阶梯式上升

汉初到宋末，城市数量总体上呈阶梯式增长趋势。政治、经济、社会的稳定与否，决定了中国城市数量的变化趋势。朝局稳定、经济增长、社会发展会兴起大量的新城市，不同规模的城市都会得到发展，反之亦然。例如，西汉城市在政治、经济、社会相对稳定的环境中增长至 1584 个，相比于秦代城市数量显著增加，尤其是公元前 60 年，汉宣帝时期城市数量更是达到 1621 个，而汉昭帝时期达 1634 个。而东汉时期战乱不断、社会动荡不安，城市数量减少为 1264 个（陈昌文，1998）。此外，一个王朝稳定的时间越长、经济发展越快、人口增加越快，城市数量增长也快，维持时间也长。然而，每个王朝的末期，因为战乱多、社会不稳定、人口增长慢甚至负增长时，城市数量就会停滞甚至减少。例如，唐朝时为城市数量上升时期，而唐末到五代十国时为城市数量停滞期。

2. 政治、经济重心的变迁及其对城市发展与分布的影响

汉初到宋末，中国城市空间分布极不平衡。魏晋南北朝以来，政治中心和经济重心逐渐分离，政治中心和经济重心的变迁引起城市发展及其空间分布发生变化。一方面，工商业的发展、经济重心的变迁，导致一些非政治中心城市的兴起；另一方面，南北朝后，中国政治中心有很长一段时间内还在北方，而经济重心已南移。作为政治经济重要载体的城市，空间分布也表现为政治中心城市位于北方的黄河流域，而经济重心位于南方的长江流域。

1）合一时期。汉代政治、经济重心都位于北方黄河流域。汉代都城由西汉长安迁至东汉洛阳，再到三国时期的洛阳（魏）、成都（蜀）、建业（吴），都城虽有所变化，但国家政治中心总体上还处于北方的黄河流域。此外，由于黄河流域的旱作农业发达，人口众多，而南方未得到有效开发，北方的农业生产力远高于南方，手工业、商业都集中于北方，此时经济重心依旧位于北方的黄河流域中下游地区。政治中心和经济重心重合，使北方黄河流域中下游和江淮地区的城市蓬勃发展，大量城市得以建设。此时，南方城市和北方城市虽都有发展，但城市分布还极不平衡，依然是严重的"南少北多"的分布格局。

2）逐步分离。魏晋南北朝政治、经济重心逐渐分离。魏晋南北朝是中国历史上政权更迭最频繁的时期，国家政治中心基本还处于北方的黄河流域，而经济重心逐渐向长江中下游地区转移。由于大规模的战乱多发生在北方并且持续时间很长，使得北方经济遭到严重破坏，而南方则相对稳定，加上大量人口南迁，得到了前所未有的大开发，使地方经济得到迅速发展。这样，南北方经济开始趋于平衡，以北方黄河流域为重心的经济格局逐渐向南方的长江流域转移。由于经济重心的逐渐南移，南方的农业、工商业发展带动了城市建设。长江中下游地区城市数量逐渐增多，而北方的城市由于战乱停滞不前甚至衰落。

3）显著分离。隋唐政治、经济重心已明显分离。此时，政治中心还处于北方的黄河流域，而经济重心已明显转至南方的长江中下游地区。隋代建都大兴，唐代建都长安，都城都在北方，此时政治中心依然处于北方。南方长江流域的农业、工商业发达，经济繁荣，如扬州、苏州、杭州经济十分发达，已成为当时的大城市，甚至可与都城长安媲美。这表明国家经济重心已完全转移至南方，政治中心、经济重心明显分离。南方经济的进一步发展，促进了长江中下游地区城市的发展，南方城市数量增加，城市之间距离减小。同时，由于社会经济稳定，北方部分城市虽有发展，但总体上城市发展停滞不前，失去了活力。

4）重新复合。宋代是政治中心变迁和经济重心的"复合"时期。宋朝政治中心由北方被迫转向了南方，而经济重心依然是南方的长江中下游地区，政治中心与经济重心又一次基本重合。北宋建都东京（今河南开封）。靖康之变后，南宋建立，迁都临安，政治中心由北方迁到了南方，政治中心和经济重心重合。两宋时期，虽然国土没有大一统，而此时的农业、工商业却发展迅速，经济繁荣，达到了封建社会时期的高峰。同时，南宋"海上丝绸之路"繁荣，对外贸易发达。南方城市进一步在稳定的大环境中大发展，而北方城市由于战乱、经济的不发展而衰落。

3. 汉代城市的"遍地开花"与工商业城市的兴起

汉代城市的发展经历了3个阶段：刘邦立汉至文景时期、西汉中后期和东汉时期。在城市的分布特征上，表现为相当的广泛性和极大的平衡性，其发展的主要标志是：数量增多、规模扩大、经济职能增强（陈昌文，1998）。汉代疆域在汉武帝时期大为扩展，在北方先收复了河南地，设置了朔方、五原二郡，辖区42个县，在西北部的休屠王故地和浑邪王故地设置了"河西四郡"。在朝鲜半岛设置了乐浪、玄菟、真番、临屯"朝鲜四郡"。在东南设立了冶县（福州）、回浦（浙江临海）两个县，全部属会稽郡管辖。岭南分置成南海、苍梧、郁林、合浦、象郡5个郡。又将原来南越王赵佗在文帝时所设的位于象郡以南，在今越南境内的交趾、九真两郡承袭下来，并在这两郡以南设立了日南郡，又在西南夷地区设置犍为郡（郡治在今四川宜宾市西南）、益州郡（郡治滇池）、武都郡（治所在今武都）、汶山郡（治所在今茂汶）、沈黎郡（治所在今四川汉源东北）、越嶲郡（治所在今四川西昌东南）和牂柯郡（今云南西部）等，使汉代疆域大为扩展。汉代在东到玄菟，西到西域，北到五原，南到交趾的广阔范围内分布着1600多个城市（陈昌文，1998）。汉代城市相对集中于黄河中下游和江淮地区，整体上呈现"北密南疏"的分布特点。汉代形成了以郑州、洛阳为中心的城市密集区，以长安为中心的城市密集区和长江下游的城市密集区的雏形进一步显化（图4.2）。此时，城市发展"遍地开花"，即随着疆域的扩大、郡县治所的设立，广大的南方、北方、东北地区城市数量急剧增加，其中丝绸之路沿线城市已有较多分布，但受水资源等地域环境条件影响较大（贾百俊等，2012）。

农业、手工业、商业的大发展促进了工商业城市的兴起。源于地理、历史因素，全国初步形成了10个宏观经济区域：关中地区、陇右地区、巴蜀地区、三河地区、燕赵地区、齐鲁地区、梁宋地区、颍川南阳地区、三楚地区、南楚地区（何一民，2012）。这些地区的农业、手工业、商业都有一些共同的特征，内部联系也比较密切。西汉中期，各经济区域在形成的过程中都以一个或几个城市为中心，而这些城市也以经济区域为依托，发展成为大经济区的都会城市，其中以工商业城市的兴起最为典型。西汉时期，最大的经济都会有6个，即除了关中地区的长安外，分散在各地的5个经济都会被称为五都：齐鲁地区的临淄、三河地区的洛阳、燕赵地区的邯郸、巴蜀地区的成都、颍川南阳地区的宛（庄林德和张京祥，2002）。

中国城市地理基础

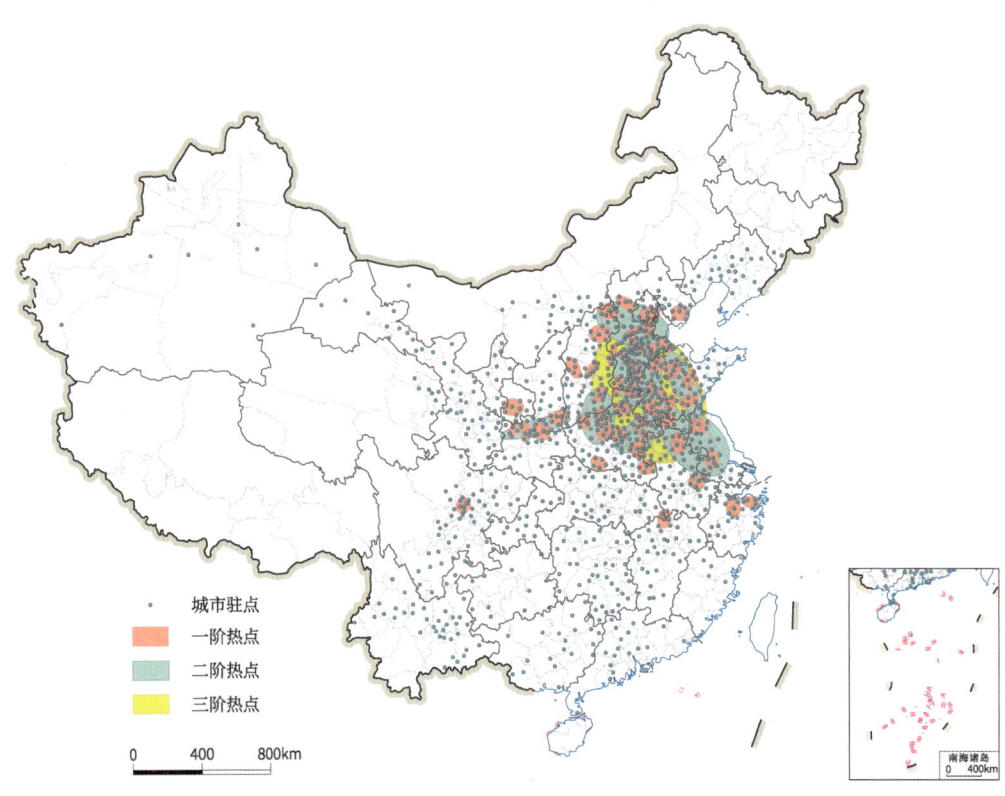

图 4.2　汉代城市空间分布（金淑婷，2015b）

4. 魏晋南北朝时期城市空间分布重心的南移

魏晋南北朝时期，北方战乱不断，社会动荡不安，而南方则相对稳定，农业生产力、手工业、商业快速发展，经济重心迅速向长江流域转移。总体上，以长江流域为中心的南方兴起了大量城市，城市总数相对汉代时有所增加。长江中下游地区已初步形成了一个城市密集区，但分布范围并不广；长江上游的四川盆地以成都为中心的城市密集区也已初见端倪。北方的黄河中下游和江淮地区城市相对于汉代变化不大，城市发展相对停滞不前。以洛阳为中心的城市密集区和以长安为中心的城市密集区相互连接，开始形成一个更大的城市密集区。

为揭示中国城市空间分布重心的南移，庄林德和张京祥（2002）对东汉中期和唐中期城市的南北分布进行了对比分析：在东汉中期（汉顺帝永和五年，公元 140 年），全国共有县城 1181 个。其中，位于北方黄河流域者共有 449 个，位于淮河流域者 161 个，位于海河流域者 90 个，三者合计达到 700 个，占全国城市总数的 59.3%。长江流域共有 327 个，珠江流域 56 个，两者合计 383 个，仅占 32.4%。此外还有 98 个（8.3%）分布于西北的凉州地区。6 个世纪后的唐朝中期（唐玄宗开元二十八年，公元 740 年），全国 15 道共辖有县 1639 个。其中，黄淮流域者降为 615 个，占县城总数也降为 37.5%。长江、珠江等流域增至 964 个，较东汉时净增 581 个，所占比例由东汉时的

32.4%上升到58.8%,基本上为"倒四六开"。另外,还有60个属于西北地区陇右道领辖。

5. 隋唐时期西南城市密集区的形成与"工"形城市发展轴线初见端倪

隋唐时期,农业、手工业进一步发展,商业出现繁荣景象,中国进入封建时代的全盛时期,城市发展也进入了一个新阶段。社会生产力和商品经济的发展、社会生产力的转移、农村社会结构的破坏、工商业互动及市民阶层社会生活的影响5个方面是唐代城市发展的推动因素(肖建乐,2008)。城市在全国范围内大量建设,城市空间分布范围进一步扩展。在西南地区,形成了以成都为中心的城市密集区,分布范围较广,城市数量较多(图4.3)。黄河中下游地区和长江中下游地区的城市也得到进一步发展。

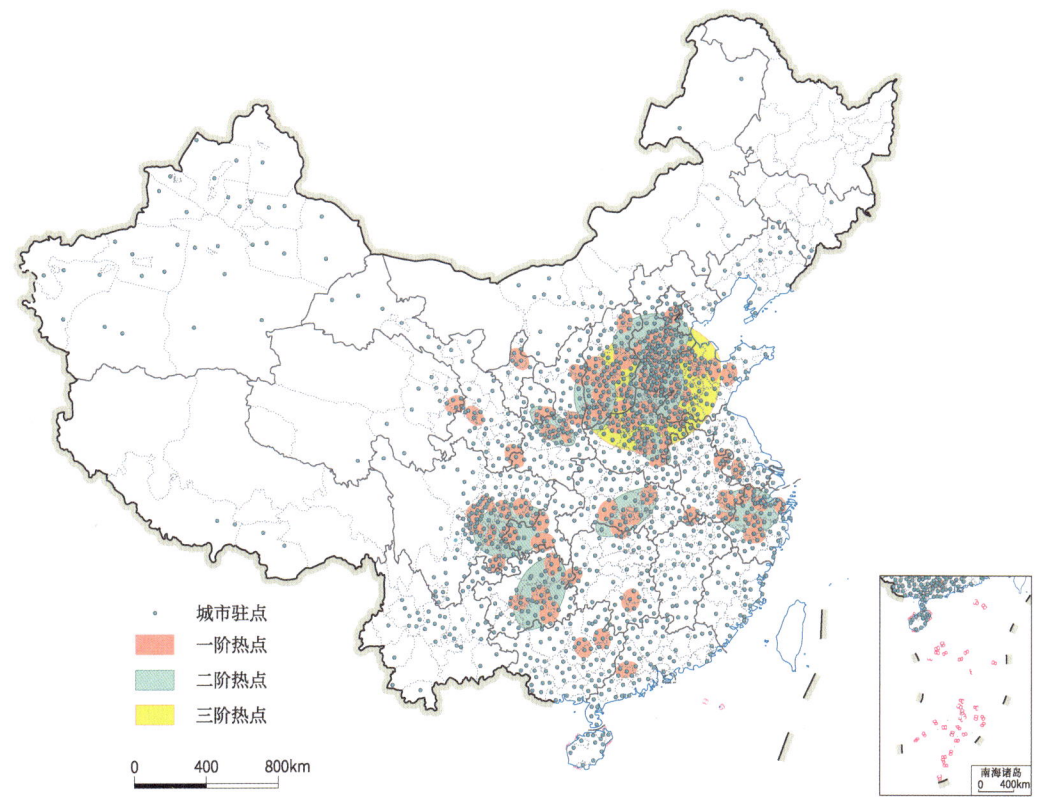

图4.3　唐代城市空间分布(金淑婷,2015b)

随着沿运河、沿长江城市发展轴线的逐渐形成,以及沿河城市发展轴线的继续发展,隋唐时期,中国城市逐渐形成了"工"字形城市发展空间格局。

黄河在历史上虽经常决口泛滥,而东汉至宋时期黄河长期安流,谭其骧(1962)认为东汉至唐,由于游牧民族入居中原,退耕还牧;河道较前顺直,有利于泥沙冲刷;两岸河流、湖泊的调节等原因导致了黄河长期的安流。黄河长期安流提供了黄河中下游城市持续发展的机会,沿线城市在快速发展。加之,政治中心长期位于北方的黄河流域，隋唐以来定都城为长安，而黄河下游洛阳发展成为除长安外的最大城市，这导致沿（黄）河城市发展轴线进一步增强。

由于魏晋南北朝以来的经济重心逐渐南移，长江支流赣江、汉水、湘江已成为当时的主要交通路线，其沿岸以及"三吴"地区的经济繁荣，大大小小的水道不仅把大城市同重要的农业区联系起来，而且也把各个大小城市融为一体，逐渐成为中国又一条东西向的城市发展轴线。南朝首都建康（今南京）为长江下游大港，秦淮河两岸市集众多，成为长江流域最大的商业城市；广陵（扬州）、京口（镇江）、夏口（汉口）、江陵、成都与南京并称为长江流域六大都市；沿江浔阳（九江）、豫章（南昌）和下游地区及周围的吴郡（苏州）、毗陵（常州）、会稽（绍兴）、余杭（杭州），以及沔水（今汉水）、淮水两岸的襄阳和寿春，都发展成为当时繁盛的商业港口城市。至中唐时期，长江干流（上游至重庆）沿江即有州城15处，县城19处，重要集镇18处，长江流域发展轴线逐渐形成（顾朝林，1999）。

为解决经济重心和政治中心分离的矛盾，隋朝建立之初，便开始开凿大运河，修成西起长安、东至潼关、衔接黄河的一段运河名曰广通渠。后隋炀帝开通南起杭州，西北至洛阳、长安，北至涿郡的卧"人"字形大运河。贯通的大运河以便捷的水运，将逐渐成为中国经济重心的长江流域与仍作为政治、军事中心的黄河流域有效地连接起来，成为中国商品流通的主要通道和经济发展命脉。这对隋及以后的唐宋帝国的经济发展都产生了积极影响。同时，沿运河两岸也兴起了一部分城市，因其腹地经济比较发达与商品流通便捷，沿岸的楚州（淮安）、扬州、苏州、杭州发展成为当时的"四大都市"；华州（华县）、陕州（陕县）、汴州（开封）、宋州（商丘）、泗州（盱眙县，今沉在洪泽湖底）、润州（镇江）、常州也渐次发展成为较大的城市，中国第一条南北向城市发展轴线开始逐渐形成。

6. 两宋时期南方城市大发展与东部沿海港口城市的兴起

北宋王朝建立之初就缺乏高度统一的政治局面，北宋时形成了3个城市密集区域：以成都平原为中心的成都府路及其邻近地区、位于黄河中下游平原的京畿地区及京东、河北诸路以及位于长江中下游包括南阳盆地、淮水沿岸和东部沿海的广大地区（于云瀚，1998）（图4.4）。后金人南下占据了北方大片国土后，高宗被迫南迁退守江南，以开封为首的中原城市行政地位持续下降，最终丧失了国家行政中心的地位，南方的城市在北宋得到了初步的发展，随着宋室南迁和政局的稳定，中国经济重心完成南移，加速了南方城市发展的进程（韩英，2014）。南方相对稳定的社会环境中，坊市分隔制度的打破，城市经济职能的增强，城市人口的剧增和人口结构的改变，城市范围的拓展与规模的扩大，带有消费性和商品化色彩的城市娱乐活动的兴盛，使宋代城市发生了深刻的变化（郭学信，2009）。两宋时期疆域虽然并未统一，但其手工业、商业、对外贸易高度发达，城市也在这一时期大量发展，尤其南方的社会稳定和工商业的发展促进了城市的大量建设。

第四章 中国城市发展的历史基础

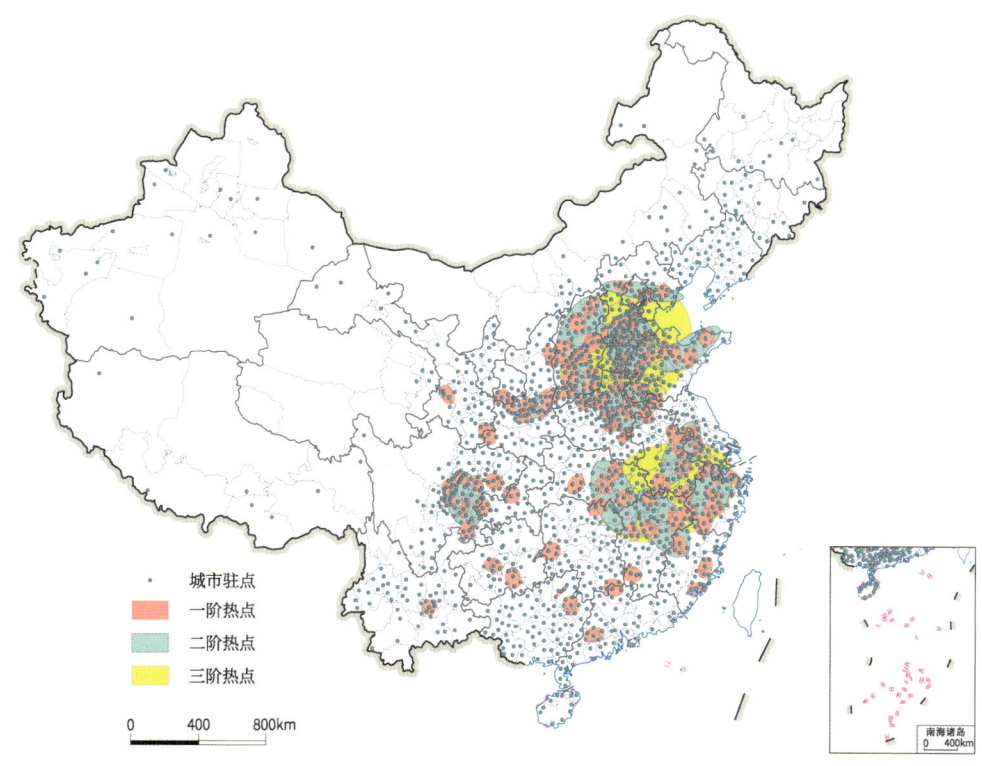

图 4.4 宋代城市空间分布（金淑婷，2015b）

宋辽夏金时代，随着国内商业、手工业高度发达，造船技术水平的提高以及指南针的发明并用于航海，加之宋朝实行一系列对外开放政策，中国此时期的对外贸易继续发展。这一时期，中国对外贸易和沿海港口城市得到了前所未有的发展。两宋时期，东至朝鲜、日本，都有海上贸易往来，南至南洋、印度，西南到波斯、阿拉伯，远达非洲，逐渐形成中国的"海上丝绸之路"。宋朝的手工业商品、金属制品、工艺品和农副产品等商品运送到沿线地区，而珍宝、香料、药材、日常用品和军事用品等商品也运至中国。随之兴起的港市即多又盛，这从市舶司（司舶务、司舶坊）设置的处所远较唐代增多和各港口都很繁盛可得到说明：唐代中国设置市舶司有史可鉴的只有广州一处，北宋时则有广州、杭州、明州、泉州、密州板桥镇（今青岛市前身），以及秀川华亭县（今上海松江区），共计有6处。南宋虽只有半壁河山，但又新设温州、江阴军、秀川海盐县澉浦3处（庄林德和张京祥，2002）。足见此时期港市的兴旺繁盛，杭州、明州（宁波）、温州、广州、泉州都是当时繁盛至极的港口城市。

7. 城市重心演化、集散程度与密度变化

从中国城市重心移动方向及距离来看（表4.1），汉—唐时期，新增城市主要集中在西南及西北地区，重心移动方向主要是西南方向，重心西进与南下距离总体差别不大。唐朝以后随着宋朝开始失去对西北地区尤其是新疆、青海的行政管辖，而以游牧民族为主的辽、西夏等政权，对部分城市进行了废除与新建，从而导致宋朝时期城市重心迅速向东北方向移动。从城市重心的移动距离上来看，秦—汉时期，城市重心在东—西方向上移动距离最大，汉—晋时期，城市重心在南—北方向上移动距离最大。

汉至宋时期，中国城市总体上呈向外扩张的趋势（表4.1）。汉至唐时期，除南北朝时期城市空间分布有所集聚外，其他时期均处于不断分散趋势；唐以后，城市总体空间分布处于不断分散的趋势。同时，城市空间分布表现出以唐朝为分界点的两种变化趋势：汉—南北朝时期，城市空间分布逐步由东北—西南向偏北—偏南转变；唐时期由于陕西、甘肃、宁夏、青海、新疆城市数量的增加，城市总体呈西北—东南走向；宋时期城市空间分布呈偏南—偏北走向。此外，汉—南北朝城市空间分布具有同心圆结构；唐时期新增城市主要集中在西北及东南方向，致使该时期城市空间分布在西北及东南方向上呈分散趋势。

整体上而言，中国城市密度的空间分布特征较为稳定，在城市空间分布上华北地区的城市密度相对较高，而西南和西北地区城市密度相对较低。并且城市密度空间差异性呈逐步增强趋势，即此时城市空间分布越来越不均衡。此外，东—西方向城市密度空间差异最大，其他方向相对较小。同时，汉、晋时期四川盆地城市发展较为迅速，城市密度在此时较高；而南北朝、唐、宋时期随着长江中下游地区城市数量的上升，致使该地区城市密度进一步升高（金淑婷等，2015b）。

三、封建社会后期（元明清代）

相比于汉至宋时期城市空间格局的拓展，封建社会后期，则是小城市和小城镇分布密度增加。元明清时期，中国进入封建社会晚期，封建经济高度发达且逐步走向衰败。这一时期，尤其是明朝建立后，专制主义的中央集权统治进一步加强，中国传统的农业、手工业、商业又一次达到了封建社会的高水平，并出现了资本主义萌芽，促进了市场繁荣和全国大中小城市及众多小城镇的兴起与发展。

元代设立管理农业的政府机构，保护农田、鼓励开荒、大力开展军民屯田、兴修水利等措施，使中原地区农业生产得到恢复，使长三角地区的农业进一步发展。元朝的官办手工业，规模、产量和分布范围均超过前代，私营手工业虽受到官府工匠的种种限制，但纺织业、陶瓷业、印刷业、矿冶业等手工业仍有一定程度的发展。随着农业和手工业的恢复和发展，重商观念对传统的"重农抑商"政策的冲击，商业快速发展。当时国内市场上，北至北冰洋，南至南海诸岛，西至西藏，使用统一的货币，尊奉着统一的政令，驿站遍布各地区，商队往返络绎不绝，陆运、河运和海运畅通无阻，无远不至，对外贸易上，继忽必烈4次海禁之后，元代复置泉州、庆元（宁波）、广州市舶提举司，之后不再禁海，"海上丝绸之路"得以继续发展，使元代的商业呈现出空前繁荣的景象。随着农业、手工业、商业的发展，元代城市得到进一步发展。

明代的农业生产水平得到了提高，商业性农业进一步发展，在耕耘、选种、灌溉、施肥、园艺等方面已经非常成熟。由于经济作物利润较高，一些经济作物广为种植。铸造业、制瓷业、丝织业、棉织业、印刷业、制盐业等手工业技术进步，规模扩大、分工精细。同时，小农家庭手工业也得到进一步发展。随着各地，特别是江南地区商业性农业和农村家庭副业的日益发达，赋徭征银财政手段的刺激，小农经济普遍与市场经济的联结，促使了南北地区经济交往的加强、商业资本的活跃、市政的复兴和新生以及传统城市的繁荣。明朝中后期，由于农业雇工的出现和人身依附关系的松弛，班匠制度变革和商人对私人手工业的控制，在江南棉纺织业中出现了资本主义萌芽。随着工商业的发展和南北经济联系的加强，在江南地区，自宋元以来初露端倪的新的城市类型——市镇得到了较快发展，调剂地方农家经济的集墟定期市获得了长足进步，政治性和消费性相结合的传统城市在新的历史条件下走向繁荣。

清朝的统治机构基本上沿袭明制。清政府采取了较为得力的措施发展农业，兴修水利、治理黄河，由于注意精耕细作，粮食的单位面积产量也有显著提高。棉花、桑树、甘蔗、烟叶等经济作物的种植也有进一步的发展。丝织业在清代手工业中占有重要地位，当时江宁、苏州、杭州、佛山、广州等地的丝织业都很发达，棉织业、制瓷业、制糖业、矿冶业、铁器制造业等都有进一步发展。在农业和手工业生产发展的基础上，清代的商业十分繁荣。由于商品经济的活跃，城市与乡村、地区与地区之间的经济联系进一步加强。随着商品经济的发展，许多大城市如北京、南京、苏州、杭州、扬州等更加繁荣。各地中小市镇随着商业性农业、手工业和商业的发展而兴起。

1. 城市数量进一步增加，达到封建社会的高峰

元明清时期，中国封建社会已趋于发达状态，传统的农业、手工业也达到封建社会的最高水平，从而促进了市场的繁荣和工商业城镇的兴起，导致城市数量略有增加，城市发展水平已达到了中国封建社会的高峰。图4.5显示（何一民，2012），清代各级行政区划治所和城市数量总体上都呈增长趋势，城市总数也由康熙二十五年的1530

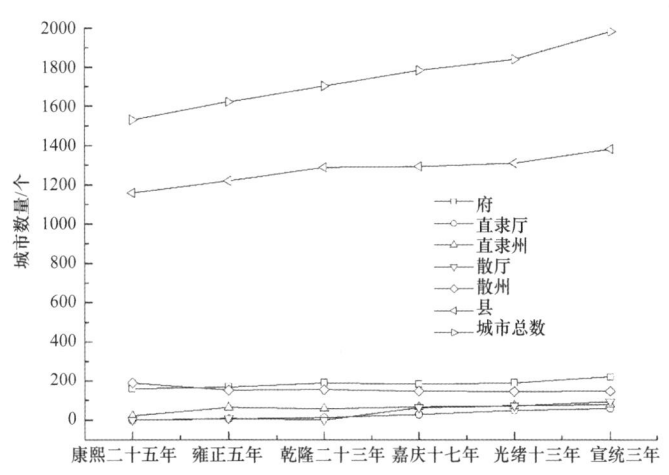

图4.5 清代城市数量的变化（何一民，2012）

个增长到宣统三年的 1981 个，净增长 451 个，其中，县的数量增长较快，宣统三年时达 1382 个，较康熙二十五年净增长 223 个。

2. 沿江、沿运河城市发展轴线进一步发展

沿江城市发展轴线进一步得到发展。元明清时期由于全国各地城乡商品经济发展，货物流通量增加，加之这一时期沿海各大中港口的开放关闭不一，因而河港城市获得了进一步发展的契机，遂使唐代以来形成的沿江城市发展轴线得到进一步加强。长江历来是中国东西交通大动脉，而长江流域不仅是中国商品粮食的主要生产基地和棉、麻、桑、茶等经济作物主要产区，而且手工纺织业也极为发达，促进了沿线城市的商业、手工业进一步的发展。其时，长江与运河交汇的扬州、镇江以及浒墅关等都是著名的城市，沿江的江宁（南京）、芜湖、安庆、汉口及重庆等也发展成为重要的商埠城市。例如，汉口兴于明而繁于清，是长江中游地区粮食、食盐、棉布、木材、药材等的主要集散中心（顾朝林，1999）。

沿运河城市发展轴线也同时得到了进一步发展。元明清三朝均建都北京，政治中心又迁回了北方，政治中心和经济重心再一次分离，大运河成为联系南北、联系政治中心和经济重心的交通大动脉。京都和皇家所需的漕粮等几乎全部依赖大运河运送，加之沿岸的商业贸易促进了沿线城市经济发展，两岸大邑林立，沿大运河城市发展轴线进一步加强。例如，通州、天津、德州、临清、聊城、济宁、韩庄、淮阴、扬州、镇江、常州、无锡、苏州、嘉兴、杭州等均是市肆繁荣、商贾云集（庄林德和张京祥，2002）。

与此同时，沿黄河城市发展轴线有所衰落。由于经济重心的南移，虽然政治中心还处于北方，但黄河中下游的城市逐渐衰落。加之黄河决口泛滥频繁，城市发展受到限制，沿黄河城市发展轴线失去往日的活力。

3. 商品经济的发展与江南地区小城镇蓬勃兴起

元明清以来，商品经济发达，加之农村人口的急剧增长，江南地区商品性农业发展快速，促进了江南地区手工业发展。江南地区原有的部分商业集镇向手工业专业市镇转化。在此基础上，城镇手工业间交换不断增多，以及城乡之间和国内商品交易的进一步发展，从而兴起了一批手工业城镇、居于交通要道的商业城镇以及手工业和商业结合的手工业-商业市镇。此时期，中国农村小城镇有了大量发展，特别是江南苏、松、杭、嘉、湖五府地区，由于棉、丝等纺织业的发展，小城镇更是蓬勃兴起，如苏州的盛泽、震泽，松江的枫泾、朱泾，湖州的双林、南浔、菱湖，嘉兴的濮院、王江泾，等等，大都是在这一时期发展起来的，成为中国最初处于雏形的城镇化地区。根据所处区位和专业化分工的不同，江南地区在这一时期形成了棉纺织和贸易中心、蚕丝和丝织业贸易中心、米粮贸易中心、盐业中心以及港口城镇等许多专业性市镇（庄林德和张京祥，2002）。

4. 明清时期城镇分布向边陲地域扩展

明代以来，为了防止元朝蒙古残余势力南侵，在北部长城沿线设置了"九边重镇"，负责东起鸭绿江、西至嘉峪关的军事防务。加之明清时期由于政局相对安定，对边疆地区实行移民、屯田等政策，边疆地区得到了开发，各民族之间的联系也得到了加强，全国城镇分布范围不断扩大。

1）西南地区。明清时期，随着政区的不断向外推进，在云、贵、川、藏等少数民族推行"改土归流"政策，平定了土司叛乱后又广建府、县治所，发展民族经济，使这一地区城镇有了较大发展。例如，云南的东川、武定等府，因地产锡、银、铅等有色金属，其时"商贾辐辏，烟火繁稠"。

2）西北地区。清代康熙、雍正、乾隆统治时期，首先打退了沙皇俄国的侵略，同时平定了准噶尔和"回部"上层分裂势力的叛乱后，各族人民在新的安定的统一局面下发展农业、手工业和商业，各地出现了商业贸易城市，如迪化（乌鲁木齐）、喀什噶尔、伊犁、哈密、阿克苏、西宁以及归绥（呼和浩特）、张家口、多伦诺尔、库伦（乌兰巴托）等，都成为内地商人、外藩贸易，街市纷纭的城镇。

3）东北地区。就地域开发时序而言，东北可谓开发最为迟晚，直到明代中叶为了抵御后金重兵压境，才开始在沈阳修筑城池，加强军事防卫。为了沟通关内外经济，吸引蒙古、女真等少数民族部落参加贸易，又在开原、抚顺和广宁（北镇）设三大马市。明末时后金曾将首都自东京（辽阳）迁至沈阳，从此沈阳一举成为东北地区最大的政治、军事、经济和文化中心。而后，奉天地区的辽阳、海城、锦州、铁岭、昌图、吉林地区的吉林、宁古塔、长春、珲春、黑龙江地区的瑷珲、齐齐哈尔、布特哈、呼伦贝尔、呼兰等城镇分别兴起，各种手工业作坊、商号商铺林立，商贾云集。但其后，因清军入关后，视东北为祖宗发祥之地，禁止汉人出关开垦，人口骤减。尽管盛京仍定为留都，而城镇的发展则一度处于停滞状态中（庄林德和张京祥，2002）。

4）台湾地区。明朝覆灭后，郑成功收复台湾，并作为其根据地，坚持抗清斗争，开始在台南地区进行大规模的开发。清康熙二十二年（公元1683年）统一台湾，第二年设立1府3县，府治台湾（今台南），凤山（今高雄县）、嘉义、彰化3县城，以及其他城镇开始兴起。据记载，其后至1895年日本侵占台湾前，有清一代在台湾省又新建5座县城。

5. 沿海大中港口城市停滞与衰落及地方小港口城镇兴起与发展

明初航海家郑和曾率领船队七下西洋，历经亚非30多个国家，并先后在太仓黄渡、宁波、泉州、广州等地设置了市舶司（黄渡不久即罢），此时航运业发达。但由于"倭寇之患"和葡萄牙、西班牙、荷兰、英国、法国等欧洲殖民者东来等原因，明世宗嘉靖二年开始，明朝政府实行了闭关和海禁。

清朝入关后，清廷要镇压郑成功在台湾的抗清运动，对海禁更严。以后随着台湾平定，政策松动，准许外商贸易。康熙二十三年，在江苏云台山（后移上海）、浙江宁波、

中国城市地理基础

福建漳州（后改厦门）和广东澳门（后改广州）分别设立江海、浙海、闽海和粤海四大海关。乾隆二十二年，清政府关闭了厦门、宁波等口岸，只准在广州一口通商。因此，自明嘉靖二年至鸦片战争的300多年间，基本都是闭关时期，致使中国沿海大中港口城市停滞不前甚至衰落，有的则由于长期封闭，港湾淤塞，从此衰落下去。

明清时期，虽然中国官方贸易和大中港口城市有所衰落，但众多小型港口城镇却有了兴起和发展。由于东南沿海各地的商品货币经济已经发展到了一定程度，人们又善于航海，在政府实行海禁时，许多海商便转而从事走私贸易，他们一般不在大港口停泊，多在僻静的小港口交易，从而促进了这些小港口的发展。另外，清朝设立四大海关时，在各个海关管辖范围内，其下又设有许多小口岸，这样就使很多小港口在"合法"的条件下得到发展，从而促进众多的地方小港口城镇兴起，如江海关下设有浏河、黄田港、福山、七丫、白茆、徐六泾、吕泗等22处，浙海关下设有镇海、象山、大关、古窑、乍浦、澉浦、瑞安等17处（庄林德和张京祥，2002）。

6. 城市重心演化、集散程度与密度变化

从中国城市重心移动方向及距离来看（表4.1），由于元朝以后重新开始对西北地区实施统一的行政管辖，同时对西藏地区实施行政管辖，导致城市重心向西南方向移动；明朝新增城市主要集中在东北地区及西北地区，导致该时期的城市重心总体向北移动。而东—西方向上，城市重心移动距离最大出现在宋—元时期；而在南—北方向上，重心移动距离最大出现在明—清时期。其中元朝统治时期中国城市的空间分布主方向及其重心相对于2010年中国的几何中心（103°50′E、36°N），在南—北方向上偏移量为3.85°，偏离几何中心相对较大。

元至清时期，城市总体空间分布处于不断分散的趋势（表4.1）。西部地区城市分布曾出现过"分散—集聚"的变化趋势，且城市空间分布向西南方向延伸；东部地区相对于西部地区城市空间分布有不断向沿海地区分散的趋势。元—清时期城市空间分布由偏南—偏北向东北—西南转变；其中元、明时期西部地区城市空间分布特征呈东北—西南走向，清时期西部地区城市空间分布呈南—北格局；东部地区城市空间分布沿东北—西南方向呈稳定趋势。

就城市的空间密度而言，元、明时期东南沿海地区城市建设速度较快，但总体密度不高；清朝虽然在西北地区以及西藏地区进行城市建设，但相对于其较大的区域面积，城市密度仍然较低。总体来看，元朝至清朝，城市由内陆向沿海转变较为明显，沿海地区城市崛起较为迅速（金淑婷等，2015b）。

第三节 近现代时期城市空间分布（晚清—民国）

晚清时期以来，中国社会发生了巨大的变化，由传统的社会向近现代社会过渡，

即从封建国家变成了半殖民地半封建国家。城市作为社会、经济和文化的主要载体，也经历了一个曲折的畸形发展过程，城市发展及其空间分布切实体现了华夏文明与西方文明的冲突和交融的格局和过程。

一、半殖民地半封建社会的晚清时期

1840年鸦片战争后，西方列强迫使清政府签订了一系列的不平等条约，中国被迫开放了对外贸易口岸和割让了部分国土。在抵抗外侮与内忧的同时，国内一直处于改革派与守旧派拉锯的局面。不过，西方的科学与文化亦被引入中国，晚清政府发起了一连串的改革，如洋务运动促进了民族资本主义的兴起。清王朝的改革、国外资本主义势力的侵入和国内民族资本主义的发展，促进了一批沿海沿江城市的快速发展，如人口猛增、规模扩大和出现了现代化趋势，如沿海地区香港、山东的青岛、辽宁的大连、黑龙江的哈尔滨等港口贸易城市；凭借丰富矿产资源迅速发展的河北唐山，辽宁的抚顺、本溪、鞍山，河南的焦作，江西的萍乡等新兴矿业城市；原有老城市的基础上由于开辟通商口岸而发展起来的新辟商埠城市，如地处沿海地带的上海、天津、广州、汕头、营口等，沿江的南通、镇江、南京、芜湖、安庆、九江、武汉、岳阳、沙市、宜昌、万县、重庆、泸县、宜宾等。与此相对应，内地的许多过去著名的工商业城市却发展缓慢，甚至日趋衰落。

1. 城市数量变化

晚清数十年间，因民族危机加深、社会转型启动和统治者的政策调整，海、陆边疆地区的地方行政建置城市数量有较大幅度的增加。同时，在经济发达区域和重要水陆交通线沿路，及内地的战略要地，建置城市数量也有所增加，仅山西、浙江、河南、福建、广东5省的县级城市数量稍许有些减少（何一民，2014）。就其行政区划而言，全国共有27个省级行政区，包括23个省和乌里雅苏台将军辖区、内蒙古地区，以及西藏和西宁两个办事大臣辖区。光绪十三年（1887年），全国总计有府190个、直隶厅50个、直隶州73个、散厅72个、散州145个、县1309个。宣统三年（1911年），全国总计有府220个、直隶厅60个、直隶州78个、散厅85个、散州148个、县1382个（表4.2）（刘锦藻，2000）。城市数量净增长134个，增长率为7.3%。

表4.2　中国晚清时期政区统计　　　　　　　（单位：个）

	光绪十三年（1887年）	宣统三年（1911年）
府	190	220
直隶厅	50	60
直隶州	73	78
散厅	72	85
散州	145	148
县	1309	1382
合计	1839	1973

资料来源：刘锦藻，2000

2. 通商口岸和租界城市

晚清年间，中国被迫开放的通商口岸基本遍布全国各地，数量达79处（不包括自行开放的32处），主要分布于沿海、沿江和东北3个地区（庄林德和张京祥，2002；黄月波，1936）。沿海、沿江地区的口岸城市被迫悉数开放，其中，沿海约开商埠19个，沿江地区达13个。沿海、沿江的约开商埠大都是近代中国十分重要的城市，如上海、天津、武汉、广州是当时中国四大工商业城市，而镇江、九江、宜昌、芜湖、沙市、万县、安庆等城市则是长江沿岸的重要集散枢纽，开埠以前工商业已经相当繁盛。此外，帝国主义还强迫清政府开放西南、西北以及华北广大内陆和边疆地区的陆埠，其中，东北地区23个、西南地区12个、西北地区12个，东北地区的约开商埠总数虽然最多，但大都是一些比较偏僻和比较小的城镇，通商国家只有日本和俄国。西南、西北几个地区的约开商埠也有类似的情况，这些城镇对外开放的程度十分有限，交通不便，特别是在铁路、公路等现代化陆上交通未兴起之前，商品的进出量相对较少。

晚清时期，中国除了被迫开放通商口岸外，还出现了另外一类特殊的城市——租界城市，而且这些城市大部分都是通商口岸城市（除了鼓浪屿），而租界就是列强倾销商品、掠夺资源以侵略中国的基地。其中租界最多的城市是天津，有英国、美国、法国、德国、俄国、奥地利、意大利、比利时、日本9国租界，此时典型的租界城市就是当时的上海、天津和汉口。其他的租界城市还有广州、厦门、福州、杭州、苏州、镇江、九江、沙市、重庆，总计有12个城市，加上鼓浪屿的公共租界共设立30个租界，涉及英国、美国、法国、德国、俄国、日本、意大利、比利时、奥地利9个国家。这些租界城市主要分布于中国的沿海、沿江地区，沿海有上海、天津、广州、厦门、福州5个，共计租界有19个，而沿江城市有汉口、九江、镇江、杭州、苏州、沙市、重庆7个，共计租界有11个。这些城市原来都是中国较大工商业中心及交通中心，帝国主义侵占和经营后，不仅使城市人口规模急剧膨胀，也使旧城区和新辟的租界之间呈现强烈的对比。

3. "T"形城市发展空间格局的近代雏形

隋唐以来，由于漕运的发展与经济贸易，中国城市发展逐渐形成了沿江、沿运河城市发展轴线。晚清以来，由于大运河部分河段淤塞与战争的破坏，运河漕运中断，沿运河城市发展轴线逐渐衰落，代之以沿海城市带逐渐形成，加之沿江城市发展轴线继续发展，中国城市发展逐渐形成了以沿海、沿江城市发展为主轴线的"T"形城市发展的空间格局。

中国沿运河城市发展轴线逐步衰落。大运河充当中国漕运的重要通道历时1200多年。清代中叶后，山东北运河淤塞，道光五年（1825年）江南粮米便改由海运至天津，再转至北京。1853年后，太平天国占据南京和安徽沿江一带十多年，运河漕运被迫中断。由于战争极其惨烈，沿线主要城市都遭受重创，部分甚至全部焚毁，沿运河城市发展轴线严重衰败。加之1855年黄河改道后，运河山东段逐渐淤废，大运河全线南北断航，从此漕运主要改经海路。至1911年，津浦铁路全线通车，从此京杭大运河以及沿线城市的地位一落千丈，沿运河城市发展轴线失去往日活力。

中国沿海城市带逐渐兴起。自唐宋以来，随着南方经济的发展，中国城镇的空间分布重心逐渐由黄河流域向长江流域乃至东南沿海缓慢推移。但东部沿海地带的海岸港资源并没有得到充分开发和利用，自北而南虽然发展了一些河口港城市，如天津、上海、宁波、泉州、广州等。沿海地带经济的开发仍处于"孤岛式"发展时期，大量沿海地带城市分布稀少。鸦片战争以后，东部沿海地带由于特殊的自然、经济、交通地理位置，具有天然的水上通道和优良港址，遂成为帝国主义列强经济入侵一级近代交通设施（尤其是轮船、码头）建设的首选区域，也成为它们倾销商品、输出资本的良好场所，从而极大地刺激了这一地区半殖民地经济的形成和发展，这导致沿海城市带的逐渐兴起。

类似地，沿江城市发展轴线也得到了进一步发展。长江历来为中国主要"黄金水道"。鸦片战争以后，帝国主义列强不但强迫中国开放沿海大量海港，而且深入沿江地带，开辟通商口岸，这使得沿江地带逐步成为一条与沿海并驾齐驱的城市发展轴。正是由于这些通商口岸成为帝国主义倾销商品、掠夺资源的据点，导致了沿江各港口腹地的重新划分，使重庆成为四川、云南、贵州西南地区物资集散中心；武汉成为华中地区农副产品集中转口港；上海、南京则成为长三角乃至整个长江流域的对外贸易港。从而改变了历时数千年的"扬一益二"沿江城镇分布的地域空间结构，形成了以上海-南京、武汉和重庆为核心的三大城市集中区（顾朝林，1999）。

4. 东北地区城市的兴起与发展

东北地区开发时间较晚，到明代中叶后才有所发展，但其后清军入关后，将东北视为祖宗发祥之地，禁止汉人开发，城镇的发展则一度处于停滞状态中。19世纪末20世纪初，俄国、日本和英国等帝国主义势力侵入中国东北，半殖民地经济逐步形成。晚清政府在内忧外患中开禁东北。清廷以放垦土地、招民开垦、垦荒济饷、充实边防为目的，通过开禁放垦政策实施，极大促进了东北地区的农业开发。晚清关内向东北移民，其规模之大，涉省之多，时间之久，被称为"人类有史以来最大的人口移动之一"（郑伟，2006）。自1861年营口开港，1894年京奉铁路延长出关，以及1903年东清铁路建成，以及大连港先后遭俄日殖民统治而对外开放，营口的地位遂为大连所取代。尤其是1904～1905年日俄战争后，俄势力退居"北满"（长春以北），日本帝国主义以大连为据点，大肆进行南部地区矿产的开发和资源掠夺，本溪、鞍山钢铁工业开始发展。帝国主义的侵入和大量的人口迁移为东北的开发创造了条件，同时促进了东北工矿业城市和交通枢纽城市的兴起与发展。

5. 沿海与内地的非平衡性

晚清时期，中国的社会生产力空间结构发生了深刻变化，加剧了城镇地域空间结

中国城市地理基础

构在沿海和内地之间的非平衡性。1840 年以来,中国东部沿海地带(包括长江中下游地区)逐渐成为中国城镇分布最集中的地区,沿长江地带次之,内陆地区最少。东部沿海地区城市发展较快,城镇数量增长了 140 个,而内地城市处于停滞和衰落之中,城镇数量仅增加了 24 个。1843 年,中国沿海、沿江地区城镇网密度达到 4.3~6.1 个 / 万 km^2,约为内地的 4.6 倍。到 1893 年,沿海城市网密度进一步上升为 6.89 个 / 万 km^2,沿江地区则略有下降,为 5.81 个 / 万 km^2(表 4.3)(顾朝林,1999)。可见沿海和内地城镇分布极不平衡,而且这种不平衡还在进一步加剧。

表 4.3　中国晚清时期部分地区城镇分布统计表

区域	1843 年			1893 年		
	城镇 / 个	城镇网密度 /(个 / 万 km^2)	城镇人口比例 /%	城镇 / 个	城镇网密度 /(个 / 万 km^2)	城镇人口比例 /%
内地	171	1.41	—	195	1.60	—
沿江	803	6.10	—	765	5.81	—
沿海	679	4.30	—	819	6.89	—
合计	1653	4.22	5.1	1779	4.54	6.0

资料来源:转引自顾朝林,1999

二、民国时期

1911 年 10 月 10 日辛亥革命爆发,结束了清朝的统治,中华民国于 1912 年成立,存在的时间虽短暂,但却是中国历史上的一个重要转折时期。其时,国内政治变化剧烈,社会动荡不安,多次发生内战和革命,从而对城市的正常发展产生了严重的阻碍作用。但是,由于商埠开放、铁路公路建设、工矿业发展等,民国前期贸易口岸城市继续发展,交通型城市兴起,工矿城市继续发展,中国城市总体上处于缓慢上升趋势。抗战爆发后,日本帝国主义侵华战争给中华民族造成了巨大灾难,城市遭到了严重破坏,不少城市毁于战火,城市总体上呈现衰落、倒退状态。同时,经济的、政治的、社会的、思想和文化等方面的现代变革如潮水般冲击着中国,不仅开埠城市变化剧烈,而且一批传统老城市也被加以现代化改造或受到现代化影响。虽然城市发展极不平衡,城市发展总体水平不高,但一部分城市的质变却十分明显,无论是城市政治,还是城市经济、城市文化,都明显不同于封建时代的城市。

1. 城市数量的变化

民国十六年(1927 年)建立的南京国民政府,依据孙中山在《建国大纲》中提出的"县为自治之单位,省立于中央与县之间,以收联络之效"的精神,废除了道级行政建制,实行省直接辖县的省县二级制(传统郡县制的延续)。民国三十六年 6 月 5 日,南京国民政府公布全国行政区域,"现全国辖省三十五,院辖市十二,省辖市五十七,行政督察区二百零九,县二千零十六,设治局四十,管理局一,地方一"(《中华民国行政区域简表》，1947年）。同时，民国时期由于城市经济发展而产生的吸引力，使日益贫困化的农村人口流向城市，城市人口骤然增加。据统计，1919年中国有10万人口以上的城市69座，5万～9.9万人口的城市107座，2万～4.9万人口的城市182座。

2. 资源型城市的发展与变迁

民国时期资源型城市的发展与演变处于"新旧交替、传统与现代、战争与矛盾"相互交织的一个特殊历史时期（唐绍军，2011）。民国时期，由于资本主义的发展以及战争、自然灾害等因素影响，作为社会经济中心的城市发生了很大变化，以资源生产及相关产业为主导的资源型城市也发生了演变。在资源型城市演变过程中，原有的资源型城市有的继续发展，有的衰落或者转型，也新兴了一批资源型城市。

民国时期，一些资源型城市得以继续发展，如淮南由于资金、技术和人力的因素而继续发展；此外中央钢铁厂、江西钨铁厂、彭县铜矿、湘潭煤矿、四川油矿、灵乡铁矿、水口山铅锌矿等21家企业由于政府支持以及自身在资金、人才和技术等方面的优势而设立，从而使得这些资源型城市得到了进一步发展（唐绍军，2011）。而一些资源型城市却出现了衰落，有的城市因为资源枯竭而出现衰落；有的城市因战争破坏而出现阶段性衰落；还有的城市因政策朝令夕改，军阀割据，交通阻塞，销岸缩减，运商却步，生产长期处于停滞状态，城市发展出现了阶段性衰落。民国时期，以传统手工业为基础的资源型城市向以机器生产为基础的资源型城市的转型，如自贡盐场蒸汽汲卤开始于1895年。另外，一些新兴的资源型城市也出现了，如甘肃玉门。

3. "T"形城市空间格局继续强化

近代以来，由于沿运河城市发展轴线逐渐衰落，以及沿海城市带的逐渐兴起与沿江城市轴线的继续发展，逐渐形成了中国近代以来的"T"形城市发展空间格局，民国时期继续强化了这个空间模式。

民国时期，沿海城市带得到了进一步发展。东部沿海地带凭借其特殊的自然、经济、交通的地理优势，城市发展最为迅速。从全国的城市分布来看，这一时期中国主要城市几乎都集中于沿海地带。全国50万以上人口的10个大城市上海、北平（今北京）、广州、天津、南京、汉口、香港、杭州、青岛、沈阳等，除汉口、沈阳外，均集聚在沿海地带；19个中等城市也有16个分布于这一地区；全国193个城市，有147个分布于东南沿海地区，占总数的76.2%。东部沿海地区城市网密度为中部地区的3.3倍，为内陆地区的41.3倍。此外，这一时期形成的（北）京（天）津唐（山）城市群、（胶东半岛）青（岛）烟（台）轻工业城市区（包括威海卫、龙口、石岛、连云港等）、（以上海为中心，包括苏、锡、常、通、杭、嘉、湖、宁、绍等城市的）长三角城市带、

（以广州、香港为中心的）珠三角轻工外贸城市区，潮汕平原城市（镇）群，共同组成了中国沿海城市密集带（顾朝林，1999）。虽然抗日战争期间，对沿海城市破坏严重，但总体来讲，民国时期沿海城市带得到了进一步发展。

民国时期，沿江城市带也得到了进一步发展。据统计，沿江城市带约占全国城市总数的 2/5 以上（41.5%），城市网密度甚至高于沿海地区，约为全国的 4 倍，而且集聚了 2/5 的大城市（人口 50 万以上）和近 1/2 商务性质的中、小城市。

4. 东北城市集聚区的形成

关内各省向东北移民，在民国时期形成了空前的高潮。移民大量迁入东北，促进了东北人口的迅猛增长，促进了东北大量荒地的开垦及耕地数量的较大幅度增长，也促进了东北铁路的发达，工商业的发展以及城市的繁荣（姜晔，2012）。此外，日本帝国主义晚清时期就已侵入东北，1931 年"九一八"事变后，更是占领了全东北，先后建立了伪满洲国的政治中心长春，工业中心沈阳、哈尔滨，掠夺东北资源的港口大连，军事基地牡丹江、旅顺，扩建了钢铁工业中心鞍（山）本（溪），煤炭中心抚顺。沈阳的加工工业，辽阳、金州、安东（丹东）的轻纺工业也在这一时期建立起来。东北城市数量也有了显著的增加，1934 年东北，人口在 1 万人及以上的城市有 80 座，5000～10 000 人的城市 54 座，合计 134 座，其中万人及以上城市比 1930 年增加了 5 座，1937 年则增加至 299 座城市，1941 年为 312 座城市（王肇磊，2015）。短短 40 多年间，东北地区形成了以辽中为核心，哈大铁路为纵轴，滨绥铁路和沿海港口城市为两翼，以重工业为主体、兼及部分轻工业为特点的东北地区城镇分布地域空间结构（顾朝林，1999）。

5. 台湾地区城市的发展

民国时期，台湾随着地域经济的开发，城镇有了很大发展。据历史资料记载，开发初期的商港以安平为主要门户，城镇主要聚集于此。1872 年后，由于安平港口淤塞，淡水发展成为全岛最大商港，台北府遂成为全岛城镇分布密集的地区。日本占据台湾以后，由于海运轮船的发展，现代港口开始建设，基隆因其港口天然条件较佳，日本人重点经营，故不久即代替淡水而成为全岛第一港口城市。高雄也基于同样的原因发展成为仅次于基隆的全岛第二大港口城市。与此相对应，台北盆地、台南平原成为台湾南北两大城市（镇）密集地区。第二次世界大战以后，由于基隆、高雄两港囊括全岛大宗对外贸易，台湾南、北两大地区的台北、高雄、台南、基隆、台中成为全岛人口增长中心，奠定了今日台湾城市（镇）空间分布的基本格局（顾朝林，1999）。

6. 沿海与内地城市分布不平衡继续扩大

民国时期，帝国主义对中国的侵略进一步加剧了中国的半殖民地半封建社会性质，同时也强化了沿海和内地城市分布自晚清以来的不平衡性。1933～1936 年，内地城市数量仅有 12 个，而沿海有 69 个城市，而且大中城市基本分布于沿海、沿江地区，内地几乎没有大、中规模的城市；小城市数量沿海与内地对比也非常明显，内地仅有 12 个，而沿海小城市数量达 59 个，是内地的 5 倍（表 4.4）（顾朝林，1999）。沿海与内地城市分布的不平衡还表现在城市网密度的对比明显，内地城市网密度仅为 0.099 个 / 万 km^2，而沿海城市网密度达到 2.29 个 / 万 km^2，是内地 23 倍。

表 4.4　民国时期中国部分地区城市分布统计表

区域		1933～1936 年				
		城市数	城市网密度 /（个 / 万 km^2）	大城市（大于 50 万）/ 个	中等城市（20 万～50 万）/ 个	小城市（5 万～20 万）/ 个
内地	西北	7	0.09			7
	云贵	5	0.11			5
	小计	12	0.099			12
沿江	长江上游	16	0.38		2	14
	长江中游	27	0.39	1	3	23
	长江下游	36	1.87	3	4	29
	小计	79	0.60	4	9	66
沿海	东南沿海	15	0.79		2	13
	岭南	11	0.26	2		9
	华北	43	0.56	2	4	37
	小计	69	0.66	4	6	59
合计		160	0.41	8	15	125

资料来源：转引自顾朝林，1999

（杨永春　李恩龙　金淑婷）

第五章　中国城市发展的经济基础

在现代化进程中，城市（镇）既是国家人口最主要的集聚地，更是整个社会财富积累中心和工业化发育最重要的空间载体（张雷等，2013）。中国正处在工业化、城镇化快速发展的关键时期，与世界其他国家相比，中国城镇化发育特征既有共性的一面，也有其个性的一面。准确认识城市发展的经济基础是推进中国城镇化健康发展的基本要求。

第一节　城市化与工业化

一、基本概念阐述

在谈及城市发展的经济基础时，人们所遇到的第一个问题就是现代城市与城镇化（城市化，下同）的关系。应当说城市与城镇化是两个不同的概念。通常情况下，城市注重的是个体成长及其自身的有效空间组织（张雷，2009）。与古代城市相比，现代城市最大的特征就是"集聚效应"。英国著名的城市学家埃比尼泽·霍华德认为城市就是一个巨大的"磁场"，因其规模效益、市场效益能够向外放射出巨大的强烈磁力（城市辐射带动力），吸引周围的资本、技术、人才等向城市集聚（姚士谋等，2014）。与之相比，城镇化则强调城镇规模等级的划分、职能特征的定位以及城镇之间的协调状态，其发育过程一种最为普及的认识是：城镇化是城乡人口分布方式发生了变化，而构成这种转变过程的是村落和城市这两个基本环节（张雷，2008，2009）。

随着资源环境开发方式的转变、人口数量增长和社会财富积累的提高，现代城市的数量、规模、功能和性质也在不断发生着变化。城市不仅是人口的主要集聚场所，更加注重行政、商业、信息、文化、休闲、生态环境等空间功能优化，成为社会财富主要产出地、先进生产力和现代市场的重要载体。城镇化正是这种变化过程的集中体现。因此，现代城镇化的概念应该由两个基本部分组成：第一，人口；第二，产出（张雷，2009）。换言之，与目前流行的城镇化概念相比，现代城镇化的概念应该由人口城镇化和经济城镇化组成（图5.1）。

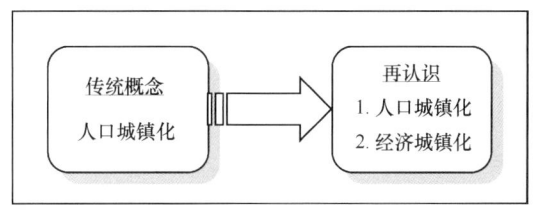

图 5.1　城镇化新概念（张雷，2009）

区分城镇化的这两个组成部分，不仅在于城市的人口和规模等级差异，而且更在于城市的功能和职能差异。各国的实践表明，城市之所以成为现代人类聚落的一种最佳和主要选择，其原因就在于此（张雷，2009）。根据这一概念，衡量现代城镇化的标准（或概念组成）便应该成为"人口城镇化+经济城镇化"，而不仅仅是目前单一的人口城镇化。

二、城市化与工业化关系

虽然城市的产生已有5000多年的历史，但是人类的城市文明（城市大规模出现）一直等到工业革命才开始。在前工业社会时期，即农业文明占主导地位的阶段，城市数量少、规模小，维持着一种低水平的发展。18世纪中叶工业革命开始以后，工业化和城镇化成为经济和社会发展的两大主旋律，二者相辅相成，不可分割。工业化代表着人类资源环境开发利用方式根本性转变，其典型的社会生产运行模式是：生产机械化+组织集约化+消费大众化（张雷，2004）。这种工业化的发展恰恰是现代城市成长的经济内涵，而城镇化则是工业发育的主要空间表现形态（叶裕民，2001；丁成日，2009）。

城镇化过程存在着必要条件和充分条件。工业化的兴起和发展，工业生产向城市的集中，使得城镇规模迅速扩大、数量迅猛增加、功能不断完善。城镇化的必要条件是工业化带来的农业生产力的提高解放了农村劳动力，为工业扩张提供了劳动力供给，更使人口、资本与资源不断向城镇云集，城镇逐渐成为人类生产和生活的集聚地，推动城镇经济向更高层次发展（张雷等，2013）。城镇化的充分条件是工业化发展带来的劳动力需求，城镇化健康发展既需要农村能够有剩余的劳动力，又需要工业扩张来吸纳这些剩余的劳动力（丁成日，2009）（图5.2）。

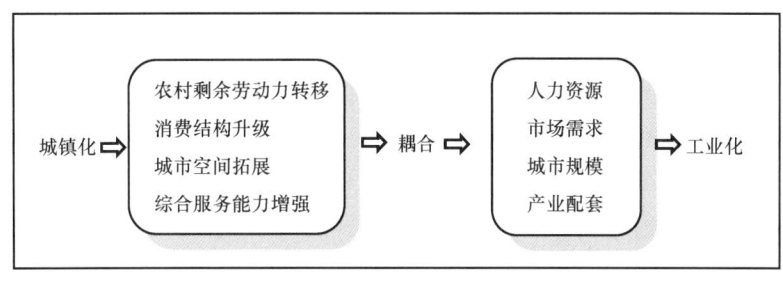

图 5.2　城镇化促进工业化的过程

正是由于城市文明与工业文明之间的联系，一般来说，良性发展的城镇化与工业化互相促进相得益彰，并统一于国家现代化实践中。但是中国城镇化在理论上存在"去工业化"的认识误区、过度城镇化对工业化形成挤出效应的实践误区等，很多研究指出中国城镇化落后于工业化（潘锦云等，2014）。但是也有学者认为城镇化并没有过多偏离工业化进程，问题在于服务业发展严重滞后，不能带动整个非农产业的就业比例较快上升，这是工业化进程的偏差，不是城镇化滞后的问题。同时，城镇化与工业化及经济发展协调性的区域差异受到越来越多的关注，受自然条件、区位交通、行政区类型和人口迁移的影响，协调性表现出显著的空间差异（刘涛等，2010）。

三、城市功能变化

与古代时期的城市比较，现代城市发育成功地实现了城市职能的多元化。在这种发展过程中，城市不仅继续保持着集聚生活和集聚消费的传统职能扩张，而且扮演起了社会生产和环境污染的主角（图5.3；张雷，2008）。实际上，城镇化是由市场力量驱动的、要素向城镇集聚的过程。各国实践表明，在国家和地区现代化进程中，城镇化的发展水平越高，城市的这种集聚功能也就越强大（张雷，2009）。为了增强城市综合承载能力和可持续发展能力，各国都在最大限度地推动工业化与城镇化协调发展、互促共进，以加快工业化促进城市功能提升，通过完善城市服务功能更好地促进工业化发展（张雷，2004）。

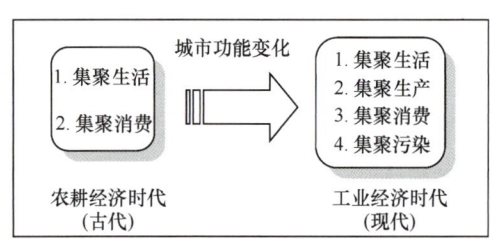

图5.3　城市基本职能变化过程（张雷，2008）

人口迁移为城镇化发育的基本功能之一。就集聚生活本身而言，现代城市与古代城镇并没有根本性的差别（图5.3）。所不同的是，中国古代城市主要是居住、防卫，以及一定的财富积累（如家庭养殖、谷物存放和教育文化等）和商业（商品交换）功能。经历数千年的发展，现代城市的开放性和非垄断性更强，这一特性对于城市发展、管理、规划的模式有着深刻的影响。在现代社会，交通技术、通信技术、经济活动和劳动力的高度集聚与不断整合已经成为城市，特别是大都市不断成长的动力。城市作为生活中心，拥有巨大的资源支持，不仅是科学技术和文化资源的策源地，也是社会经济现代化和城市地域文明的地域扩散源（洪银兴，2003；丁成日，2009）。而与古代城镇相比，现代城市功能转变最大的特征之一就是生产职能不断增强。城市作为现代制造业发展、资源利用与资本运行效益最大化的理想场所，城市的生产功能在国家和地区的现代化进程中得到了极大加强。随着人口集聚程度的不断提高和生产职能的不断增强,现代城市的消费能力得到了迅速扩大。同时,由于现代社会消费存在着明显的极化效应,即在资源消费产生快速的财富积累的同时,也产生了巨大的环境破坏效应(张雷,2009)。

第二节 人口集聚

就生活集聚功能的本质而言,现代城市的人口集聚功能表现得更加强烈,呈现出人口城镇化水平稳步提高、城镇空间迅速扩展、城镇人口等级体系不断完善。

一、人口城镇化发育水平

西方国家自18世纪工业革命的兴起而彻底改变了城乡关系,不断推动着人类社会由农业社会向工业社会、由农村时代向城市时代转变。中国的人口增长先于工业化,人口规模巨大,新中国成立初期城镇化刚刚启动,人口城镇化水平只有11%,城镇人口为5765万人。2014年人口城镇化的比率已经超过54%,首次超过全球平均水平,城镇人口规模达74916万人,较1949年增长了12.0倍,中国城镇化发育经历了人类社会有史以来规模最大的现代化转型过程(图5.4)。在这一过程中,实现了国民收入增长与城镇化发育质量同步高速提升,为城镇化迈入成熟阶段和实现现代化奠定了坚实基础。

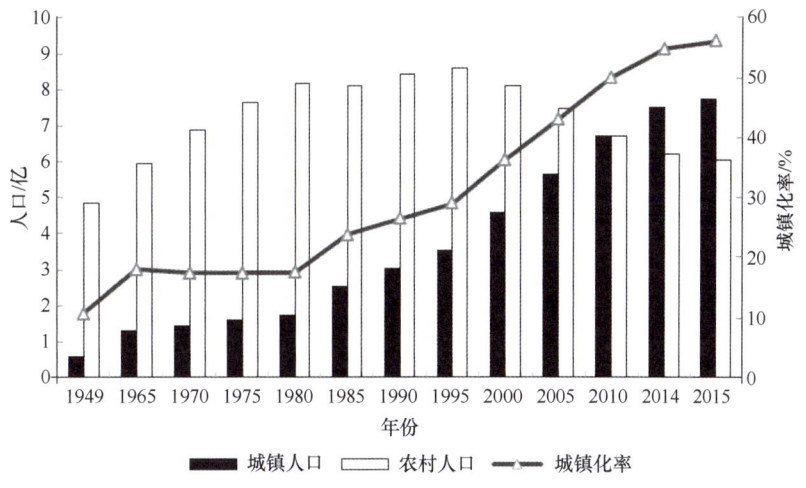

图5.4 中国人口城镇化发育水平(1949~2015年)(国家统计局,2015b)

与世界人口城镇化相比,中国经历的是"先慢后快"的渐进式发育进程(张雷,

2009)。2000年以前，中国人口城镇化水平始终落后于世界平均发育状态，甚至低于发展中国家的城镇化发育水平。但是自1980年以来，中国人口城镇化发育步伐开始呈现出明显加快特征，从而使中国与世界城镇化整体发育的差距不断缩小（图5.5）。

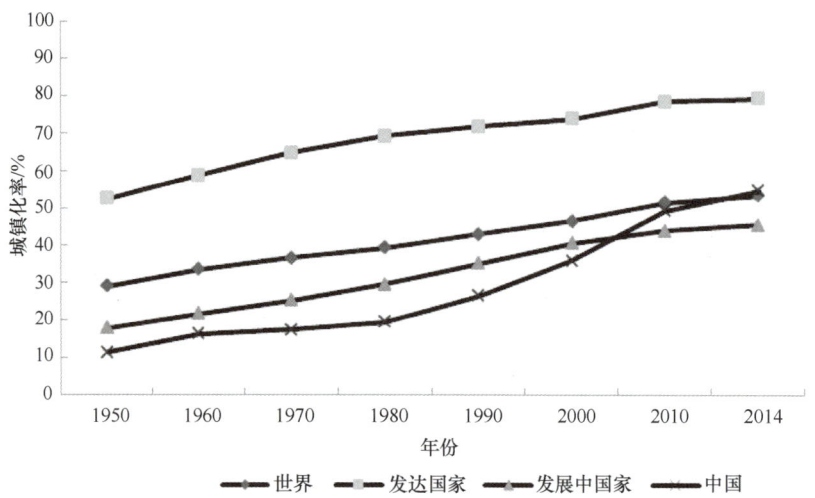

图 5.5　中国人口城镇化发育趋势与世界比较（1950～2014年）（World Bank，2014）

影响国家人口城镇化发育状态的因素很多，其中，政府的城市人口管理政策至关重要。与发达国家长期实施的国内人口自由迁移政策不同，中国在20世纪50年代初全面启动工业化后不久，便开始执行了严格控制人口流动的迁移政策，直至80年代以后才逐渐放松限制。如此的城市户籍管理制度对我国的城镇化正常发育产生了深远影响（李伟，2014）。

中国现代城镇化大体经历了3个基本发育阶段。

1. 初始阶段（1949～1980年）

新中国成立初期的人口自由迁移政策与重工业优先发展战略发生冲突，导致了国家户籍管理制度形成，以致将农村人口完全排斥在城市发育体制之外。这种户籍管理政策的长期实施不仅影响了我国人口集聚格局和经济效率，而且造成了城乡二元分割不断加剧和城乡资源要素配置的严重失衡（张雷，2009；李伟，2014）。新中国成立以后，经过三年恢复和"一五"时期平稳发展，大起大落的"大跃进"及调整时期，以及"文化大革命""三线"建设的停滞发展等阶段，全国城镇化水平先降又升，到1980年城镇化水平达19.4%，城镇人口年均增长2个百分点。设市城市由135个增加至223个，仅增加88个。

这一阶段城镇化发育受到计划经济和户籍政策影响比较大，处于低水平徘徊。城市发展战略重点在于新兴工业城市的建设。"一五"时期新建包头（新区）、洛阳（涧西区）、白银、株洲、茂名、富拉尔基等（董志凯，2009）。"三线"建设时期，新建城市攀枝花、十堰、金昌、六盘水等，依托既有城市改扩建70余个城市，47%的城镇分布在西部地区（表 5.1；周明长，2014）。

表 5.1　1964～1980 年"三线"建设时期城市发展类型

发展基础	发展模式	城市名称	主要分布地区
乡村地区	集中建设	攀枝花、十堰、金昌、六盘水等	西南山区
乡村地区	进山进沟分散建设	宜宾新添乡、十堰大炉子沟等	西部偏远农村地区
传统城镇或工业基地	依托老城改扩建城市	重庆、成都、贵阳、绵阳、德阳、宝鸡、嘉峪关、宜兴、石嘴山等	西部、中部地区

资料来源：周明长，2014

2. 快速发育阶段（1981～2013 年）

改革开放以后，随着产业发展战略从重工业优先向劳动密集型经济转变，特别是东南沿海对外开放，东部地区工业化进程明显加快，城镇对非熟练劳动力需求迅速增加，人口迁移政策开始放松。1992～1997 年国务院成立专门机构以推进国家户籍改革，从而将降低落户门槛为主线的改革从小城镇推向大中城市。虽然特大城市和超大城市的人口规模仍然受到严格控制，但是实行公民住房、职业和收入来源等主要生活基础为落户标准的政策实施还是促进了人口迁徙，从根本上改变了人口城镇化的状态（杨拯等，2015）。1981～2013 年，城镇化率增幅达 34.3%，年均提高 1.02 个百分点；设市城市增加 435 个，成为整个现代城镇化发育的最快时期（表 5.2）。

表 5.2　中国规模以上城镇数量及人口增长变化（1952～2010 年）

时期	城镇数量/座		人口/万		年均增幅/%	
	总量	增加数	总量	增加量	城镇人口	城镇化率
1952～1965 年	168	15	6 690.6	3 199.6	7.7	0.8
1966～1975 年	185	17	7 401.8	711.1	1.5	−0.1
1976～2010 年	657	472	66 557.5	5 916.7	4.5	3.4

资料来源：国家统计局，2011a，2011b

这一阶段明确建立社会主义市场经济体制，实施了城市中心带动区域、小城镇发展优先战略，沿海地区涌现出众多的中小城市和小城镇，并一度造成了壮观的"民工潮"现象。典型的代表如北京昌平区、江苏昆山、浙江温州市龙港镇、广东中山市小榄镇等。同时在区域经济一体化视角下，国家陆续实施西部大开发、东北地区等老工业基地振兴、中部地区崛起、东部地区率先发展的区域发展总体战略，积极扶持革命老区、民族地区、边疆地区、贫困地区加快发展，对于缩小地区差距、促进区域协调发展具有极其重要的作用，从而为中国城镇化发展开辟了新篇章。

3. 提升质量阶段（2014 年至今）

在经济结构转型期和全球经济增长低迷的背景下，国家实施推进供给侧结构性改革重大举措，把城镇化和城市发展作为稳定需求侧的核心，统筹推进户籍制度改革和基本公共服务均等化。户籍制度进一步改革，虽然严格控制特大城市人口规模，但是放开三四线城市的落户政策，建立以城镇流动人口暂住证持有年限累计居住证制度，城镇化速度和质量稳步提升。截至 2014 年年末，全国共有 653 个设市城市（其中，直辖市 4 个、地级市 288 个、县级市 361 个）；县 1425 个，自治县 117 个；镇区常住人口 10 万以上、可设为县级市的镇（不含城关镇）共有 152 个。

这一阶段新型城镇化以城乡统筹、城乡一体、产业互动、节约集约、生态宜居、和谐发展为基本特征，以点带面、重点突破，推进"县改市""镇改市"的改制升格，同时推动社会资本率先投向产业新城、城市郊区的发展和建设，释放城镇化发展潜力。尤其是特大城市、超大城市发展，从根本上改变了国家城镇等级体系形成以城市群为主体形态、大中小城市和小城镇协调发展的格局。

二、城镇空间扩展

城镇集聚生活功能不仅体现在城镇人口总量的快速增长，而且体现在城镇化的空间拓展。城镇化发育的空间拓展体现在整体和个体发育两个方面。

中国城镇化的发育空间是伴随着人类社会生产的自然要素投入主体从土地资源转变为矿产能源，城市数量的增长和城市规模的扩张（张雷，2004）。古代中国城镇主要分布局限在具有良好土地资源基础上的江河流域中下游地区。20 世纪 50 年代以来，金属矿产资源生产部门的发展推动加快工业化进程，城镇化发育的空间向西大范围推进（张雷，2009）。与 1980 年建成区面积相比，2014 年全国城镇化的发育空间在整体上扩大了 5.7 倍。具体而言，以东部海岸线为基准，中等以上城市的发育空间范围向西推进了约 3400km 的距离，向北推进了约 1500km。

显然，20 世纪 50 年代以来城镇化空间如此快速的拓展，没有矿产资源为导向的区域经济发展是难以实现的。在全国城镇化的空间发育过程中，中国已经建成世界第一大能源供应体系。从以矿产开发为主的城市区域分布及结构特点可以看出，2010 年，在全国 16031 个规模以上的矿产生产企业中，69.7% 的企业分布于内陆地区，只有 30% 的企业分布在东部地区，各类矿产资源开发活动对全国城镇化发育的影响程度排序是煤炭、黑色金属、有色金属和石油开采，尤其以煤炭开采表现最为突出，煤炭开采及洗选企业占全国工业企业的 2%，并且近 50% 位于西部地区。各类矿产资源开发活动对区域经济影响程度是能源资源开发部门远远大于金属矿产资源开发部门，煤炭开采及洗选业占工业产值比例最高，比石油开采、黑色金属和有色金属开采活动高出 2～6 倍（表 5.3）。

尽管中国城镇化空间发育很快，但是胡焕庸线[①]所揭示的人口空间分布特征依然

[①] 早在 1935 年，著名地理学家胡焕庸先生发表《中国人口之分布》一文，绘制出中国第一张人口密度图，根据人口密度的分布特征，利用"黑龙江瑷珲（今黑河市）—云南腾冲"一线将中国人口区划为东南半壁和西北半壁两部分，被国内外学者称为"胡焕庸线"。

未变。20世纪30年代，这条线东南以36%的国土聚集96%的人口，而西北以64%的国土承载4%的人口。2000年第五次人口普查数据显示，这条线东南部人口仍然占全国总人口的94%，西北部占6%（李培林，2015）。2000～2010年，"胡焕庸线"西北部常住人口占全国总人口变化不大，而人口密度、城镇化率较2000年分别增加了1.5人/km^{2}和1.4%（表5.4和表5.5）。总体来看，两部分人口比例未发生根本性变化，但是城镇人口分布重心从东北、西部向东部集聚，人口城镇化增幅依次是中部、东部、西部和东北部。

表5.3 2010年中国以矿产开采为主的城市分布特点及占全国比例

区域	有色金属		煤炭工业		石油开采	
	企业数/个	工业产值/亿元	企业数/个	工业产值/亿元	企业数/个	工业产值/亿元
东部	14	22	9	24	17	36
中部	41	39	37	39	8	6
西部	32	30	47	31	38	35
东北部	13	8	8	6	37	23
占全国平均比例/%	0.5	0.5	2	3.1	0.1	1.4

资料来源：国家统计局工业统计司，2011

表5.4 "胡焕庸线"两侧人口比重变化（1933～2010年）

年份	东南半壁			西北半壁		
	面积比例/%	人口比例/%	人口密度/（人/km^2）	面积比例/%	人口比例/%	人口密度/（人/km^2）
1933	36	96	135.4	64	4	5.0
1953	43	95	139.5	57	5	5.8
2000	43	95	303.8	57	5	13.2
2010	43	94	325.8	57	6	14.7

资料来源：陈明星等，2016

表5.5 2000～2010年中国四大区域城镇化水平变化

区域	城市数量/座		城镇人口/万人		城镇化率/%	
	2010年	较2000年增加数	2010年	较2000年增加量	2010年	较2000年增幅
东部	572	−39	34 100	13 746	64.32	11.44
中部	580	−4	15 536	5 087	44.39	13.79
西部	959	−9	14 369	4 161	40.16	10.65
东北部	182	−6	6 316	761	57.06	5.24

资料来源：国家统计局，2011

城市个体空间拓展更加能够反映经济极化和社会变迁两大动因的影响。以深圳为例，1980年深圳经济特区成立。当时的深圳是一个仅有33.29万人常住人口、2.7亿元

GDP 的边陲小镇，城市建设用地规模 78.36km², 城区面积仅 3.8km², 中心城区辖蛇口、罗湖、上步、南头、沙头角 5 个管理区。1993 年 1 月 1 日，深圳结束下辖县的历史，1600 年的"宝安县"称谓不复存在。同时，拉开福田中心区开发建设的高潮。1996 年，深圳城市建设用地规模拓展到 262km², 全市建设布局形成以特区为中心，由 9 个功能组团和 6 个需控制建设规模的独立城镇，共同形成辐射状城市基本骨架。随着深圳改革开放深入推进，在特殊优惠政策、人口快速增长、外资大量引入、城市基本建设加快等因素的驱动下，深圳市城市建设用地在数量上和空间上实现了迅猛扩张。2000 年，深圳国内生产总值突破 1600 亿元，常住人口突破 700 万人，比规划控制的人口规模超出 300 万人，建成区面积达 419.22km², 城市建设用地规模拓展到 467.29km²（图 5.6）。

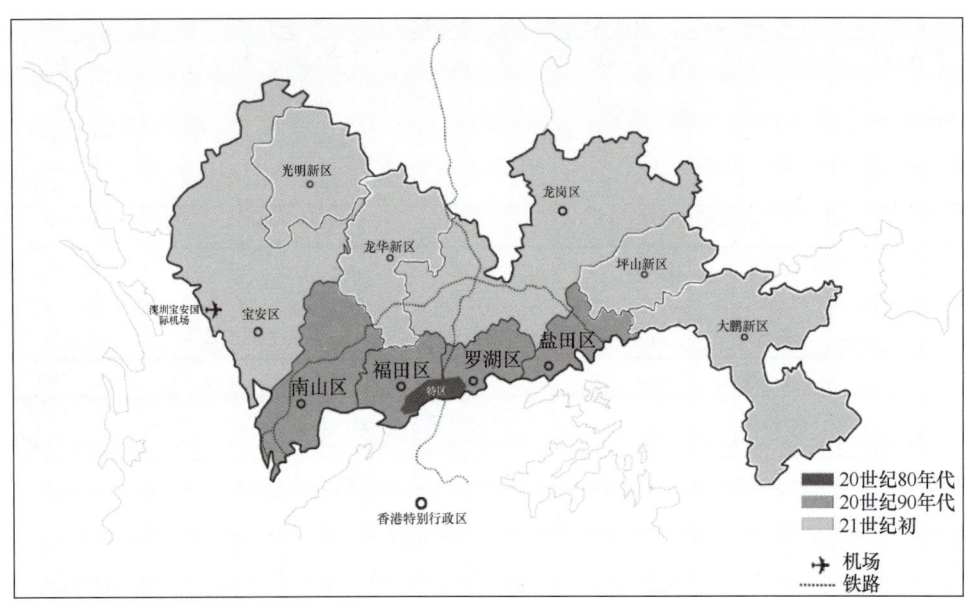

图 5.6 深圳市城市空间拓展过程示意图

在经历领先一步的快速发展后，深圳率先遭遇到空间发展困境和资源瓶颈制约。2010 年，城市建设用地规模为 934km², 常住人口 1037 万人，GDP 接近 10000 亿元，但是可用的未建设用地已经耗尽。2010 年国务院批准深圳经济特区范围扩大到全市，将宝安、龙岗两区纳入特区范围。2010 年全市形成福田、罗湖、南山、盐田、龙岗、宝安 6 区和光明新区、坪山新区、龙华新区、大鹏新区 4 个管理区，面积为 1952.84km²。改革开放 40 年深圳从一个边陲小镇发展成为一座拥有上千万人口的现代化大都市，创造了世界工业化、城市化和现代化史上的奇迹。

资料的分析表明，深圳城市空间发育的动力主要来自工业的发展，尤其加工制造业的贡献最为突出。改革开放以来，深圳率先通过中外合资、中外合作、外商独资等形式，吸收了大量的资金、技术、人才和管理经验，促进工业迅速发展。2000 年，深圳市三次产业结构为 1.1：52.5：46.4，工业主导地位明显。深圳市轻重工业的比例已经从 1980 年的 87∶13 变为 2000 年的 45∶55（表 5.6）。2000 年以后，深圳推动产业结构战略性调整和创新驱动发展，2015 年三次产业结构转变为 0.1∶41.2∶58.7，高新技术产业、金融、物流、文化四大支柱产业增加值占全市生产总值的比例达到 63.4%，实现高新技术产业与现代服务业"双轮驱动"。

表 5.6　1980~2010 年深圳市城市空间发育与工业发展的增长倍数

时间	城区面积	常住人口	工业增加值	轻工业	重工业
1980~1990 年	67.9	4.0	108.3	177.9	397.2
1990~2000 年	0.6	3.2	13.1	7.3	30.2
2000~2010 年	3.7	0.5	3.2	2.4	7.4

资料来源：深圳市统计局，2015

制造业尤其是电子信息制造业仍然是深圳市就业集聚的重要力量，其从业人口量大、增速快构成深圳市人口变迁的主流。2014 年深圳的外来人口比例高达 69.2%，远远高出北上广 35%~40% 的水平。同时，深圳市第三次经济普查数据显示，2013 年在工业企业法人单位的就业人员中，制造业占比始终在 99% 左右，通信设备、计算机及其他电子设备制造业、电气机械及器材制造业就业人员数位居前两位。

三、城镇规模等级变化

城镇规模和城镇等级不仅影响着国家承载体系空间扩展能力的大小，而且反映着国家或地区城镇化发育的资源环境开发阶段特征（张雷，2009）。中国城镇人口的等级结构变化经历了由古代单一"小城市、镇"到近代"中等城市、小城市、镇"再到现代"超大城市、特大城市、大城市、中等城市、小城市、镇"的多元化转变，为加快推进社会主义现代化奠定了坚实的基础。

1949 年，中国城镇人口规模的上限保持在 500 万人，87% 的城镇是 50 万以下人口的中小城市，虽然人口集聚程度很低，城镇人口等级结构十分粗放，但是实现了城镇人口等级向大城市迈进的重要一步。2000 年以后，中国城市规模结构体系演变的主要特点是大城市数量增幅显著，并且城镇人口规模开始跨越千万级的门槛，城区人口 1000 万以上的城市从无到有，100 万以上的城市数量占比从 6.8% 增长到 21.3%，但是城区人口在 100 万以下的中小城市数量少（表 5.7）。到 2012 年年底，中小城市共有 577 个，其中，地级市 291 个，约占地级市总数的 3/4；县级市 359 个，2000~2010 年县级市减少 41 个（杨拯等，2015）。中小城市特别是小城市所占比例大幅减少，与世界普遍规律相比，中国中小城市与大城市、超大城市发展不协调，农村剩余劳动力转移缺乏中间选择和过渡，已经成为制约国家城镇化持续和健康发展的关键因素。

从城镇规模演进阶段来看，古代城镇化发育受到自然禀赋和生产力水平的影响，城镇规模一般不大，尽管这一时期也曾出现过人口规模在 50 万以上，甚至 100 万的城市，

中国城市地理基础

表 5.7 中国城市数量变化情况　　　　　　　　　　（单位：个）

时期		规模以上城镇					
		>1000万	500万～1000万	300万～500万	100万～300万	50万～100万	<50万
古代	秦（公元前206年）						46
	汉（公元前23年）						61
	唐（公元755年）						76
	宋（1220年）					2	92
	明（1402年）					2	119
	清（1842年）				3	9	154
近现代	中华民国（1936年）				4	5	179
当代	1949年				1	8	8	115
	1978年			2	2	25	35	129
	2000年		3	4	9	48	92	360
	2010年		6	10	21	103	138	379

资料来源：张雷，2009；国家统计局，2011a，2011b

如唐代的长安（陕西西安）和洛阳，南北朝时期的建康（江苏南京）和宋代的东京（河南开封），但是城镇发展缺乏必要的稳定性条件，城镇规模等级始终没有超越200万（张雷，2009）。

自20世纪50年代以来，大规模的工业化建设为城镇化发展注入新的活力，从而使城镇化的发育大大突破了农耕时期水、土两大资源环境开发的疆界。从2000～2010年城镇人口规模等级结构的变动看，增速最快的是500万以上人口规模的城市，占全国城镇人口的份额提高了10%；降幅最显著的是50万～100万人口规模的城镇，其次是50万以下城镇。按照城市规模划分的新标准，2010年，城区常住人口1000万以上的超大城市有5座，城区人口达到500万～1000万的特大城市有10个，500万以上城市人口占全国城镇人口的24.7%（表5.8和表5.9）。可见，中国特大城市、

表 5.8 中国城镇人口规模变化情况　　　　　　　　　　（单位：万人）

时期		规模以上城镇					
		>1000	500～1000	300～500	100～300	50～100	<50
古代	秦（公元前206年）						1.2
	汉（公元前23年）					25	1.7
	唐（公元755年）					25	3.1
	宋（1220年）				60	25	4.0
	明（1402年）				60	30	2.2
	清（1842年）			120	60	30	8.8
近现代	中华民国（1936年）		348	120	63	33	9.2
当代	1949年		467	193	63	32	13.8
	2000年	3510	4485	6940	20943	7417	1898
	2010年	6869	9692	11425	29839	5718	1190

资料来源：张雷，2009；国家统计局，2011b

表 5.9 1985～2010 年中国 10 大城市的城镇人口规模 （单位：万人）

序号	1985年		1990年		1995年		2000年		2010年	
	城市	人口	城市	人口	城市	人口	城市	人口	城市	人口
1	上海	843.4	上海	864.5	上海	921.7	上海	1449.9	上海	2055.5
2	北京	572.5	北京	640.4	北京	698.0	北京	1052.2	北京	1685.9
3	天津	447.7	天津	487.4	天津	510.2	重庆	1009.6	广州	1064.1
4	沈阳	340.4	沈阳	377.1	沈阳	415.1	广州	809.1	深圳	1035.8
5	武汉	337.2	武汉	374.5	武汉	406.7	天津	709.0	天津	1027.8
6	重庆	335.7	重庆	368.6	重庆	406.5	武汉	678.7	成都	923.7
7	广州	317.8	广州	341.4	广州	395.3	深圳	648.5	武汉	754.2
8	哈尔滨	253.0	西安	275.7	哈尔滨	319.0	成都	596.8	苏州	733.0
9	成都	234.9	哈尔滨	275.0	成都	300.9	哈尔滨	537.0	东莞	727.1
10	南京	226.7	成都	251.0	长春	261.9	沈阳	506.6	佛山	677.2

注：城市人口的统计口径，2000 年前的《中国城市统计年鉴》使用的是城区非农人口。2010 年、2010 年按照中国第五次、第六次人口普查数据，城镇人口统计按照新标准的市区城镇常住人口来统计

资料来源：国家统计局，2011a，2011b

超大城市的地位在全国城镇体系中地位得到了加强，中小城市地位下降。100 万～300 万人口规模的大城市是吸纳城镇人口的主体，占城镇人口的 45%～46%。

第三节 财富集聚

根据一般规律，城镇化与经济发展之间具有正相关关系，即城镇化水平的提升对经济增长有积极的作用（马欣如和朱洪兴，2014）。而反映两者互动关系主要有 3 个方面，一是社会财富的总体变化，二是人均收入水平的变动，三是经济规模变化。

一、城镇经济发展

与古代城市相比，中国现代城市以城镇化为重点的社会财富积累更加明显（张雷，2004；王大用，2005）。1978～2014 年，中国城镇化率从 17.9% 上升至 54.7%，每年增长 1 个百分点，这种城镇化的转变，增加了收入，提高了生活水平，并使中国成为世界上最大的商品出口国和制造工厂。1978～2014 年，中国国内生产总值年均增长 10%，同期世界经济平均增速只有 3%；中国实际人均收入增长了 16 倍，使 5 亿人脱贫（图 5.7）。中国整体财富积累对世界经济的贡献不断提高，中国已经跻身世界第二大经济体，也已经步入中等收入国家的行列（李伟，2014）。

世界各国城镇化与经济增长的关系表明，城镇经济是推动国家和地区现代城镇化发育的第一动力引擎，经济城镇化水平（城镇经济产出占国家或地区经济产出总量的比例）对于国民经济的重要性越来越突出（张雷，2009）。虽然目前中国统计部门按照现行统计制度尚未对国内生产总值进行城乡统计的划分，但是可以按照生产法使用

中国城市地理基础

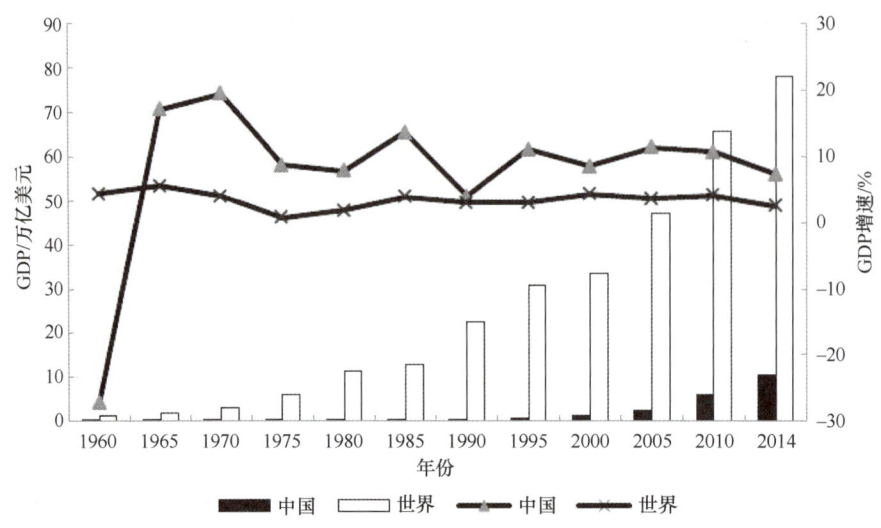

图 5.7　中国经济整体发育过程及与世界比较（1960～2014 年）

产业数据和城乡就业数据进行估算（郑鑫，2014）。研究发现 1952 年以来，城镇经济占国民经济的比例呈曲线变化，并明显地表现出 3 个不同的阶段（图 5.8），这种变化可以从改革开放以来中国经济政策的变化上得到很好的解释。

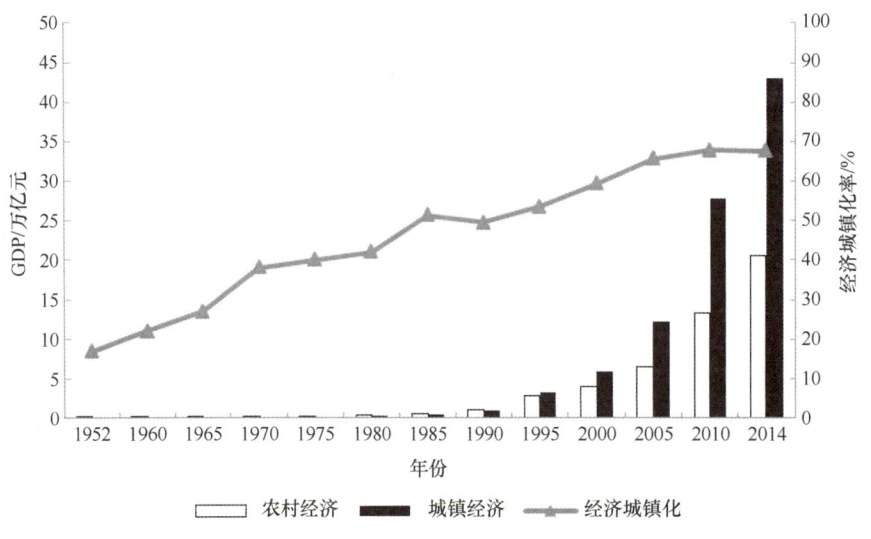

图 5.8　中国现代城镇财富积累过程（1952～2014 年）

1. 初始发育阶段（1949～1980 年）

新中国成立以来，经济城镇化发育呈现出明显上升趋势。1980 年全国经济城镇化水平已经超过 42%，较 1952 年提高了 25.2 个百分点。这种快速提高是因为国家发展初期集中力量实施重工业优先战略，第二产业特别是工业对城镇经济的贡献尤为重要，为实现国家经济从农村地区向城镇地区的根本性转变奠定了良好的基础（张雷，

2009）。但是，在不具备比较优势的前提下，重工业优先战略导致一系列价格的扭曲及包括劳动力在内的要素配置限制，城市无法提供足够的工作岗位来吸纳新城市居民的涌入，政府推出一系列政策来限制城镇化进一步发展，也造成城镇经济增长不稳（林毅夫等，1999）。直到1978年改革开放之后，农村家庭联产承包责任制的实行和城市经济体制改革的开展，释放了农业部门剩余劳动力，城镇经济的主导地位才得以建立。

实际上，在现代城镇化发育初期，第二产业已经成为城镇财富积累的重要源泉。1980年第二产业在全国经济财富积累中的贡献达到64%，与1952年相比，增幅高达20个百分点。但是，在促进城镇经济发展与控制城镇人口规模的政策下，经济城镇化与人口城镇化两者关系构成出现了失衡，城镇化整体发育的差异系数快速提升，1980年已经达到2.18，与1952年相比，增幅接近62%（图5.9），由此导致人口城镇化发育滞后于经济城镇化。

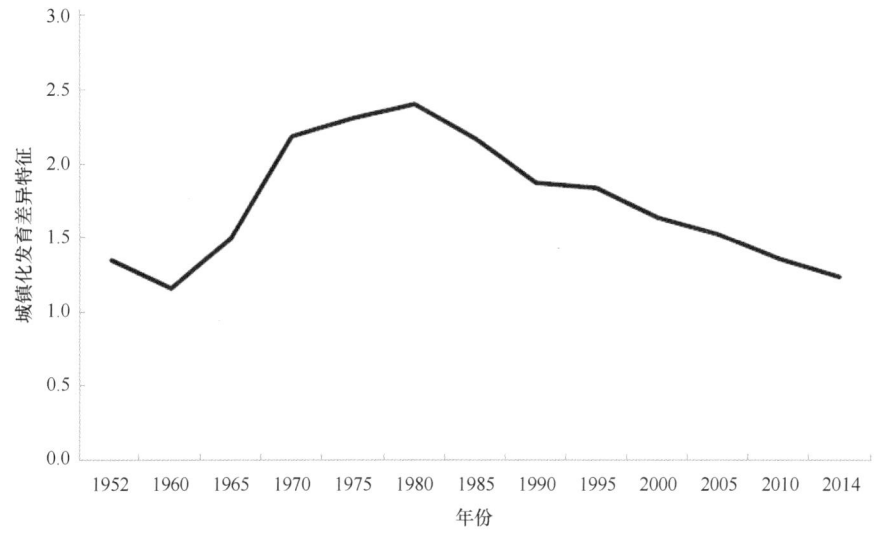

图5.9　中国现代城镇化发育差异特征（1952～2014年）

2. 快速发育阶段（1981～2003年）

经历了初始阶段近30年的努力，中国经济迎来了历史性转折，奠定了城镇经济在国家经济主导地位的根本性转变。1980～1990年，农业生产力的大解放大大促进了农村经济和乡镇企业的繁荣，国家投资布局和对外开放政策更强调向条件较好的沿海地区倾斜，在城镇经济奠定了在国家经济主导地位的同时，固定资产投资规模过大也出现了历史上少有的经济过热，城镇财富积累从1980年的59%年均下降1.8个百分点，但是通过改革，城镇经济比例的降幅明显缩小。20世纪90年代以后，是中国城镇经济增长速度最快的时期，中国经济城镇化迎来了新的发育期。到2003年，全国2/3以上的国家财富总量（GDP）来自遍布各地的成千上万座规模各异的城镇。

实际上，这一时期中国经济增长方式是以高投资、低消费、高外贸依存度为基本特征，尤其是城镇较大规模的投资对城镇财富积累作用显著。1981～2003 年，城镇投资占全社会固定资产投资比例提高 8 个百分点，但是城镇投资对城镇经济拉动却提高了 26 个百分点（表 5.10）。城镇经济虽然属于投资驱动型经济增长模式，但是依赖于低成本要素的大量投入也付出了沉重的资源环境代价。

表 5.10 城镇固定资产投资（1981～2014 年）

年份	城镇固定资产投资 / 亿元	城镇固定资产投资占全社会比例 /%	城镇固定资产投资占城镇经济比例 /%
1981	711.1	74	25
1985	1 865.5	73	40
1990	3 274.4	72	35
1995	15 643.7	78	48
2000	26 221.8	80	44
2005	75 095.1	85	62
2010	243 797.8	97	88
2014	501 264.9	98	117

资料来源：国家统计局，2015b

3. 转型发展阶段（2004 年至今）

经历了 10 个五年的洗礼，中国经济获得了快速发展，国家确立以提高生产率作为新一轮结构调整的主线，经济增长从以前主要依靠劳动力数量和资本存量增长来驱动经济增长，转变为主要依靠科学技术和人力资本增长来驱动经济增长，特别是第三产业发展有力保障了城镇经济的持续稳定增长，也对人口城镇化发育起到至关重要的作用。2004～2014 年，第三产业年均增长 16%，城镇经济规模提高了 3 倍。到 2014 年，中国经济城镇化水平达到 68%，高出人口城镇化水平 13 个百分点，现代城镇化的发育差异系数已经缩小到 1.2。

尽管这一阶段中国现代城镇化的发展成就斐然，但是随着人口红利逐渐减少，经济的增长与农村剩余劳动力转移的相关性减弱，此时经济城镇化的起始条件已经大不相同（李伟，2014）。三次产业结构不断向优化升级方向发展，三次产业增加值占 GDP 的比例由 2005 年的 11.7：46.9：41.4 调整为 2014 年的 9.2：42.7：48.1，产业结构由"二三一"向"二三一"，再向"三二一"演变。第二产业占比窄幅波动，但低端制造业开始逐渐迁移出中国超大城市，城镇人口增长和城镇地区创造出日益多样化的服务需求，城市（不含市辖县）三次产业占 GDP 比例从 2005 年的 3.87：50.36：45.77 调整为 2014 年的 2.87：45.96：51.17，这意味着城市更加以服务业为主，并且成为引导中国经济增长的主引擎（图 5.10）。

二、人均财富积累

随着城镇经济快速发展，人均财富（人均 GDP）也发生了较大变化。1985 年中

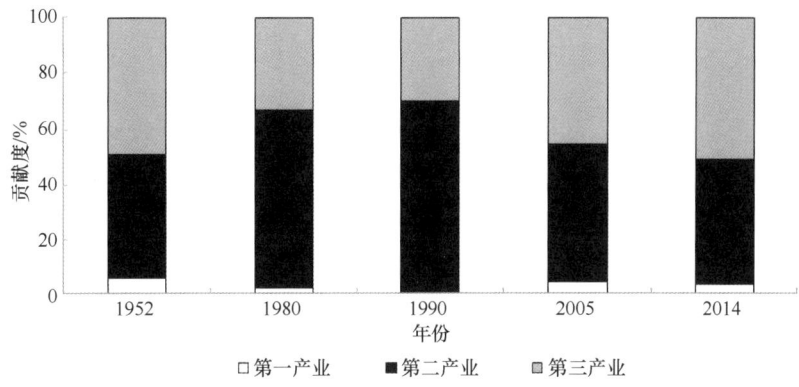

图 5.10　中国经济城镇化发育过程中三次产业贡献度（1952～2014 年）

国的人均 GDP 仅为 297 美元。按照钱纳里经济发展阶段划分，此种人均财富状态仍然处在初级产品生产阶段；到 2014 年中国的人均 GDP 已经达到 7575 美元，增长了 24 倍，中国经济整体进入了工业化中期阶段。与之相比，1985～2000 年中国城镇人均 GDP 水平略低于全国平均水平，2000 年以后城镇人均财富快速积累，2005 年城镇人均 GDP 超出全国 14 个百分点。2014 年，城镇人均 GDP 超过 11000 美元，比全国人均 GDP 高出 3700 美元，整体处于工业化中期阶段，其中市辖区的人均 GDP 接近 15000 美元，已经率先进入发达经济初期，中国经济进入全新的发展阶段（图 5.11）。

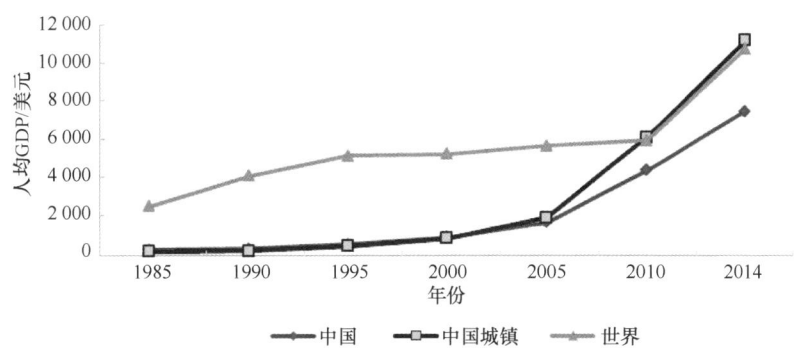

图 5.11　人均 GDP 变化（1985～2014 年）

人均财富的拥有状态反映了国家或地区购买能力和需求结构，尤其是当中国从中等收入地区向上中等收入地区转变时，城市在中等收入人群规模扩大和国内消费增长方面起着重要的推动作用。虽然城镇经济增速放缓，但是城乡居民人均可支配收入水平不断提高，2011～2014 年居民收入年均增长达 7.8%，比 GDP 年均增速高出 0.5 个百分点（图 5.12）。城乡居民收入差距经历了一个"U"字形发展路径以后，城乡收入比缩小到 3 以下，城乡中等收入者占全国 7.6 亿劳动者的比例在 23%～25%。在需求结构进一步优化方面，中国最终消费支出从 2011 年突破 20 万亿元增至 2013 年 30 万亿元仅用了 2 年时间，比从 10 万亿元到 20 万亿元（2005～2011 年）的增长时

中国城市地理基础

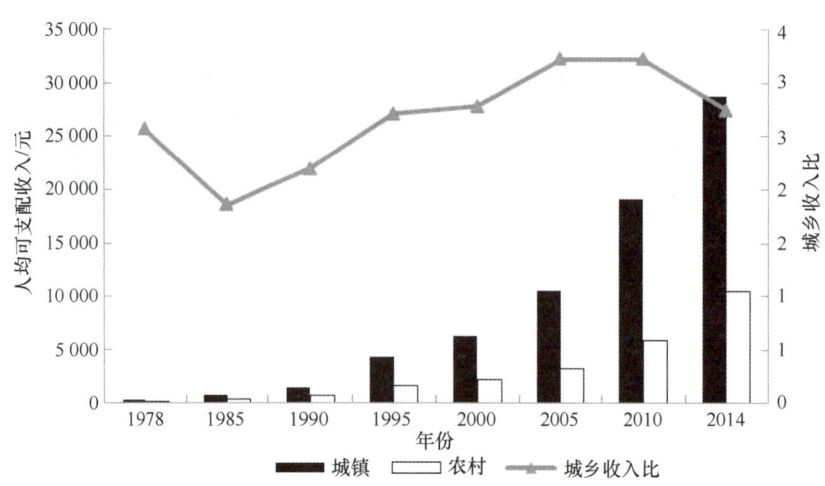

图 5.12 我国城乡居民收入变化（1978～2014 年）

期加快了 4 年。同时近 5 年消费对国民经济增长年均贡献率为 54.8%，高于投资贡献率 8 个百分点（表 5.11）；城乡恩格尔系数持续下降且进一步趋同，充分表明城乡居民消费已进入新时代。

表 5.11 中国最终消费和资本形成总额变化

年份	最终消费 / 亿元	最终消费支出对国内生产总值增长贡献率 /%	资本形成总额对国内生产总值增长贡献率 /%
1989	11 043	83.5	−16.8
2005	101 604	55	32.3
2010	199 508	46.3	65.2
2011	241 579	62.8	45.4
2012	271 729	56.5	41.8
2013	301 008	48.2	54.2
2014	329 451	51.6	46.7

资料来源：国家统计局，2015a/b/c

但是，中国人均财富积累仍然以不平衡发展的态势为主，工业化发展阶段呈现出地带性分异的总体特征，将不可避免地制约城镇经济整体发展（齐元静等，2013）。2005 年以前中国发展格局呈现出低水平均衡 - 不均衡的状态，2005 年东部地区的人均 GDP 分别是中部、西部、东北部的 2 倍、2.5 倍、1.2 倍，全国大部分地区仍处于工业化初级阶段，但是东部地区 78% 的地级城市已经达到工业化中期水平，7% 的地级市人均 GDP 达到工业化后期水平。2005 年以后区域发展逐步均衡，2013 年中国东部10个省份与中西部地区人均GDP差距缩小到1.8倍,全国85%的城市达到工业化中期水平;12%的地级城市达到经济发达初期的标准,尚有4%的地级市人均GDP仍然处在工业化初期阶段,经济发展重心从沿海向内陆地区推进明显(图5.13,表5.12)。

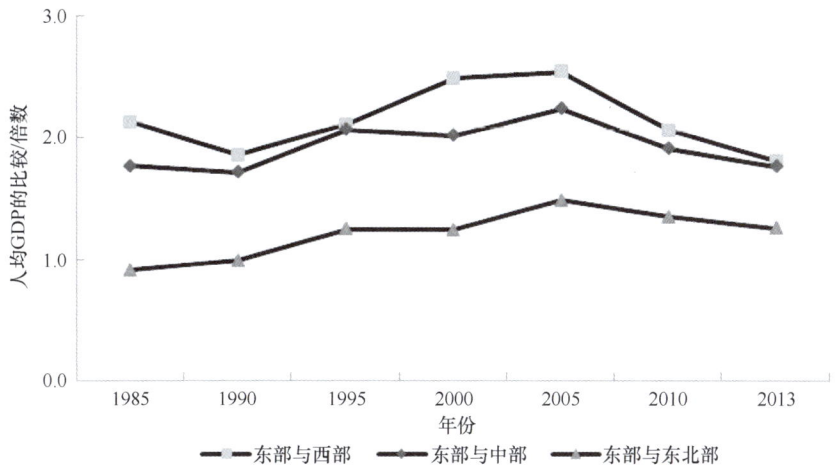

图5.13 基于人均GDP中国地区间不平等比较(1985~2013年)

表5.12 中国地级行政单元人均GDP和达到工业化阶段标准的地级行政单元的数量

分区域	1990年		2000年		2013年	
	人均GDP/元	数量/座	人均GDP/元	数量/座	人均GDP/元	数量/座
东部	1 677	9	11 364	45	62 405	67
中部	978	2	5 631	5	35 357	76
西部	902	3	4 568	19	34 491	72
东北部	1 697	0	9 144	8	49 606	30
全国	1 653	14	7 902	77	43 320	245

资料来源:国家统计局,1991,2001a,2015a

以全球标准,中国1.7亿左右中等收入人群规模居于世界第二位。然而,家庭收入占GDP比例小和储蓄率高已经束缚了新兴中等收入人群规模的扩大和国内消费的增长,抑制了城镇经济的发展。2014年全国城镇居民人均可支配收入26650.6元,是中国平均国民总收入(GNI)收入的1.3倍,是全球平均收入的40.7%;中国城镇中等收入组人均可支配收入24531元,与1980年新加坡的人均收入水平及巴西在2000年的人均收入水平相当,不到2014年新加坡人均收入水平的1/10(图5.14)。2000~2010年,中国城乡家庭收入分别占城镇经济、农村经济比例都下降了12%,居民储蓄率提高了15%,农村家庭和迁移人口储蓄率比城镇户籍居民高出30%以上,限制了农业剩余劳动力转移和农村消费需求(图5.15)。据统计,2000~2010年城镇居民消费倾向年均提高3%,而农村居民消费倾向年均下降2%。

中国城市地理基础

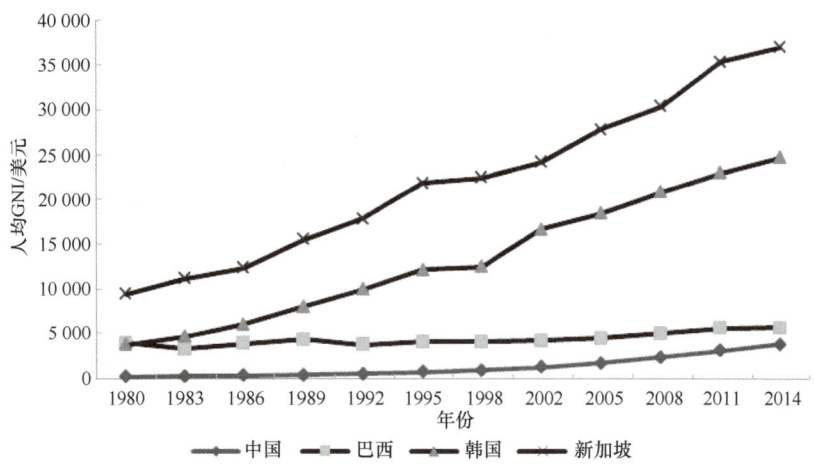

图 5.14　中国与其他国家人均国民总收入比较（1980～2014 年）（World Bank，2014）

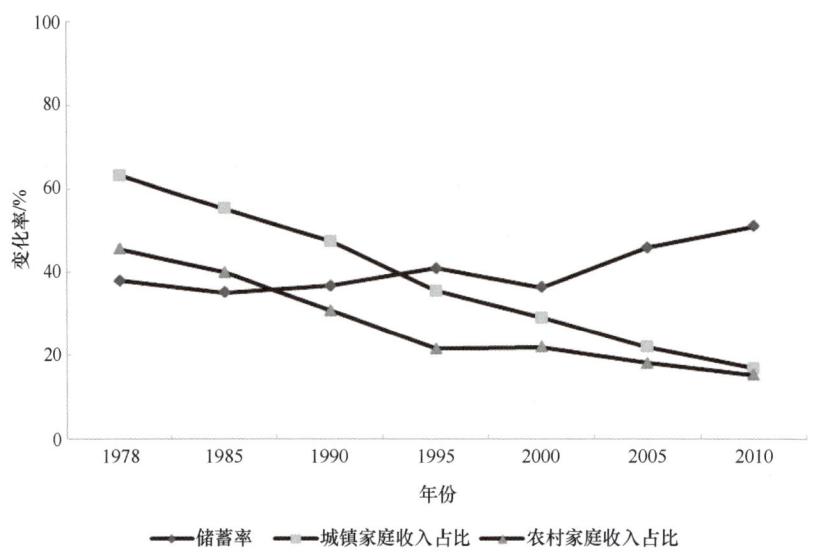

图 5.15　中国城镇化家庭储蓄和家庭收入变化（1978～2010 年）

三、经济规模的结构变化

　　与人口规模的变化相同，20 世纪 50 年代以来，中国城镇经济的等级发展开始进入快速发育阶段。随着水、土资源开发空间的不断扩展和生产技术的逐步提高，城镇经济积累的规模也发生翻天覆地的变化。1949 年，城镇人口规模 50 万人以下的财富产出占全国城镇的 49.2%，中小城镇的经济积累是支撑整个国家或地区城镇经济发展的主要动力来源。2010 年，中小城市财富产出 19556.5 亿元，占全国城镇经济的 9%，而全国城镇经济的 56% 以上来自城区人口规模在 100 万～500 万的大城市（表 5.13）。显然，与古代和过渡时期相比，中国现代城镇的财富积累已经完全向大中城市转移，

第五章 中国城市发展的经济基础

表 5.13 中国城镇经济等级变化 （单位：万元）

时期		规模以上城镇					
		>1000	500~1000	200~500	100~200	50~100	<50
古代	秦（公元前 206 年）						5
	汉（公元前 23 年）						90
	唐（公元 755 年）						993
	宋（1220 年）					5 500	2 544
	明（1402 年）					12 788	6 550
	清（1842 年）				12 320	6 430	4 580
近现代	中华民国（1936 年）			35 750	12 340	6 513	4 324
现代	1949 年			134 638	324 044	120 946	561 372
	2000 年	27 736 020	35 440 470	10 475 720	115 582 564	58 609 134	14 997 996
	2010 年	318 405 626	449 262 968	733 943 632	484 354 636	168 818 232	26 746 440

资料来源：张雷，2009；国家统计局.2001b，2015b

特别是城区人口在 100 万以上的大城市。正是由于这种城镇经济和城镇人口的等级结构变化，才迎来了 21 世纪中国都市圈发展的高潮。

城市集聚效应不仅能够带来生产率提高，而且能够提供与高人口密度相关的消费便利。中国大城市市辖区的经济活动集中化程度越来越高。2010 年，中国城镇人口前 10 座城市占全国城镇（市区）GDP 比例达 34%，实际使用外资总额则超过 40%（表 5.14）。

表 5.14 中国 10 大城市的市辖区的经济及实际使用外资情况

城市	1990 年		城市	2000 年		城市	2014 年	
	GDP/亿元	实际使用外资总额/万美元		GDP/亿元	实际使用外资总额/万美元		GDP/亿元	实际使用外资总额/万美元
上海	373	118 954	上海	4099	302 728	重庆	11 453	948 764
北京	194	25 762	北京	2332	237 810	上海	23 292	1 816 593
天津	169	43 994	重庆	786	12 917	北京	21 019	1 818 486
沈阳	96	5 732	广州	2165	274 796	广州	16 707	494 340
武汉	77	7 893	天津	1393	256 000	深圳	16 002	580 469
重庆	43	15 142	武汉	1207	75 415	天津	14 291	384 966
广州	93	23 427	深圳	1665	196 100	南京	8 821	329 070
西安	42	4 161	成都	670	10 086	成都	7 333	768 000
哈尔滨	45	3 687	哈尔滨	550	20 314	武汉	8 104	547 979
成都	41	490	沈阳	938	70 560	杭州	7 977	587 798
比例	26%	38%	比例	33%	46%	比例	34%	41%

资料来源：国家统计局，1991，2001b，2015b

地区经济活动集中程度也有所提高，2010年，中国一半以上的城市GDP和超过83%的货物进出口总额来自东部10省（图5.16）。较大规模城市的集聚潜力更大，促进了城市间劳动力迁移和就业增长。2013年，中国东部地区拥有全国49%的城镇单位就业人员，比2005年提高4个百分点。

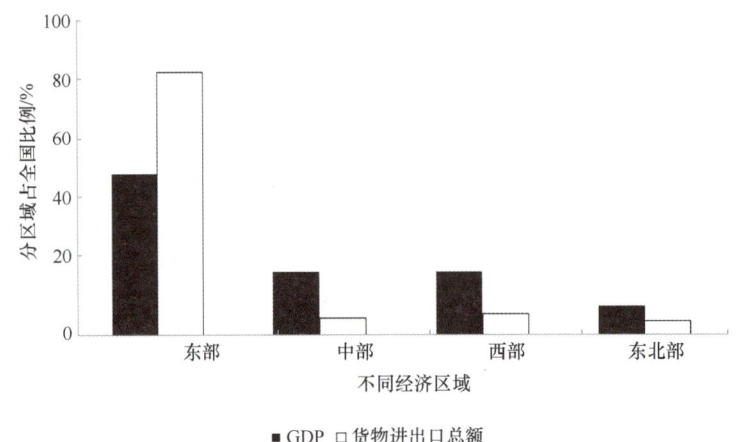

图5.16 2014年中国分区域产业集聚特征比较

第四节 产业与就业集聚

城市是生产和消费的场所。从社会生产的角度，城市作为第二产业、第三产业主要所在地而迅速发展起来的。城镇化的发展状态便代表着整个社会生产结构、就业结构的演进程度（张雷，2004）。随着中国经济社会转型发展，产业发展对经济城镇化支撑作用越发重要，同时劳动力综合素质不断提高，就业领域也表现出一些新的特征。

一、城镇化与产业演进的关系

产业演进是中国城镇化的重要支撑。新中国成立初期，农业基础薄弱、工业素质不高、服务业发展滞后，经济结构基本上处于以农业为主的阶段。计划经济时期，我国城市的工业基础开始得到不断增强。改革开放以后，从重视调整农、轻、重比例关系，到大力促进第三产业发展，三次产业结构不断向优化升级的方向发展。纵观60多年的工业化进程，中国的产业结构与城镇化水平关系整体表现为随着农业基础地位不断强化、工业化水平明显提高、第三产业不断发展、城镇化水平持续提高。特别是20世纪90年代中期以来，当城镇化率超过30%以后，其发展速度明显加快，生产功能的集聚效果也愈加突显。据统计，2014年中国70%的GDP、51%的就业和87%的各类公共服务均来自占全国城镇土地面积的47%的城镇地区（表5.15）。

表 5.15 城市集聚生产功能在中国经济中的作用（2014 年）

指标类型		城镇	农村
规模	人口/万人	74 916	61 866
	占全国比例/%	55	45
	土地/万 hm²	418	472
	占全国比例/%	47	53
就业和产出	GDP/亿元	429 827	206 083
	占全国比例/%	70	30
	就业人员/万人	39 310	37 943
	占全国比例/%	51	49
高附加值产业就业	金融服务业/万人	293	83
	占全国比例/%	78	22
	公共服务业*/万人	3 816	573
	占全国比例/%	87	13

* 中国公共服务业就业人员来自《中国劳动统计年鉴 2012》统计数据
资料来源：国家统计局，2015a；中国金融年鉴编辑部，2015；国家统计局人口和就业统计司和人力资源和社会保障部规划财务司，2013

与其他国家产业结构演进对人口城镇化的影响过程相比，中国的情况较为特殊。这种特殊性主要表现在两个方面：一方面，非线性回归表明，尽管中国第二产业发展对人口城镇化的影响存在着同样的由升到降的变化特征，但是由于第二产业所表现出的相对较强持续作用和影响，因此中国第二产业对人口城镇化的作用力明显高于发达国家（中国 $R^2=0.8652$ 高于发达国家 $R^2=0.7642$）。另一方面，第三产业对中国现代城镇化的影响相较于发达国家和发展中国家表现得相对紊乱和低下（中国 $R^2=0.3386$ 低于发达国家 $R^2=0.916$ 和发展中国家 $R^2=0.892$）（张雷，2009）（图 5.17）。

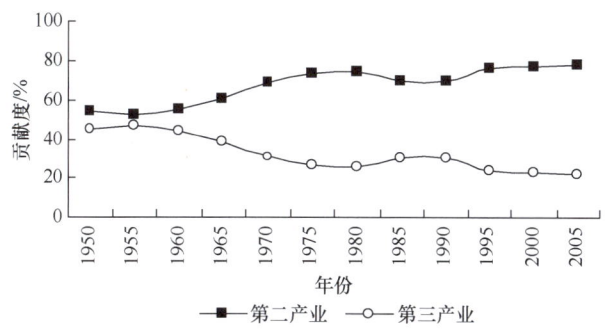

图 5.17 中国人口产业结构变化与城镇化发育（1950～2005 年）

对比分析显示，在发达国家人口城镇化进程中，第二产业和第三产业的贡献度之比为 1：1.3；发展中国家第二产业和第三产业的贡献度之比是 1：1.8；与之相比，中国人口城镇化第二产业和第三产业的贡献度之比仅是 1：0.44，即第二产业的贡献程度高出第三产业 1.28 倍。如此产业贡献的差异特征是造成中国现代人口城镇化水平大大落后于现代经济城镇化水平的根本原因所在（张雷，2009）。

二、城镇化与就业的关系

中国就业增长和结构变化是一个二元经济转换的过程，表现为农村剩余劳动力在产业和空间的双重转移。在产业方面，农村剩余劳动力表现为向非农产业转移；在空间方面，农村剩余劳动力主要表现为向城镇转移。现代城镇化发育过程中的人口集聚、生活方式的变革和生活水平的提高，都会促进劳动力市场优化配置、三次产业的联动和社会分工细化，在就业结构方面存在着一些不同于产值结构的变化特点。

农村劳动力在城乡间流动就业是一种长期现象。新中国成立以来，随着社会经济发展，城镇就业比例不断提高。改革开放之前，城市居民的就业在计划经济体制下由劳动部门或人事部门按照资源配置优先次序安排就业和岗位，这种制度导致城乡劳动力人为地分割开，抑制了农村剩余劳动力的合理转移（蔡昉，2007）。1952~1978 年，城镇就业人员占全社会从业人员比例从 12% 提高到 24%，绝大部分劳动力在乡村就业。20 世纪 80 年代以来，城市就业、社会保障和福利制度的改革为农村劳动力向城市流动创造了制度环境，伴随着改革推动的非农化和城镇化的进展，城镇就业每年增长规模在 300 万~500 万人，而 1996 年一跃超过 800 万。随后，即使经历了城市大规模下岗失业、就业增长有所下降的时候，也始终大大高于此前的增长水平。2001~2015 年，城镇就业每年增长规模在 1000 万~1400 万人，城镇就业人员比例从 33% 提高到 52%，促进城镇发展与产业支撑、就业转移和人口集聚相统一（图 5.18）。

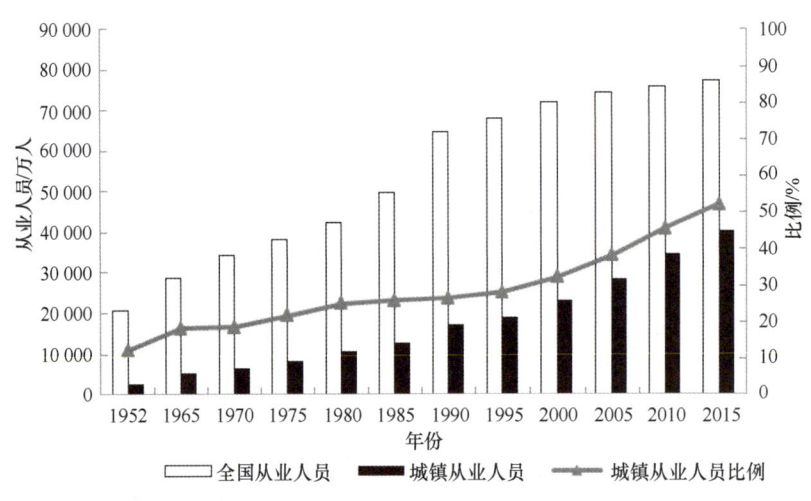

图 5.18　中国城镇从业人员变化情况（1952~2015 年）

2000 年以后城镇就业的快速增长来源于非公有经济的发展及新兴部门对劳动力的需求，在城乡创造大量的就业机会，推动了城乡二元经济结构的转换。据有关部门统计，1978 年，全国国有和集体单位中就业比例在 90% 以上。2000 年以后，自主创业成为重要的就业方式，越来越多的人进入城镇混合经济和私营个体经济单位就业，国有单位、城镇集体单位、股份合作、联营单位合计每年减少的城镇就业机会为50万人左右；有限责任、股份有限、港澳台商、外商投资、私营企业、个体平均每年创造的城镇就业机会合计1500万人左右，其中私营、个体每年提供的新增城镇就业机会占1/3（图5.19）。尽管相当多的自我雇佣劳动者或个体、私营企业没有在工商管理部门登记，导致低估了这部分从业人员。但是上述变化可以看出，非公有经济发展和劳动力市场的发育，保证了城镇就业的扩大。

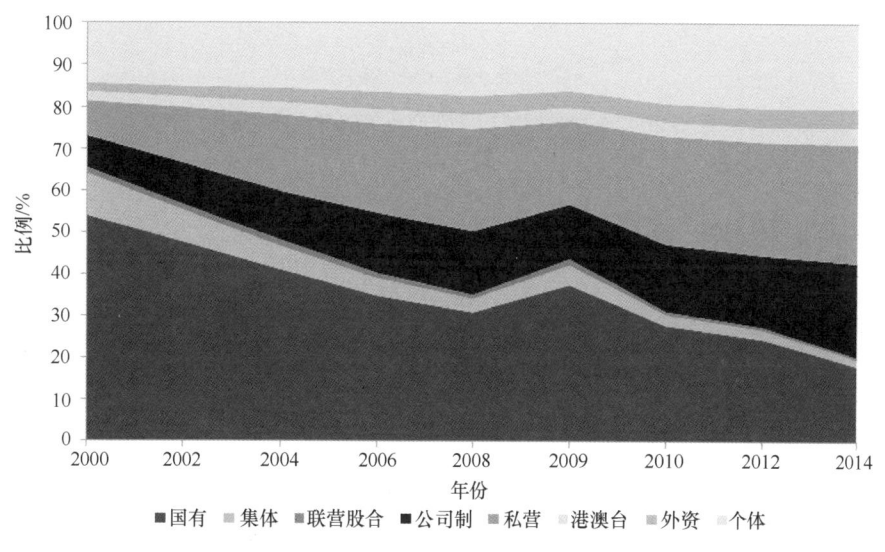

图 5.19　中国城镇就业结构变化（2000～2014年）

三次产业就业结构不断调整，非农产业就业迅速扩大。新中国成立初期确立的"重点发展重工业"战略、"农产品统购统销"政策和户籍制度，既造成了70%～84%的就业人口束缚于农业和农村，也造成了阻碍劳动者在企业、产业和区域之间转移的藩篱。改革开放以后，乡镇工业快速发展、劳动力市场逐步建立和完善、用工制度和工资制度改革，加上政府推出的各种的扶持和扩大就业工程（国家统计局，2009），加快了农村剩余劳动力向非农产业转移。1990年城镇非农产业就业与农业就业人员差距缩小到2%，2000年以后城镇第三产业从业人员比例持续超过第二产业从业人员比例，三次产业就业结构比例为12∶42∶46，呈现"三二一"的发展格局。2014年，城镇非农产业就业达18 014.4万人，比2000年增加6605万人；城镇非农产业的就业人数占城市就业人员总量的98%，比2000年提高10个百分点（图5.20）。

为了深入分析中国就业与产业变动的相关性，通过结构偏离度对其进行分析。结构偏离度是指各产业的增加值比例和就业比例之比与1的差，它的绝对值越大，表明产业结构和就业结构越不对称。总体来看，全国第二产业、第三产业的偏离度呈较高正偏离，且第二产业绝对值较大，说明全国第二、第三产业结构与就业结构不够协调，尤其第二产业是未来就业的主要渠道。城市（不含市辖县）的第二、第三产业结构偏

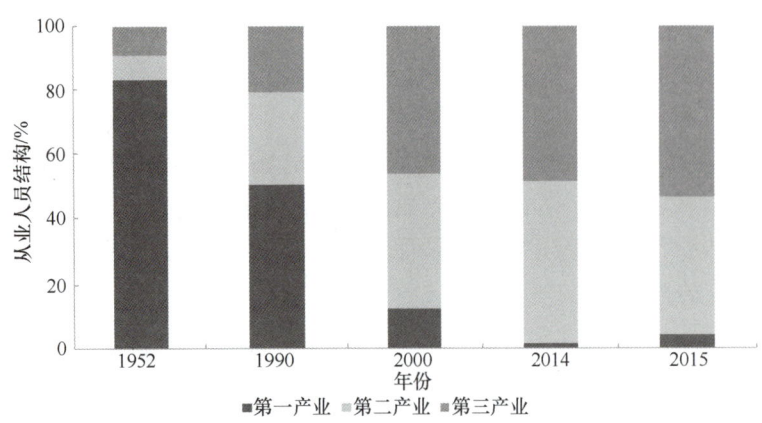

图 5.20　不同时期城市三次产业的就业人员构成变化

离系数走势相似，绝对值较小，近年来是负值，说明经济转型正在带动就业结构逐步趋于优化的变化趋势。城市第三产业总体上更趋近零，说明第二产业存在劳动力转出的可能性，而第三产业吸纳了大量从其他产业转移出来的劳动力，是拉动城市就业的主要引擎（图 5.21）。

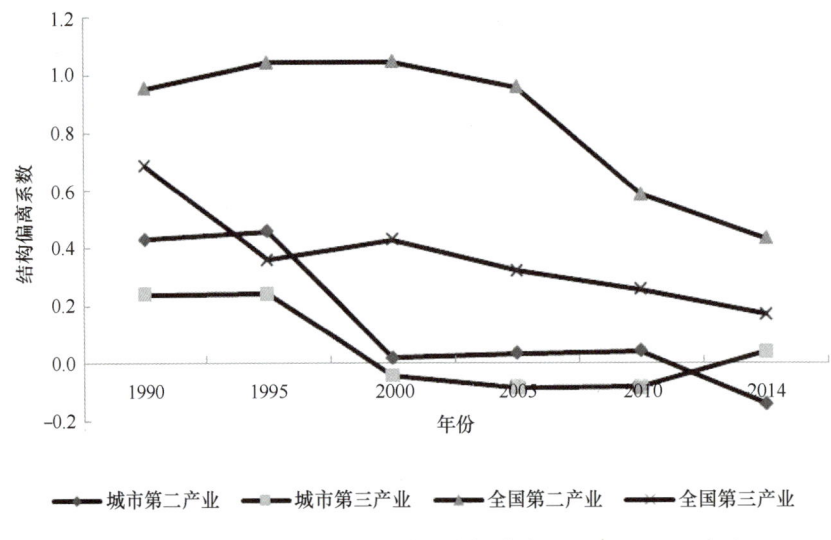

图 5.21　城市第二、第三产业结构偏离系数（1990~2014 年）

三、城镇职能与类型多元化

城镇职能与类型多元化是指城镇发育过程中城镇社会职能的分异而形成的专业化分工及变化，是城镇化发展的一个必然趋势和结果。相对于工业化社会而言，农业社会的城市类型结构单一，城市基本职能主要集中在管理、商贸、军事管理 3 个方面。进入工业化社会以后，大规模矿产能源投入导致了城镇职能与类型发生着巨大变化（表 5.16；张雷，2004）。

第五章　中国城市发展的经济基础

表 5.16　中国城镇职能与类型变化

发展阶段	时期	基本职能（类型）
一元结构	农业社会（公元前 4000～1910 年）	行政管理、商业贸易、军事防卫
二元结构	过渡阶段（1911～1949 年）	行政管理、商业贸易、军事防卫、工矿业、混合型
多元结构	工业社会（1950 年以来）	复合类型、行政管理、商业贸易、军工矿产业生产、风景旅游、交通枢纽、其他

注：类型变化涉及的城镇人口基本标准：1910 年以前规模以上城镇的人口按照 5 万及以上；1949 年以前规模以上城镇的人口按照 10 万及以上；1950 年以后按照 20 万及以上
资料来源：张雷，2009

支撑城市空间发育和等级高级化的主要是人口规模的大小和城市职能的专业化程度这两个指标。研究者首先应用区位商来确定城市职能专业化的相关水平，然后应用聚类方法将那些最相似的地区提取出来。周一星和孙则昕 1997 年根据产业专业化，将中国 465 个城市分为 4 个职能大类、14 个职能亚类和 47 个职能组（表 5.17）。研究表明，城市的人口规模越大，其生产多元化程度也就越高。例如，上海作为中国城市体系的节点城市，在长三角城市群中处于最高位置，需要南京、杭州、合肥、苏锡常、宁波等城市发挥支撑性作用。

表 5.17　1990 年中国城市职能分类及职能特征

职能大类	职能亚类	数量/个	职能特征
全国最重要的超大型综合城市	全国最重要的超大型综合城市	3	如北京以行政、旅游、其他第三产业为主的全国综合性城市，天津和上海以工业、其他第三产业为主的城市
大区、省区级大型、特大型综合性为主的城市	大区级大型综合城市	13	如沈阳、武汉、广州等重要的特大型综合性城市，这些制造业中心城市，工业、交通就业超过区域平均水平
	省区级大型、特大型综合性为主的城市	22	如吉林、兰州、福州等综合性城市，制造业或服务业发达，这些地区要么制造业占主体地位，要么生产性服务业发达
中小规模为主的专业化或综合性城市	建筑业占重要地位的城市	46	如菏泽、宜昌等工业职能明显、地方中小型建筑职能特别突出
	商业城市	53	如深圳、厦门、钦州等城市，零售业、消费服务业就业超过平均水平，而且金融和企业服务业方面也有强大市场
	中小型为主的综合性城市	91	岳阳、盐城、南充等集工业与第三产业于一体的中小型综合城市
	工业城市	53	马鞍山、邢台、佛山等专业化的工业城市，部分城市具有较强的工业研发能力
中小规模为主的专业化或综合性城市	采掘业城市或采掘业占重要地位的城市	47	大同、阜新等城市，绝大多数地区的矿产型或资源型劳动力占绝大多数
小型的高度专业化为主的城市	高度专业化的采掘业城市	21	盘锦、克拉玛依、鸡西、东川等高度专业化的矿产资源城市
	高度专业化的旅游城市	8	承德、井冈山、黄山等地区，不仅旅游业发达，而且提供各种配套服务
	高度专业化及专业化的交通运输城市	40	廊坊、鹰潭等商业、交通运输业城市
	边境或偏远地区高度专业化的第三产业城市	12	二连浩特、恩施、凭祥等地区
	高度专业化的商业城市	15	扎兰屯、绥芬河、海口等其他第三产业职能明显高度专业化的地区
	专业化不突出的城市	41	安康、永州、聊城等地区

资料来源：周一星和孙则昕．1997

中国城市地理基础

城市职能和类型的研究对进行经济转型地区增长与发展的差异分析有重要帮助。例如，在加快疏解非首都功能的背景下，北京市的服务业就业增长快，从事生产生活服务业从业人员比例高，生产制造及相关就业比例的下降被视为就业结构优化升级。这种就业结构的要素变化，在推进产业疏解对人口分布的引导中具有重要意义，而不仅是经济或就业人口总量的增长或下降。甚至，这些变化反映出对北京建设世界一流宜居之都的响应，如信息服务业、金融业这些高技术行业就业人口比例提高、公关部门和非营利部门重要性增强、失业率下降与工资性收入增加等，对北京市积极构建高精尖经济结构影响至关重要。

随着制造业的快速发展，中国城镇已经从消费为主转变为生产与消费兼而有之的特征。2004年，全国人口20万以上的大中城市共287座，这些城市中49%的从业人员来自第二产业，其中城市人口在100万~499万人、50万~99万人和20万~49万人的城市，第二产业从业人员占城市从业人员总数的比例均超过50%（表5.18）。以中国五大主要经济区域（珠三角、长三角、东北老工业基地、环渤海地区、西北地区）的广州、上海、沈阳、天津和西安五大城市为例，这些城市的三次产业比例保持相对稳定，产业与就业的结构总体趋向"三、二、一"的演进特征。其中，上海、西安第三产业是吸纳就业人口最多的产业，三次产业结构与就业结构大体相似；广州、天津第二产业具有明显优势，第二产业从业人口占总人口的55%~60%左右；沈阳第三产业吸纳近50%的就业人口，但是第二产业在集聚化和专业化方面仍表现出发展潜力（表5.19）。

表 5.18　中国城市从业人员就业结构（2004年）　（单位：%）

城市		第一产业	第二产业	第三产业
城市合计		1.4	48.8	49.8
按照类型划分	>500万人	0.8	41.1	58.1
	100万~499万人	0.6	50.0	49.4
	50万~99万人	1.2	51.0	47.8
	20万~49万人	2.3	54.4	43.3
按照地域划分	东部城市	0.7	48.0	51.3
	中部城市	2.2	51.0	46.8
	西部城市	2.2	47.7	50.1

资料来源：张雷，2009

表 5.19　中国分区域典型城市从业人员就业结构（2014年）　（单位：%）

城市	产业结构			就业结构		
	第一产业	第二产业	第三产业	第一产业	第二产业	第三产业
广州	1.3	33.5	65.2	0.3	60.5	39.2
上海	0.5	34.7	64.8	0.8	35.2	64.0
沈阳	4.6	49.9	45.5	0.2	46.5	53.3
天津	1.3	49.4	49.3	0.2	55.3	44.5
西安	3.9	40.0	56.1	0.1	39.1	60.8

资料来源：国家统计局，2015b

工业化发展在造就城镇职能多元结构演化的同时，进一步带动商业、文化服务等功能的增强，极大地加速了城镇专业化职能的发展。例如，大规模的矿产资源开发带动了交通运输业的快速发展。吉林的通化、山东的日照、江苏的徐州、广西的柳州等现代交通运输枢纽型城市因而得以建立和扩大（张雷，2009）。但是与美国相比，尽管制造业从中国超大城市转移的进程已经开始，但是中国城镇职能演进相对缓慢，大中城市的制造业规模仍然很大，服务业的集聚程度也有待提高（图5.22；李伟，2014）。

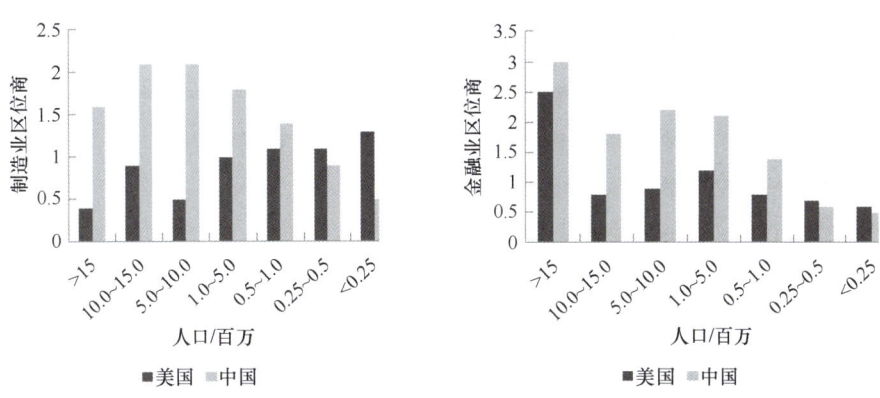

图 5.22 中国和美国不同规模城市的区位商比较（李伟，2014）

第五节 消费集聚

在现代化发展过程中，无论何类城镇，其人口集聚状态总是由生产物质消费和生活资料消费的能力来决定的。人们竭尽所能地发掘城镇在社会生产方面的能力，却并未建立起城镇的生产与消费平衡的理念。随着城镇功能的多样化发展，现代城镇的消费需求远比人们了解的要大得多（张雷，2009）。与其他国家一样，中国现代城镇化发育的消费需求主要集中在生产物质消费、生活资料消费和信息消费3个主要方面。

一、生产物质消费

根据人文生态系统的生存法则，现代城镇发育的资源环境消费与占用同样可以按照能量转换的过程分为直接、间接和诱发三大组成单元。现代城镇的资源环境消费需求主要集中在土地与淡水使用、能源消费3个方面。

1. 土地占用

城镇化的土地资源直接占用是城镇建成区土地面积和城镇市区土地面积的总和，还包括与城镇有着密切联系、具有基本完善的市政公用设施的城镇建设用地，2005年，

中国城市地理基础

全国城镇直接占用土地总面积 10.2 万 km^2（图 5.23），相当于全国国土面积的 1.07%；城镇化土地资源间接占用主要体现在城镇居民主要食品消费量（粮食、蔬菜、水果、牛羊肉四大类）和轻纺制造业生产所需原材料（棉花和麻类）的耕地和草地资源占用。经计算，这类土地占用约为 79.7 万 km^2；城镇化的土地资源诱发占用则表现为吸纳城镇年废弃物排放的土地占用（常以 CO_2 吸纳为准），约为 105.1 万 km^2。根据上述用地结构，2005 年全国城镇系统的土地占用面积约为 195.0 万 km^2，约占全国国土面积的 20.3%；其中直接、间接、诱发占用面积比例分别为 5.2%、40.9% 和 53.9%（图 5.24）。

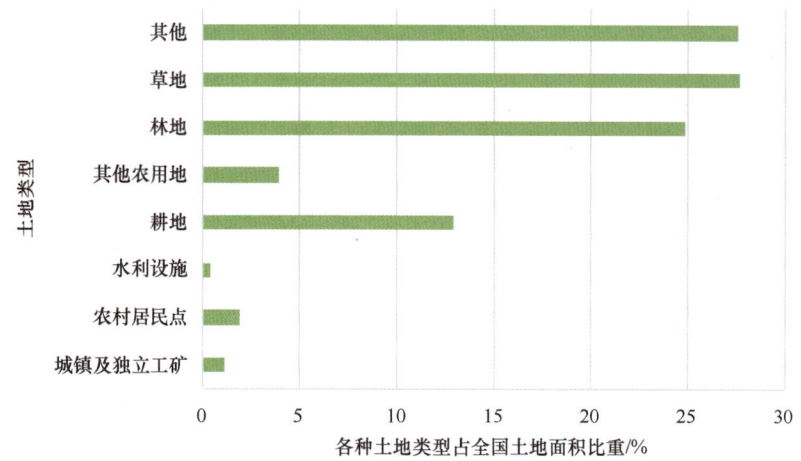

图 5.23 全国城镇土地利用及类型构成（2014 年）

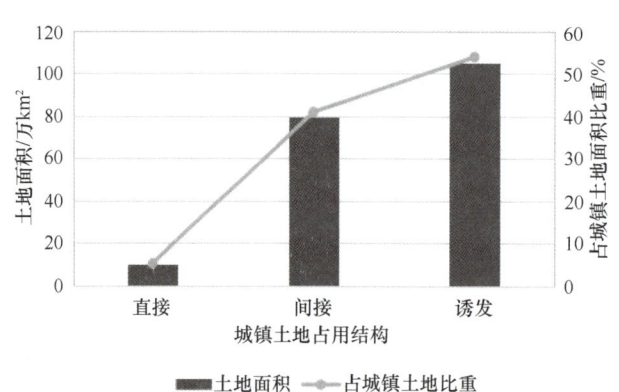

图 5.24 全国城镇土地占用结构及比较（2005～2014 年）

土地占用情况最能体现城镇化发育的集聚效果。非线性回归分析表明，1952～2005 年，全国城镇 GDP 与城镇土地占用的相关程度达到了较高的相关状态（$R^2=0.8012$）。与之相比，城镇人口与城镇土地占用的相关程度低了很多（$R^2=0.6242$）（图 5.25）。更为重要的是，经济活动对土地资源占用需求较人口增长方面表现得更为强烈（张雷，2009）。同样，2005～2014 年，城镇土地资源占用结构比较可以看出，在土地节约集约利用要求下，城镇土地直接占用比例下降了近 20%。但是随着收入的

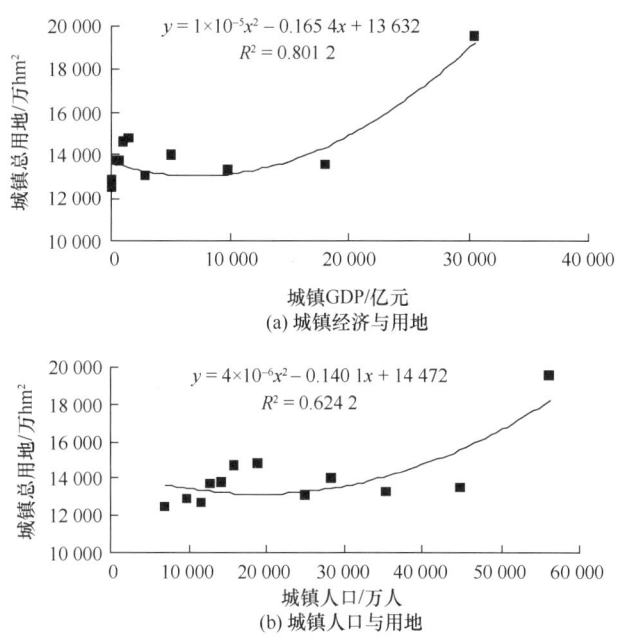

图 5.25　中国现代城镇化发育与土地资源直接占用相关分析（1952～2005年）（张雷，2009）

快速提升及在追求城镇集聚效益最大化的推动下，城镇食品消费支出大幅提高，城镇环境污染不断加剧。如此巨大的变化说明现代城镇化发育所引发的土地利用压力，不仅是来自城镇自身的空间扩张，更来自维持这种扩张所需要的间接和诱发占用。这种挑战在中国大城市越来越显著。例如，2014年，北京城镇化水平达到86.3%，为了治理大城市病，在推进京津冀协同发展中，不得不对主要污染物进行"统一标准、统一监测、信息共享、协同治污、联合执法、环评会商和联合宣传"，加快推进生态环保领域率先突破。

2. 淡水使用

城镇化消费直接用水包括城镇工业用水和城镇生活用水两项，2005年城镇淡水直接使用量为1425.5亿m^3；城镇间接用水包括城镇居民日常生活消费各种农副产品和部分轻纺工业原料生产所需的淡水消耗，约为4000亿m^3；城镇诱发用水使用则依据吸纳城镇碳排放所产生的淡水使用计算，达到3100亿m^3。城镇生态系统的淡水资源总消费或占用为8551.8亿m^3，约占全国淡水资源总量的30.5%，其中直接、间接、诱发占用面积比例分别为17.0%、46.8%和36.2%，呈现直接＜诱发＜间接的结构特征（图5.26）。

从城镇化与淡水资源使用的非线性相关分析表明，全国经济城镇化与人口城镇化两者有着完全相左的趋势，体现在：当经济城镇化与淡水资源使用两者曲线变化趋于明显减量的特征时，人口城镇化与淡水使用两者的曲线变化则呈现出相反的增量特征（图5.27）。这种情况表明中国城镇的集聚生产在规模和技术的作用下开始步入用水减量的阶段，城镇集聚生活用水总量增长快于人口总量增长的时期（张雷，

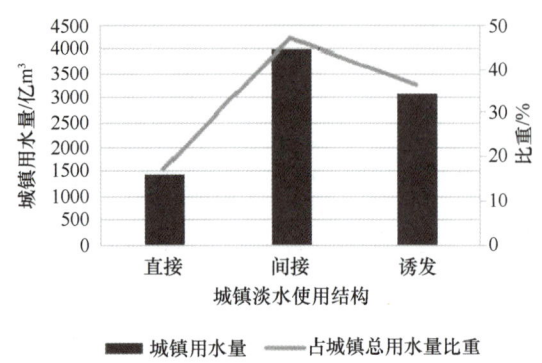

图 5.26 全国城镇淡水使用结构及比较（2005～2014 年）

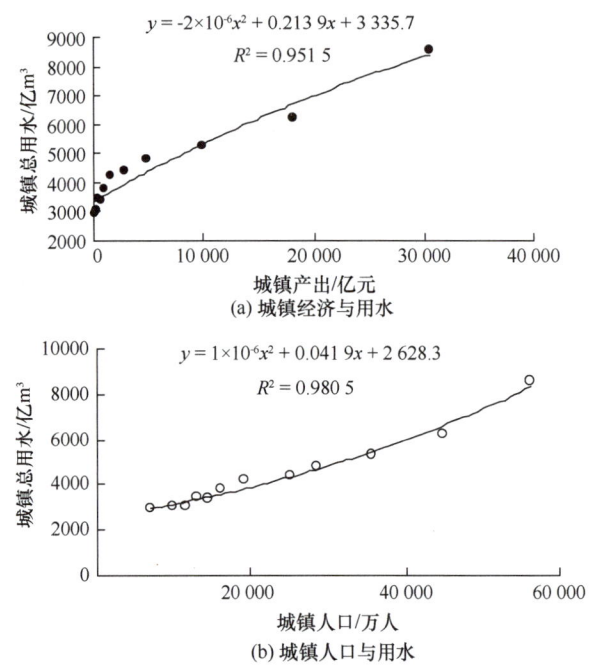

图 5.27 中国现代城镇化发育与淡水资源直接占用相关分析（1952～2005 年）（张雷，2009）

2009）。与 2005 年相比，2014 年城镇直接和诱发淡水使用量比例分别下降了 7% 和 25%，间接淡水使用比例增加 33%，说明随着中国城镇财富产出效益的大幅提高和城市植被环境改善，城镇直接、诱发淡水使用呈现明显下降趋势。同时随着城镇经济的发展和居民消费结构的变化，间接淡水使用呈现明显上升趋势。

3. 能源消费

与土地、淡水两大资源的占用相比，现代城镇化发育的矿产能源消费有着明显不同。现代城镇发育过程意味着人类从生物资源消费为主转入矿产能源消费为主的阶段。城市发育水平越高，城市能源消费也就越高。以城市燃气供应为例，2000～2010 年，城市人均能源消费量是全国的4～6倍。2010年城镇人均能源消费量达到978kg标准煤，59%是煤气，27%是人工天然气，还有13%是液化石油气（图5.28和表5.20）。

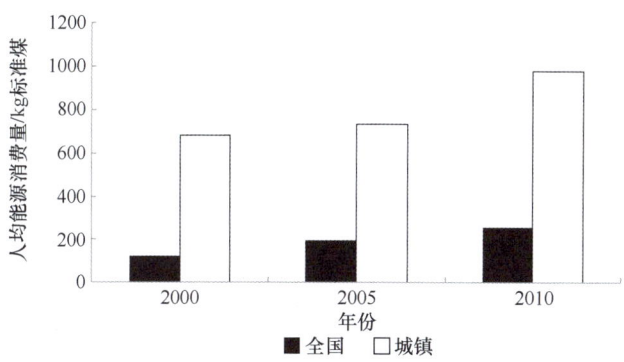

图5.28　城镇人均能源消费量与全国比较（2000～2010年）

表5.20　城镇燃气、供热和供水情况比较

年份	城镇燃气			城镇集中供热		城镇供水
	城镇人工煤气生产能力/（万 m³/d）	城镇人工煤气供气总量/亿 m³	城镇天然气供气总量/亿 m³	蒸汽供热总量/（万 GJ）	热水供热总量/（万 GJ）	城镇供水总量/亿 t
2004	8 298.74	213.72	169.34	69 447	55 614	490.28
2014	2 102.07	55.95	964.38	125 194	276 546	546.66

资料来源：国家统计局，2004，2015b

从能源消费阶段性变化特征来看，2000～2005年，城镇人均能源消费年均增速1%，而人均消费水平的年均增速却达到7%，这一阶段城镇经济增长＞城镇人口增长＞城镇能源消费增长。2005～2010年，随着城镇财富快速集聚，城镇人均能源消费年均增速达到6%，受此影响，这一阶段城镇经济增长＞城镇能源消费增长＞城镇人口增长（表5.21）。通过非线性相关分析，城镇人均能源消费与城镇人均消费水平呈倒"U"形趋势。说明随着产业演进和生产技术进步，单位人均能源消耗强度逐年下降，到2014年已经下降到0.026kg标准煤/元的水平（图5.29）。

表5.21　中国城镇化发展与能源消费结构演进（2000～2012年）

年份	城镇化与人均能源消费水平			
	城镇化率/%	煤气/m³	人工天然气/m³	液化石油气/kg
2000	36	386	223	95
2005	43	586	207	68
2010	50	999	201	77
城镇化与能源结构消费演进（-，+）（%）				
阶段	城镇能源消费增长（a）	人均消费水平增长（b）	城镇人口增长（c）	比值 a/b/c
2000～2005年	1	7	4	1∶7∶4
2005～2010年	6	12	3	3∶4∶1

资料来源：国家统计局，2011b

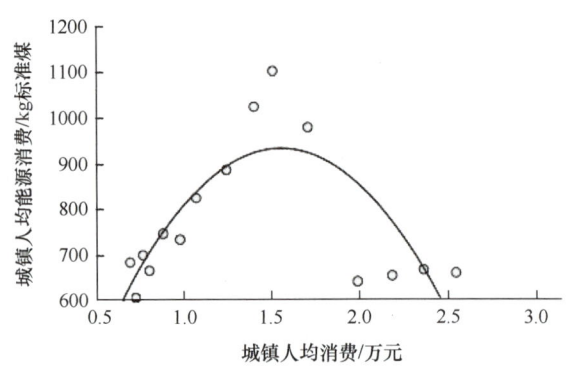

图 5.29　城镇人均能源消费与城镇人均消费之间的相关关系

更为重要的是，与土地、淡水两大资源相比，在矿产燃料点状收敛的资源分布作用下，城镇能源消费所产生的"纺锤体"结构不是通过直接、间接和诱发效应的大小，而是通过不同燃料矿种的供应空间距离的长短来实现的（张雷，2009）。中国正在构建现代能源储运网络，以西气东输、陕京线和川气东送为主的天然气骨干管网，同时较大规模地推进西北、东北和西南陆路进口油气战略通道和配套干线管网建设。20 世纪 90 年代以来，随着中国原油进口持续扩大，全国原油供应开始进入国际化发育阶段，全国原油水运水平平均运输距离增加了 4 倍以上。

二、生活资料消费

从城市生活资料消费能力来看，以社会消费品零售总额反映城市消费需求。1985～2014 年，中国城市（不含市辖县）的社会消费品零售总额增长了 91 倍，年均增速达到 17%；城市居民消费水平增长了 33 倍，年均增速达到 13%。1985 年，城市（不含市辖县）的居民消费水平只有 1146 元，城市社会品零售总额仅占全国社会零售品销售总额的 43%，消费对城市经济增长的贡献为 38%（图 5.30）。2014 年，城市（不含

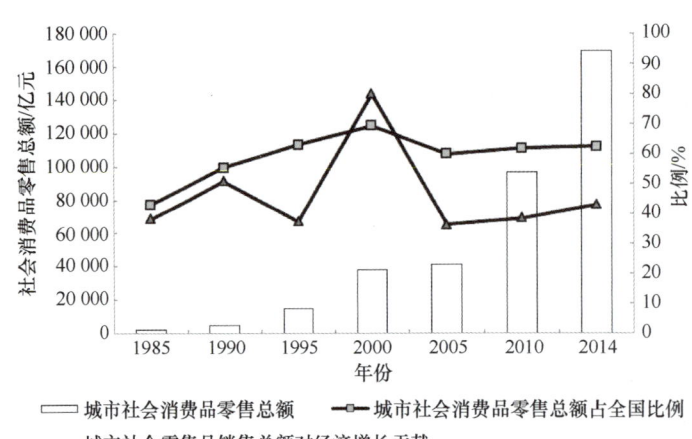

图 5.30　城市社会消费品零售总额变化（1985～2014 年）

市辖县)的居民消费水平接近40000元,城市社会品零售总额仅占全国社会零售品销售总额的62%,消费对城市经济增长的贡献为43%,城市充分发挥了经济增长的"稳定器"作用。

随着发展阶段的变化,在消费规模快速扩张的同时,消费升级步伐加快,消费层次呈现出明显的趋势性变化。城镇居民更加重视生活质量,对居住、交通通信、教育文化娱乐、医疗保健等服务型消费需求明显增加,2014年4项服务消费支出占居民全部消费支出的比例为53%,比1985年提高35个百分点。与此同时,在健康意识不断增强的背景下,人均滋补保健品和保健器具支出也呈现明显上升趋势。2015年全国城镇居民的此类消费支出比2013年增长45.8%,年均增长为20.7%;而此一阶段居民使用清洁燃料占比更是达92.5%,比农村居民使用清洁燃料占比高出48%(表5.22)。

表5.22 1985~2014年居民人均消费结构变化 (单位:%)

类型	1985年	1990年	2000年	2014年
食品	52	54	39	30
衣着	15	13	10	8
家庭设备及用品	9	9	9	6
医疗保健	2	2	6	7
交通通信	2	3	8	13
文教娱乐	8	9	13	11
居住	5	5	10	22
其他	7	5	6	3

资料来源:国家统计局,2015a

消费品质由中低端向中高端转变。随着生活水平的提高,汽车、私人住宅等耐用消费品和大众化服务进入普通家庭,城镇居民消费成为引导产业结构变动的主要动力。从"吃"的方面看,高蛋白食品比例增加。2014年,城镇居民人均消费粮食比1985年减少17.6kg;而人均消费肉、禽和蛋分别比1985年增长9.6kg、5.9kg和3kg;从"住"的方面看,住房条件明显改善。2012年,城镇有房居民人均住房面积32.9m^2,比1985年增加了2.2倍;从"行"的方面看,汽车拥有量大幅增加。2015年年底,每百户家庭拥有私家车31辆,汽车占机动车比例达到61.8%,很多市民的代步工具经历了从自行车到摩托车再到汽车的升级换代。

城镇化的快速推进为消费升级拓展了空间。人口由乡村向城镇集中,本身就意味着生活方式的改变。人口城镇化的发展不仅带动餐饮、家政等生活服务业的快速增长,也使一些规模经济门槛较高的行业获得了快速发展,特别是为医疗保健、文教娱乐等专业技术服务和公共服务创造了巨大需求。人口的集中还大大加快了信息的传播速度,有利于加速新产品、新服务、新消费热点的成长。据初步测算,城镇化率每提高1个百分点,拉动消费增长约1.8个百分点(宁吉喆,2016)。

三、信息消费

中国的城镇化目前正处于有史以来最伟大的信息通信革命进程之中。2015年年底，中国互联网普及率已达到50.3%，网民规模达到6.9亿人。伴随"宽带中国"工程的实施，4G网络的提速，数字技术的广泛应用和支付方式的创新撬动了网络消费的大市场，信息消费具有良好发展基础和巨大发展潜力。消费方式由线下向线上线下融合转变，通过包容、效率和创新，为城乡消费升级提供了以前无法企及的机会。

信息消费的增速远远超过了社会消费品零售总额的平均增速，成为拉动消费增长的最主要引擎。2014年，中国电子商务交易总额增速（28.64%）是国内生产总值增速（7.4%）的3.87倍（图5.31）；全年网络零售额增速较社会消费品零售总额增速快37.7个百分点。与电子商务密切相关的互联网行业收入增长50%；全国信息消费规模达到2.8万亿元，同比增长18%；信息消费的拉动带动了相关产业1.2万亿元的发展，对GDP贡献约0.8个百分点。同时，移动电子商务呈现暴发性增长。2014年，中国移动购物市场交易规模达到8956.85亿元，年增长率达234.3%；中国微信用户数量已达5亿，同比增长41%（商务部，2015）。

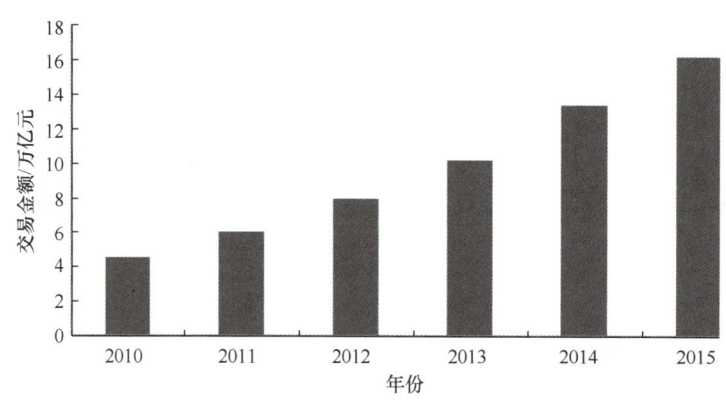

图5.31　中国电子商务市场交易规模（2010~2015年）（商务部，2015）

城市是信息消费创新创业的主阵地，电子商务发展呈现规模化扩散。根据阿里研究院统计，2015年，中国县域网购服务类消费增速是实物类消费的1.5倍，餐饮服务、通信服务和旅游服务是增长最快的服务类型。全国大众网购消费最活跃的50个县中70%位于中国东部省份，北京、上海、广州、深圳、杭州五大城市是历年网上消费额最高的城市；大众电商创业最活跃的50个县中49个位于中国东部省份。在城市电商消费增加的同时，农村的小生产也逐渐地与更大的市场实现了对接，同样来自阿里研究院的数字显示，仅在淘宝和天猫平台上，2009~2014年，网上销售额增长1141倍，年均增长2.2倍；快递包裹量增长58倍（图5.32；阿里研究院，2016）。

电子商务促进现代农业发展，更带动农民致富创业，有助于实现农民就近城镇化。2014年，农业部全国农产品网络交易额超过1000亿元，占农产品销售额的3%。农业

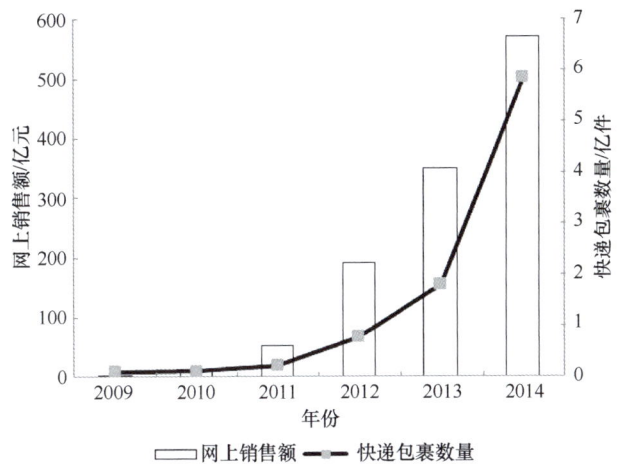

图 5.32 "双 11"淘宝销售额及快递包裹量（2009～2014 年）（阿里研究院，2016）

电子商务是"互联网+"现代农业在农业领域的一大表现，农产品网上期货 17 个品种，成交量 21.86 亿手，交易额达到 32.29 万亿元；大宗农产品商品交易市场有 300 家，交易额达到 15 万亿元，增长 50%（洪涛和张传林，2015）。电子商务在农村的发展也促进了信息、商务、生产、物流与人口在农村的聚集，推动了农村新型城镇化的进程。以江苏睢宁沙集镇为例，90%以上的家具网商在淘宝网开有店铺，在淘宝上已经占据 9%的市场份额。2015 年全镇电商实体企业 1590 家，从业人员 25 683 人，网销额突破 47 亿元，显著地带动了家具生产、营销、物流、宽带等关联产业大发展（睢宁县人民政府网，2016）。

第六节 污染集聚

现代城市在集聚效应发育过程中，需要与外界进行大量的物质和能量交换。由于存在认识、资本、技术和管理等方面的巨大缺陷，城镇功能快速集聚，也带来难以估量的生态环境破坏作用（张雷，2009）。资源能源未尽其用所产生的负面效应现象普遍存在，主要体现在大气、水、固体废弃物 3 个方面的污染集聚。

一、城镇化与空气污染

城市空气污染是在城市日常生产生活中，向自然界排放的各种空气污染物在一段时间内积累到一定浓度，对城市生态系统和人类生产生活带来的危害。长期以来，城市内企业在生产工艺和燃料燃烧过程中排入大气的二氧化硫、工业烟（粉）尘是城镇空气污染的主要来源。以煤炭为主要的能源消费模式和粗放的产业发展方式对中国城镇大气环境造成巨大影响。2014 年，城市二氧化硫、烟（粉）尘排放量分别占全国的80%和72%（图5.33）。城市$PM_{2.5}$平均浓度61 μg/m³，大部分城市空气质量全年处于轻度污染或良好的状态。但是胡焕庸线以东和长江以北的城市密集地区是2014年$PM_{2.5}$的高污染城市聚集地，京津冀城市群是全年污染核心区；以珠三角为核心的东南沿海地区是稳定的空气质量优良区（王振波等，2015）。随着节能环保要求和企业环保工艺改进，二氧化硫去除量年均增长10%，直接效果是二氧化硫年均排放量下降1%，由二氧化硫形成的酸雨范围也明显缩减。与之相比，尽管城市工业烟（粉）尘的去除能力显著提高，但是受到城镇能源利用和消费方式影响，城市烟（粉）尘排放量仍然波动变化，特别是从2010年排放537.9万t快速上升到2011年1470.3万t，增幅达到1.7倍。烟（粉）尘已经成为很多城市病的根源，其来源89%来自工业，其余来自生活和交通。

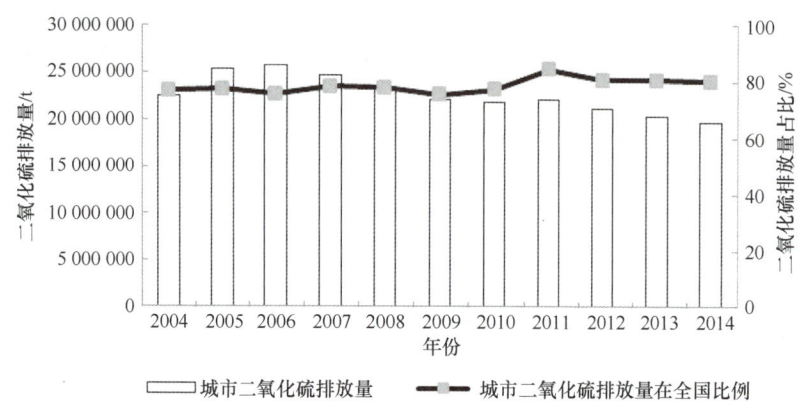

图5.33　中国城市二氧化硫排放量及在全国比例（2004～2014年）

二、城镇化与水污染

城市水污染主要来自生产及生活废水直接排放所造成的河流和湖泊等各类水体环境的质量恶化状态（张雷，2009）。城市工业废水包括外排的直接冷却水和矿区超过排放标准的有毒有害矿井地下水。统计数据表明，2004～2014年城镇工业废水排放量年均下降1%，总量下降172 534万t；城镇工业废水排放量占全国废水排放总量的比例从2004年的44%下降到2014年的17%，已经不是我国水环境污染主要问题（图5.34）。城镇生活污水经过不断加大污水处理设施建设和综合治理，也取得明显成效。有关部门统计，截至2014年，全国设市城市污水处理能力为1.31亿 m³/d，城市污水处理率达到90.2%。

三、城镇化与固体废弃物污染

城市固体废弃物污染主要来自生活垃圾。2004～2014年，中国城镇生活垃圾清运量增加了2350万t，年均增长1%。分析表明中国城镇人口增长与生活垃圾清运量高度相关，R^2=0.93（图5.35）。

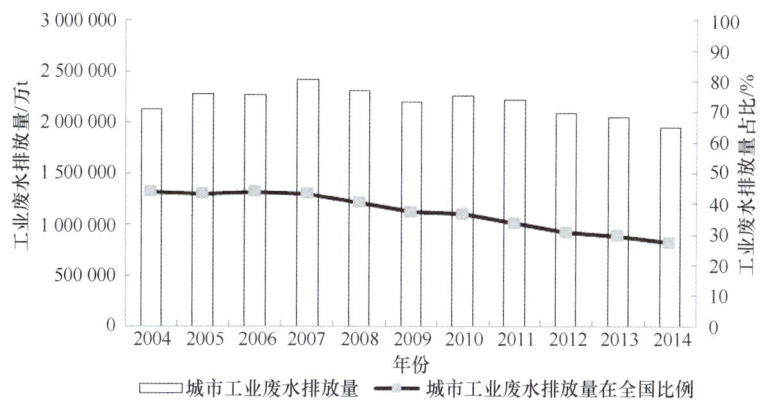

图 5.34　中国城市工业废水排放量变化（2004～2014 年）

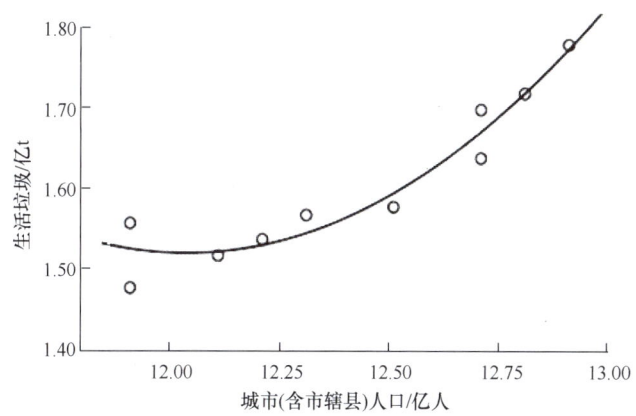

图 5.35　城市生活垃圾与人口集聚的相关分析

随着国家倡导生活垃圾无害化处理，有些大城市推行垃圾分类处理，在城市人口数量增加的同时，生活垃圾产生量出现减缓趋势。2014 年中国生活垃圾无害化处理量达到 1.6 亿 t，无害化处理率达到 91.8%，无害化处理能力为 53.3 万 t/d，较 2004 年分别提高了 40% 和 29.5 万 t/d。

（张　雷　丁　宇）

第六章　中国城市发展的交通基础

交通是连接城市的重要纽带，也是为城市发展运送人流、物流的重要通道，作为城市发展的主要动力，交通对生产要素的流动、城镇体系的发展有着决定性的影响。在各个不同阶段，交通运输都是推动城市群雏形空间布局演进的主要驱动力。本章通过交通对发展中国城市形成的作用案例，分析了水路、陆路等交通方式对中国城市形成的作用，总结了交通对城市形成的作用机制。并基于城市群形成的案例，分析了交通对城市群形成和发展的作用机制。

第一节　交通发展对中国城市形成的作用

一、交通对中国城市形成的作用案例

1. 渡口交通对北京城市形成的重要作用

北京城市的形成与作为华北地区第二大河的永定河密不可分（第一大河为黄河）。

首先，永定河冲积扇为北京城市的形成提供了优越的地域空间条件。永定河是北京市域第一大河，永定河形成之后，在今门头沟三家店附近流出山区（该区域为永定河总出山口处），进入广阔的低洼地带。河水从中上游冲击携带的大量沙石屑物不断填充低洼地区，逐渐堆积抬高。经过漫长的岁月变迁，形成巨大的扇形地域，冲积扇海拔较低，地势平坦、土壤肥沃，河道纵横，适宜成为古代先民定居、繁衍的聚落，并逐步发展成为人口密集、经贸繁盛的早期城市。

其次，永定河为北京城市的形成提供了充足的水源条件。历史上永定河水源十分丰富，地下水资源充足，由永定河通过渗滤形成的西山诸名泉汇成多条河流，为北京城市形成提供了丰富的水源。历史上的永定河是北京城的"生命水道"。

再次，永定河流域物产为北京城市形成提供了丰富的物质资源条件。永定河流域范围广阔，有着丰富的森林资源和其他物产，几千年来，北京地区之所以能够形成聚落并发展成为城市，与永定河流域中上游所提供的生产和生活资料支持密不可分，尤其以木柴、煤炭、石料供应最为突出。

最后，永定河古渡口为北京城市形成及选址创造了重要的交通条件。远在数千年以前，永定河上就出现了为古代南北陆路交通服务的古渡口，并成为古代先民南北往来的必经之地。先民们之所以精心选择了今北京市区西南（广安门）一带的蓟丘作为聚落点，是因为远古时期永定河每年夏秋辄有暴涨，导致洪水成灾。为了安全起见，人们只能选择距离永定河古渡口不远、地势较高且接近水源的蓟丘一带建立最早的居民点，并以蓟丘命名为"蓟"。这是北京城最早的前身和最初的名称。战国时期，卢沟河（永定河）渡口一带已是燕蓟交通要冲、兵家必争之地。此后这些古渡口进一步促进了南北交流，为辽代陪都燕京、金中都、元大都的形成提供了重要支持条件（曹燕，2015；高大伟，2015；岳升阳等，2011；尹钧科，2007）。

在以上决定北京早期城市形成的地形、水源等自然地理要素和经济、交通等人文地理要素中，地形、水源等自然地理要素和经济等人文地理要素在较大尺度空间范围内决定了早期北京城市的选址及形成，为早期北京城市的起源提供了一个"土厚水甘物阜"的自然基础、经济基础，而渡口交通这一人文地理要素则在较小尺度空间范围内决定了早期北京城市的选址及形成，并成为促使早期北京城市形成的直接现实因素。

可见，渡口交通对北京城市形成发挥了重要作用，不仅在某种程度上决定了早期北京城市选址，而且在某种程度上赋予了早期北京城市陆路交通枢纽的重要功能。

2. 漕运交通对天津城市形成的重要作用

100多万年前的地质时期，天津地域范围为一片浅海，属于渤海的一部分，此后逐步成为一片海退之地。世界上含沙量最高的河流黄河在不同历史时期曾3次经过天津地域入海，以惊人的造陆能力淤积成一片冲积平原——天津平原。黄河南移夺淮入海后，天津海岸线遂大致固定（周颖，2011）。隋唐修浚建京杭运河后，出于向北部边境各地转运军粮的需要，在南、北运河与海河交汇处逐步形成河运中心（今金刚桥三岔河口），成为具有泊船、装卸、中转、仓储功能的早期河港，史称三会海口（许熙巍和王雨洁，2016）。由于三会海口港的兴盛，当时的军粮城成为一个繁华的港口名镇。这是天津历史上第一次因港兴城历史过程，三会海口也因此被称为天津最早的发祥地。金国贞佑二年（1214年），在三岔口设直沽寨，在今天津市天后宫附近已形成街道，并逐步成为漕运枢纽，是为天津最早的名称。元朝时改直沽寨为海津镇，并成为漕粮运输转运中心、内河外海重要码头、元大都海上门户、制盐中心（赵锋，2013；吕婧，2005）。大批漕粮船只由南运河北上，到达"丁"字形三岔河口，或卸货或倒运小船，之后再沿北运河运往北京；同时利用滨海临河、地势低平、海潮可以倒灌的优势大力发展制盐业，三岔河口因此成为当时天津地域最为富庶的地方，天津步入临港筑城、以港兴城起步阶段（王玉明，2008年）。明朝建文二年（1400年），明燕王朱棣在三岔河口地区渡过大运河南下南京，取得帝位。后将渡河之地改名为天津，并在三岔河口西南小直沽一带开始设卫筑城，称为天津卫，由此奠定天津城市雏形，天津作为一个完整意义上的城市历史由此开始。

由以上可见，在决定天津早期城市形成和选址的诸多因素中，三河交汇的交通区位和河运、漕运转运中心这一重要的人文地理要素在其中发挥了决定性作用。元朝时期开辟漕运、从江南地区大量运输粮食并在直沽设置海运米仓是促进直沽繁荣的最重要因素，而这一因素成为后来在三岔河口设卫筑城的最重要基础。也就是说，漕运交通不仅在某种程度上决定了早期天津城市选址，而且也在某种程度上赋予了早期天津城市水路交通枢纽的重要功能。

3. 河港交通对上海城市形成的重要作用

上海市地域西部在6000年前即已成陆，东部成陆也已有2000年之久，市区约在10世纪前叶才全部成陆（张明华和王惠菊，1990）。公元前223年，秦灭楚后设会稽郡，辖缪县，县辖区包括今嘉定、上海两县及青浦、松江两县大部和市区部分地区，当时上海市地域内还未形成城市（蓝颜，2010）。三国时吴国建造和停泊战舰的青龙镇由于处于吴淞江下游起点，在唐朝时成为外可直达日本、朝鲜，内可抵沿海和内河重镇的长江口良港和新兴贸易港，即青龙港（金彤，2011）。北宋以前，东海来船由松江（今吴淞江前身）溯入内陆，至青龙镇（今旧青浦）寄碇，经过松江近海的十八大支流，"上海浦"（位置在今外滩以东至十六铺附近的黄浦江中）即为南侧支流之一（傅林祥，2006）。

公元991年（宋淳化二年），因吴淞江上游淤浅、海岸线东移导致大船出入不便，海船改由松江南侧支流上海浦入口，所停江岸渐成聚落。公元1267年（南宋咸淳三年）在上海浦西岸设置市镇，定名为上海镇，取代青龙镇（青龙港）长江口良港和新兴贸易港的地位。元朝至元十四年（1277年），在上海镇设立市舶司，与广州、泉州、温州、杭州、庆元、澉浦合称全国七大市舶司。元朝至元二十八年（1291年），正式设立"上海县"，为上海建城之始（刘士林，2009）。明代，上海地区已成为远近闻名的"东南名邑"；明末清初，对上海地域行政区划进行调整，奠定今天上海市区行政区划规模；鸦片战争前夕，上海已被称为"江海通津，东南都会"（肖照青，2004）。

由以上可见，在决定上海早期城市形成和选址的诸多因素中，江海交汇的交通区位因素在较大尺度空间范围内决定了在该地域出现较大港口城市的可能性，而具体河港条件的变化，则在较小尺度空间范围内决定了早期上海城市的具体选址，并成为促使早期上海城市形成的直接现实因素。也就是说，河港条件的变化及河海运输的持久繁盛是促进上海镇形成、繁荣的最重要因素，而这一因素不仅在某种程度上决定了早期上海城市选址，而且在相当大的程度上赋予了早期上海城市水路交通枢纽的重要功能。

二、水路交通促进城市形成的作用分析

1. 水路交通在全国部分城市形成中的作用

从城市起源与形成而言，中国相当一部分重要城市的形成与起源均与水路交通密

切相关。这部分城市大都处于沿江、沿河、沿海、沿湖部位，部分城市甚至处于江河交汇、江海连接、江湖衔接部位。在其形成过程中，基于有利交通区位的水路交通因素转化为具体水路交通条件，既在相当程度上决定了早期城市选址，也在相当程度上赋予早期城市水路交通枢纽的重要功能，并成为这部分城市形成的主贡献因素和直接依托条件（表6.1）。

表6.1 水路交通在全国部分城市形成中的作用

城市名称	形成时期	水路交通主要贡献
北京	商代后期	河流渡口演化成城
天津	明代前期	漕运码头演化成城
上海	元朝前期	河运港口演化成城
重庆	战国末期	公元前611年左右，巴子"因险固以筑城邑，或在高岗之上"，为重庆建城之始。巴国都城江州"已具有组织地区商业贸易的经济功能，同时也建有与其他地区进行贸易的官方职能机构"，两江汇流处巴国近水木栅都城及秦国军事堡垒迅速演化为连接汉沔和荆襄的水运要冲
大连	西汉时期	辽东半岛与山东半岛及外海间海运港口演化成城，时称"沓津"，即沓氏县（今金州区及其以南的大连和旅顺）境内的一座港口
南京	战国时期	地处江河交汇之处，倚水而生，依山而成，楚建金陵邑、东吴建石头城，由军事堡垒、水师基地迅速演化成河运码头、重要都市
武汉	汉朝末年	地处两江交汇之处，武汉港萌芽于商周、春秋战国，形成于东汉。武汉城市兴建傍江临水，武昌古城、汉阳古城由水军城堡及民用良港演化成城，汉口古城也起源于汉江码头，沿汉水向外呈扇状发展
南昌	汉朝初年	地近江湖交汇之处，汉初筑灌婴城，水运兴盛，由军事堡垒、水路运输枢纽逐步演化成城
长沙	战国末期、秦汉初期	地近江湖交汇之处，由楚国军事要塞、水路运输枢纽逐渐演化成城
福州	汉朝初年	由军事堡垒迅速演化为海运港口，孙吴统治时期福州即已成为与夷洲和宜洲（今中国台湾和菲律宾）海上往来的重要港口
泉州	唐朝中期	地处江海汇流之处，随着泉州港由河口小港迅速发展成为当时中国四大对外贸易港口之一、世界闻名的通商港埠，早期泉州城市随之迅速趋于繁荣
厦门	明朝初期	地处江海汇流之处，由军事堡垒迅速演化为海运港口、对外贸易口岸、闽南地区繁华港口城市
广州	秦朝时期	广州古城位于珠江水系西、北、东三江汇合处，水网密布，水道纵横，"大海环其东，众水汇于前，群峰拥于后"，西江为当时中原至"两广舟船必由之路"，广州古城由江海联给港口及军事堡垒演化成城。从秦任嚣城、南越国都城至三国步骘城、隋唐广州城，再经五代宋元直至明清广州城，水系环境及水路运输对广州城址选择、城市起源、空间布局、经济发展、军事防御等方面均起到决定性作用
香港	清朝后期	背陆面海，处于东西洋交通要冲，"依良港扼东西洋交通咽喉，托珠江串湖广赣闽于一系"。早在唐代就与海外开展贸易往来，成为"蕃舶"进入广州的前哨港、中外船舶启航南洋各地的候风港，两宋除以屯门为候风港外，又有港属濠洲为广州海船放洋启碇之埠。1395年所筑"九龙城"为军事城堡。自1514年起，先后受到葡萄牙、荷兰、英国等国殖民者的觊觎、侵扰，并先后成为东印度公司船队候风港、鸦片走私贸易基地、英国殖民主义者霸占的首要目标、英国侵略者发动鸦片战争的总站、英国对华侵略活动基地。鸦片战争后，正式被强占并开始依港建市
澳门	明朝中后期	背陆面海，自古即为中国大陆居民进行航海贸易中转站及市肆交易点。南湾一带由定居渔民及从事航海贸易的暂住商人搭建茅庐草舍形成渔村聚落，并兴建澳门历史上第一座标志性建筑妈祖庙。1553年，葡萄牙人获得居住权。1557年以后，澳门海上贸易由一年一度的船上交易改为一年四季皆可进行的岸上陆地贸易，最终导致澳门陆地市肆及陆地城镇出现与形成，澳门开始被作为葡萄牙远东贸易据点。1574年，明朝于莲花茎处设立关闸设官守卫后，澳门城市由初建阶段进入兴盛阶段。1601年，澳门已发展成为一个人口超过10万人、房屋超过1万所的典型贸易港口城市
海口	明朝初期	地处江海汇流之处，由北宋时期琼州航运中心、商业港口、水军要塞发展成为元朝时期连接大陆与东南亚各国的航运中心、贸易中心、海上丝绸之路中转站，明朝初期的军事重镇、商业中心

中国城市地理基础

续表

城市名称	形成时期	水路交通主要贡献
长沙	战国末期、秦汉初期	地近江湖交汇之处，由楚国军事要塞、水路运输枢纽逐渐演化成城，主要作为水运码头和商业市肆发展起来，城市布局沿湘江岸线向外呈自由扇状发展，城市扩展主要沿通往水运码头的道路逐层向外扩展，并随着商业繁荣逐渐形成与"路"相垂直、与江河走势相呼应平行的商业街道
南宁	晋朝初期	地处两江交汇处，由军事城堡逐渐演化成地域政治中心、经济中心、交通中心，水路运输作用重于陆路运输
兰州	汉朝初期	地处黄河谷地，由黄河军用渡口逐渐演化成城

资料来源：根据尹钧科，2003；曹燕，2015；任云兰，2005；吕婧，2005；王玉明，2008；刘士林，2009；蓝颜，2010；金彤，2011；傅林祥，2006；徐占春，2006；肖照青，2004；李旭，2015；李旭，2010；宋协毅和王禹浪，2004；姚士谋等，2001；张笃勤等，2012；李明术，2014；李平华，2005；赵善德，2002；一舟，2007；尹国蔚，1998等相关文献整理

2. 水路交通因素在全国重要城市形成中的作用解析

由北京、天津、上海、重庆等城市的形成过程可见，水路交通因素在全国部分重要城市形成中发挥了以下作用。

其一，早期城市最初往往形成于沿河、沿江、沿湖、沿海的近水地带，全国大部分重要城市的形成与水路运输的发展密不可分，近水、水路运输发展是相当一部分早期城市形成的主要支持条件。除大部分沿江、沿海城市的形成属于此种情形外，就是部分内陆重要沿河近水城市，如西安、洛阳、太原、郑州、兰州、西宁、呼和浩特等，其成因中水路交通因素也占有一定份额。

其二，江河交汇、江海连接、江湖衔接、水陆交错的有利交通区位，在大空间尺度上大概率地决定了特定城市的形成与出现。例如，南京、重庆、武汉等就是依托江河交汇有利交通区位形成的城市，天津、上海、广州、福州、泉州、厦门等就是依托江海连接有利交通区位形成的城市，南昌、长沙等就是依托江湖衔接有利交通区位形成的城市，北京、兰州等就是依托水陆交错有利交通区位形成的城市，大连、香港、澳门等就是依托陆海交界有利交通区位兴起的城市。这些具有特定内涵的有利水路交通区位为这类城市的形成与出现奠定了深厚的区位基础，是这类城市形成与出现的最深刻地理背景和最具有决定意义的因素。

其三，通江达海的具体水路运输活动为特定城市的形成与出现提供了现实经济基础和物质支撑条件。水路运输活动在较大尺度地域内实现了物产、人口、信息、技术、资金等地域自然、经济、社会要素的集聚与组合，使特定地域成为较大尺度地域内自然、经济、社会要素集聚的中心地，并在该特定地域"凝结"成为较大尺度地域内自然、经济、社会要素的集聚集合体，这就是城市。从这一意义上说，城市是较大尺度地域内自然、经济、社会要素的集聚中心地和集聚集合体。例如，在早期天津城市形成发育过程中，漕运发展将天津地域与江南地区、北京及其附近地区紧紧联系在一起，实现了江南、京畿燕北物产、人员、信息、技术、资金在天津地域的汇集，促使天津地域逐步成为

大运河北端商品集散中心、南北货物交汇场所,即从根本上奠定了早期天津的城市形成基础。

其四,有利的交通区位条件和具体水路运输活动在一开始即赋予特定城市水路运输枢纽的城市功能,为特定城市的形成准备了现实功能条件,早期的沿江近海城市在城市功能上大多主要表现为水路运输枢纽,或者是首先成为水路运输枢纽,然后才成为商业贸易中心、手工业繁盛中心、文化教育中心等。例如,天津在一开始形成城市阶段就已成为漕运枢纽,以后经过漫长过程才逐步发展成为多功能的中国北方经济中心;上海在一开始形成城市阶段也是首先成为漕运枢纽,以后经过漫长过程才逐步发展成为多功能的中国经济中心。

其五,水路运输渡口、码头、船坞、船厂等水路运输固定设施建造选址在较小空间尺度决定了特定近水城市的具体选址。例如,天津、上海、广州等城市港口虽然都经历了由河港向海港的转化过程,但是早期城市的选址无一不是依循了河港的位置,甚至后来城市在空间上的发展方向也无一不是依循了河港向海港的迁移方向,更加表明港口、渡口等水路运输固定设施选址对近水城市选址的决定性作用。

三、陆路交通促进城市形成的作用分析

1. 陆路交通在部分内陆城市形成中的作用

中国相当一部分重要城市的形成与起源也与陆路交通密切相关。这部分城市大都处于大片陆域地理中心或者处于陆地地表形态关键节点部位。在其形成过程中,基于有利交通区位的陆路交通因素显化为具体陆路交通条件,既在相当程度上决定了早期城市选址,也在相当程度上赋予早期城市以陆路交通枢纽的重要功能,并成为这部分城市形成的主要贡献因素和直接依托条件(表6.2)。

表 6.2 陆路交通在全国部分内陆城市形成中的作用

城市名称	形成时期	陆路交通主要贡献
哈尔滨	清朝末期	中东铁路枢纽演化成城
长春	清朝末期	随着中东铁路修建,逐步由原松辽分水岭上的新立城、老宽城子军事集镇发展至宽城子铁路车站、近代铁路交通枢纽城市,并成为长春城市近代历史上的第一次功能转变
沈阳	北宋时期	由战国时期军事哨所燕斥嗾所、汉代军事要塞汉侯城逐步演变为北宋辽国军事私城沈州城、金国交通枢纽沈州、东北地区仅次于金国东京辽阳的第二大城市
石家庄	清末民初	京汉及正太铁路枢纽演化成城
太原	春秋时期	由军事堡垒演化成为近水陆路交通枢纽、商贸中心
郑州	隋朝前期	地处古代陆路交通要道;京汉铁路和陇海铁路汴洛段竣工通车后,郑州成为两条铁路交会点,随之成为近现代铁路交通枢纽城市
洛阳	西周时期	早期城址选择和建造顺应自然山脉和河流水系,突出军事防御功能和居中御外的政治统治功能,由古代地域中心、陆路交通有利区位地区、古代近水陆路交通中心逐步演化成早期都城
西安	西周时期	由先周聚落集聚区、渭河平原地域中心、军事城堡逐渐演化成为西周近水陆路交通中心、都城、政治经济文化中心,并标示人居聚落及城市分布由河谷阶地趋向广阔平原

续表

城市名称	形成时期	陆路交通主要贡献
包头	清朝中后期	地处土默川平原与后套平原之间、黄河河套水路中点，由秦汉时期沟通阴山南北、连接土默川平原东西的军事边防、交通重镇、汉匈两族间交通枢纽、黄河漕运重要地段逐渐演变成为北魏、隋唐、元明时期阴山以南道路交通枢纽、黄河水运繁盛地段、清朝时期河套平原和土默川平原交通枢纽、河运码头（包头取自泊头）、皮毛集散地、汉蒙贸易重镇、手工业繁盛中心、重要商业城市
银川	西汉时期	由地域中心、军事屯垦堡垒演化成为近水陆路交通枢纽、地域政治中心、商贸中心
乌鲁木齐	清朝中期	由陆路要道上的军事堡垒、陆路交通枢纽逐渐演化成近代城市
昆明	唐朝中期	由战国时期云贵高原地域中心、地方政权统治中心、军事堡垒演化成为秦汉时期"五尺道"、南夷道、中原-蜀身毒道、南方丝绸之路重要节点、商贸中心、地域政治中心，至唐朝中期始由地方政权南诏在今昆明城区范围内筑拓东城，为南诏东都

资料来源：根据王禹浪和王文轶，2016；张忠，2011；刘亦师，2006；吕云峰，2010；姚亦锋，2015；李润田，1985；王小东和谢洋，2014；魏晓金，2009；支军，2007；任世芳，2011；杨彦龙，2006；曾普凡，2007等相关文献整理

2. 陆路交通因素在部分内陆城市形成中的作用解析

由哈尔滨、石家庄等内陆城市的形成过程可见，陆路交通因素在全国重要内陆城市形成中主要发挥了以下作用。

其一，地处陆域地理单元关键节点部位或者大片陆域地理中心及由此而形成的潜在陆域交通中心区位，在大空间尺度上决定了特定城市的形成与出现。例如，哈尔滨地处松花江流域与东北北部地区大致地理中心部位，具有成为地域中心、形成交汇型交通枢纽的潜在有利区位，早在北宋金国时期，哈尔滨地区就已成为松嫩平原上的水陆交通枢纽和京畿地区之一，并已形成具有物资集散和商品交换、信息传递及军事驻守功能的早期堡寨（后废弃）。沙俄组织修建中东铁路及其支线并选定哈尔滨为交汇点后，哈尔滨的地域中心、潜在陆域交通中心区位内涵被迅速激发，短时期内即由松花江边的渔村变为中东铁路与南部支线建设器材集散中心、加工中心与工程指挥中心，进而演进成为东北北部地区最大的近代铁路水路交通枢纽与工商业城市，哈尔滨城市发展序幕由此揭开。与此相近，长春地处整个东北地区大致地理中心部位，沈阳地处东北南部地区大致地理中心部位，石家庄地处华北平原北部大致地理中心部位，太原处于山西高原与汾河谷地大致地理中心部位，郑州处于中国大致地理中心与黄河冲积扇平原大致地理中心部位，西安处于渭河平原大致地理中心部位，包头处于土默川平原与后套平原大致地理中心部位，银川处于银川平原大致地理中心部位，昆明处于云贵高原大致地理中心部位，都具有成为地域中心、形成交汇型交通枢纽的潜在有利区位，并分别在不同历史时期经历了潜在有利交通区位内涵被激发，进而形成陆路交通枢纽、古代或近代城市的过程。而洛阳处于中国地势第二阶梯与第三阶梯大致分界线地带及豫西山地与黄淮平原大致交界部位，乌鲁木齐处于天山山脉与准噶尔盆地大致交界部位、天山隘路出山口地带，二者都处于不同陆地地理界面的交界处，都蕴含了成为重要陆路交通枢纽的区位内涵，当然也都分别在不同历史时期经历了潜在有利交通区位内涵被激发，进而形成陆路交通枢纽、古代或近代城市的过程。可见，这些内容各不

相同的有利交通区位内涵是特定城市在广阔陆域内最终"脱颖而出"形成古代或近代城市的最重要地理依据。

其二，联结大片陆域内外的具体陆路运输活动为特定内陆城市的形成提供了现实经济基础和物质支撑条件、人口集聚条件。以包头市为例，早在嘉庆十四年（1809年）包头村改为包头镇之前，包头地区即已发展成为西北地区重要陆路运输枢纽、黄河重要泊头（码头），绥西、宁夏、甘肃以及西北其他地区的皮毛、中草药材及黄河下游晋西北河曲、保德、准噶尔等地的煤炭、粗瓷、大枣等均由水路运来包头地区进行交易，汉族旅蒙商人以昆都仑、西脑包、井尔坪三处为中心开始筑舍定居经商，并逐渐形成蒙、汉、回杂居的较大村落进而逐渐形成街道。包头村改为包头镇之后，尤其是1850年托克托县河口镇被黄河水淹没以后，黄河主要泊头移至包头南海子，陕西、甘肃、宁夏、青海、新疆等西北省区的皮毛、药材、食盐等都转运到包头南海子。东来西去的工业品如烟茶、布匹、绸缎等和西来东去的土特产品如皮毛、药材等都集散于此，包头迅速成为西北地区皮毛集散重镇，商业进一步趋于繁荣，并出现金融业、外商投资等新型业态，传统手工业得到发展，近代工业初现端倪。这些都在一定程度上实现了较大尺度范围内经济社会要素在包头地区的集聚与扩散，为包头城市最终形成奠定了坚实的产业基础和经济实力基础。哈尔滨、长春、沈阳、石家庄、郑州等城市在其形成过程中也都经历了类似包头的集聚与扩散过程。这也印证了C.H.库利现代城市定位理论的观点，即人口和财富有汇集于交通中转点的趋势；在货运中转点出现的城市是商业城市，而这类地点对制造业也具有相当的吸引力（李云庆，2006）。

其三，有利的交通区位条件和具体陆路运输活动在一开始即赋予特定城市陆路运输枢纽的城市功能，为特定城市的形成准备了现实功能条件，部分重要内陆城市在城市功能上大多主要表现为铁路运输枢纽或道路运输枢纽。以郑州为例，郑州在古代即为政治和军事缩毂冲要之地，经济与文化发达繁盛，但在唐宋以后逐渐走向衰落。1904年，京汉铁路郑州车站建成、京汉及陇海两大干线铁路在郑州交汇，郑州一跃成为当时整个中国连接东西南北方向两大主要干线的交汇点和联结华北、华东、华中、华南、西北地区的重要陆路交通枢纽，郑州由此迅速完成由小城镇向近代交通枢纽城市的转型。哈尔滨、长春、石家庄等城市在其形成过程中也都经历了类似郑州的转型过程，在其形成初期也主要表现为陆路交通枢纽尤其是铁路运输枢纽。以石家庄为例，在京汉、正太两条铁路建设之前，石家庄仅仅是当时正定府获鹿县留营乡所属的一个小村，1907年京汉、正太两条铁路先后通车并在石家庄村附近建站后，工商业迅速兴起和繁荣，石家庄随即发展成为近代交通枢纽与工商业城市。

四、交通对中国城市形成的作用机制

1. 渡口型城市形成的作用机制

由北京、兰州等早期渡口型城市的形成过程可见，渡口交通对该类城市形成的作用机制如下所述。

其一，依托短距离水路运输、保障长距离陆路运输畅通这一运输需求对该类城市的形成或出现提出了现实必要性要求，并提供了现实基础。以兰州为例，汉武帝元狩二年（公元前121年），霍去病选择兰州盆地有利位置西渡黄河征讨匈奴，并令将军李息在渡口南侧筑城，以守卫渡口、保障中原地区与河西走廊的战略联系。几经辗转，兰州聚落就在兰州盆地黄河渡口基础上迅速形成和发展起来，随即成为关中泾渭谷地西通河西走廊的重要渡口和战略据点，进而逐步演变为西北地区交通中心。渡口与交通中心成为兰州作为早期城市的最基本功能，兰州也借助渡口与交通中心地位逐步成为中央政权经营西北地区的前哨基地，并有力地支持了中央政权对河西走廊、西域和湟水流域的开发和建设。

其二，良好的渡口条件成为该类城市形成或出现的最重要物质技术支撑条件。例如，早期兰州地区黄河主要渡口选择在金城渡口，该渡口被认为是当时兰州地区技术条件最为优良的渡口，该渡口即成为早期兰州城市形成与出现的最重要依托。

其三，渡口选址在相当大的程度上决定早期该类城市的具体选址。仍以兰州为例，李息筑城后兰州聚落就在金城渡口基础上迅速形成和发展起来，只是后来由于黄河河道北移、兰州盆地面积扩大、陆路交通线路迁移等原因，主要渡口才改在条件更为优良的金城津，西魏子城县和唐五泉县即是在新的主要渡口古聚落基础上建立起来的早期城市，渡口对于城市选址的制约作用于此得到充分体现。

2. 港口码头及河海运输型城市形成的作用机制

由天津、上海、广州、重庆、大连、武汉等码头港口型城市的形成过程可见，港口码头及河海运输对该类城市形成的作用机制如下所述。

其一，江河交汇、江海连接、江湖衔接的有利水路交通区位，是决定该类城市的形成与出现的最主要背景因素。从重庆、武汉、南昌、长沙等早期内陆港口码头型城市的形成来看，江河交汇、江湖衔接的有利水路交通区位既为广阔地域内特定城市的出现准备了要素集聚潜在条件，同时也对形成与出现这样一个特定城市，以作为广阔地域内自然经济社会要素"极化效应"的实现者、体现者提出了现实需求，如重庆、武汉、南昌、长沙等早期内陆港口码头型城市，天津、上海、广州、大连、福州、泉州、厦门、香港、澳门等早期近海港口码头型城市。

其二，良好的码头或港口条件成为该类城市形成或出现的最重要物质技术支撑条件。以作为早期内陆港口码头型城市代表的武汉为例，以商代古城盘龙城为萌芽，历经东汉却月城与鲁山城、三国夏口城、南北朝郢州城、隋朝江夏县和汉阳县等多个时期的发展之后，至唐朝时期，该地域才基本奠定江南武昌城区发展格局，同时江北汉阳城区也初步形成一定规模，双双成为长江沿岸商业重镇（余瑞林，2013）。在这一历史过程中，武昌地域和汉阳地域地处江汉汇流之地、拥有优良的岸线资源、濒临长江主航道成为"双城"形成的重要支撑条件。明朝中叶汉水改道以后，汉口地域形成，由于除具有武昌、汉阳地域所具有的优越区位、岸线资源和航道条件以外，还具有地势平坦开阔等有利条件，汉口遂后来居上，一跃成为当时南北货物集散的最大水运港口和"四大名镇"之一，一举奠定在武汉三镇中的核心地位。其他早期内陆港口码头型城市如重庆、南昌、长沙等也大致经历了这一"因港兴市"的过程。同样，以作为早期近海港口码头型城市代表的上海为例，除具有处于江海交汇部位的有利区位条件以外，该地域因吴淞江淤沙条件变化而逐步形成的优越河港条件（上海浦）即成为上海镇形成并取代青龙镇，最终成为"东南名邑"的最重要依托条件之一。

其三，码头、港口选址在相当大的程度上决定了早期该类城市的具体选址。武汉依山傍水的水军码头与城堡却月城与鲁山城、夏口城即成为汉阳城区、武昌城区的最初雏形与"城市空间生产"起点，而汉口漕运码头、商业码头则成为汉口"巨镇"的最初雏形与"城市空间生产"起点。其他早期内陆港口码头型城市如重庆、南昌、长沙等也大致经历了这一"依港起城"的过程。同样，上海最初的两江（长江与吴淞江）淤沙条件形成了青龙港的良港条件，青龙港即成为青龙镇的最初雏形与"城市空间生产"起点；两江（长江与吴淞江）淤沙条件改变以后，上海浦的良港地位迅速突出，并成为上海镇乃至当今上海市的最初雏形与"城市空间生产"起点。

3. 驿站车站型城市形成的作用机制

由哈尔滨、石家庄等驿站车站型城市的形成过程可见，陆路交通对该类城市形成的作用机制如下所述。

其一，陆域地理单元关键节点部位或大片陆域地理中心是该类城市形成与出现的最主要背景因素。例如，洛阳、乌鲁木齐等都处于不同陆地地理界面的交界处，这种不同陆地地理界面交界处的区位，既为该地带特定城市的出现准备了要素集聚潜在条件，同时也对形成与出现这样一个特定城市，以作为两大不同陆地地理界面内自然经济社会要素"极化效应"的实现者、体现者提出了现实需求。哈尔滨、长春、沈阳、石家庄、太原、郑州、西安、包头、银川、昆明都处于大片陆域的地理中心。而这种大片陆域地理中心的区位，则既为大片陆域范围内特定城市的出现准备了要素集聚潜在条件，同时也对形成与出现这样一个特定城市，以作为该片陆域范围内自然经济社会要素"极化效应"的实现者、体现者提出了现实需求。

其二，所依托的驿站车站在陆域交通站场体系中处于重要地位是该类城市在众多节点中脱颖而出的重要现实条件。哈尔滨、长春、沈阳、石家庄、郑州、包头等即为明证，此不赘述。

其三，驿站车站选址在相当大的程度上决定了早期该类城市的具体选址。

4. 枢纽型城市形成的作用机制

由北京、天津、上海、重庆等枢纽型城市的形成过程可见，水路及陆路交通对该

中国城市地理基础

类城市形成的作用机制如下所述。

其一，交通枢纽是水路、陆路乃至民航交通线网及其站场设施、运营活动相对集聚的场所及表现，交通枢纽及与之相关联的水路及陆路乃至民航交通活动实现了特定地域物质、信息、能量、人员的高度富集，为特定城市的形成与出现准备了充分的基础。

其二，交通枢纽及与之相关联的水路及陆路乃至民航交通活动实现了特定城市与其腹地之间的物质、信息、能量、人员交流，为特定城市的形成与出现准备了腹地支持条件。

其三，交通枢纽多处于多条运输线路的交汇部位，并具有对一系列具体运输活动进行汇集、转换、重新组合等复杂加工功能，水路及陆路乃至民航交通发展为交通枢纽所在城市的形成准备了直接的交通活动、经济活动、社会活动内容条件，赋予该类城市以实际的交通、经济、社会等多方面城市功能。

第二节　交通对中国城市发展的作用

一、水路交通在城市发展中的作用

1. 水路交通因素在全国城市发展中的作用

历史发展表明，相当一部分中国城市的发展均与水路交通的兴盛密切相关。一方面，这部分城市的发展固然与在空间上处于沿江、江河、沿海、沿湖的有利水运区位有关，但另一方面，更主要的则是在时间上与古代后期世界范围内水路运输逐步取代陆路运输成为主流运输方式的时代背景密切相关。在这一背景下，无论是水路运输范围的扩大，还是水路运输方式的转变，或者是水运中心的转移，都在不同的时空范围上、在不同深度上影响或推动着所依托城市的发展与繁荣，甚至影响或推动部分城市达到了古代、近代、现代条件下该类城市发展的顶峰水平，如上海、武汉、广州等城市（表6.3）。

表6.3　水路交通在全国部分城市发展中的作用

城市名称	兴盛时期	水路交通主要贡献
北京	金元明清时期	兴建卢沟桥后，永定河渡桥地带成为南方各地进京必由之路和燕京重要门户；永定河水上交通加强了南北经济文化交流，促进北京城市迅速发展并成为全国政治经济文化中心
天津	明清时期、新中国成立以后	从漕运时代开始，发达的航运体系就成为天津城市发展的主要推动力量。明清时期，天津成为南粮北运枢纽、规模巨大的都会、北方商品集散地、重要港口，同时形成以海河水系为轴线、由西向东逐步展开的带状城市布局，沿海河向下游发展的带形河港城市布局不断得到强化，并由河口港逐步演变成海岸港，港口成为城市联结世界的桥梁和纽带
上海	清朝、民国及新中国成立以后	1843年上海对外开埠后迅速发展成为远东第一大城市和滨江滨海国际性港口，江海运输枢纽功能得到进一步加强和发挥；开发开放浦东后已发展成为中国重要的经济、交通、科技、工业、金融、会展和航运中心

第六章 中国城市发展的交通基础

续表

城市名称	兴盛时期	水路交通主要贡献
重庆	宋元清末民国及新中国成立以后	宋朝时成为川东交通要道和商业贸易中心之一；元朝时成为四川重要军政中心和第二大城市；清末重庆开埠以后，重庆及其影响地区被纳入世界资本主义市场体系，同时民族工商业有所发展；当前为五大国家中心城市之一、长江上游地区经济金融创新中心及政治文化科技教育通信航运中心、国家重要的现代制造业基地、全国综合交通枢纽
大连	唐朝、明朝时期及新中国成立以后	汉代称"三山"；晋代沓渚改为"马石津"；唐初称为"三山浦"，唐中期改称"青泥浦"，大连沿海各地成为重要港口，明清称为"青泥洼"，1902年沙俄开始兴建达里尼市，大连开始成为近代商港；甲午战争之前，旅顺口已初步具备近代城市功能并发展成为近代港口城市，大连近代城市从以港兴市开始；20世纪80年代，大连成为中国沿海开放城市和计划单列市；目前大连已发展成为中国东北对外开放窗口和最大的港口城市
南京	六朝及五代十国、明清、新中国成立以后	三国东吴迁都于此后，南京成为"六朝古都"，太湖流域成为南京古城社会经济发展的重要腹地；南唐、明朝建都南京后，南京城市发展分别迎来第二、第三个高峰期，一度成为全国政治、经济、文化中心；1899年下关开埠和1906年沪宁铁路、1911年津浦铁路先后通车后，南京作为南北陆路干线与东西水路干线交汇的交通枢纽地位得到复兴；当前南京仍是仅次于苏州港的中国第二大内河航运港、长江沿岸仅次于上海外高桥和苏州港的第三大集装箱港
福州	五代十国、宋、元、明、新中国成立以后	五代十国时福州成为"控东瓯而引南粤"的海市，逐渐发展成为全省的经济中心
泉州	唐、宋、元、明、新中国成立以后	唐代后期，泉州已成为对外贸易重要港口。宋元祐二年（1087年），在泉州正式成立市舶司，泉州成为中国著名的海外交通大港；元朝时恢复市舶司，泉州成为福建两大贸易中心之一、广州与扬州之间的进出口贸易中转港、"梯航万国"的东南巨港、海上丝绸之路起点，与世界许多国家和地区都有贸易往来。明代中叶以后，漳州月港取代泉州港地位。当前，泉州仍然是福建省三大中心城市之一、海上丝绸之路重要起点
厦门	清、新中国成立以后	清代中叶，厦门以其优越的港口条件逐步取代漳州月港，迅速发展成为闽南地区经济中心和交通中心，一跃成为"据十闽之要会，通九泽之番邦"的对外贸易港口城市。当前，厦门仍然是福建省三大中心城市之一、东南地区国际航运中心之一、两岸区域性金融服务中心和贸易中心
武汉	隋唐、明清、民国、新中国成立以后	隋朝中期江夏（武昌）和汉阳确立双城格局后，逐步成为长江流域商业重镇和东南贡赋转输中心、全国性水陆交通枢纽、中国内河最大港口。唐朝以来汉阳成为长江商船集散地；明朝时期汉口成为湖广漕粮储存转运中心、全国性水陆交通枢纽、中国内河最大港口；清初"中俄茶叶之路"开辟后，作为起点的汉口逐步成为世界茶叶贸易之都，被誉为"茶港"；汉口开埠后，对外贸易与上海并驾齐驱，成为全国第二大城市
南昌	唐、宋、元、明、清、新中国成立以后	唐、宋时即成为东南地区有名的都会和造船基地之一；元明清均为江西省治；始命灌婴为豫章郡治，始建南昌城，相应产生水运业务。明清时代，因广州是我国当时的主要对外港埠，南北官商来往，多取道南昌，赣江水运及南昌港口逐步得到发展，当前为中国重要的综合交通枢纽和现代制造业基地之一
广州	唐、宋、元、明、清、新中国成立以后	秦汉时期即成为著名都会；两晋南北朝时海外贸易中心由交趾转移至广州；中唐以后"海上丝路"兴起，广州成为海上丝绸之路始发港和枢纽之一、中国最早对外开放并从未关闭过的世界性贸易大港；直至北宋时，广州仍为中国最大贸易海港，南宋中期及元代，广州为仅次于泉州的全国第二大港；明朝初期及清朝初期，广州成为唯一对外开放通商港口，重新成为中国第一大港；目前，广州已成为中国特大型城市、五大国家中心城市之一、广东省政治经济文化科教中心和交通枢纽
香港	清末、民国、新中国成立以后	自被辟为"自由港"后，先后成为"世界上最大的鸦片走私中心和苦力贸易中心"、近代中国对外贸易重要转口港、远东和中国重要贸易商港、亚太地区国际金融、贸易、航运、旅游、信息中心，转口贸易对香港城市发展具有直接促进作用。当前为中华人民共和国特别行政区、经济高度繁荣的国际大都会、国际航运枢纽和最具竞争力的城市之一
澳门	清朝中后期、民国、新中国成立以后	1631年荷兰夺取葡属马六甲、切断果阿至澳门航线后，澳门与印度果阿、里斯本间贸易逐渐衰落，澳门转而依靠澳中、澳日间转口贸易勉强维持，经济趋于衰落。1784年后，澳门经济与城市建设出现转机，进入相对发展时期，并逐步成为中国南海商贸中心港口（鸦片战争后该地位被香港取代）。当前为中华人民共和国特别行政区、国际自由港、中国人均GDP最高的城市

续表

城市名称	兴盛时期	水路交通主要贡献
海口	明朝	明朝前期为海上丝绸之路中转站，当前为海南省政治经济文化交通中心
长沙	汉、唐、元、明、清、新中国成立以后	由于"得舟楫之便"，长沙早在东汉时期就成为南接南越、北达江淮的水运中转港，并与吴（苏州）、会稽（绍兴）、豫章（南昌）、丹阳（安徽当涂）并列为江南五大商业中心，于明代成为中国四大茶市之一、"江南重要商埠"，清代成为中国四大米市之一，清末成为中国五大陶都之一；1904年长沙开埠后，长沙城市经济对于湘江的依赖更加明显，长沙在一定程度上取代了岳州的商业中心地位，长沙近代都市逐渐形成。目前长沙为湖南省政治、经济、文化、科教和商贸中心
成都	汉、唐、宋、明、清、新中国成立以后	秦蜀郡守张若兴建成都后，后任蜀郡守李冰建都江堰，将检郫二江引至成都城南，形成"两江依双城"格局，奠定成都江城相依格局。检郫二江对于成都经济发展推动作用开始显现，使成都于公元2年即已发展成为人口近40万、仅次于首都长安的大都会；唐朝时成为工商业繁茂的大都会，有"扬（州）一益（成都）二"之称；明清时为西南政治中心，陆路交通地位渐趋上升；当前为中国西部地区重要中心城市、商贸物流中心、综合交通枢纽及四川省政治经济文化交通中心
南宁	汉唐及明清、新中国成立以后	唐朝中后期，南宁成为桂西南政治中心，因地位提高、人口增多促使城区扩展；宋朝时期，南宁成为越南、云南、贵州、左右江地区货物贸易中转集散地；明朝时期，南宁经济发展，城市得到进一步扩大；清朝时期，南宁成为桂西南、桂西北、云南、贵州、越南北部进出口商品转运地，被称为"天南一大都会"。当前为广西政治、经济、文化、交通中心
兰州	汉、唐、宋、明、清、新中国成立以后	自汉至宋的1000余年间，兰州以"屏障中原、联络西域、襟带万里"之势成为丝绸之路重镇、黄河上游最重要渡口城市、交通中心；清代成为西北地区政治、经济、文化中心和西北茶马互市总站，陆路交通地位渐趋上升；民国初期成为西北地区最大物资集散中心；当前正在建设成为中国与中西亚地区交流的国际战略平台、西北地区陆路交通中心

资料来源：根据尹钧科，2003；曹燕，2015；任云兰，2005；吕婧，2005；王玉明，2008；刘士林，2009；蓝颜，2010；金彤，2011；傅林祥，2006；徐占春，2006；肖照青，2004；李旭，2015；李旭，2010；宋协毅和王禹浪，2004；姚士谋等，2001；张笃勤等，2012；李明术，2014；李平华，2005；赵善德，2002；一舟，2007；尹国蔚，1998等相关文献整理

2. 水路交通促进城市发展的作用解析

由北京、天津、上海、广州等城市的发展过程可见，水路交通因素在全国重要城市发展中主要发挥了以下作用：其一，水路运输设施的改善导致水路运输服务更加便利，使得渡口码头、港口所依托城市与相关区域间的交流交往便捷，从而推动所依托城市的进一步发展与繁荣，如永定河渡桥状况及运河漕运状况的改善带来南北经济文化交流的进一步加强，在一定程度上为元明清时期北京成为全国政治经济文化中心奠定了基础；其二，水路运输范围的扩大导致港口所依托城市的辐射范围进一步扩大，所联系的腹地更加深远，所取得的物质、信息、能量、人员交流交往支持基础更加广泛、深厚，从而推动所依托城市的进一步发展与繁荣，如天津港、上海港、广州港运输范围由近海至远海显著扩大，促进了港口所依托城市的功能提升、地位增强、影响力增长；其三，古代水路运输方式向现代水运方式的转变无疑在较大程度上推动了港口所依托城市的近代化、现代化进程，这一点在所有水路运输枢纽城市发展过程中几乎都可以看到；其四，水运中心的转移必然导致中心城市地位的移转，如两晋南北朝时海外贸易中心由交趾转移到广州后，广州在较长时期内一直保持中国最大贸易港口城市的地

位，南宋中期及元代时期，海外贸易中心进一步由广州转移到泉州之后，广州即成为仅次于泉州的全国第二大港口城市；明初及清初期实行"海禁"，广州成为唯一对外开放通商港口后，广州重新成为中国第一大港口城市；"五口通商"后，随着沿海水路运输中心向上海转移，广州随即失去中国第一大港口城市的地位，水路运输中心转移对港口城市影响之深由此可见一斑。

二、陆路交通在城市发展中的作用

1. 陆路交通因素在全国部分重要内陆城市发展中的作用

中国大部分内陆城市在不同历史时期的发展均与该时期陆路交通的兴盛密切相关。除国际陆路交通线路（如丝绸之路）的开辟外，陆路交通运输方式的转变成为促进这部分城市在该时期发展与繁荣的主要因素，即由以人力畜力为动力的传统陆路交通运输方式向以机械为动力的近现代陆路交通运输方式的转变，促成了该时期这部分城市的发展与繁荣（表6.4）。

表6.4 陆路交通在全国部分内陆城市发展中的作用

城市名称	兴盛时期	陆路交通主要贡献
哈尔滨	清末民初、新中国成立以后	1903年，中东铁路全线竣工通车；自1907年成立开埠局向外国开放以后，商贸活动逐步成为哈尔滨市经济支柱，哈尔滨市成为当时东北北部最大的商品市场和物资集散地，当前为东北北部经济中心、交通中心
长春	清末民初、新中国成立以后	清末民初成为近代铁路交通枢纽城市、东北地区重要中心城市；当前为吉林省政治、经济、文化、教育、交通中心
沈阳	清朝时期、新中国成立以后	清朝时期成为陪都、东北地区最重要中心城市；当前为东北地区最大城市、辽宁省政治、经济、文化、教育、交通中心
石家庄	民国及新中国成立以后	京汉与正太铁路在石家庄交汇后，石家庄逐渐成为华北交通要道和商品集散地，取代获鹿的晋冀两省间物资集散地地位，取代正定的地区交通、邮政、通信中心地位；1941年石家庄德州铁路建成后，石家庄城市地位进一步提高
太原	春秋战国、汉晋隋唐元明清时期、新中国成立以后	由军事堡垒演化成为近水陆路交通枢纽、商贸中心；汉代时，太原为全国十三州部治所之一；隋代时，太原为全国性的大城市之一；唐代时，与京都长安、东都洛阳并称"三都"；元代时，太原成为全国性交往中心；明代时，太原成为九边重镇之首。当前，太原为山西省政治、经济、文化、交通中心
郑州	清末民初及新中国成立以后	20世纪初，平汉和陇海铁路在郑州交汇，郑州地区经济得到较快发展。1954年郑州成为河南省省会
洛阳	汉唐时期及新中国成立以后	东汉引谷水兴漕运后洛阳水路交通趋于兴旺；同时，以洛阳为东端起点的丝绸之路绵延西行，通达地中海东岸，洛阳逐渐成为古代时期我国道路交通枢纽和政治经济文化中心、国际大都市；当前洛阳仍是区域中心城市
合肥	秦汉魏晋唐宋元明时期、新中国成立以后	地处两水交汇之处，为通淮入江水路要津，汉朝时即为"皮革、鲍木之会也"（南北货物集散地）、江淮地区重要行政中心和军事重镇；后肥、施二水断流，水路交通衰落，陆路交通兴盛；宋元时期，合肥为江淮之间政治军事商业重镇。当前合肥为安徽省政治、经济、文化、信息、交通、金融、商贸中心
包头	民国、新中国成立以后	1923年京绥线通车后，铁路与黄河航道相连接，凡西宁羊毛、甘肃水烟、宁夏药材、临河五原粮食等出产都可用羊皮筏经黄河水道运至包头，转由铁路运至天津转销国内外各地，包头作为西北与华北地区货物集散贸易中心地位更加巩固，皮毛业、工商业、金融业、手工业等进入兴盛阶段；当前，包头为中国重要基础工业基地和稀土产业中心、铁路枢纽城市之一、内蒙古自治区最大城市和工业中心
西安	汉唐时期、新中国成立以后	汉唐时期为中国政治、经济、文化、教育、交通中心城市；宋元明清时期为区域中心城市；当前为中国重要科研教育工业基地，西部地区重要中心城市，陕西省政治、经济、文化、教育、交通中心

续表

城市名称	兴盛时期	陆路交通主要贡献
银川	唐宋时期、新中国成立以后	历经西汉北典农城—北周怀远县城—唐怀远新城—宋怀远镇—西夏国都兴庆府—明代宁夏镇城—清代宁夏府城—宁夏新满城—民国宁夏省城—宁夏回族自治区首府银川市的境域变迁,地理位置逐渐从东向西发展,为宁夏历代政治、经济、文化、交通中心
西宁	汉、唐、宋、元、明、清、新中国成立以后	地处河湟谷地中心和"三川一水"交汇部位,汉唐宋元明清时期为丝绸之路青海道、"唐蕃古道"必经之地、"茶马互市"重镇、东西方贸易中转站、西北边防重要城市、青藏地区陆路交通中心;当前为青海省政治、经济、文化、交通中心
贵阳	明清时期、新中国成立以后	地处贵州区域及贵阳盆地中央部位,城市雏形形成于元代(顺元城);明代为贵阳城市发展重要时期;明代后期起,贵阳成为贵州省政治、经济、文化中心;抗战时期,贵阳成为西南地区公路交通枢纽;当前为贵州省政治、经济、文化、交通中心
昆明	宋、元、明、清、新中国成立以后	宋朝大理国时为其陪都,元代时成为行省府城,自此昆明成为云南省政治、经济、文化中心;明朝时城址移动;清代昆明城市基本在明代形成的格局和形制中发展
兰州	汉唐宋、新中国成立以后	自汉至宋的1000余年间,兰州以"屏障中原、联络西域、襟带万里"之势成为丝绸之路重镇;清代成为西北地区政治、经济、文化中心;当前正在建设成为我国与中西亚地区交流的重要国际平台
乌鲁木齐	新中国成立以后	兰新、北疆、南疆、精伊霍铁路贯通后,乌鲁木齐市成为重要的陆路交通枢纽,目前已被确定为"丝绸之路"经济带核心区重要中心城市
拉萨	唐、宋、元、明、清、新中国成立以后	地处西藏中枢,陆路交通便捷,长期以来为西藏政治、经济、文化、宗教中心

资料来源:根据王禹浪和王文轶,2016;张忠,2011;刘亦师,2006;吕云峰,2010;姚亦锋,2015;李润田,1985;王小东等,2014;魏晓金,2009;支军,2007;任世芳,2011;杨彦龙,2006等相关文献整理

2. 陆路交通促进城市发展的作用解析

由哈尔滨、石家庄、郑州、洛阳、兰州、乌鲁木齐等内陆重要城市的发展过程可见,陆路交通因素在全国重要内陆城市发展中主要发挥了以下作用。

其一,传统陆路运输方式下国际线路的开辟在特定时期内扩大了所依托城市的空间运输联系范围,由此促进了所依托城市的发展与繁荣,如洛阳、西安、兰州、西宁、昆明等城市在汉初以后的发展都曾在不同程度上得益于丝绸之路的开通。

其二,传统陆路交通运输方式向近代现代陆路交通运输方式的转变,即古代道路运输方式向近代现代铁路公路运输方式的转变,不仅直接催生了一部分具有地域地理中心区位的城市,而且还在较短时间内依托新兴运输方式的技术优势及影响力,带动了新诞生城市的产业结构和城市功能多元化,促进了新诞生城市的快速成长,如哈尔滨、石家庄、郑州等城市均属此类。

其三,古代道路运输方式向近代现代铁路公路运输方式的转变,使传统陆路运输方式影响下的内陆依托城市获得了新的交通运输支持条件,不仅所联系的运输线路得以延伸,运输辐射范围得以扩大,运输速度得以提升,而且在新的运输技术条件下,在重新分化组合后的区域发展点轴系统中取得新的定位,由此在更高层次上促进了所依托城市的发展与繁荣。例如,沈阳、北京、太原、洛阳、西安、呼和浩特、银川、兰州、西宁、昆明、乌鲁木齐、拉萨等城市在近现代的再度发展和兴盛,乃至取得全国或者区域政治、经济、文化、交通中心地位,在相当大的程度上都是由这一因素引致的。

三、交通对中国城市发展的作用机制

1. 交通对渡口型城市发展的作用机制

由北京、兰州等早期渡口型城市的发展过程可见，陆路、水路交通对该类城市发展的作用机制如下所述。

其一，桥渡条件的显著改善，便利了对江河障碍的跨越，进一步拓宽了所依托城市的交流交往地域范围，为所依托城市进一步发展与繁荣准备了空间条件和联系腹地条件，如自汉代以来，兰州历来都是黄河上游的重要渡口，渡河工具最初为船筏，之后由于交通频繁遂有筑桥必要。至迟在北宋时期，兰州已建有浮桥；至明代又建有半固定铁索浮桥；清末时建成铁桥，并成为黄河上游最重要的渡桥和内地沟通青海、西藏、新疆、宁夏、内蒙古西部的咽喉，这些举措直接导致兰州逐步成为西北地区政治、经济、文化中心和军事重镇、西北茶马互市总站。平绥铁路建成后，由于得黄河水运及水铁联运便利，兰州迅速成为西北地区皮毛、药材、水烟集散中心，进而成为西北地区最大物资集散中心，桥渡条件改善及城市交通功能拓展为城市经济、政治、社会、军事功能形成奠定了基础。

其二，依托渡口的水路运输为所依托城市的发展与繁荣提供了中观交通条件，联系渡口的陆路运输则为所依托城市的发展与繁荣提供了宏观交通条件，二者共同组合形成了促进所依托城市发展与繁荣的主要交通条件。以北京为例，永定河渡口交通固然在早期北京城市发展中发挥了重要促进作用，但是，除此之外，北京地域处于东北地区、蒙古高原、华北地区及西北地区四大区域交汇点的有利交通区位，及由这一区位因素显化而形成的东北向、西北向、西向、南向陆路交通运输也为早期北京城市发展发挥了重要促进作用，甚至是更大尺度空间范围的促进作用。渡口交通与更大尺度空间范围的陆路交通共同构成了渡口型城市兴盛的交通背景。促进兰州城市发展的交通因素也属于此类。

其三，随着近现代交通运输技术的演进，江河作为自然地理障碍的作用进一步减弱，渡口功能往往为桥涵功能甚至铁路公路线路功能所取代，渡口型城市大多演化为驿站车站型城市甚至交通枢纽型城市，以新的方式、机制实现交通运输方式对所依托城市的促进与推动，仍如北京、兰州等城市。

2. 交通对码头港口型城市发展的作用机制

由天津、上海、广州、重庆、大连、武汉等码头港口型城市的发展过程可见，水路交通对该类城市发展的作用机制如下所述。

其一，随着时间积累效应的逐步发挥，码头港口型城市所具有江河交汇、江海连接、江湖衔接的水路交通区位进一步显化为较之前更加具体、更加有利的水路交通运输条件，直接推动和促进了码头港口型城市的发展与繁荣，如天津、上海、广州等港口都经历了由河口港向海港的转化,并促进所依托城市由区域性河港城市向国际性海港贸易城市的转化;大连、福州、泉州、厦门、海口、香港、澳门等港口经历了由早期停泊点、中转点、候风港、河口小港向海外交通大港的转化,并促进所依托城市由海滨小镇、河口小镇、市肆交易点、陆地市肆城镇向世界性贸易港埠城市转化;重庆、武汉、南昌、长沙等港口都经历了由内河港口向连江达海通商口岸的转化,并促进所依托城市由内陆近水商业城市向国际性通商港口城市转化。

其二,传统水路运输方式向现代水路运输方式的演进,提升了运输服务品质,提升了运输服务效率,加速了所依托城市与外部相关区域之间的物质、信息、能量、人员交流交换,从而促进了所依托城市的发展与繁荣。例如,近代以来,西方近现代水路运输方式对中国天津、上海、广州、大连、福州、泉州、厦门、海口、香港、澳门等沿海城市传统水路运输方式的全面替代,乃至其对重庆、武汉、南昌、长沙等毗江邻水城市传统水路运输方式的全面替代,都使所依托城市运输方式发生了根本性变革,并从根本上促进所依托城市实现了由传统城市向近现代城市的转变。在某种程度上甚至可以说,水路运输方式的变革是推动这些沿海毗江邻水城市近现代化的最重要、最根本因素。

其三,国内水路运输系统与国际水路运输系统的联结、内河水路运输系统与近海甚至远海远洋水路运输系统的联结,都在相当大的程度上改变了所依托城市的系统环境,为所依托城市带来新的经济社会发展要素组合条件,从而促进了所依托城市的发展与繁荣。仍以天津、上海、广州等沿海城市为例,仅从交通运输角度而言,近代以来西方势力的入侵,直接导致了中国天津、上海、广州等沿海城市原已存在的内河近海两位一体水路运输系统,扩展为内河近海远海远洋三位一体水路运输系统,由国内水路运输系统扩展为国际水路运输系统,进而推动天津、上海、广州等沿海城市步入近现代化,甚至推动上海成为远东最大国际性城市。

3. 驿站车站及陆路交通对城市发展的作用机制

由哈尔滨、石家庄等驿站车站型城市的发展过程可见,陆路交通对该类城市发展的作用机制如下所述。

其一,传统驿站向现代陆路运输站场的演进,直接提升了站场服务效率,便利了所依托城市与外部相关区域之间的物质、信息、能量、人员交换,从而促进了所依托城市的发展与繁荣。例如,郑州成为铁路车站以后,在较短时期内即实现了由仅有几家小店铺的传统县域中心城镇,向中原地区大宗土特产品集散地、中国北方棉花集散地、近代工商业城市、铁路运输枢纽的转变,从一个侧面印证了"工商业为国家之根本,而铁道尤为发展工商业之先务"(李毓芳,1966)的论断。乌鲁木齐、喀什、和田、敦煌等传统丝绸之路驿站型城市也都经历了这一演进过程并形成了相应的带动效果。

其二,即使是新型陆路运输方式所催生的驿站车站型城市,如哈尔滨、石家庄等,其车站系统及所联系的运输线路也在较短时间内发挥出巨大的带动作用,使各自城市的人口急剧增加、产业急剧积聚、城市功能日趋丰富,从而促进了所依托城市的发展与繁荣。例如,石家庄在平汉、正太铁路建成以后的短短30年内,即完成由铁路交会点向以近代铁路为依托的交通功能型城市、以工商业为主体的华北重要城市的转型;哈尔滨在中东铁路与南部支线建成以后不到20年的时期内(1903～1920年),即完成由铁路交会点向东北北部地区最大商品市场和物资集散地、俄国对东北资本输出中心、近代工商业城市的转型,即所谓"铁路拉近了各个经济区域间的空间距离,使铁路枢纽所在地的运输业极大扩张,成为新兴城市崛起的源头"(江沛和熊亚平,2005)。

其三,点轴系统是区域经济发展与布局的一种形式,驿站车站乃至驿站车站型城市是点轴系统中"点"的最常见形式,驿站车站所联系的交通线路则是点轴系统中"线"的最常见形式,交通线路及其场站组合为点轴系统,以网络集合形式服务于区域城镇体系,同时单个或数个交通线路及其场站以系统形式服务于单个驿站车站型城市,从集合及个体两个方面保障驿站车站型城市实现与周围区域的物质、信息、能源、人员交流交换,从而促进该类城市的发展与繁荣。

4. 交通对枢纽型城市发展的作用机制

由北京、天津、上海、重庆等枢纽型城市的发展过程可见,水路及陆路乃至民航交通对该类城市发展的作用机制如下所述。

其一,水路及陆路乃至民航交通发展实现了特定城市与相关区域间物质、信息、人员的进一步辐集,为枢纽型城市的发展与繁荣准备了充分的物质、信息、能量、人员集聚条件。

其二,水路及陆路乃至民航交通发展进一步便利了枢纽型城市与其腹地之间的物质、信息、能量、人员交流,为枢纽型城市的发展与繁荣准备了腹地支持条件和扩散效应空间条件。

其三,一系列具体运输活动在运输枢纽的汇集、转换、重新组合,带动了产业活动及城市功能的多元化、高层次化,为枢纽型城市的演进升级准备了产业基础和城市功能条件,由此促进枢纽型城市的发展与繁荣。例如,北京、天津、上海、重庆、广州等城市能够成就其在当今中国、世界上的重要地位,在相当程度上是由其早期至今首先作为交通枢纽的地位所赋予、所递进的。

第三节 城市群交通——交通促进中国城市发展的现代版

一、城市群交通对中国城市群形成的作用案例

1. 交通在长三角城市群形成中的作用

回顾长三角城市群形成的历史背景,自近代以来的100多年时间里,以上海为中

心的长三角城市群雏形形成大致经历了3个发展阶段：鸦片战争后商品经济初步发展时期（1842～1949年）、计划经济体制下地区城市功能趋同阶段（1949～1978年）、改革开放和发展社会主义市场经济下城市功能重新分化重组阶段（1978年至今）。

与此同时，长三角城市群雏形交通运输发展大致经历了4个阶段：以水运交通为主时期、以铁路交通为主时期、以公路交通为主时期、以高速公路及高速铁路为主时期（王煜坤和黄建中，2010）。

在各个不同阶段，交通运输都是推动城市群雏形空间布局演进的主要驱动力。例如，在以水运交通为主时期，大多数城市邻河而建并依托早期水路运输逐步发展壮大，形成沿江聚集的南京、镇江、南通、海门城市带和沿运河聚集的扬州、常州、苏州、嘉兴、杭州城市带；在以铁路交通为主时期，随着沪宁、沪杭、杭甬铁路建成通车，铁路沿线城市带开始形成并逐步发展壮大，长三角城市群雏形形态开始形成；在以高速公路、高速铁路为主时期，形成以高速铁路、铁路、高速公路为主要交通联系方式的沪宁、沪杭、杭甬"Z"形交通廊道，"Z"形交通廊道成为长三角城市群雏形的主要发展轴线；近年来，随着城际铁路建设不断推进，城市群主要节点之间、中小节点与"Z"形交通廊道之间、中小节点之间普遍开始建立快速、大运量交通联系，从而推动"Z"形轴线式交通廊道逐步转变为以"Z"形廊道为骨架的网络状结构。从而在较长时期内呈现出长三角城市群雏形空间布局由沿江城市发展轴和沿运河城市发展轴双轴格局，沪宁、沪杭、杭甬铁路沿线城市带三带格局向沪宁、沪杭、杭甬"Z"形轴线式交通廊道格局，"Z"形廊道为骨架的网络状格局的演进过程。

由以上发展过程可见，长三角城市群发展路径可以归纳为，在交通基础设施建设基础上，以上海为引领形成城市群合力，向海外拓展经济社会发展空间。也就是说，经历了曲折的过程，通过改革开放，长三角城市群及区域发展重新确立了依靠交通、依托上海、向海外拓展的发展路径。在这一发展路径中，交通运输所具有的关键地位已为世人所广泛认同，尤其是近年以来的交通运输发展对于长三角城市群形成与发展的促进作用更为世人所关注。

近年以来，长三角城市群交通基础设施建设速度进一步提高，以高速公路、高速铁路、城际铁路、大型港口等为代表的重大基础设施工程继续深入推进，区域交通运输联系进一步优化，城市群内各城市间的可达性大幅度提高。交通运输发展对于长三角城市群形成与发展的促进作用显著表现在以下方面。

其一，交通运输发展推动长三角城市群形成了以上海为核心的阶梯状辐射圈层结构。其以上海为核心和第一阶梯，以杭州、南京、合肥为第二阶梯，以江苏、浙江、安徽其他相关省辖市为第三阶梯，以江苏、浙江、安徽其他相关县级中心地为第四阶梯。长三角城市群各城市间便捷的交通网络不仅推动各城市根据其经济社会实力形成显著的阶梯状城市等级结构，并且使不同阶梯城市通过城际交通紧密联系在一起实现同城化运行，从而推动长三角城市群日趋成熟成型。

其二，交通运输发展推动长三角城市群体系结构向均衡方向发展。交通运输发展使城市群城市化水平、城市规模大幅度提升,城市规模等级结构进一步强化,特大城市、大城市数目明显增加,在城市群中的地位和影响力显著增长,中等城市数目迅速增加,小城市在城市群中的比例明显下降,城市首位度有所降低,城市群体系结构向均衡方向发展。

其三,交通运输发展推动长三角城市群空间结构由明显的轴线型向网络型结构转变。城市群内大中城市间交通联系向便捷化、快速化、网络化方向发展,超特大城市、特大城市、大城市与中小城市间的可达性进一步提高,使得城市群内中小城市参与区域合作机遇增多,中小城市规模迅速扩大,进而推动城市群空间结构由"Z"形轴线式交通廊道格局向"Z"形廊道为骨架的网络状格局演变。

其四,交通运输发展推动长三角城市群经济社会一体化不断向纵深发展。城市群内城际交通发展降低了运输成本,提高了交通便利程度,促使经济社会发展要素沿交通线流动,强化了城市群内各城市间的经济社会联系,使城市群内经济社会要素共享程度显著提高,资源配置和整合更趋合理化、高效化,从而推动城市群经济社会一体化不断向纵深发展。

其五,交通运输发展推动长三角城市群城际职能分工和产业协作。城市群内城际交通发展强化了城市群城际集聚效应,促进了城市群经济社会发展要素进一步集聚;由于城际交通联系更趋便捷、快速、普遍,也进一步拓展了超大型城市、特大型城市的辐射范围,推动特定产业沿着交通干线由长三角城市群腹地不断向外围城市转移。

根据国务院发布的《长江三角洲城市群发展规划》,长三角城市群将按照"一核五圈四带"的网络化空间布局,依托国家综合运输大通道,构建以上海为核心,南京、杭州、合肥为副中心,以高速铁路、城际铁路、高速公路和长江黄金水道为主通道的多层次综合交通网络;到2030年,全面建成具有全球影响力的世界级城市群,成为国家参与国际竞争的主要平台(中华人民共和国国务院《长江三角洲城市群发展规划》,2016)。

2. 交通在珠三角城市群形成中的作用

回顾珠三角城市群形成的历史背景,珠三角城市群雏形经历了4个发展阶段:新中国成立前由单中心向双中心转化阶段、新中国成立后至改革开放前相对衰退阶段、改革开放至20世纪末由双中心向网络化转化阶段、21世纪城市主导区域形成阶段。

在各个不同阶段中,港口地位和功能的变化都对珠三角城市群空间形态产生显著的影响。例如,新中国成立前早期阶段,该区域仅有一个大港广州港,即在该区域形成以广州为中心的单中心格局;之后随着澳门港的兴起,该区域形成以广州、澳门为中心的双中心格局;香港崛起和澳门港衰落后,原来的穗-澳双中心格局又转化为穗-港双中心格局。新中国成立后至改革开放前,由于内地与港澳间的交往几乎断绝,港澳与珠三角间的港口交通联系也出现明显的边界分割,导致珠三角城镇化水平基本处于停滞状态,城市间经济社会联系松弛,区域城镇空间格局仍大致呈现以广州为中心的单中心格局。改革开放后至20世纪末,由于深圳港的崛起,该区域形成以广州和深圳为双中心的城市群空间格局,并开始向网络化、多中心格局演化。进入21世纪,随着以广州为中心的区域内部交通网络和以香港为中心的区域外部交通网络的形成,珠三角城市群正在逐步进入超越多中心网络化阶段的城市主导区域。

当前,珠三角城市群雏形已基本形成以广州为中心、连通区内9个地级以上城市并延伸至清远市区的城市群交通网络构架,各城市间的定位和分工也日渐清晰,珠三角城市群日臻成熟。交通运输发展对于珠三角城市群形成与发展的促进作用显著表现在以下方面。

其一,交通运输发展推动了珠三角城市群空间布局、产业布局演化。随着城际交通网络的不断完善,已经在推动原已形成的以广州深圳香港为核心,以广深港为东翼、以广珠澳为西翼的城市群空间布局、产业布局向以具有密切分工协作关系的网络化、一体化空间布局、产业布局演进,城市群内经济联系网络复杂水平大幅提升,经济联系网络密度增大,联系空间范围扩大,联系格局发生变化,各城市间市场区进一步趋于重叠和交叉,城市间相互影响不断增强,中心城市在城市群中的扩散效应逐步增大。

其二,交通运输发展推动了珠三角城市群企业区位和产业区位优化。珠三角城市群内良好的交通基础设施降低了运输成本和交易成本,促进了珠三角城市群内产业与企业在空间上的合理分布,已经在推动形成总部设立在城市群核心城市、生产企业设立在城市群内其他城市的分工产业布局。

其三,交通运输发展推动了珠三角城市群人口集聚和转移。随着城市群交通条件的进一步改善,珠三角城市群整体人口密度显著提升,并已在形成中心城市人口逐步向外迁移、中心城市周边卫星城市和城市群副中心加快形成的趋势。这是由城际交通能够有效缩短中心城市与非中心城市间的时空距离、促进人口分散、缓解中心城市人口过于集中压力、推动人口就业及居住空间结构演化、吸引人口到非中心城市居住所致,同时也与城际交通促进产业结构调整及产业区位演化进而导致人口就业区位改变、促使劳动力逐渐向非中心城市集聚有关。

其四,交通运输发展推动了珠三角城市群分工发展和整体专业化水平提高。珠三角城市群城际交通的发展,推动中心城市进行产业结构调整,将第二产业由中心城市转移至周边城市,并积极在中心城市发展服务业,提高服务业多样化水平,从而提升中心城市的专业化水平。同时,城际交通的发展推动非中心城市承接从中心城市转移的第二产业,从而提升非中心城市专业化水平,最终推动各城市间产业结构相似性大幅度降低、分工水平提升、内部相互依赖增强、城市群整体专业化水平提高。

其五,交通运输发展显著促进了珠三角城市群非第三产业发展。由于非第三产业在生产过程中涉及更多的运输、交易环节,因此,城际交通的发展能够更加有效地降低非第三产业交易成本,提高交易效率和产业集聚水平,从而在更大程度上促进非第三产业发展。

3. 交通在京津冀城市群形成中的作用

交通运输发展对于京津冀城市群形成与发展的促进作用显著表现在以下方面。

其一，交通运输发展推动了京津冀城市群空间布局结构逐步显化成型。以现有交通主干道为主骨架，以相对便捷的城际交通为依托，以促进相邻城市同城化为现实途径，京津冀城市群已逐步形成以"北京-天津"为主轴、以"京保石"和"京津唐"为两翼和副轴的"双核+双子"城市群空间布局，"双核"即北京和天津，"双子"即石家庄和唐山。"双核+双子"区域成为京津冀城市群的主体区域，并影响和带动城市群经济联系网络重心向各个方向不断扩展。

其二，交通运输发展推动了京津冀城市群内各城市间的协同与融合。京津冀城市群城际快速交通网络建设缩短了各城市间的相对时空距离，实现了城市群内经济社会发展要素的便捷、快速流动，促进了城市群内的市场统一，增进了各城市间的经济社会联系，强化了各城市间的一体化发展趋势，推动了城市群内各城市间趋向进一步协同与融合。

其三，交通运输发展推动了京津冀城市群内各城市间的资源整合与优化配置。城际快速交通网络建设促进了各城市间经济社会要素重新组合和优化配置，促使城市群内各城市根据比较优势原则重新确立各自的优势产业和功能定位，在协同发展的新的系统环境下实现城市群内经济社会资源的重新整合与优化配置。

二、交通促进城市群形成的作用分析

1. 大尺度空间交通促进城市群形成的作用分析

特大型城市群之所以首先在东部沿海三大经济区地带形成，从交通运输角度而言，首先归因于三大经济区地带所具有的有利的大尺度空间交通区位。其中，长三角经济区在交通区位上处于东部沿海经济相对发达地带与沿江经济相对发达地带的交汇部位，既处于东部沿海经济相对发达地带的重要部位，又处于沿江经济相对发达地带的下游顶端部位，占尽地理区位及江海运输之便；珠三角经济区在交通区位上处于东部沿海经济相对发达地带与华南西南内河运输走廊的交汇部位，既处于东部沿海经济相对发达地带的南端部位，又处于华南西南内河运输走廊的下游顶端部位，在地理区位及河海运输上占据一定便利；京津冀地区处于东部沿海经济相对发达地带与东北、华北、西北陆路运输走廊的交汇部位，既处于东部沿海经济相对发达地带的北端部位，又处于东北、华北、西北陆路运输走廊东侧顶端部位，在地理区位及陆海运输上均占据一定便利。

其次归因于三大经济区地带与其腹地之间已经形成的长距离、大运量水陆运输干道，如京哈、京包-宝兰线、京石-石太-太中-中武线之于京津冀地区，长江水道、沪蓉铁路之于长三角经济区，西江北江水道、京广高铁、贵广高铁等之于珠三角经济区。

正是三大经济区地带与其腹地之间的长距离、大运量水陆运输干道，实现了城市群与其腹地或者相邻城市群之间的空间运输联系，实现了城市群与其腹地或者相邻城市群之间的物质、信息、能量、人员交流交换，才能在大尺度空间范围内促进特大型城市群的形成。

2. 中小尺度空间交通促进城市群形成的作用分析

在中小尺度空间范围内，交通促进城市群形成主要在于以下方面。

其一，城际铁路、城际高速公路等快速交通系统实现了城市群内各城市间的便捷运输联系，促进了城市群内各城市间的产业分工，密切了各城市间的产业协作，避免了城市群内相邻城市间的产业雷同，促进了城市群产业结构优化升级，如当前长三角、珠三角城市群内各城市间产业雷同度较低的现状与两个城市群内城际交通相对发达的现状相联系，京津冀城市群内各城市间产业雷同度相对较高的现状与该城市群内城际交通不完全发达的现状相联系，而这正是城市群内城际交通发育过程对城市群内各城市产业结构调整重构促进作用的分阶段体现。

其二，城际交通主干道与城市群内各城市形成以交通线路为轴、以城市为点的点轴系统，由此奠定城市群空间格局，并取得城市群内经济发展的一般空间组织形式。例如，长三角、珠三角、京津冀城市群均已形成以城际交通线路为轴、以中心副中心城市为点的点轴系统，并由此奠定各自城市群的空间格局，形成经济社会要素依托点轴系统空间组织形式反复迭代、持续优化的良性演进局面。

其三，城市群内产业多沿城际铁路、城际高速公路等城市群主干道布局，导致城市群主干道布局在相当大的程度上影响城市群内产业布局，并引导和促进城市群内相关产业发展。例如，在京津冀城市群发展过程中，京津地区高新技术产业已经呈现出沿着京津唐主轴线布局的趋势，将在一定程度上促进京津冀城市群产业布局进一步优化。

其四，产业沿着城市群内主通道扩展、传播的工业波扩散效应为特定产业在城市群内快速繁殖提供了现实途径，促进了特定产业在城市群内的快速发展。

其五，同城内的快速交通系统有助于实现经济社会要素在本城内的快速流动，提高了本城的经济社会运行效率，也从另外一个侧面促进了城市群的形成或成型。例如，在京津冀城市群内相关城市正在抓紧兴建的市郊（域）铁路、城市轨道交通、城乡一体化路网等，都具有此类功效。

三、交通对中国城市群发展的作用机制

1. 大尺度空间交通促进城市群形成的作用机制

由长三角、珠三角、京津冀城市群形成过程可见，大尺度空间交通对城市群形成的作用机制如下：

其一，大尺度空间范围内的有利交通区位是促使城市群形成或成型的最重要内在条件。这是因为，只有具有深厚的大尺度空间范围有利交通区位基础，才能在未来条件具备时，使大尺度空间范围有利交通区位显化为大尺度空间范围的交通主干道，进而为城市群的形成准备有利的外部主干交通条件。

其二，城市群与其腹地或者相邻城市群之间的长距离、大运量水陆运输干道，有助于实现城市群与其腹地或者相邻城市群之间的物质、信息、能量、人员交流交换，是促使城市群形成或成型的最重要外部交通条件。从某种程度上来说，特定地域的城市群实际上是更大尺度空间范围内经济社会要素的极化效应，这就需要通过城市群外部主干道实现将更大尺度空间范围内的经济社会要素向区域中心地的大规模集中搬运，从而为城市群的形成或成型准备最为充分的外部经济社会要素支持条件。

2. 中小尺度空间交通促进城市群形成的作用机制

其一，中尺度空间的城际快速交通系统有助于实现城市群内各城市之间的同城化，进而促进城市群内各城市间资源共享、城市功能错位发展、产业结构优化升级，促进城市群形成。

其二，城际交通主干道与城市群内各城市构成点轴系统，直接奠定城市群空间结构，促进城市群发展。

其三，城市群主干道布局对城市群内相关产业发展具有重要的引导和促进作用。

其四，城市群内主通道为工业波扩散准备了有利条件，促进了特定产业在城市群内的快速传播。

其五，同城短距离快速交通系统有助于实现同城经济社会资源有效利用，也在一定程度上促进了城市群的形成或成型。

（张小雷　王伯礼）

第七章　中国城市发展的社会基础

进入 21 世纪，城镇化使得人类社会进入以城市社会为主的新的发展阶段。人口是城市发展的首要社会基础要素，人口数量决定城市规模，人口结构影响城市社会结构特征。科技资源与科技创新能力成为城市社会发展的关键要素。城市社会公共服务设施基础与服务管理能力直接影响到城市社会生活质量与水平。本章从上述三个方面，阐述了中国城市发展的社会基础要素的发展现状，并探讨其与城市发展的关系。

第一节　中国城市发展的人口基础

一、人口数量和结构

1. 人口数量

中国是全世界人口最多的国家，根据国家统计局的统计，截至 2015 年年末，中国大陆总人口为 137462 万人，比 2014 年年末增加 680 万人。国内出生人口 1655 万人，人口出生率 12.07‰，死亡人口 975 万人，人口死亡率 7.11‰，人口自然增长率 4.96‰，比上年下降 0.25 个千分点。人均预期寿命 76.34 岁。

从城乡人口来看，2015 年，城镇常住人口 77116 万人，比 2014 年年末增加 2200 万人，乡村常住人口 60346 万人，减少 1520 万人，城镇人口占总人口比例为 56.1%。年末全国就业人员 77451 万人，其中城镇就业人员 40410 万人。全国居住地和户口登记地不在同一个乡镇街道且离开户口登记地半年以上的人口（人户分离人口）2.94 亿人，比上年末减少 377 万人，其中流动人口 2.47 亿，比上年末减少 568 万人。

从历年的演变情况来看，全国人口总数呈现出逐渐增加的趋势，如图 7.1 所示，自 1978 年改革开放以来，人口总数从 9.63 亿增加到 2015 年的 13.75 亿，人口数量逐年提高。同时，城镇人口也呈现出不断增长的趋势，且增长速度明显快于总人口。城镇人口从 1978 年的 1.7 亿增长到 2015 年的 7.7 亿，城镇化率从 17.9% 提高到了 56.1%，年均增长超过 1 个百分点，这在全世界城镇化历史上都是罕见的高速增长。相对应的农村人口则是先小幅增长再不断减少，总体上则是呈现出逐年递减的趋势。

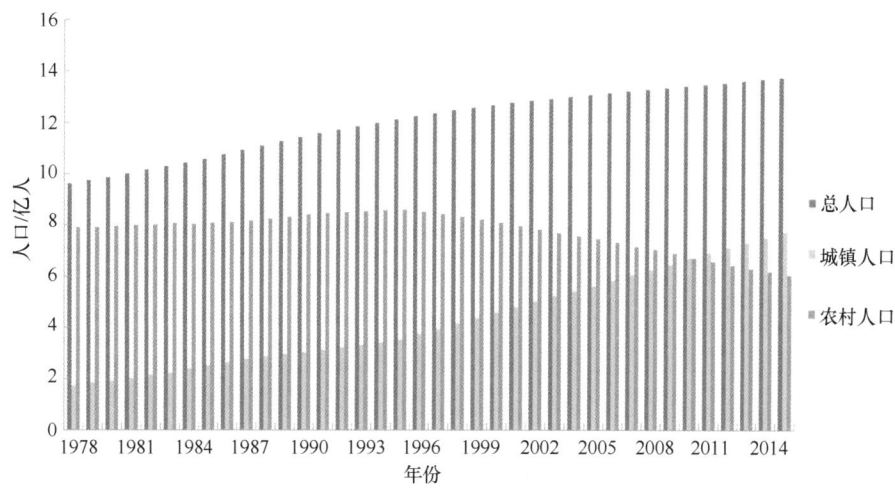

图 7.1　1978 年以来中国总人口、城镇人口和农村人口变化

到 2010 年，中国的城镇人口数和农村人口数持平，而后城镇人口数逐渐超过农村人口数，城镇化率超过了 50%，到 2015 年已经达到 56.1%。从人口增长率来看（图 7.2），我国总人口增长率比较稳定，始终在 1%～2%，农村人口增长率则先小幅增加，后逐渐减小到负值，而相应的城镇人口增长率在改革开放以后则呈现出明显的波动变化，且明显高于总人口增长率。几个城镇人口增长率峰值所对应的年份，分别对应着国家重大改革举措的实施。1980～1985 年，处在改革开放伊始，农村实施了家庭联产承包责任制，随着国家经济建设的需要及户籍制度的放开，大量劳动力人口涌入城市，城镇人口出现较高水平的增长；1995 年以后，全面推进社会主义市场经济建设，极大地解放了生产力，促进了城市对农村剩余劳动力的吸纳，尤其是在 2000 年以后，加入 WTO 进一步促进了城镇化，城镇人口持续增加。2008 年以后，为了应对全球性的金

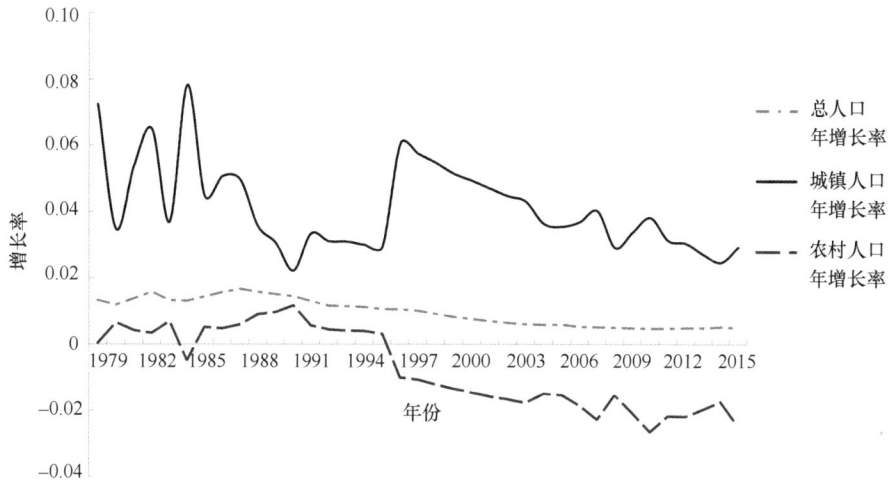

图 7.2　1978 年以来中国总人口、城镇人口和农村人口增长率变化

融危机所带来的冲击而推出了4万亿的财政刺激政策，城镇人口的增长率进一步得到了提升。所以，城镇人口的增长速度与相关政策措施的制定和实施存在明显的关系。可以预见，随着未来新型城镇化的进一步推进，城镇人口将会不断增加，农村人口将会不断减少。

2. 人口结构

（1）人口性别结构

从性别结构看，2015年，中国男性人口70414万人，女性人口67048万人，男性人口比女性人口多3366万人。总人口性别比为105.02（以女性为100），出生人口性别比为113.51，男女性别比例失衡已经成为中国人口发展的一个重要问题。

（2）人口年龄结构

从年龄构成看，2015年，16周岁以上至60周岁以下（不含60周岁）的劳动年龄人口91096万人，占总人口的比重为66.3%；60周岁及以上人口22200万人，占总人口的16.1%；65周岁及以上人口14386万人，占总人口的10.5%。

新中国成立以来，人口基数大、增长快。但是，2010年第六次全国人口普查结果显示，2000～2010年，中国人口年均增长率为0.57%，远远低于上一个10年的1.07%，增长速度明显放缓；与此同时，人口结构发生了巨大变化：2010年，中国60岁以上的老龄人口达到1.78亿，所占比例从1982年的7.62%增至13.26%，0～14岁人口所占比例则由33.59%减至16.60%。如图7.3所示，1990年以来，0～14岁人口即少儿人口比例在逐渐降低，而65岁及以上人口即老年人口比例则在逐渐提高。按照这个趋势发展下去，中国人口结构将会逐渐失衡，老龄化人口的比例将会越来越高，加上少儿人口比例的逐渐减少，中国人口结构问题将越来越突出，社会负担将逐渐加重。按照联合国的标准，60岁以上老年人口在人口中的比例达到10%，或者65岁及以上的老年人口占总人口的比例达到7%，一个国家或地区就成为老龄化社会，实际上早在

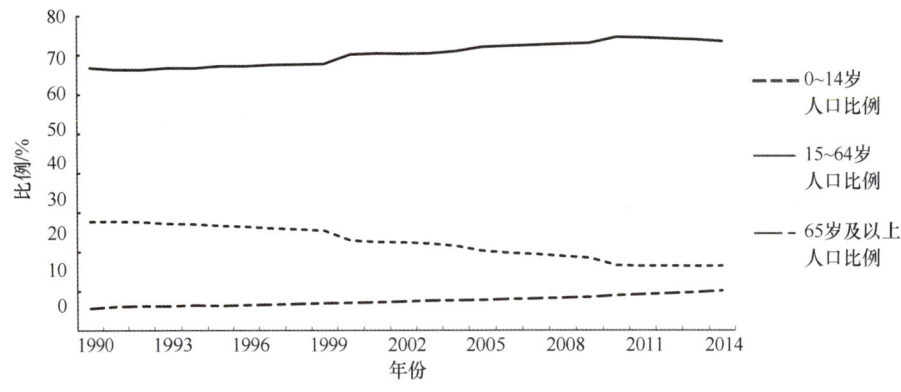

图7.3　1990年以来中国各年龄段人口比例演化趋势

2000年中国就已经进入老龄化社会。人口年龄结构中这种此消彼长的变化，预示着我国人口红利正在逐渐消失，而人口老龄化亦将会给经济社会发展带来沉重负担，成为一个严峻的社会问题。人口年龄结构的这种变化，对中国城市化进程和城市发展提出全新的要求。

（3）人口学历结构

中国人口的学历结构在不断优化，接受高等教育的人数和比例在不断增加，而人口的平均受教育年限也在不断地提高，人口总体素质在不断提高。劳动力素质的提高，为产业结构调整和制造业转型升级提供了必要的人力资源保障。根据四次人口普查结果，1982年、1990年、2000年和2010年文盲率分别为22.8%、15.9%、6.7%和4.1%，呈现出显著的下降。而同期受教育层次的比例，也呈现出明显的积极变化（图7.4），受大专及以上教育人口及受高中和中专教育人口都呈现出明显的增加趋势，且所占比例在不断地提高。受小学教育人口数逐渐减少，而受初中教育人口数在不断增加。从目前的受教育结构来看，初中学历的人口比例仍然最高，而高中以上学历的人口比例仍然偏小，让更多的人接受更高层次教育仍任重道远。

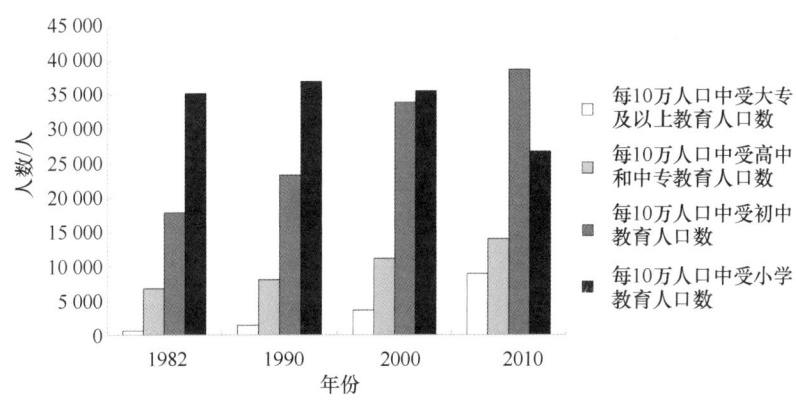

图7.4　全国四次人口普查每10万人中各学历层次人口数

（4）人口城乡结构

2015年中国的城镇化率已经达到了56.1%，表明已经有超过一半的人口居住和生活在城镇，但由于中国特殊户籍制度的存在，很多在城镇生活居民并没有城镇户口，造成独有的"半城镇化现象"，没有城镇户口的居民为城镇发展提供了廉价劳动力，但却享受不到城镇居民应有的福利待遇。户籍人口城镇化率与常住人口的城镇化率存在较大差距，以2012年为例，户籍人口城市化率仅为35.3%，而当年的常住人口城镇化率却已经达到了52.6%，表明了城镇化水平虽然发展得很快，但存在明显的城镇化水平虚高现象（中共中央国务院，2014）。这种差距所造成的后果就是城镇人口中形成了大量的"流动人口"，他们户籍在农村，工作在城市，享受不到城镇的公共服务，无法融入城镇社会，城镇内部出现新的二元矛盾。而农村留守儿童、妇女和老人问题日益凸显，给经济社会发展带来诸多风险隐患。2015年的中央城镇工作会议强调，要把促进有能力在城镇稳定就业和生活的常住人口有序实现市民化作为首要任务。加强对农业转移人口市民化的战略研究，统筹推进土地、财政、教育、就业、医疗、养老、住房保障等领域配套改革。总之，人口的城镇化是未来一段时间内经济社会发展的重要内容之一，农村人口转移到城镇居住和生活是大势所趋，不可逆转的。各个城镇应该以开放、包容、共享的心态接纳城市的新居民，打破户籍制度的种种限制，推动城镇常住人口基本公共服务均等化，推动城镇化健康有序的发展。

二、人口分布格局及演化

1. 人口规模分布

中国国土幅员辽阔，人口众多，城市形成的条件和发展过程千差万别，经过长期的发展演变，人口分布形成了较为稳定的空间格局。根据《中国区域经济统计年鉴（2012）》的人口统计数据，制作了中国各直辖市和地级行政单元（包括地级市、地区、自治州、盟）人口数量排位表和人口数量空间分布图，如表7.1和图7.5所示，人口分布仍遵循"胡焕庸线"，基本上可以按照"黑龙江瑷珲（今黑河市）—云南腾冲"一线进行划分，人口数量排名前50位的城市都分布在该线东南方向，而人口数量排名后50位的城市则大多分布在该线西北方向，这说明中国的人口分布至今仍然很大程度上受制于自然条件的约束。

表7.1 中国（大陆）各直辖市和地级行政单元人口数量排名

人口数量前50名	人口数量后50名
重庆市、上海市、北京市、成都市、天津市、武汉市、广州市、保定市、哈尔滨市、苏州市、深圳市、石家庄市、南阳市、临沂市、邯郸市、潍坊市、温州市、周口市、郑州市、青岛市、杭州市、徐州市、西安市、赣州市、菏泽市、东莞市、泉州市、济宁市、南京市、长春市、宁波市、唐山市、阜阳市、合肥市、商丘市、南通市、盐城市、佛山市、沈阳市、福州市、沧州市、衡阳市、邢台市、邵阳市、长沙市、驻马店市、湛江市、烟台市、南宁市、济南市	神农架林区、阿里地区、果洛藏族自治州、林芝地区、嘉峪关市、阿拉善盟、黄南藏族自治州、海北藏族自治州、山南地区、玉树藏族自治州、迪庆藏族自治州、海南藏族自治州、金昌市、那曲地区、海西蒙古族藏族自治州、大兴安岭地区、博尔塔拉蒙古自治州、怒江傈僳族自治州、乌海市、拉萨市、克孜勒苏柯尔克孜自治州、哈密地区、吐鲁番地区、阿勒泰地区、克拉玛依市、昌都地区、甘南藏族自治州、三亚市、日喀则地区、铜陵市、石嘴山市、铜川市、防城港市、阿坝藏族羌族自治州、七台河市、锡林郭勒盟、鄂州市、鹤岗市、中卫市、甘孜藏族自治州、酒泉市、鹰潭市、舟山市、西双版纳傣族自治州、新余市、伊春市、辽源市、张掖市、攀枝花市、德宏傣族景颇族自治州

2. 人口密度分布

人口密度能准确地反映出人口的集聚程度。表7.2和图7.6分别是中国地级市尺度的人口密度排名和空间分布图，可以发现人口密度的分布呈现出较为明显的分异特征。第一，绝大多数人口密度高值区都集中在"胡焕庸线"东南部，且各人口密度的高值区表现得更为集中。第二，人口密度的高值区与各省内各地市的经济发展水平相关性明显。高值区往往是各省经济发展的中心地市，如行政中心的省会城市、经济主

第七章　中国城市发展的社会基础

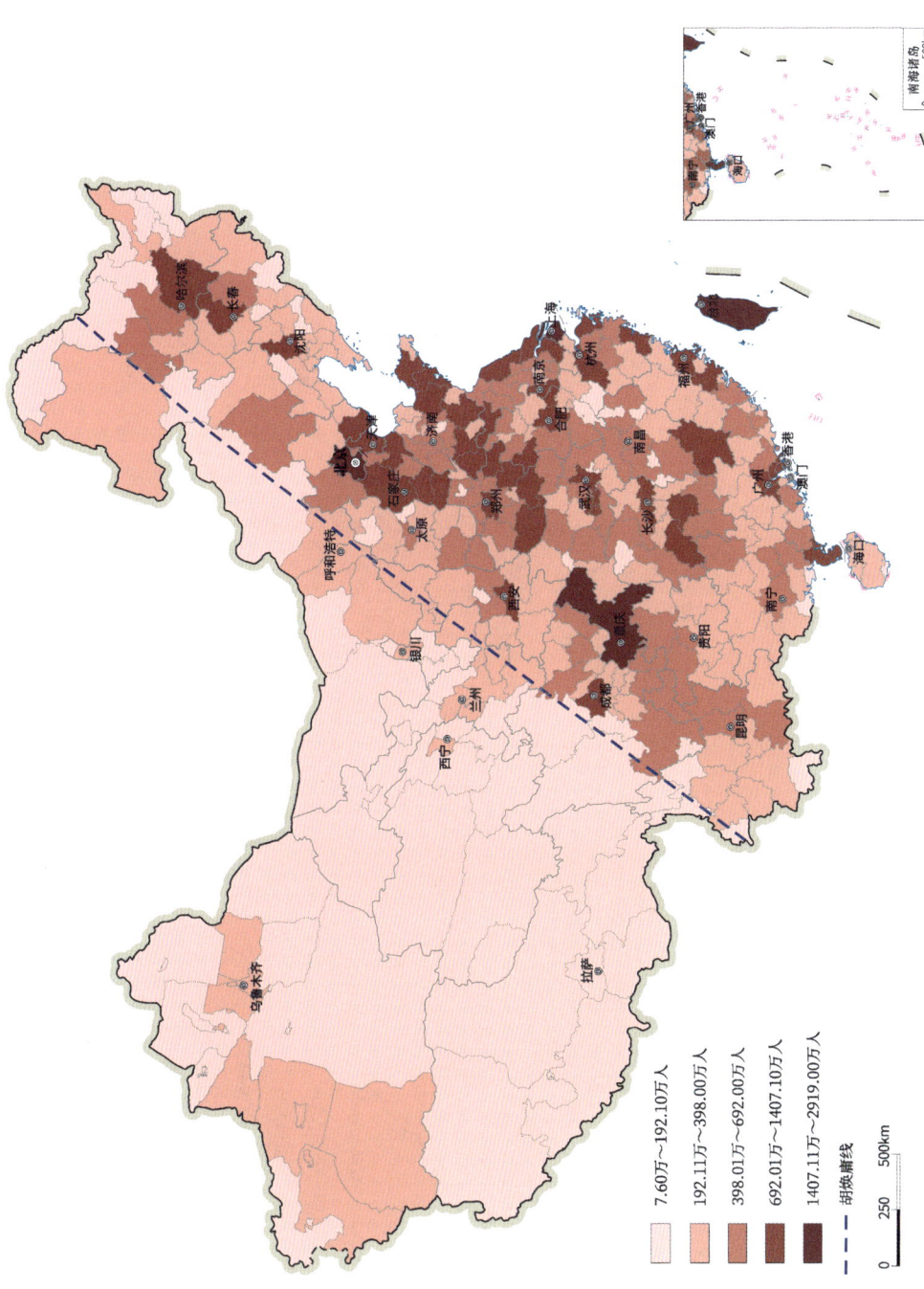

图 7.5　中国地级行政单元人口分布（2012 年）

中国城市地理基础

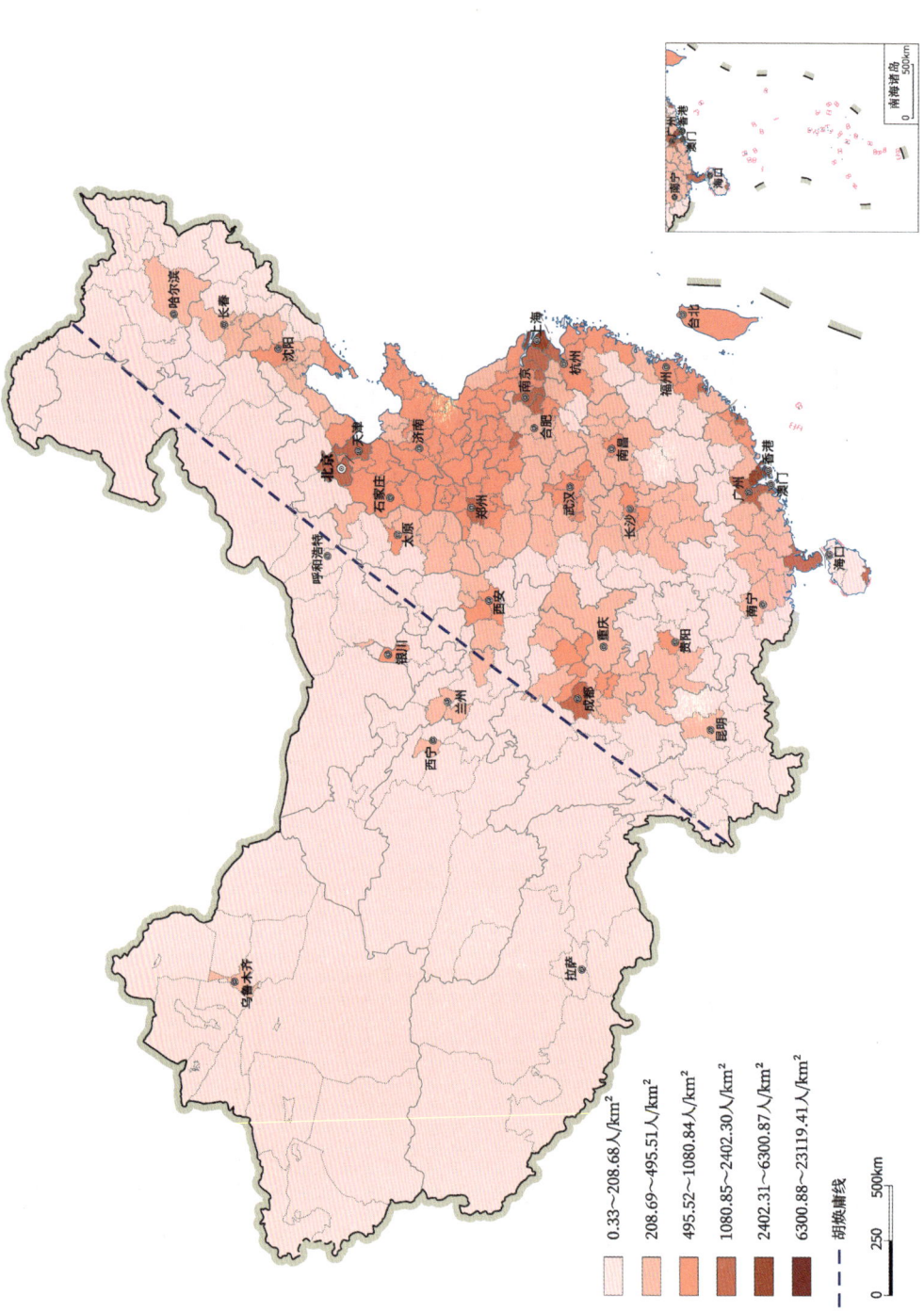

图 7.6 中国地级行政区人口密度（2012）

表 7.2 中国（大陆）各直辖市和地级行政单元人口密度排名

人口密度前 50 名	人口密度后 50 名
深圳市、上海市、东莞市、汕头市、舟山市、厦门市、中山市、佛山市、广州市、珠海市、无锡市、马鞍山市、苏州市、北京市、郑州市、天津市、南京市、成都市、淮南市、嘉兴市、芜湖市、常州市、揭阳市、漯河市、濮阳市、宁波市、济南市、南通市、镇江市、枣庄市、西安市、许昌市、青岛市、武汉市、泰州市、潮州市、温州市、淮北市、开封市、徐州市、邯郸市、周口市、淄博市、石家庄市、阜阳市、廊坊市、泰安市、安阳市、济宁市、商丘市	阿里地区、阿拉善盟、那曲地区、海西蒙古族藏族自治州、林芝地区、玉树藏族自治州、果洛藏族自治州、巴音郭楞蒙古自治州、日喀则地区、山南地区、哈密地区、阿勒泰地区、锡林郭勒盟、昌都地区、甘孜藏族自治州、酒泉市、海北藏族自治州、大兴安岭地区、克孜勒苏柯尔克孜自治州、和田地区、吐鲁番地区、海南藏族自治州、阿坝藏族羌族自治州、呼伦贝尔市、黄南藏族自治州、塔城地区、迪庆藏族自治州、拉萨市、甘南藏族自治州、阿克苏地区、博尔塔拉蒙古自治州、神农架林区、鄂尔多斯市、黑河市、昌吉回族自治州、巴彦淖尔市、兴安盟、张掖市、喀什地区、伊春市、怒江傈僳族自治州、乌兰察布市、西双版纳傣族自治州、赤峰市、普洱市、伊犁哈萨克自治州、海口市、延边朝鲜族自治州、通辽市、武威市

次中心等。第三，华北黄淮一带以及山东半岛的城市人口密度普遍较高，这也与这些地区人口总量基数大、地势平坦、人口分布相对均匀有关。

三、城市人口分布

1. 城市规模

市区的人口分布更能直接反映城市人口分布特征，市区人口规模也反映城市的等级，如大、中、小城市的判定等。2014年，国务院印发《关于调整城市规模划分标准的通知》，对原有城市规模划分标准进行了调整，明确了新的城市规模划分标准（图7.7）。新的城市规模划分标准以城区常住人口为统计口径，将城市划分为5类7档：城区常住人口50万以下的城市为小城市，其中20万以上50万以下的城市为Ⅰ型小城市，20万以下的城市为Ⅱ型小城市；城区常住人口50万以上100万以下的城市为中等城市；城区常住人口100万以上500万以下的城市为大城市，其中300万以上500万以下的城市为Ⅰ型大城市，100万以上300万以下的城市为Ⅱ型大城市；城区常住人口500

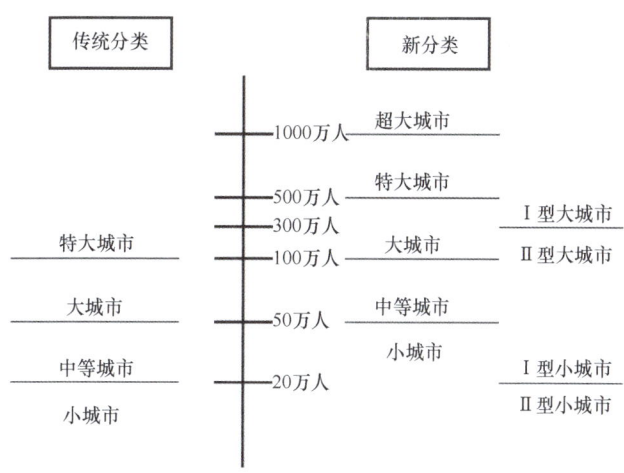

图 7.7 城市规模划分标准

万以上1000万以下的城市为特大城市；城区常住人口1000万以上的城市为超大城市。

根据2012年《中国城市建设统计年鉴》的数据制作了我国县级市以上城市的空间分布图（图7.8）。可见，支撑中国经济发展的城市体系，在空间组织上表现为多个城市群或城市带，如长三角、珠三角、京津冀、山东半岛、中原城市群、成渝城市群、长江中游城市群、哈大城市群、海峡西岸城市群等，且不同城市群明显表现出不同的空间形态，块状城市群如长三角城市群、中原城市群等，而线状城市群如海峡西岸城市群等。

2. 人口流动

（1）人口流动和流动人口

要研究流动人口，首先需要对流动人口进行定义。国际上一般只有"人口迁移""迁移人口"概念，而没有"人口流动""流动人口"概念（段成荣，1998）。人口迁移是指在一个地区单位同另一个地区单位之间进行的地区移动或者空间移动的一种形式，通常包括从原住地或迁出地迁到目的地或迁入地的永久性住地变动。这个概念在国内国际上都较为通用。然而，由于中国特殊户籍制度的存在，人口流动的概念也被广泛应用。人口流动是指经常性居住地与户籍登记地所在的乡（镇、街道）不相一致且离开户籍登记地半年以上的人口（简称广义人户分离人口），但不包括其中在同一城市市辖区范围内户籍登记地与经常性居住地不相一致的人（简称市内人户分离人口）（段成荣和孙玉晶，2006；段成荣等，2013）。

（2）流动人口规模及分布

1978年以来，改革开放所带来的经济社会巨大的变化，推动了劳动力跨地区流动，形成了大量的流动人口。首先，农业土地政策改革和农业现代化的推进，提高了农业生产率，释放了充足的劳动力。与此同时，经济转型、工业化以及经济全球化背景下，一些地区和城市的劳动密集型产业的飞速发展，产生了巨大和持久的劳动力需求，而本地劳动力资源不足，加之政策和制度变革放开了对农民到城镇务工的限制，使得大量缺少就业机会的农村剩余劳动力大规模向这些劳动力需求旺盛的地区集中。由于特殊的户籍政策等因素的作用，这些汇集而来的劳动力，短时间内无法成为当地的市民或居民，便形成了大量户籍所在地在农村和不发达地区，而实际大部分或全部时间工作和生活在城市和发达地区的流动人口。改革开放以来，流动人口规模逐年增加，从1982年的657万人增长到2014年的2.53亿人，增加了38倍（图7.9）。北京、上海、广州、深圳等一线城市的常住人口中，有超过40%的人口是流动人口，尤其是深圳更是出现了严重的流动人口和户籍人口倒挂的现象，户籍和非户籍人口比例达到了1∶4，也就是说有80%的常住人口可以被认为是流动人口。

从四大板块流动人口的分布情况看，东部地区流动人口最多，西部和中部次之，东北地区流动人口最少。2010年，东部地区流动人口总数为13798.4万人，占全国流

第七章 中国城市发展的社会基础

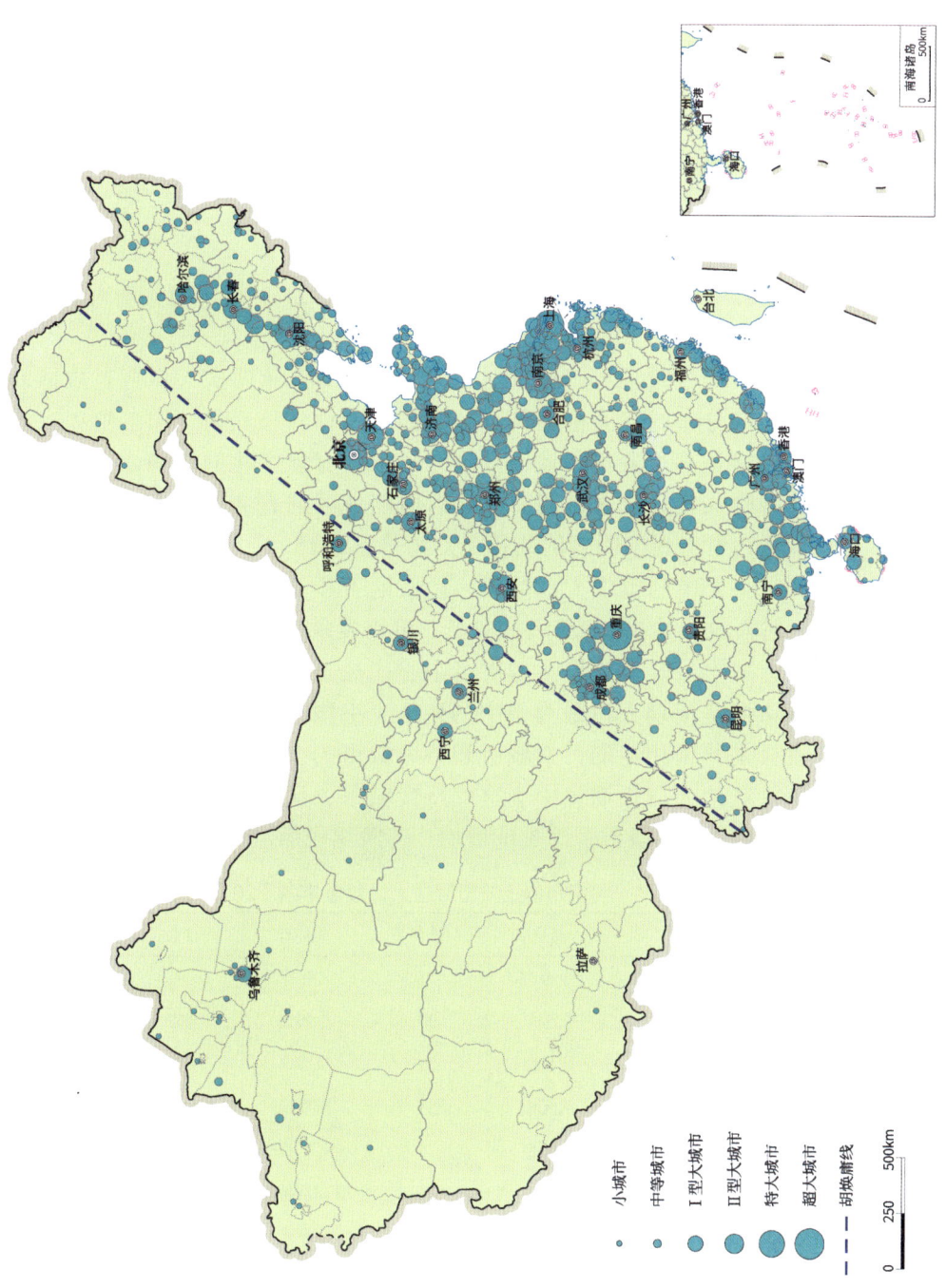

图 7.8 中国县级市以上城市规模分布

中国城市地理基础

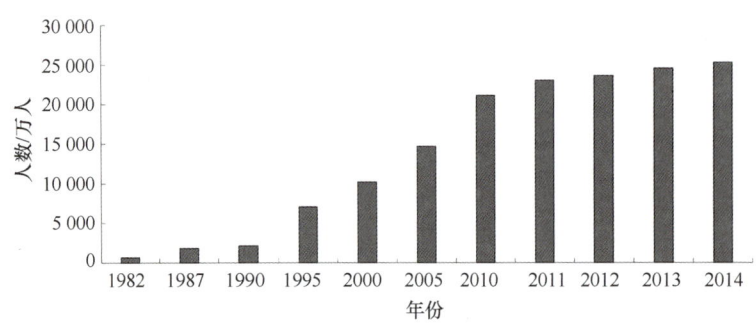

图 7.9 中国历年流动人口数量

动人口总量的 51.6%,虽然所占比例较 2000 年时下降了 1.2%,但仍为流动人口的主要聚集地(陈丙欣和叶裕民,2013)。

从城市群及城市的视角来看,通过对 2000 年和 2010 年两次人口普查数据的分析表明,流动人口分布的空间格局具有较强的稳定性,长三角、珠三角和京津冀等沿海城市群仍然是其主要集中地,且沿海集中区有连绵化的趋势,但在城市群内部的空间分布模式差异显著,流动人口向内陆地区的省会等特大城市集中趋势明显,其分布重心也出现了明显的北移(刘涛等,2015a)。根据《中国城市建设统计年鉴(2012)》中的暂住人口数据,近似地表征流动人口数据,制作了县级以上城市的暂住人口数量排名表(表7.3),可以发现,中国流动人口的集聚特征非常明显,省会城市以及较为发达的次级中心往往是流动人口主要集聚地。长三角和珠三角城市群是流动人口最为集中的地区(王国霞等,2012)。流动人口的分布同就业机会是紧密相连的,大城市和特大城市的人口集中,表明就业机会在空间上不均衡。流动人口长期集中于这些特大城市,又无法扎根于城市,客观上会造成诸多社会问题,如城市管理难度增加、各阶层矛盾激化、社会风险增大、

表 7.3 中国(大陆)县级市以上城市暂住人口数量排名(2012 年)

排名	城市	排名	城市	排名	城市	排名	城市
1	上海市	11	中山市	21	无锡市	31	张家港市
2	北京市	12	长沙市	22	徐州市	32	南宁市
3	深圳市	13	杭州市	23	成都市	33	海口市
4	广州市	14	武汉市	24	珠海市	34	长春市
5	东莞市	15	合肥市	25	嘉兴市	35	瑞安市
6	重庆市	16	贵阳市	26	呼和浩特市	36	乐清市
7	郑州市	17	慈溪市	27	惠州市	37	晋江市
8	佛山市	18	昆山市	28	天津市	38	泉州市
9	厦门市	19	常熟市	29	洛阳市	39	苏州市
10	昆明市	20	无锡市	30	义乌市	40	柳州市

教育失衡、留守儿童问题等。这些大城市和特大城市，由于资源环境承载力的限制，其进一步扩大规模的可能性已然不大，其相对严格的户籍政策在未来很长时间仍将延续。因此，要想解决流动人口过度集中的问题，需要推动其他各城市尤其是中小城市对超载大城市人口进行分流，并积极推动流动人口落户各中小城市，推动全国人口城镇化向均衡化发展。

（3）人口流动的主要方向

中国人口流动的主要方向是从农村向城市、从欠发达地区向经济发达地区流动。具体而言，流动人口体现出显著的区域性特征和集聚特征。

从流动人口的流动距离来看，省际流动人口比例由2000年的26%上升为2010年的33%，省内流动人口比例由73%下降为67%，10年间近距离（省内）流动人口占比下降，而远距离流动（跨省）人口占比则上升趋势非常明显（陈丙欣和叶裕民，2013；马红旗和陈仲常，2012）。省际流动人口规模主要集中于广东、浙江、上海、江苏、北京、福建、天津、山东等地，2010年这8个地区省际流动人口规模高达6614万，占全国省际流动人口的77%。西藏、青海、宁夏和甘肃等地省际流动人口最少，均不超过50万，合计129万，不足全国省际流动人口的1.5%（马红旗和陈仲常，2012）。由此可见，跨省的流动人口，更多集中在了东部沿海省份。而相关研究也得到了类似的结论，并且进一步将省内流动分为近邻流动（省内县内流动）和中程流动（省内跨市跨县的流动），发现东部、西部、中部和东北四大片区的近邻流动人口比例均在快速下降，而东部地区远距离流动人口所占比例持续增加，其他3个区域则表现为中程流动人口比例快速上升（陈丙欣和叶裕民，2013）。从长远来看，考虑到省际流动人口在城镇化过程中更大的阻力，省内流动人口实现完全城镇化的意愿和可能性高于省际流动人口，省内县际的人口流动可能成为中国人口城镇化的主导模式（刘涛等，2015a）。

3. 人口分布格局演变

新中国成立以来，中国人口经历了几次大规模移动，这导致了人口分布的不断变化，但改革开放以前的人口大规模流动多是由于政策原因，如"上山下乡""三线建设"等，人口流动多为被动的，而改革开放以后，人口流动进入了主动阶段，农村劳动力向城市地区转移促进了城镇化，而中西部内陆地区人口向沿海地区转移则带来了人口格局的变化。如表7.4所示，1978年以来，超大城市从无到有，特大城市、大城市、中等城市、小城市以及建制镇数量成倍增加，总体而言，人口的城乡分布格局发生了本质上的变化，从一个以农业农村为主体的空间结构演变成为一个以城镇为主体的人口分布格局。

改革开放以来，人口的重心总体上是由北向南移动，先是向西南方向移动，而后

中国城市地理基础

表7.4 1978年以来中国不同人口规模等级城镇数量变化情况

城市	城市类别	1978年/个	2010年/个
1000万以上人口城市	超大城市	0	6
500万～1000万人口城市	特大城市	2	10
300万～500万人口城市	Ⅱ型大城市	2	21
100万～300万人口城市	Ⅰ型大城市	25	103
50万～100万人口城市	中等城市	35	138
50万以下人口城市	小城市	129	380
建制镇		2173	19 410

资料来源：中共中央国务院，2014

向东南方向移动（徐建华和岳文泽，2001；樊杰等，2010）。从大的区域来看，改革开放以来，主要的人口迁入地主要集中在东部3个经济快速增长的区域（珠三角、长三角和京津冀都市圈）内，而主要的人口来源地都是相对欠发达的中西部省份，同时，南方省份的人口迁移较北方省份更活跃（李扬等，2015）。

从省际层面来看，东部省份仍然是最重要的人口承载区，人口迁移重心已由珠三角转移到长三角及其他地区。中、西部属于人口相对下降区，但其中不乏重要的人口导入区，特别是城市化程度较高的区域（曾明星等，2013）。

从地级市层面来看，通过对第六次和第五次人口普查数据的对比分析发现，人口主要向东部沿海集聚，中西部以及东北地区只有少数中心城市人口呈绝对增长趋势，其余地区则普遍减少。中部地区的河南、湖北、湖南、安徽以及西部地区的四川等省份除了少数中心城市，如郑州、合肥、成都、武汉等以外，多数城市常住人口规模呈下降趋势，是人口净流出地区（蒋子龙等，2014）。人口正增长优势逐步极化到长三角、珠三角、京津等少数地区。总体表现为人口增长两极分化显著，人口被"吸"入少数地区（戚伟等，2015）。

改革开放以来的人口分布变化表明工业化、城镇化进程的不断推进，极大地推动了人口在城乡之间、区域之间进行流动，最终形成人口分布格局的变化。人口流动和经济发展之间存在着相互依存、相互促进的关系。人口由农村向城镇集聚，由不发达地区向发达地区集中，这是经济运行的客观要求和必然规律。同时，人口分布格局客观上也会受到资源环境条件的制约和限制，在现有技术条件下总体的大格局并不会出现非常大的变化，如以"胡焕庸线"为界限的东西（东南和西北）半壁分异格局多年来基本态势并未发生明显的变化，虽然西北半壁的人口份额微增，但总体而言是相对稳定的（曾明星等，2013；戚伟等，2015）。这表明，自然本底条件，仍然在很大程度上决定着中国人口分布的基本格局。东部地区资源环境承载能力强，地势平坦，适合大规模的人口聚集，而西部地区多高原、沙漠、戈壁，水土资源承载力有限，环境脆弱，不适合密集的人口布局，这些基本的条件是很难改变的，也客观上决定了中国人口布局必然在总体上呈现出稳定性。然而，不可否认的是，当下中国人口分布格局存在诸多问题，具体表现为部分地区人口过于集中，甚至超过了当地的资源环境承载能力，进而引发了环境负担加重、资源开采过度、土地供需矛盾突出、公共服务供给不足、社会矛盾频发等问题。而同时，一些资源环境承载能力很好、发展潜力大的地区，却由于人口持续流失而逐渐出现发展动力不足、资源闲置浪费、发展速度缓慢等问题。这就必然导致区域差距逐渐加大、地区之间矛盾突出等棘手的问题。可以说，长期以来中国存在的区域差距和城乡差距问题，从某种意义上可以看作是人口的不均衡和不合理分布导致的。以资源环境本底特征为基础，尤其是资源环境的承载能力，结合不同地区的经济发展的潜力和条件，实现大中小城市（镇）协调发展，促进城乡之间、区域之间的人口在收入水平、生活条件、公共服务等诸多方面实现趋同，进而形成相对稳定的人口格局，是未来的目标所向，也是必然要求。

四、人口与城市发展的辩证关系

1. 城市发展的根本目标是人的发展

所谓城市，是指有一定人口规模，并以非农业人口为主的居民集居地，是聚落的一种特殊形态（许学强等，1997）。可见，城市形成和发展的最核心体现就是非农业人口的集聚。人口向城市集中，由农业人口转变为非农业人口，即人口城市化过程，是社会经济发展的必然要求。中国目前处在城市化快速推进的阶段，城镇化率已经超过了50%，可以预见的是，未来将会有更多的人口向城镇转移，城市人口必然会不断增加，一定意义上说，城市的发展首先体现的就是城市人口规模的不断扩大。其次，城市发展的意义又绝不仅限于人口规模的扩大，而应该是实现城市内人的发展。人的发展强调的是城市的人口能够在就业、住房、交通、游憩、医疗、卫生、教育、文化、体育、生态环境等多个方面得到全方位保障，使得城市居民的收入水平、生活条件、身心健康、个人素质、文化品位等得到全方位提高，这些是城市发展最为核心的体现。在城市的发展过程中，不乏有些城市走错了方向，盲目追求用地规模和经济规模的扩张，忽视了人的发展，结果造成了诸多城市问题，如土地资源大量浪费、交通拥堵、失业和贫困、环境污染、贫富差距扩大、社会矛盾频发，城市缺乏生机等，有些城市甚至出现了萎缩和衰落的现象。中国新型城镇化的核心思想就是要"以人为本"，提高城镇的质量，一切应当围绕人来展开，树立牢固人本思想，创造良好的人本环境，形成良好的人本气氛，产生良好的为人服务的功能，把城镇打造成适宜人居之所，推动人的全面发展。

2. 人的因素对城市发展起决定性作用

人口对于城市的健康发展发挥着基础性和决定性作用。城市发展的动力是否充足，前景是否广阔，发展是否可持续都与城市的人口因素有着密切的关联。第一，人口的规模尤其是劳动力的规模在很大程度上直接决定城市的相关产业的发展规模和量级，如建筑业以及大多数制造业的快速发展必然需要大量的劳动力供应。第二，人口的结构特征直接决定了城市发展的质量和前景。以城市人口的年龄结构为例，如果老龄化人口比例过高，意味着城市的养老负担比较重，城市在未来政策的制定上必然需要向养老产业倾斜，在相关产业的选择上也必然要有针对性，在其他方面的投入必然会相应地减少，因此必然会给城市未来的发展带来某些影响。再比如人口素质结构，传统城市想要实现转型升级，改造传统产业，发展高新技术产业和高端服务业等新兴业态是必由之路。而这些产业的发展壮大，充足的、高质量的人才供给是首要前提，这就要求城市能够培养和吸引更多的优质人才集聚到城市。城市需要通过加大教育科研投入以及出台各项优惠政策，切实提高高素质人才的待遇水平，使得城市人口结构中高素质人才的比例不断提高，方能保障城市的健康发展。此外，城市文明也直接影响了居民的文化修养、道德情操以及公共意识等，而这些条件也直接决定了城市的品位和软实力。第三，人口的身份认同对于城市也至关重要。这一点在中国的城市中最为集中地体现在城市中大量的暂住人口或农民工身上。如果一个城市长时间存在大量的暂住人口，则会严重影响城市的健康发展。由于长时间无法融入城市社会，无法享受城市的公共服务，而不得已"候鸟式"的迁徙，这部分群体是很难获得身份上的认同，长此以往，会形成诸多社会问题，给城市的发展带来更多挑战。

3. 城市和人口的相互协调是发展的要义

城市人口必须要达到一定规模，才能实现规模效益，这是城市经济发展的规律和要求。但是，必须认识到，城市人口并不是越多越好，城市规模也不是越大越好，而是要实现一种平衡，即城市和人口的协调，这是发展的最佳状态，也是要义所在。在历史上，由于忽略了城市和人口的协调性，有很多城市走上了不可持续的道路。例如，一些城市忽略了人口对城市的支撑作用，在没有足够人口支撑的前提下，盲目扩大城市用地和建设规模，结果造成了城市的盲目扩张、土地资源极大的浪费，住房大量空置，形成各种"鬼城""空城"，并且带来了大量不良贷款和政府债务的提高。而也有一些城市，忽视了城市自身的资源环境承载能力，城市功能定位亦不清晰，对于各种产业来者不拒，结果是大量人口聚集，形成的局面反而是过度拥挤和无序，交通越来越拥堵，环境污染持续，地下水超采，教育、医疗、养老等各项公共服务供给不足，房价高企，贫富差距拉大，城市内部各阶层出现分化，各种社会矛盾层出不穷等。这些问题在中国的城市中都或多或少地存在，究其原因，就是在城市的发展过程中，人口和城市没有形成相互协调的状态。严格意义上说，这样的过程并不能称为发展，而只能称为城市扩张，发展的真正要义应该是城市演化和人口呈现出一种和谐共进、相互促进的关系。城市发展必须是建立在一定的人口基础上的，忽视了城市的发展潜力，没有人口集聚的预期，盲目规划和建设，必然造成资源的浪费；而同时，城市人口规模不能超过城市所能承受的极限，尤其是资源环境的承载能力，否则其发展模式必然是不可持续的。

第二节 中国城市发展的科技创新基础

一、科技创新对城市发展的影响

党的十八大明确提出实施创新驱动发展战略，将科技创新作为提高社会生产力和综合国力的战略支撑，摆在国家发展全局的核心位置。在中国城镇化加速发展的新形势下，科技创新对城市发展的驱动作用越来越突出。城市是基础设施、智力资源、风险资本、信息服务等多功能的综合体，是推动区域经济发展的中心。企业、大学、科研机构、政府等创新系统的主体及大部分的科技创新资源几乎都聚集在城市尤其是中心城市内。因此，区域的科技创新能力主要由区域内城市科技创新能力决定。

中国城市发展正处于经济社会结构转型、发展方式转变的关键时期，从城市发展的内部需求和外部环境来看，科技创新是城市转变经济发展方式和提升国际竞争力的主要动力（赵峥，2013）。改革开放30多年以来，中国经济保持了高速增长，由此也带来了城市的快速发展，但是中国城市经济的发展模式与中国经济增长方式相类似，走的是一条"高投入、高能耗、高污染、低效益"的道路，引发了环境污染、生态破坏、水源短缺等一系列发展问题。联合国关于世界城市化的研究表明，中国城镇化率还有近20年的快速增长期，到2030年中国城镇化率将提高到65%～70%，新增城镇人口3亿左右（李程骅，2013）。快速城市化产生的投资拉动和消费增长，一方面为城市转型提供了更大的空间，另一方面也对低效益的传统粗放型城市经济发展方式提出了新的发展要求，必须加快推进城市经济发展方式转型。而在加快城市经济发展方式转变的过程中，科技创新无疑将扮演着越来越重要的角色。通过提高科技进步对城市经济增长的贡献率，实现经济增长从投资拉动向创新驱动的转变，培育和发展先进制造业和现代服务业主导的创新型经济，带动现代经济体系的形成。从长期来看，支撑中国城市经济社会发展的最大资源应该是知识优势和创新资源，实现创新驱动不仅是城市实现经济发展方式转变的重大举措，更将是城市实现长期可持续发展的必经之路。

从中国城市发展的外部环境来看，科技创新是增强城市国际竞争力的主要动力。从全球范围看，国际竞争力高的城市在国家乃至全球经济体系中都具有较强的带动能力，产业结构合理完善，新兴产业蓬勃发展，位于全球城市经济价值链的高附加值环节，对全球生产网络体系升级具有强劲的带动作用，而这种带动作用主要是基于城市的创新能力。20世纪90年代开始，全球经济生产空间已经通过跨国公司向多国延伸，由于受到自身发展的局限和发达国家的控制等多方面因素影响，我国城市一直处于低端的生产环节，无法向全球产业价值链的高端环节延伸。目前，国际金融危机影响仍然存在，各国都面临着产业结构深度调整的巨大压力，世界各国城市把新一轮技术革命和产业革命作为应对金融危机的突破口，全球城市已经进入创新密集和产业变革时代。国内城市，尤其是人均GDP已经达到10000美元以上的沿海城市，应着力调整产业结构，大力发展创新型经济、强化自主创新能力，从根本上转变经济发展方式，推进城市从"制造型"向"服务型"、从"高碳城市"向"低碳城市"的转型发展,提升中国城市在全球城市体系中的影响力和竞争力。

二、科技创新的发展与演变趋势

1. 中国科技创新的国际比较

自1979年以来,世界经济论坛每年发布一份全球竞争力报告,从制度、基础设施、宏观经济稳定性和创新等12个竞争力因素对全球国家竞争力进行排名。《2015—2016年全球竞争力报告》对全球140个经济体的"全球竞争力指数"进行考量与排名的结果显示,中国排在28位。与国家竞争力整体实力相比,创新排名31位,低于国家竞争力综合排名,说明中国在提升国家竞争力的同时,亟须加强科技创新。通过分析创新各项指标排名可以发现,综合创新能力、科研机构质量、产学研合作、工程师和科学家的可获得量指标分别排名第49、第42、第32和36位,只有企业研发投入和政府采购高科技产品高于国家竞争力指数排名,分别排名第23和第9位,说明中国亟须提升国家创新能力。

研究与试验发展(R&D)经费支出是指全社会实际用于基础研究、应用研究和试验发展的经费支出,R&D经费投入强度(R&D经费支出占GDP比例)是国际上通用的衡量一个国家或地区科技投入强度和科技发展水平的评价指标。2014年中国R&D经费支出13015.63亿元,占GDP的比例为2.05%。对比全球主要国家研发经费投入强度(图7.10),可以发现中国与日本、韩国以及芬兰、瑞典等欧洲国家以及美国仍有较大的差别,其中韩国的R&D投入强度达到4.15%,但相比于印度、俄罗斯等国家,中国R&D投入强度较高。

基本科学指标数据库(ESI)是由美国科技信息所(ISI)于2001年推出的衡量科学研究绩效、跟踪科学发展趋势的基本分析评价工具,已成为当今世界范围内普遍用

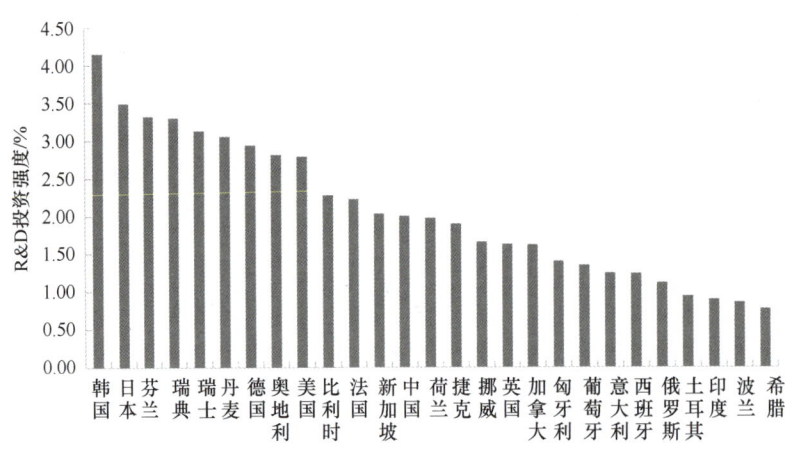

图7.10 全球主要国家(地区)R&D投资强度

以评价高校、学术机构、国家/地区国际学术水平及影响力的重要评价指标工具之一。2014 年中国 ESI 论文数量 136.98 万篇，排名世界第二位，远高于排名第三位的德国（90.01 万篇），但是与排名第一位的美国（345.43 万篇）仍有很大的差距。相比于论文数量的排名，中国 ESI 论文被引用次数却明显不足，论文被引用次数为 1037.01 万次，排名第四位，落后于美国、德国和英国，论文引用率仅为 7.57 次/篇，远远落后于美国（16.58 次/篇）、荷兰（17.14 次/篇）、瑞士（18.43 次/篇）、英国（16.19 次/篇）等国家，仅比俄罗斯（5.46 次/篇）、土耳其（6.14 次/篇）、印度（6.92 次/篇）等国家高，排名靠后。中国 ESI 论文数量多而质量整体偏低，一方面与中国论文考核制度有关，另一方面也与中国基础研究投入相对较低有关。中国 R&D 经费按研究类型分，基础研究仅占 4.7%，而应用研究和试验发展分别占 10.8% 和 84.5%，而欧美等发达国家基础研究占 R&D 经费在 20% 左右，与欧美等发达国家相比，中国基础研究明显不足。因此中国 ESI 论文在注重数量的同时应更加注重论文的质量，加强基础研究，提高论文质量。

2. 我国科技投入与产出特征

从近 20 年中国 R&D 人员全时当量和 R&D 经费内部支出的发展态势可以看出（图 7.11），R&D 人员和经费投入都呈现持续的增长态势。R&D 人员全时当量从 1995 年的 75.17 万人·a 增长到 2014 年的 371.06 万人·a，翻了近 5 倍；R&D 经费内部支出由 1995 年的 348.69 亿元增长到 2014 年的 13015.63 亿元，翻了近 38 倍。R&D 经费投入强度也明显增强，1995 年 R&D 经费投入强度仅为 0.57%，到 2014 年超过了 2%。科技创新已经成为国家发展的战略核心和提高综合国力的关键，中国研发人员和经费投入呈现迅速增长的趋势。

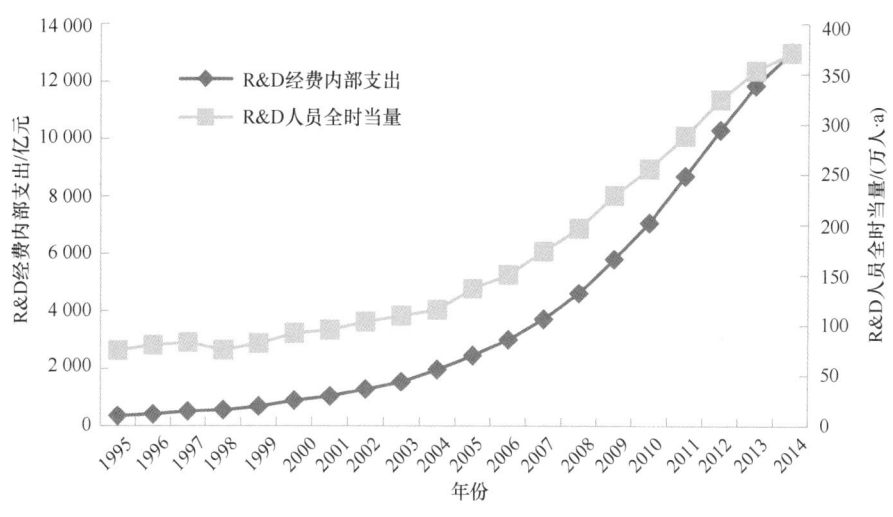

图 7.11　全国 R&D 经费、人员投入发展状况

中国城市地理基础

在全国科技创新投入整体快速增长的同时，各个地区的科技创新投入却表现出很大的差异。2014 年，北京 R&D 经费投入强度达到了 5.95%，而西藏的投入强度仅为 0.26%，由表 7.5 可以看出，北京市研发投入强度最高，其次为上海、天津、江苏、广

表 7.5　中国各省（自治区、直辖市）科技投入和产出主要指标（2014 年）

地区	R&D 经费投入强度	R&D 人员全时当量 /（万人·a）	发明专利有效数 / 个	国外主要检索工具收录论文 / 篇
北京	5.95	245 384	23 237	72 672
天津	2.96	113 335	3 279	11 893
河北	1.06	100 946	2 286	6 028
山西	1.19	48 955	1 559	3 701
内蒙古	0.69	36 435	458	1 358
辽宁	1.52	99 586	3 975	17 256
吉林	0.95	49 774	1 434	10 917
黑龙江	1.07	62 648	2 454	13 162
上海	3.66	168 173	11 614	34 191
江苏	2.54	498 801	19 671	38 340
浙江	2.26	338 398	13 372	20 051
安徽	1.89	129 319	5 184	10 635
福建	1.48	135 866	3 426	7 003
江西	0.97	43 469	1 033	3 901
山东	2.19	286 352	10 538	17 617
河南	1.14	161 444	3 493	8 214
湖北	1.87	140 741	4 855	19 979
湖南	1.36	107 432	4 160	14 922
广东	2.37	506 862	22 276	19 338
广西	0.71	41 208	1 933	2 805
海南	0.48	7 514	380	570
重庆	1.42	58 354	2 321	8 089
四川	1.57	119 676	5 682	16 711
贵州	0.60	23 969	1 047	1 129
云南	0.67	30 523	1 423	3 946
西藏	0.26	1 262	50	13
陕西	2.07	97 138	4 885	21 948
甘肃	1.12	27 122	812	5 697
青海	0.62	4 731	110	214
宁夏	0.87	9 500	243	350
新疆	0.53	15 662	605	1 471

注：未含港澳台数据

东、浙江、山东、陕西等省（直辖市），研发投入强度均超过2%的平均水平，而西藏、海南、新疆、贵州、青海、云南、内蒙古等省份的研发投入强度却非常低，不足1%。而广东省的R&D人员全时当量为506862万人·a，在各省市中排名最高，而西藏仅为1262万人·a，广东省R&D人员投入量是西藏的400多倍。江苏、浙江和山东的R&D人员投入量也较高，而青海、海南、宁夏、新疆、贵州和甘肃等省份的R&D人员投入量明显不足。可见不论是R&D经费投入还是人员投入较高的省份都主要集中在东部沿海地区以及沿长江沿岸地区，这与陆大道院士（2002）提出的我国"T"形空间结构战略吻合，也说明了科技投入作为拉动区域经济发展的重要作用。

随着科技投入的逐渐增大，中国科技进步贡献率逐年增长，科技活动成果逐年增加。科技进步贡献率是指广义技术进步对经济增长的贡献份额，它反映在经济增长中投资、劳动和科技三大要素作用的相对关系。2009～2014年中国年平均科技进步贡献率达到了54.2%，相比于1998～2003年的39.7%出现了明显的上升，并且各年份呈现逐年递增的趋势。2014年国内3种专利有效数为403.24万件，相比于2007年的62.24万件，增长明显，年均增长率超过30%。国外主要检索工具收录的我国科技论文也呈现快速增长趋势，2013年SCI和EI论文数量分别达到了19.27万和15.37万篇，而2000年两种论文的发表数仅为2.26万篇和1.40万篇，SCI和EI论文发表量在15年时间内分别翻了8.5倍和11倍。高技术产业是指国民经济行业中R&D投入强度（R&D经费支出占主营业务收入的比例）相对较高的制造业行业，包括医药制造，航空、航天器及设备制造，电子及通信设备制造，计算机及办公设备制造，医疗仪器设备及仪器仪表制造，信息化学品制造六大类产业。2014年高技术企业数达到了27939个，主营业务收入127368亿元，占GDP的比例达到了20.09%，高技术产业在国民经济中占有重要的比例。而2000年高技术企业数仅有9758个，主营业务收入和仅有10033亿元，15年间，企业数翻了近3倍，主营业务收入翻了近13倍，高技术产业呈现快速增长的趋势。

在科技创新产出快速增长的过程中，全国各省科技创新产出也呈现出较大的区域差异。有效专利拥有量是一个被越来越多的学者用以衡量科技创新的指标，尤其是发明专利的数量代表了一个区域的科技创新产出水平。2014年北京市有效发明专利数达到了23237件（表7.5）。发明专利有效数较高的省份主要集中在北京、广东和江苏3个省（直辖市），而西藏、青海、宁夏、海南、内蒙古等16个省份为低值区域，其中东部地区发明专利有效数47.90万件，而中部、西部和东北地区却分别只有7.56万、7.43万和3.45万件，发明专利有效数的区域差异要明显高于创新投入的区域差异，这与创新的集聚效应密切相关。2014年，国外主要检索工具收录论文数最高的省份为北京，高达7.27万篇，收录论文数较高的省份主要包括北京、江苏、上海、陕西、浙江、湖北等省，这一方面与科技创新投入密切相关，也与高校和科研院所的分布有重要关系。

3. 不同科技创新主体的发展特征

按照区域创新系统理论,科技创新主体主要包括政府、企业、高校、科研院所和中介机构(曾小彬和包叶群,2008),它们利用所掌握的各种创新资源,通过各种科技创新活动,将科学技术资源有效地、创造性地转化为科研成果。政府是区域制度创新的主体,是区域创新系统中较为特殊的行为主体,主要通过发挥宏观指导、组织、协调、服务以及制定科技创新政策等方式直接参与或辅助创新。企业作为创新主体,一方面进行先进技术的应用性投资,将科研机构、高等院校开发的先进技术及时应用到生产、经营、管理领域中,以转化为现实的生产力与社会财富;另一方面进行先进技术的开发性投资,组织研究人员直接进行先进技术的研究,将其成果及时应用到生产、经营、管理领域中,通过不断的产品创新,开发出满足市场需求的产品以求得生存和发展。高校作为科技创新的主体具有教育和科研的双重职能,通过创造新知识、新技术以及培养科技创新人才推动科技创新。科研机构主要从事科学研究、进行知识创新与科技成果开发,另外公益类科研机构还承担科技扩散等功能,随着科研机构转制,将成为科研型企业。科技中介服务机构是指在整个科技创新过程中提供与科技密切相关服务的机构,主要包括成果评估、成果鉴定、科技咨询等(伍玉林等,2012)。

综上所述,高校和科研机构为知识创新主体,是科技创新的源头;地方政府为制度政策创新的主体,是科技创新的保障;中介机构为服务科技创新的主体,是区域创新的纽带;企业为技术创新的主体。2014年中国R&D经费内部支出13015.6亿元,其中,政府来源资金2636.1亿元,占20.25%,企业来源资金9816.5亿元,占75.42%。按经费执行部门划分,企业支出10060.6亿元,占77.30%,规模以上企业占76.62%,研究机构和高校分别占1926.2亿元和898.1亿元,研发经费支出主要集中在企业内部,用于研究机构和高校的基础研究经费相对不足。研发机构主要分布在企业和高校,研究机构所占比例较低,同时R&D人员投入也主要是企业和高校,但是高校研发经费投入相对不足(表7.6)。2014年R&D人员全时当量为371.06万人·a,其中基础研究、应用研究和试验发展所占的比例分别为6.34%、10.97%和82.69%,用于为了获得关于现象和可观察事实的基本原理的新知识而进行的实验性或理论性研究的基础研究明显不足。

表 7.6　三大创新主体主要创新活动比较

创新主体	研发机构数/个	R&D人员/万人	R&D经费内部支出/亿元	研发机构数占比/%	R&D人员占比/%	R&D经费占比/%
高校	10 632	76.3	898.1	15.02	16.49	7.44
研究与开发机构	2 957	23.05	1 926.17	4.18	4.98	15.95
规模以上企业	57 199	363.26	9 254.26	80.80	78.52	76.62

工业企业,尤其是大中型工业企业是中国经济的支柱,其科技创新将会极大推动生产力的发展,成为国民经济的重要增长极。2014年有R&D活动的规模以上企业为63 676个,占比达到16.9%,有R&D活动的企业呈现快速增长的趋势,而2000年有

R&D 活动的规模以上企业仅为 17272 个，占比为 10.6%。2014 年规模以上工业企业 R&D 经费内部支出 9254.3 亿元，占主营业务收入的比例为 0.84%，而 2000 年 R&D 经费内部支出占主营业务收入比例已经达到了 0.58%，R&D 经费内部支出占主营业务收入比例低，且增长缓慢，企业自身创新意愿和创新动力不足，急需企业增强研发投入。企业 R&D 经费投入强度最高的是铁路、船舶、航空航天和其他运输设备制造业（2.35%），其次是仪器仪表制造业（2.00%）。超过企业 R&D 经费投入强度平均水平的行业还包括医药制造业，计算机、通信和其他电子设备制造业，专用设备制造业，电气机械及器材制造业，通用设备制造业，金属制品、机械和设备修理业，汽车制造业，化学纤维制造业，化学原料和化学制品制造业以及黑色金属冶炼和压延加工业。从地区分布看，我国企业 R&D 经费主要集中在东部地区，2014 年，东、中、西和东北地区的企业 R&D 经费分别为 6288.2 亿元、1548.1 亿元、919.2 亿元和 498.8 亿元，所占比例分别为 67.9%、16.7%、10.0% 和 5.4%。从省份分布看，江苏、广东和山东的企业 R&D 经费超过了 1000 亿元，这三地的企业 R&D 经费之和占企业全部 R&D 经费的 42.4%，而西藏、青海等省企业 R&D 经费不足。

2014 年全国研究与开发机构总数 3677 个，其中，中央属 720 个，地方属 2957 个，研究与开发机构的 R&D 人员 42.3 万人，R&D 经费内部支出 1926.2 亿元，发表科技论文 171928 篇，申请专利授权数 24870 件。2006 年 R&D 经费内部支出为 567.3 亿元，申请专利授权数和发表科技论文数分别为 3499 件和 118211 篇，可以发现 R&D 经费投入和科技产出及成果呈现较快的增长趋势。从地区分布看，研究与开发机构的分布相对均衡，2014 年，东部、中部、西部和东北地区研究机构数分别为 932 个、709 个、889 个和 427 个；但 R&D 经费支出区域差异却很大，2014 年东部、中部、西部和东北地区 R&D 经费分别为 1206.03 亿元、182.93 亿元、428.6 亿元和 108.61 亿元，所占比例分别为 62.6%、9.5%、22.3% 和 5.6%。

高校具有教育和科研的双重职能，是中国重要的科技创新主体。2014 年中国高等学校总数 2896 个，其中，理工农医类高校 1356 个，人文社科类高校 1540 个，R&D 机构总数 10632 个，R&D 人员 76.3 万人，R&D 经费内部支出 898.1 亿元，发表科技论文 115.21 万篇，申请专利授权数 85006 件。从地区分布来看，2014 年，东部、中部、西部和东北地区的高校数分别为 1363 个、614 个、643 个和 276 个，R&D 人员分别为 36.9 万人、13.7 万人、16.4 万人和 9.3 万人，区域差异整体较小。在创新产出方面，发表科技论文数量的区域差异较小而有效发明专利数差异较大，2014 年，东部、中部、西部和东北地区的高校有效发明专利分别为 10.03 万件、1.93 万件、2.35 万件和 1.47 万件。

三、中国创新型城市建设状况

1. 创新城市的内涵与特征

1912 年，美籍奥地利经济学家熊彼特在《经济发展理论》一书中就提出了创新

（innovation），从经济学的角度提出了创新理论。20世纪80年代，创新问题的研究走向综合，创新系统理论出现，著名英国经济学家 Freeman（1987）提出了"国家创新体系"的概念。英国的 Cooke（1992）率先提出了区域创新系统的概念，认为区域创新系统主要是由于地理上相互分工与关联的生产企业、研究机构和高等教育机构等构成的区域性组织体系，并通过这种体系支持产生创新。随着创新理论与实践的日益深化，作为创新组织的空间载体，城市在创新体系中的地位和作用得到凸显，对创新型城市的研究始于20世纪90年代。Landry 和 Bianchini（1995）首次系统性地提出了创新型城市的概念，指出创新型城市拥有开放的思想、多元化与宽容性、独立的个性、可达性、弹性及富有活力的公共空间、高质量的人居环境以及基于本地性的全球化导向等内涵特征。在概念的演变过程中，创新从单一的个体概念向动态系统概念演变，从国家到区域，再到城市尺度创新体系的发展（黄亮和杜德斌，2014）。

国内相关学者根据中国的具体国情对创新型城市的概念进行了扩展和细化。方创琳等（2013）在《中国创新型城市发展报告》中提出创新型城市的基本内涵是：以科技进步为动力，以自主创新为主导，以创新文化为基础，主要依靠科技、知识、人力、文化、体制等创新要素驱动发展的城市。周天勇和旷建伟（2014）的《城市创新蓝皮书：中国城市创新报告（2014）》中指出，城市创新能力是城市创新体系中所有要素和行为主体有机组合的总体能力，主要表现为一种城市创新体系的配套协调、整合能力。

通过对国内外创新型城市概念的总结可以发现，创新型城市具有创新性、文化性、集聚性、系统性、内生性、可持续性和开放性等特征。创新性作为创新型城市最基本的特征，表现为一种城市发展观念和发展模式的创新，主要表现为科技、文化、制度、管理和文化的综合创新；文化是城市的灵魂与标志，也是城市的魅力之所在，创新文化是创新城市的精神支撑和内在驱动力；创新城市是多种创新要素的集聚地，从而产生创新的聚合、扩散与辐射效应；从系统学角度看，现代城市是一个规模庞大、关系复杂、影响因素众多的开放巨系统，对于创新城市而言，创新子系统是其核心子系统；创新城市内生性是指城市发展的推动力是内生的，建立在人力资本、社会资本、智力资本等核心内生要素之上。作为一种全新的城市发展与治理模式，创新城市必然具备可持续城市的基本特征，包括可持续的城市经济、社会、环境、生活、管理等各个方面。

2. 中国创新城市发展状况

2006年年初，中共中央、国务院召开了全国科学技术大会，提出不断增强科技自主创新能力，到2020年建成创新型国家的战略目标。会后全国各地形成了自主创新的热潮，北京、上海、天津、广州、济南、西安、深圳等全国大部分重点城市纷纷提出了加快创新型城市建设的构想和决定，据不完全统计，至少有100个城市提出了努力建设创新型城市的口号（汪斌锋，2009）。2008年6月深圳成为首个国家创新型城市试点。2010年，国家发展和改革委员会原则上同意了广州、长沙、苏州等16个城市为国家创新型城市试点，进一步推动了我国创新型城市的建设。

中国城市发展研究会从2006年开始组织有关领域的专家学者，开展"中国城市创新能力科学评价"课题的连续研究，从2008年开始出版年度中国城市创新能力报告。《中国城市创新报告（2015）》从创新基础条件与支撑能力、技术产业化能力和品牌创新能力三方面，选取22个指标，测算了全国659个城市创新能力，并发布了"2014—2015中国城市创新能力总体评价结果"。其中，副省级（含以上）城市创新能力前10名为北京市、上海市、深圳市、天津市、杭州市、重庆市、广州市、青岛市、大连市、沈阳市。地级城市创新能力前10名的为苏州市、无锡市、长沙市、佛山市、东莞市、常州市、潍坊市、南通市、福州市、绍兴市。县级城市创新能力前10名为昆山市、江阴市、常熟市、张家港市、宜兴市、龙口市、太仓市、义乌市、桐乡市、晋江市。从副省级（含）以上、地级、县级3类城市的综合测评排名前10名的结果可以看出：东部沿海城市是中国城市创新的主体和中坚力量，并呈现极化发展的态势。与上年度相比，副省级以上城市中，东部城市从7个增加为9个，而中部和西部城市则从3个减少为1个；从地级和县级城市的创新排名看，长三角和珠三角地区的城市创新能力领先于全国其他地区。

方创琳等（2014）以全国287个地级以上城市为综合评估对象，从自主创新、产业创新、人居环境创新和体制机制创新四大方面对中国2009～2011年城市的建设现状作了综合评估，并分析了创新型城市建设的空间分异特征。发现中国城市综合创新水平偏低，只有35个城市的综合创新水平高于全国平均水平，仅占全国地级以上城市数量的比例为12.2%，它们分别是北京、深圳、上海、广州、南京、苏州、厦门、杭州、无锡、武汉、西安、沈阳、常州、珠海、青岛、天津、成都、大连、合肥、宁波、长沙、济南、中山、太原、东莞、佛山、长春、福州、南昌、哈尔滨、东营、嘉兴、郑州、镇江和烟台；相反，共有252个地级以上城市的综合创新水平低于全国平均水平，占全国地级以上城市数量的比例高达87.8%。只有北京、上海两市的综合创新指数超过0.5，但未超过0.75；除北京、上海外，其余各城市到2020年建成创新型城市的战略目标实现难度较大。全国没有进入高级阶段的创新型城市，只有北京、深圳、上海、广州4个城市处在创新型城市建设的中高级阶段，1/4的城市处在创新型城市建设的中级阶段，约3/4的城市处在创新型城市建设的初级阶段。

整体来看，中国城市创新能力较低，目前已经形成了以北京、深圳、上海等几个城市为中心的创新集聚区，长三角、珠三角和京津冀三大城市群的创新能力整体较高。城市创新水平与城市经济发达水平呈密切的正相关关系，城市创新能力较高的城市均为经济发达的城市，东部地区城市创新水平明显高于中部地区，中部地区高于西部地区。

3. 创新型城市建设主要模式

创新型城市的发展主要受到政府和市场两种力量的制约，从政府和市场的不同组合上看，创新型城市建设可以分为3种：政府主导型发展模式、市场主导型发展模式和混合型发展模式。依据城市规模和在国际城市网络中地位的不同，可以划分为世界创新中心城市模式、区域创新中心模式和非中心创新城市模式。依据主导产业的不同，可以将创新城市发展模式划分为高技术制造业创新中心城市模式和知识密集型服务业创新中心城市模式。

（1）政府主导型发展模式

政府主导型发展模式一般由城市政府制定明确的创新型城市发展战略，制定和颁布促进创新型城市建设的政策措施，通过不断加强科技创新投入、基础设施建设，推动国际、国内创新资源要素向城市集中，支持和鼓励创新主体之间的互动，营造有利于城市创新的制度氛围。政府主导型发展模式主要依靠自上而下的力量，传统发展中国家一般采用此模式，这也是中国多数城市建设创新型城市的主要模式。上海是典型的政府主导型发展模式，凭借其独特的区位优势、良好的科技创新基础和产业发展基础，紧密围绕国家总体发展战略布局，凭借全国经济中心的地位，在政府的引导下大力发展总部经济，引进了一大批的国家级科研机构、企业研发机构和跨国公司总部，并且在外资引进方面更加注重高技术企业的技术外溢效应。同时凭借央企和国企集聚的优势，积极推进快速工业化，引进、消化吸收、再创新一系列高科技技术；凭借全国重要的科教中心，落地国家科技战略项目，引领中国科学研究前沿。

（2）市场主导型发展模式

市场主导型发展模式是在市场配置资源的前提下，围绕营造城市发展的创新环境间接引导创新要素和企业向城市集聚，创新主体在各自利益需求和市场竞争的作用下，不断寻求技术的突破和科技创新，自发地形成产业创新集群和有利于创新的环境，主要通过自下而上的力量实现，传统发达工业国家一般采用此模式。由于我国市场经济起步较晚，纯粹的市场主导型创新城市并不存在典型案例。美国硅谷地区便是典型的市场主导型发展模式。硅谷的原型是由被誉为"硅谷之父"的弗里德里克·特曼教授1951年创办的第一个高新技术园区——斯坦福工业园。大学研究实验室与工业园区内的公司之间的技术转移推动了科研成果的商品化；教授等科研人员、大学生与企业的结合，加速了高新技术的发展，斯坦福大学源源不断地向工业园区输送高素质的大学生；同时工业园区和园中的风险投资基金也为学子们创业提供了资金支持，硅谷的高新技术产业围绕着斯坦福大学向四周蔓延。硅谷的形成不是由政府的计划造出来的，硅谷的创业者和创新者的一切行为均以市场为导向，硅谷就是在市场机制的推动下不断向前发展。

（3）混合型发展模式

混合型发展模式是在创新型城市建设中同时吸收政府与市场两种力量。创新型城市建设与发展不仅需要充分利用市场机制推进要素向城市集聚与流动，还需要利用政府的推动力促进城市公共设施的完善，特别是增大对城市科技和知识的基础投入。深圳市作为我国第一个创新型城市试点，是比较典型的"政府引导+市场驱动"的混合型发展模式（尤建新等，2012）。从1992年邓小平发表"南方谈话"之后，深圳市掀起了改革开放的高潮，1994年前后首先提出将高新技术产业作为主导产业，并率先提出建设创新型城市，开始了深圳的创新发展之路。深圳凭借改革开放先行先试和毗邻香港的优势，在"政府引导＋市场驱动"的双重作用下，率先建立起以市场为导向、产业化为目的、企业为主体，官产学研紧密结合的区域性自主创新体系。依靠民营经济大力发展高新技术产业，一大批高新技术企业成为国家领军企业（如华为、中兴、腾讯、比亚迪等），科技金融要素市场和产业蓬勃发展，城市创新能力在全国领先。

第三节　中国城市发展的社会公共服务供给体系

一、社会公共服务体系的内涵

关于社会公共服务的相关论述有很多，目前尚无统一明确的概念。综合各方面的观点，可以认为，社会公共服务指的是为满足居民生存、生活和发展需求，由政府为主导，直接或间接提供的包括住房、医疗卫生、教育、社会保障、就业培训、文化体育等方面，旨在为促进社会公正与和谐而为全社会提供的平等的公共服务。社会公共服务是一个总体的、复合的概念，包含多个层面的内容，各部分之间是有机联系的，是一个支撑中国城市化进程、促进城市健康发展和保障社会和谐公正的系统工程。社会公共服务体系中，为维持经济社会的稳定、基本的社会正义和凝聚力，保护个人最基本的生存权和发展权，为实现人的全面发展所需要的基本社会条件的服务被称为基本公共服务。基本公共服务的供给是否能有效满足需求，是城市能否健康发展的根本和关键，促进基本公共服务的均等化是中国当前和今后很长一段时间的重要任务。

二、中国社会公共服务体系的建设和发展

1. 住房保障

只有"安居"才能"乐业"，使"居者有其屋"是城市化进程中最关键的任务之一。随着城市居民的收入水平、消费意愿和能力等的不断分化，决定了不同阶层在住房的选择能力上是有所差别的，客观上要求城市内的住房供给要有针对性和层次性。由于房价和个人收入的限制，城市中一部分低收入家庭无法通过市场化购买的途径获得住房，这需要政府在保障性住房上加大投入力度，增加保障性住房的供给，从而改善城市这部分弱势群体的居住条件。这里所强调的住房保障指的是保障性住房的供给，是由政府主导的一种带有保障意义的公共服务。

1978年改革开放后，中国由社会主义计划经济逐渐过渡到社会主义市场经济，城

镇住房制度也逐渐演变，由福利分房制度过渡到市场化供应。可以说房地产市场的全面放开，不仅满足了绝大多数城市居民的住房需求，同时对拉动经济发展和促进就业发挥了巨大的作用，对中国城市化进程的推进效果也是无可替代的。总体而言，中国城镇住房制度改革的推进顺应了社会主义市场经济发展的要求，取得了巨大的进步。但不可否认的是，中国房地产市场在发展过程中出现了若干问题，如部分城市的房价过高，远远超过了普通居民的购买能力，尤其是一些一、二线城市。高房价导致更多深层次的问题，大量刚性需求得不到满足和房地产高库存并存的结构性问题出现。居民消费能力由于房贷过高受到限制，使得国民经济的消费驱动力不足。部分银行和城市地方政府对房地产市场的依赖过大，对市场变化的弹性不足，存在金融风险等问题。这些问题的形成过程复杂，也很难在短时间内解决，解决问题的途径是多样的和综合的，而其中关键的环节就是要加大保障性住房的供给力度，构建以政府为主提供基本保障、以市场为主满足多层次需求的住房供应体系，优化住房供需结构，稳步提高居民住房水平，更好保障"住有所居"。

一般来说，保障性住房包括廉租房、经济适用房和政策性租赁住房3个类别。保障性住房连同城镇棚户区改造以及农村地区危房和游牧民定居工程三大类往往被政府统筹考虑，被统一定义为保障性安居工程。中国政府一直非常注重保障性安居工程的实施和推进，以满足中低收入住房困难家庭的住房需求，尤其是近年来，政府在保障性住房的投入力度不断加大，仅"十二五"期间，城镇保障性安居工程住房建设规模达到了4013万套，使得上亿居民乔迁新居。根据规划，"十三五"期间，要完成约1亿人居住的棚户区和城中村改造，城镇棚户区住房改造2000万套[1]。可见，未来国家在保障性安居工程方面的投入必然进一步加大，住房保障体系必将进一步完善。

当然，不可否认的是中国的保障性住房供给还存在不少问题，如保障房供给相对不足，难以满足庞大的需求。保障房供给制度仍不完善，保障能力仍然较低。部分城市在保障房建设过程中出于经济利益的考虑，会倾向将保障房布局在边缘地带，进而加大城市内部的空间分化。而各省为了完成指标任务，也往往倾向在中小城市建设更多保障房而在大城市反而建设不足，结果造成大城市供不应求，而中小城镇则过剩的现象。大部分城市仍然以户籍人口对保障房的申请者进行限制，从而使得大部分无户籍的低收入群体被排除在保障之外。这些问题的解决需要通过加大政府的投入力度，完善相关规章制度和法律法规，综合利用行政和市场的手段，循序渐进地予以解决，从而真正地保障城市中低收入群体的住房需求。

2. 医疗卫生

良好的医疗卫生服务体系，是保障城市居民身心健康的必要条件，也是城市能否稳定和谐发展的必然要求。中国人口众多，对医疗和卫生服务的需求巨大，发展和完善医

---

[1] 参见《中华人民共和国国民经济和社会发展第十三个五年规划纲要》。

疗卫生服务体系是城市发展的重要内容之一。医疗卫生体系建设是个系统工程，包括医疗系统和卫生防疫系统等多个子系统，而每个子系统又包含不同的层级和体系，各系统之间又是相互联系的统一体。经过长期发展，中国已经建立了由医院、基层医疗卫生机构、专业公共卫生机构等组成的覆盖城乡的医疗卫生服务体系。根据国家统计局的统计，截至2014年年底，中国有医疗卫生机构98.14万个，其中，医院2.59万个，基层医疗卫生机构91.73万个，专业公共卫生机构3.50万个；卫生人员1023.42万名，其中，卫生技术人员758.98万名；床位660万张。每万常住人口拥有医疗卫生机构床位48.45张、执业（助理）医师21名、注册护士22名。2004～2014年，全国医疗卫生机构总诊疗人次由每年39.91亿人次增加到76.02亿人次，年均增长6.66%，住院人数由每年6657万人增加到2.04亿人，年均增长11.85%。可见中国医疗卫生事业取得了长足的进步和发展。

但是，应该认识到，中国的医疗卫生体系仍不健全，仍然存在很多亟待解决的问题。具体主要表现在以下几个方面：首先，医疗卫生资源总量仍然不足，尤其是人均医疗卫生资源水平仍然难以满足需求。其次，医疗卫生资源的布局表现出严重的失衡。这种失衡表现在多个方面，从区域方面来看，优质医疗资源主要集中在东部地区，而中西部地区则相对不足；从城市方面来看，北京、上海、广州、深圳等一线城市的优质医疗资源更为密集和集中，而一般的中小城市则相对匮乏；从城乡角度来看，医疗资源的分布失衡问题则更为突出，医疗卫生资源高度集中在城市地区，而广大乡镇地区则严重不足；在城市内部，优质医疗卫生资源则往往集中在数量极其有限的公办大医院，而社区医院等的医疗卫生服务水平则相对较低。此外，医疗系统内部也存在着各种不协调和不合理，如中西医发展不协调、医护比不协调、专科医院发展滞后等。上述种种失衡，导致了很多较为严重的社会问题，最明显的就是看病难，患者过度集聚在大城市、大医院，造成这些地区医疗系统的压力非常大；而普通的乡镇医院和社区医院则门可罗雀，发展缓慢。此外，以药养医现象的长期存在，导致居民看病成本高，医患矛盾激化。部分大医院无限制地扩张，挤压了基层医疗卫生机构与社会办医院的发展空间，影响了医疗卫生服务体系整体效率的提升。医疗卫生服务体系，同样是个复杂的系统工程，需要科学规划，统筹布局。其中最为关键的问题还在于改革是否到位，能否改变以药养医的局面，保障医护人员的合理收入水平，分级诊疗制度是否能够建立和完善等，最终实现合理优化配置医疗卫生资源，构建一套与国民经济和社会发展水平相适应、与居民健康需求相匹配的体系完整、分工明确、功能互补、密切协作的整合型医疗卫生服务体系。

3. 公共教育

公共教育要体现出公共性，是社会公平和公正的体现。结合中国现状，公共教育至少应该包含九年义务教育、高中阶段教育和学前教育3个方面。中国从古至今就有着尊师重教的优良传统，加上中国实行的是社会主义制度，无论是各级政府还是居民对教育的重视程度都是很高的。新中国成立以来，中国教育事业取得了长足的进步，尤其是改革开放以来，中国在教育上的投入一直不断增加。可以说教育事业的发展，为中国社会主义各项建设输送了大量合格的人才,支撑了国民经济发展和社会的进步。其中,公共教育的发展取得了长足的进步,对于全民总体素质的提高功不可没。

根据2014年全国教育事业发展统计公告,2014年,全国共有幼儿园20.99万所,在园幼儿(包括附设班)4050.71万人。幼儿园园长和教师共208.03万人,学前教育毛入园率达到70.5%;全国共有小学20.14万所,招生1658.42万人,在校生9451.07万人,毕业生1476.63万人,小学学龄儿童净入学率达到99.81%。小学教职工548.89万人,专任教师563.39万人,专任教师学历合格率99.88%;全国共有初中学校5.26万所(其中职业初中26所),招生1447.82万人,在校生4384.63万人,毕业生1413.51万人,初中阶段毛入学率103.5%,初中毕业生升学率95.1%。初中教职工395.57万人,专任教师348.84万人,初中专任教师学历合格率99.53%;全国普通高中1.33万所,招生796.60万人,在校生2400.47万人,毕业生799.62万人。普通高中教职工250.94万人,专任教师166.27万人,专任教师学历合格率97.25%;中等职业教育招生619.76万人,占高中阶段教育招生总数的43.76%。其中,普通中专招生259.66万人,职业高中招生161.54万人,技工学校招生124.41万人,成人中专招生74.16万人。中等职业教育在校生1755.28万人,占高中阶段教育在校生总数的42.09%。其中,普通中专在校生749.14万人,职业高中在校生472.82万人,技工学校在校生338.97万人,成人中专在校生194.36万人。可以说,多年来,中国在公共教育领域的发展上取得了长足的进步。根据国家统计局统计,从中国历年来不同层次公共教育的升学率来看,可以明显发现各层级学校的升学率是在不断提升的,这从另一方面反映出中国公共教育的整体水平是在不断提高的(表7.7)。

表7.7　中国历年来不同层级学校升学率　　　　　　(单位:%)

升学率	1980年	1990年	2000年	2010年	2014年
小学升学率	75.9	74.6	94.9	98.7	98.0
初中升学率	45.9	40.6	51.2	87.5	95.1
高中升学率	—	27.3	73.2	83.3	90.2

但不容忽视的是,公共教育供给上仍然存在不少问题,同医疗服务类似,公共教育也存在供给不均衡的问题,主要表现在不同地区的公共教育水平存在巨大差距。虽然在入学率上,东西部之间、区域之间、城乡之间以及城市内部不同地区之间的差距不大,但不同地区所提供的公共教育水平和层次之间的差距则是非常明显的,无论是在教学师资队伍整体水平还是在各项教育设施和教学条件等方面,不同地区存在着相当大的差距。在城市内部由于公共教育资源在质量上的差异,导致了天价择校费和天价学区房等有失公平现象的出现。这固然有不同地区经济条件等方面的制约,同时也有相应制度设计等方面的不足。例如,对农村地区和落后地区公共教育投入应该是具有倾斜性的,显然现行的教育制度在设计上还有很多地方需要改进。毫无疑问,公共教育供给应该以公平为前提,不仅是在不同地区要尽量均衡布局,对于不同公民的供

给也应该是公平的。由于目前有近 2.5 亿的流动人口,由于这部分人户籍和居住生活地的分离,其子女教育问题是个需要特殊关注的问题。根据教育部的统计,2014 年,全国进城务工人员随迁子女共 1294.73 万人。其中,在小学就读 955.59 万人,在初中就读 339.14 万人。农村留守儿童共 2075.42 万人,其中,在小学就读 1409.53 万人,在初中就读 665.89 万人。可见,这部分群体数量规模巨大,他们能否接受到良好的公共教育服务,是各级政府都需要认真对待的重要问题。

4. 社会保障

这里所指的社会保障指的是狭义上的社会保障,是社会公共服务体系中的重要内容之一。社会保障是指国家通过立法,积极动员社会各方面资源,保证无收入、低收入以及遭受各种意外灾害的公民能够维持生存,保障劳动者在年老、失业、患病、工伤、生育时的基本生活不受影响,同时根据经济和社会发展状况,逐步增进公共福利水平,提高国民生活质量。《中华人民共和国宪法》中规定:"中华人民共和国公民在年老、疾病,或者丧失劳动能力的情况下,有从国家和社会获得物质帮助的权利。"因此,社会保障制度的确立是符合宪法的客观要求的。一般来说,社会保障由社会保险、社会救济、社会福利、优抚安置等组成。其中,社会保险是社会保障的核心内容,具体又可以分为养老、医疗、失业、工伤、生育等具体的保险内容。社会保障制度是现代国家普遍推行的一种行之有效的社会制度,是保障社会稳定发展的重要抓手。新中国成立以来,就开始着手建设具有社会主义特色的社会保障制度,经过 60 多年的发展,初步建成了一套比较完整的社会保障体系。改革开放以前,在计划经济的体制下,社会保障制度虽然是全覆盖的,但是由于国力有限,其保障水平是初级的、低层次的。改革开放以后,经过 30 多年的飞速发展,社会保障体系得到了极大的完善,保障水平显著地提高。尤其是近年来,在社会保障领域的投入不断加大,取得了显著的成就。《中国社会保险发展年度报告 2014》显示,截至 2014 年年末,全国城镇职工基本养老保险参保人数达到 34124 万人,比 2009 年年底增加 10574 万人,年平均增长 7.7%。全国城乡居民基本养老保险参保人数达到 50107 万人,比 2010 年增加 39830 万人,年平均增长 48.6%。其中 60 岁以下参保人数 35366 万人,占参保总人数的 70.6%。职工基本医疗保险参保人数 28296 万人,比 2009 年增加 6359 万人,年平均增长 5.2%。职工基本医疗保险享受待遇人次为 15.2 亿人次,比 2009 年增加 6.8 亿人次,年平均增长 12.6%。城乡居民基本医疗保险参保人数达 31451 万人,比 2009 年增加 13241 万人,年平均增长 11.5%。除了这些数字上的增长,更为重要的是建立起了一套相对完整的、覆盖城乡的社会保障体系,如建立了城镇居民基本医疗保险制度和新型农村合作医疗制度,基本医疗保障水平不断提高;建立了新型农村社会养老保险制度和城镇居民社会养老保险制度,加之既有的城镇职工基本养老保险制度,基本实现了社会养老保险制度全覆盖;建立了城镇和农村最低生活保障制度;不断加大扶贫力度,贫困人口大幅减少,举世瞩目;医疗救助、住房救助、教育救助、司法救助等社会救助体系不断完善。社会保障体系的不断建立和完善,是政府"执政为民"理念的体现,也是中国经济社会多年来能够稳定发展的基石。

但应该看到,由于人口多,家底薄,目前的社会保障水平仍然属于比较低的层次,同发达国家甚至一些发展中国家相比,中国社会保障体系的保障能力和保障水平仍然有很大的提升空间。仍然存在着保障能力低、保障体系不健全、覆盖程度低、配置不均衡等客观问题。2014年,全国城乡居民基本养老保险月人均养老金仅为90元,可见总体水平是非常低的。中国城镇职工基本养老保险参保人数为3.41亿人,而城镇就业人员为3.93亿人,仅就城镇而言尚有很大缺口没有覆盖,而全社会就业人员为7.72亿人,全社会养老保险的覆盖率则更低。就广大农村地域来说,大多数人是没有养老保险的,即使有也是额度非常有限的。此外,目前养老保险资金由于历史原因,存在"空账"问题等历史欠债,而且,随着中国老龄化问题的加剧,养老保险的资金压力会逐渐加大。就医疗保障来看,尽管中国目前基本实现了医疗保险的全覆盖,但是医疗的报销比例仍然不高,尤其是对于农村家庭来说,因病致贫、因病返贫的现象还是会屡屡发生的。社会保障体系的另一个重要问题就是分配不均衡,尤其是表现在城乡之间。以户籍人口为依据来提供社会保障,对于大多数流动人口来说,是不公平的,也是不可持续的。就不同地区而言,各省各市由于财政支持能力以及基金管理能力等方面的差距,在社会保障水平上也形成了不均衡,部分城市和地区已经形成了差异明显的财政压力。此外,不同行业之间,不同性质的企事业单位之间的职工,所获得的社会保障水平也往往有很大差距,这种现象固然有一定经济上的合理性,但是因为社会保障事业本身属于一个社会的系统工程,公平性仍然是需要重点考虑的,长期不均衡的存在,必然会加剧社会矛盾,不利于社会的和谐发展。

5. 公共就业服务

就业是保障居民生活水平和维系社会稳定的最基本要素,关乎社会生活的方方面面。就城市发展而言,居民的就业水平和程度直接决定了城市发展的动力。城市失业率的上升会引发一系列严重的社会问题,是任何城市政府都要极力避免的。因此,为了有效地促进就业,提升居民的就业择业能力,各级政府往往需要提供公共就业服务。中国《劳动力市场管理规定》中对公共就业服务的界定是指由各级劳动保障部门提供的公益性就业服务,包括职业介绍、职业指导、就业训练、社区就业岗位开发服务和其他服务内容。各级政府应在公共就业服务的提供上发挥主导作用,在各相关企事业单位和各组织团体的协作下,共同构建一套覆盖广域、具体实用、公平均等、公益免费的公共就业服务体系。公共就业服务工作最为核心和关键的要求是要建立一系列切实可行的就业服务供给机制,重点包括就业信息供给、就业培训和指导供给、就业援助供给以及就业档案管理等方面。可以说,提供公共就业服务是各级政府的职责所在,是保障社会和谐稳定的客观要求。多年来,中国在公共就业服务的供给能力和供给水平上,取得了长足的进步和发展,构建起了一套覆盖省、市、县(区)、乡镇(街道)

的公共就业服务网络，为用人单位和劳动者之间搭建了有效沟通的平台，提升了就业的效率，保障了劳动力的就业水平。各个城市，尤其是县级以上城市，几乎都设置了公共就业服务中心或相关机构。近年来，随着互联网的普及，各个城市也纷纷开设了公共就业服务网络平台（如公共就业服务网、公共就业服务平台、公共就业服务中心等），极大地方便了各求职者获取用人信息。

虽然中国在公共就业服务体系建设上初见成效，但实际上公共就业服务能力还远没有达到就业供需双方的需求，仍然存在许多需要进一步改善的问题。例如，公共就业服务机构功能单一，服务内容简单，偏重信息收集，在职业培训和就业方向指导等方面的工作远远不够，一些职业机构培训的内容和市场需求不相符。服务机构的信息搜集和汇总的能力不够，服务效率低，网络化、信息化程度不高，基层就业服务机构尤为如此，就业信息更新缓慢，不能适应快速变化的就业形势。此外，公共就业服务水平在城乡间、区域之间和不同群体之间存在明显的差距。总体来说，公共就业服务水平的提供能力在各个乡镇和广大中西部不发达地区相对是比较初级的，农民工群体和一些弱势群体获取公共就业服务的能力也是相对较低的。

6. 文化体育

文化和体育是个较为宽泛的概念，包含的内容较为多样，与经济社会的诸多方面相关联。本节所探讨的是由各级政府直接或间接提供的带有公益性质的、基础性质的文化体育公共服务。例如，图书馆、文化站、广播电视、博物馆、美术馆、科技馆、公共体育场馆、健身设施等各项文体设施和机构的规划、建设和设置，相关服务人员的培训和配置，以及相关机构的运营和管理等工作等。

高水准的文化体育服务供给是城市精神文明建设的客观要求，是人民群众喜闻乐见的一种公共服务。改革开放以来，中国文化事业和体育事业迎来了蓬勃的发展，部分地区的文化产业和体育产业甚至成为带动地方经济发展的支柱产业。在文化体育公共服务上，全国各级政府财政投入稳步提升，取得了斐然的成绩。在全国各个城市，尤其是大城市和特大城市，均设置有公共博物馆、纪念馆、美术馆、公共图书馆、文化馆、科技馆、公共体育场（馆）等，并逐步实现免费向公众开放。根据国家统计局统计，2014年，全国共有县级以上独立建制的公共图书馆3117个，公共图书馆总藏书量达到79092万册，而1990年，分别只有2527个和29064万册，可见增长之迅速。此外，中国已基本实现县县有文化馆图书馆、乡乡有综合文化站，广播电视全面覆盖20户以上已通电自然村。全民健身稳步推进，为城乡居民参加全民健身活动提供指导服务等，基本建立了一套相对完整的文化体育公共服务供给体系。

完善的文化体育公共服务供给体系是建设文化强国和体育强国的基础，是提高全民身体素质和文化素质的保障性工程，具有重要的作用和意义。但是，不容否认的是中国的文化体育公共服务体系仍不健全，服务整体水平仍然较低，难以满足公众日益增长的需求，在体制和机制上仍存在不少问题。总体而言，中国各城市的文化体育服务设施数量不足，尤其是人均水平与发达国家相比仍有较大的差距，文化体育公共服务的投入仍然明显不足。此外，文化体育场馆对公众的开放程度仍总体不高，相当部分的文化体育设施仍然是实行收费管理以维持运营。文化体育公共服务水平在城乡间、区域间以及不同群体之间仍存在明显的差距等问题长期存在。政府作为文化体育公共服务的主要提供者，应该积极拓展思路，扩大投入支持力度的同时采用多种方式和方法，积极应用市场的手段，来实现文体公共服务的配置，如近年来在部分城市试行的通过购买公共服务的方式，在实现了节约资源的同时又促进了社会团体组织参与的积极性且有效地带动了就业，可以说是个很好的尝试。

三、中国社会公共服务时空分异

从地理学视角对社会公共服务进行的研究，更多的是关注公共服务在区域间和城市间的时空分异规律，如对比不同地域之间公共服务的差异及公共服务均等化程度等方面的问题，研究视角较为综合。相关研究表明，公共服务水平在不同空间尺度上均存在着明显的不均衡。例如，韩增林等（2015）通过构建城乡基本公共服务综合评价指标体系，对2012年中国有31个省份城乡基本公共服务水平进行综合评价，使用均等化指数测度各省份城乡基本公共服务均等化程度。结果表明，城乡基本公共服务水平的省际差异均十分显著，基本呈"T"形格局，全国31个省份城乡基本公共服务均等化指数普遍偏低（韩增林等，2015）。同样在省际层面，中国社会性公共服务水平东西两极分化明显，形成了东高西低的空间格局，且呈逐步扩大的态势（李敏纳和覃成林，2010；李敏纳等，2009）。亦有学者通过对比中国十大城市群的公共服务体系运行状况，研究发现十大城市群综合发展水平呈现出沿海优于内陆、东部优于西部的态势，其中珠三角、长三角、京津冀城市群的公共服务体系运行状况相对较好，而中西部地区的城市群则相对较差（曾鹏和程皓，2014）。对中国城市之间公共服务差异的研究同样表现出非常明显的差异，如马慧强等（2011）通过对中国286个地级以上城市基本公共服务的质量水平进行测度，发现城市之间基本公共服务差距明显，基本公共服务质量总体不高，空间差异明显，呈现从东部沿海到中、西部逐步降低的特点；基本公共服务质量较高的城市呈"群"状分布，与城市群有较好的拟合；基本公共服务水平与城市经济发展水平呈正相关，与城市规模存在对应关系；公共服务水平各单项水平不均衡。地理学者对城市内部公共服务设施及用地等的空间分异规律也进行了研究，如高军波等（2011）研究了广州市公共服务设施空间分布格局、公平性特征及其形成机制，发现广州城市公共服务设施空间分布呈核心-边缘格局，区际及不同类型设施的空间聚集水平差异显著；城市公共服务设施空间分布综合公平程度总体较低，城市不同圈层间综合公平程度差异较大。谭勇等（2014）则发现广州市城乡公共服务设施聚集水平差异显著，总体上呈核心-边缘圈层结构格局，不同类型设施空间格局基本一致，区际空间分布不均，行政区划烙印明显。张婧等（2015）对长春市公共服务设施用地的演变特征进行了研究，发现公共服务设施用地规模增速低于城市建成区的增速；公共服务设施用地演变特征的圈层差异明显等规律。毫无疑问，从地理学视角，对不同层面的城市社会公共服务水平的时空分异规律进行的研究，进一步增强了决策制定者对公共服务总体状况的认识，在促进公共服务均等化政策的执行过程中将发挥不可替代的作用，具有重要的研究价值和意义。

四、社会公共服务体系和城市发展的关系

1. 完备的社会公共服务是支撑城市发展的基本保障

城市发展最为直接的体现和要求就是城市化的过程，包括人口和产业的不断集聚、城市土地面积的不断扩大等方面。人口集聚的过程集中体现在农村人口向城镇的转移，根本原因是城市地区有更加充足的就业机会，吸引和接纳了农村大量的剩余劳动力。由农民到农民工的身份的转变过程，实现了收入的增加，也改善了生活条件，这个过程是经济力量推动的，是社会生产力发展的必然结果。农民变成农民工以后，接下来合理的身份演化应该是由农民工转变为市民，这个过程的实现则需要公共服务尤其是基本公共服务供给的有力保障，否则这个身份转变过程会非常缓慢，进而阻碍城市的健康发展。目前我国存在的户籍人口城镇化率低、春运压力大、城市社会矛盾增加、消费能力不足等诸多问题都直接或间接是由社会公共服务供给的不充分和不均衡造成的。农民工群体进城后，首要面对的就是住房、子女教育、医疗、就业等问题，而这些问题很难依靠其自身通过市场化的方式解决，这就需要政府来提供基本的公共服务以满足这些需求，只有如此，才能真正地促进农民工群体居住和生活在城市，实现市民化的转变，才能实现健康的城镇化过程。

2. 构建完善的公共服务体系是城市发展的应有之义

城市的发展是个多元的概念，绝不仅仅是人口数量、经济规模和土地面积等的扩张，而最为关键的应该是人的全面发展。这里所指的"人"，应是个全面的概念，不应该特指某一部分群体，而应该是全体居民。全体居民的发展才是真正意义上的城市发展。这首先要体现在城市居民的基本权利，如居住权、受教育权、生存和发展等权利应该得到保障，而提供这些保障的主体毫无疑问应该是各级政府。城市公共服务体系的建立，是政府保障社会公平、和谐发展的重要举措，也是城市发展的客观要求。可以说，良好的公共服务配置是城市的"软实力"，是城市能够吸引人口集聚的另外一个重要因素。换言之，倘若某城市在公共服务供给上始终投入很小，就会逐渐失去吸引力，人口会选择迁移到其他城市，进而会带来经济的衰退，从而限制了该城市的发展。因此，完备的公共服务供给并不应该仅仅被解读为政府的负担和任务，而是应该将其理解为城市发展的基本内容之一，也是城市发展的应有之义。

（张平宇　刘大千　谭俊涛　王林峰）

第八章 中国城市发展的文化基础

城市是人类文明进步的标志,城市文化是城市发展的主要灵魂,是城市品位、品质、品格的集中体现,也是形成城市个性、城市风格的基础与内容,是城市的生命力所在,城市文化的变迁是城市发展的一条主线。因此,城市的发展有其文化基础。从空间尺度上看,城市的文化基础,既有自身的城市文化,也有更大范围的地域文化和民族文化。

第一节 中国城市发展的地域文化基础

文化的本质是观念形态,广义是指人类创造的一切物质产品和精神产品的总和,狭义上专指语言、文学、艺术及包括一切意识形态在内的精神产品,是人类相互交流、普遍认可并传承的意识形态,是人类对客观世界感性知识与经验的升华。人们的经济活动、组织制度、社会习惯和行为方式等方面都具有特定的文化内涵,即文化在不同的涵盖范围和层面上均发挥着重要作用(杨耕,2015),它能够维持社会秩序、规范人的行为、提供社会标准、凝聚社会力量,具有承载和传递文明的功能,且对社会和人具有"教化"作用,等等。地域文化是一定地域内历史形成并被人们所感知和认同的各种文化现象,城市是人类社会经济活动的载体和文明的象征,城市发展伴随着社会关系变革和技术领域革新所引起城市空间形态与组织结构的不断变化,蕴藏着丰富多彩的文化特色。中国城市发展的一个主要脉络是儒家文化,并在多民族融合的基础上形成了中国文化多元统一的特点。

一、地域文化解析

地域文化是城市不可再生的宝贵资源,是推动城市发展的内在精神动力和优化城市发展环境的重要支撑,有利于形成城市的独特个性,构建城市特有的文化内涵。地域文化与一般文化的内涵差异不大,均是人类行为模式和思维模式的总和。本章将以文化为基础要素,总结地域文化的概念内涵与主要特征,结合具体地域特色,分析中国地域文化主要类型,从而对地域文化进行系统解析。

1. 地域文化的内涵

文化作为人类生存方式、形态、成效的外在现象，是人类文明体现和发展根基，是人类长期创造形成的产物，它一直是人们追求美好幸福生活的重要内容。文化的概念研究众多，其内容丰富、种类繁多、外延宽广，它在社会发展进程中逐渐成为一个既相互独立又有内部逻辑联系的疏松综合体（安宇等，2005）。文化不仅具有物质实体性、经济基础性和社会时代性等特点（王恩涌等，2000），其发展还具有历史的延续性和空间的地域性。

地域文化是由特定区域的人群与所在地区的环境相互作用而形成的智慧成果，其核心内容是传承至今的地方精神和生活方式，是该区域所特有的符号意义系统（孔翔，2016），它是地域与文化的复合体，文化的复杂性决定了地域文化界定的复杂性（唐姣艳和刘新有，2007）；因此，与文化一样，国内外学者对地域文化至今仍没有形成统一的明确概念，许多学者兼顾文化与地理的不同学科属性对其做出解释。如程民生（1997）认为地域文化是指一定地域内的文化现象及其空间组合特征，文化发展的空间限制性所形成的文化地域，成为一种文化强制力量，制约着不同地域的文化性质、类型、水平、发展方向和速度；李敬敏（2002）认为地域文化是以自然环境和地形地貌为标志而形成的特色文化，它十分明显地制约和影响着人们的生活方式和思维习惯；邱文山（2003）认为"地域文化"或称为"区域文化"，是一门研究人类文化空间组合的地理人文学科，在某种意义上等同于文化地理学，即文化地理学以地理学为中心展开文化探讨，而地域文化则以历史地理为中心进行文化探讨；赵万民和王纪武（2005）认为地域文化是文化地理学的核心概念，一方面它指客观的地理空间单元，具备特定的空间区位和形态特征，另一方面地域空间又是一种主观的建构；李建平（2006）认为地域文化是一种以地域为基础，以历史为主线，以景物为载体，以现实为表象，在社会进程中发挥重要作用的人文精神。另外，一些学者认为地域文化的概念有广义和狭义之分，认为狭义的地域文化专指先秦时期中华大地不同区域范围内物质财富和精神财富的总和，而广义的地域文化特指中华大地不同区域物质财富和精神财富的总和（葛斌昂，2011）。因此，所谓地域文化，就是一定地域内由历史形成并被人们所感知和认同的各种文化现象（雍际春，2008），属于源远流长并传承至今的特色文化传统，是在一定空间范围内特定人群的行为模式和思维模式的总和（张凤琦，2008），是人类社会历史实践过程中创造的物质财富和精神财富的总和。

2. 地域文化的特性

地域文化是由特定地域的自然地理环境、历史文化传统和人群的生产生活方式构成的，一个地区由历史形成的特质文化，具有共同文化传统和相同发展脉络的文化形态（唐永进，2004；卞敏，2011），除具备文化发展的持续性与文化认同的一致性等基本特性外，还具备以下特性。

第一,地域性和亲缘性。地域文化的地域性是其最本质特征,它是一个地区人们在长期生活、生产劳作和社会历史的演进中积淀而成的,它在空间上占有一定的地域单元,并构成具有一定特质的文化区,即通过形成一个在语言、艺术、信仰、道德风俗、生活方式和思想观念等方面有着共同特征的群体,并彰显其地域独特性;地域文化与所在地域内的人群密切相关,人是地域文化的创作者、实践者以及欣赏者,地域文化是构成个体心理结构的一部分,在人的成长过程中能够发挥潜移默化的作用,最终通过其思维方式、精神观念和生活习惯等反映出来,并起到很强的教育熏陶作用(陈大路和谷晓红,2007);因此,地域文化具有较强的亲缘性。

第二,稳定性和传承性。地域文化是在相对稳定的特定地域内,受自然地理环境和人文社会因素等多种要素相互作用的影响,经过长时期的孕育而逐步形成并不断发展(张凤琦,2008),从而使地域文化在发展过程中表现出较强的形态上的稳定性、历史发展上的传承性以及文化外观上的独特性(路柳,2004),地域文化的传承性特征导致了不同地域范围的文化差异,通过传承传统文化来形成本地域的文化特色,进而形成了丰富多彩的地域文化,也为地域文化的多元性与丰富性奠定了基础。

第三,多元性和丰富性。地域文化的地域性和传承性决定了不同地域文化的多元化特征,而多元性可以使不同地域的人们在相互交往中吸收、借鉴其他文化中有益的经验,破除对某种落后文化形式的执着,更好地解决本地域文化所存在的现实问题,为主流文化的应变和实现创造性转换提供了重要资源和更多的可能性(博克,1998);地域文化的丰富性表现在地域文化空间范围和内容的层次性上,从而因其等级层次而形成地域文化系统,高等级层次地域文化的特征是低等级层次地域文化特征的综合和概括;地域文化的多元性和丰富性表现在地域文化综合体的整体性上(陈大路和谷晓红,2007),多元地域文化相互融合而构成一个相对完整的文化体系。

经过长时期的历史积淀,地域文化具有丰富的内涵和价值。地域文化是由特定区域的人群与所在地区的环境相互作用而形成的智慧成果,其核心内容是传承至今的地方精神和生活方式,是该区域所特有的符号意义系统(孔翔,2016)。

3. 中国地域文化的类型

我国地域文化约产生于旧石器时代中晚期,初露端倪于新石器时代初,兴盛于秦汉,受政权更迭、统一与分裂的交替、民族间的战争与交流融合等因素影响,各类地域文化作为子系统组合形成了中华文化大系统(雍际春,2008)。中国地域文化类型众多,划分标准不尽相同。

(1)地域文化的划分标准

对地域文化进行合理划分,需要依据科学的划分标准,不但要考虑客观的地域要素指标和文化风貌指标,还需考虑主观的文化认同指标即地域人群的文化认同(白欲晓，2011），因此地域文化类型划分标准复杂，主要可分为以下三种：一是以"种族类型"为主要划分标准，它是最简单的划分标准，即根据不同的种族表现出的文化差异，进行地域文化划分（曲英杰，1989）。二是以"自然要素和自然地域"为主要划分标准，即在地域文化划分时重点考虑自然地理环境和自然地域等较为稳定的要素，如黄河文化、岭南文化和西域文化等（严飞生，2006）。三是以"社会经济风貌"为主要划分标准，这种标准可以从两方面考虑，一方面是基于不同物质资料的生产方式来划分，如农耕文化、滨海文化和草原文化等；另一方面则是从不同区域的文化风貌表现和认同来划分，如吴越文化、齐鲁文化和巴蜀文化等（李勤德，1995；白欲晓，2011）。

（2）中国地域文化主要类型

由于划分标准的不同，当代中国地域文化划分类型众多，如李勤德（1995）将地域文化分为齐鲁文化、中原文化、燕赵文化、巴蜀文化、荆楚文化、吴越文化、岭南文化、滇黔文化、闽台文化、西藏文化、西藏亚文化、西域文化、松辽文化和蒙古草原文化等类型；吴必虎（1996）将其分为中原文化区、关东文化区、扬子文化区、西南文化区、东南文化区、蒙古文化区、新疆文化区和青藏文化区等；《中国地域文化丛书》则持吴越文化、燕赵文化、中州文化和草原文化等二十四分说（俞晓群，1999），等等。根据已有的地域文化划分类型，本节对影响力较为深远、代表性较强的草原文化、长江文化、黄河文化、岭南文化、闽南文化和河套文化6种地域文化类型进行详细解析。

1）草原文化。草原文化是指繁衍生息在草原这片土地上特定自然生态环境中的历代不同族群的人们共同创造的文化。它是一种与草原自然生态环境相适应，包含思想观念、宗教信仰、风俗习惯、文学艺术和社会制度等为主要内容（贾萍，2015），共同创造的一种与草原自然生态环境相适应的生态型文化；它是中国北方游牧民族在适应草原生态环境的过程中，根据地理环境、气候条件及生产生活状况而探索出的结果，是在社会历史进程中逐步创造和积累的宝贵财富，是中华文化的主源之一，与黄河文化、长江文化一样具有重要战略地位。我国的草原文化地域大致包括大兴安岭东麓到帕米尔高原以东，阿尔泰山以南至昆仑山南北的广大区域，涉及黑龙江、吉林、辽宁、河北、内蒙古、山西、陕西、宁夏、甘肃、青海、新疆、四川和西藏等省（自治区），是中国各地域文化中空间范围覆盖最广的地域文化，它通过与中原文化的长期碰撞、交流、吸收和融合，逐渐演变成为以内蒙古为主要集聚地、蒙古族文化为典型代表、历史悠久、特色鲜明、内涵丰富的文化体系。草原文化具有4点特质，即历史传承的悠久性、区域分布的广阔性、创造主体的多元性、构建形态的复合性（陈光林和吴团英，2010）。草原文化以崇尚自然为根本特质，具有浓厚的地域特色和民族特征。草原游牧民族因生存的需要，崇尚自然，顺应自然的选择，珍爱草原生命，格外重视对草原、森林、山川、河流和生灵的生态保护，积累了丰富而宝贵的生态保护经验，对现代生态文明建设有着深刻启示（贾萍，2015）。

2)长江文化。长江文化是指长江流域地区文化特性和文化集结的总和与集聚,是一个时空交织的多层次、多维度的文化复合体(丁家钟和贺云翱,1998),是长江流域的一切物质文化和精神文化的总和,其具有专门性、特指性、包容性和序列性等特征(文平,2009)。其地域分布不仅包括传统所谓的长江流域,即四川、重庆、湖北、湖南、江西、安徽、江苏、浙江和上海7省2市外,还包括云南、贵州、广西、广东、福建等省(自治区),均为长江水系的干流或支流流经区,同属于中国南方文化体系。在"多元一体"的中华文明中,长江文化和黄河文化是两支最具代表性和影响力的主体文化,共同构成中华文化发展的基础。长江文化主要包括长江上游四川盆地的巴蜀文化、长江中游江汉平原的荆楚文化以及长江下游三角洲的吴越文化;巴蜀文化是在丰富的物质基础上,加上特殊的地理环境,以成都平原为中心而创造出的"天府之国"的灿烂文化,分布于长江上游的四川盆地,包括陕南、鄂西和云贵的部分地区,其地理的封闭性和文化特征的开放性使得巴蜀文化以相忍为国、古风淳朴、人格勇敢为主要特征,它是长江文化中的主体文化,并占据举足轻重的重要地位;荆楚文化地域处于长江中游,以洞庭湖、湘江为中心,大致包括湖南、湖北地区,纵横交通的枢纽地位具有极大的开放性,从而使荆楚文化具有极大的兼容性,以及自强不息、开放融合、革故鼎新的精神特征,体现出明显的华夏文化与南部蛮夷文化相互交融的特征;吴越文化地域位于长三角太湖流域和杭州湾两岸,具备崇德重义、向善求美、明理重学和创新进取等显著品性(罗昌智,2004)。

3)黄河文化。黄河文化有广义和狭义之分。狭义上的黄河文化是历史学意义上的文化;广义上的黄河文化,是一种以黄河流域特殊的自然地理和人文地理为优势及以生产力发展水平为基础的具有认同性、归趋性的文化体系,是黄河流域文化特性和文化集合的总和或集聚,即黄河流域人民在长期的社会实践中所创造的物质财富和精神财富的总和,它包括一定的社会规范、生活方式、风俗习惯、语言文学、宗教信仰、精神面貌和价值取向,以及由此所达到的社会生产力水平,等等。其地域分布大致包括青海、甘肃、宁夏、内蒙古、陕西、河南、河北、山西和山东等干流流经区,以及北京和天津两市、安徽和江苏两省一些北部地区等支流流经区(徐吉军,1999)。黄河文化是一种典型的农业文化,具有社会正统性、文化包容性等特征和天人合一的哲学观念、源远流长的文化传统、不断进取的文化精神等特点。根据黄河流域内局部的一致性和地区的多样性,可将黄河文化划分为三秦文化、中州文化(狭义的中原文化)、齐鲁文化3个核心文化区和三晋文化、燕赵文化、河湟文化3个亚文化区(或称为次文化区)(徐吉军,1999)。黄河流域和长江流域均是中华民族的摇篮,在历史进程中孕育了中华民族南北两大元文化——黄河文化和长江文化,是两支均衡发展、并驾齐驱的文化系统,它们在相互冲撞与对抗中又存在相互影响、渗透与补充(徐光春,2016)。

4)岭南文化。岭南文化基于独特的地理环境和历史条件,以农业文化和海洋文化为源头,在其发展过程中不断吸取和融汇中原文化和海外文化,逐渐形成自身独有的特点，属于具有鲜明地域特征的原生性文化，是悠久灿烂的中华文化的有机组成部分（张磊等，1998）。岭南指五岭以南地区，在地域上包括今广东省、海南省和广西部分地区。由于岭南地区北依南岭，南傍南海，加上南岭万山叠嶂，不仅使岭南地区构成一个相对独立的自然地理单元，而且孕育于其中的岭南文化也形成了迥异于岭北的文化特质，在中华文化之林独树一帜（刘益，1997）。岭南文化务实、开放、兼容、创新，具有文化平民性、风气开放性、精神进取性和商业实利性等鲜明特点，而文化兼容性是其显著特点，也是岭南文化发展的内在机制（叶岱夫，2009）。岭南地区的地域文化特征，通过其独有的或富于特色的方言、习俗、饮食、工艺、戏曲、音乐、绘画、建筑等丰富多彩的形式呈现出来，更增添了地域文化的魅力，达到独特纯美的境界（郭杰，2010）。

5）闽南文化。闽南文化原本指福建南部，包括当今泉州、漳州、厦门三地所辖的部分区域，以及龙岩的部分地区，由其特定的地理环境、历史条件、文化背景及其社会经济等因素交汇形成的地域性文化（陈耕，2004）。闽南文化是由生活在福建南部地区的人（主要是闽南人）共同创造并且一代代传承、发展与创新的地区性文化，其建筑、民俗、民间艺术、宗教、宗族文化及方言等极具有鲜明的地方特色（李嘉曾，2015）。闽南文化作为延自中原的一种移民文化，是漫长历史积淀和发展的结果，是大陆文化向海洋文化过渡的多元交汇的"海口型"文化，从而具有明显的本土性与世界性、大陆性与海洋性的特征，其中，以俗民文化作为主要形态表现出闽南文化特殊的色彩与个性（刘登翰，2014）；闽南文化是中华文化这一母体文化中重要分支之一，它是中华文化不可分割的组成部分（苏振芳，2004），蕴涵着中华大文化的历史内涵，也具有与自身的地理环境相融合的区域文化色彩。

6）河套文化。河套文化是黄河文化、边塞文化、草原文化和农耕文化等亚文化在河套地区碰撞、融合、传承、积淀所形成的产物，具有鲜明地域特色和民族特色（张浩，2014）。其地域大致分布在贺兰山以东、吕梁山以西、阴山以南和长城以北，包括银川平原（宁夏平原）和鄂尔多斯高原、黄土高原的部分地区，今分属宁夏、内蒙古和陕西。河套文化是中国北方农耕文明与游牧文明、草原文化和黄河文化高度融合的产物，是北方草原主流文化的重要组成部分之一，是边塞文化、草原文化、黄河文化和农耕文化在河套地区特定的地理环境中熔铸出来的特有的文化形态，形成了鲜明的地域民族特色和兼容并蓄的重要地方文化体系，具有"和而不同、开放进取、包容和谐"的文化气质和文化精神（孟长云，2006），是中国传统文化中的一块瑰宝，对中华文明的形成、发展产生着重大影响。

二、中国城市文化

城市是由历史文化和人类社会权力形成的一种最大限度的汇聚体（刘易斯·芒福德，2009），属于人格化的主题空间，它能够反映出民族的、时代的与人格的闪光点，传统文化、历史演进和社会发展等各种因素，使得不同国家的城市形成了各不相同的城市文化。中国城市在悠久的发展过程中，在物质文化、制度文化和精神文化等三个方面形成了独特的文化内涵。一是中国城市的物质文化属于城市的表层文化，是人类文化的一个"大容器"（张鸿雁，2002），它由各类基础设施构成，即城市布局、城市建筑、城市交通设施、城市通信设施、公共住宅、水源及排水系统以及各种商品的生产和流通；二是中国城市的制度文化，属于中层结构，主要目的是满足城市内所有居民的更深层次的需求，主要包括家庭制度、经济制度和政治制度；三是中国城市的精神文化，属于城市文化的深层结构，是人类社会意识的总和，包括一个城市的知识、信仰、艺术、道德、法律、习俗以及作为一个城市成员的人所拥有的其他一切能力和习惯（鲍宗豪，2006）。因此，中国城市文化具有多元性和统一性的基本特征。

1. 城市文化多元性

地域文化具有多样化的基本特点，在城市的发展过程中，由于地理、社会、历史、人文和环境的综合作用，不同地域内的城市发展形成各具特色的城市文化，也可以说城市文化是由人类创造出的物质财富和精神财富共同组成的（鲍宗豪，2006）。城市文化具有鲜明的地域特征，是最能反映时代变迁和文化时尚的一种地域文化，它既能展现城市发展的独特魅力，又是推动城市持续发展的不竭动力。

从古代的政治制度、宗教发展和学派分歧，到如今的全球化、信息化、城市化和现代化的快速发展均为城市文化多元性的形成奠定基础，而且城市本身就是一个多类型、多层次、多功能的复杂系统，因此，多元性是城市文化的典型特征。城市文化的多元化发展具有多元并存、求同存异和融合创新等时代特点，有效推动了中国城市化进程。从时序角度看，城市文化多元性包括朝代更迭的文化多元性、多民族的文化多元性和外来文化融合的多元性（侯红蕊，2013），且在此基础上经过传承、创新与融合，使得城市文化的内容更加丰富，体系更加完善。从地域角度看，地域与文化相结合形成了各具文化特色的城市，中国城市文化建设兴盛于21世纪，多元化的城市文化可分为以下几种类型：第一，选择历史传承的传统文化作为城市文化的标志和立足之本；第二，以文化遗产为基础，以历史与文化的人文价值作为城市的意蕴；第三，古都与现代文明并重的立市方针；第四，以文化根脉为抓手树立城市品牌形象（俞思念，2010）。随着经济全球化和信息多元化的发展，各个国家、民族和城市在经济、文化等方面的交流不断增多，多元化的城市文化相互碰撞融合，使得各城市文化不断更新、发展。

2. 城市文化统一性

中国城市发展的一个主要脉络是儒家文化，它强调追求秩序、礼制等，在城市的布局（前朝后市、左祖右社）、城市体系方面均有体现。在城市发展过程中人们常用"多元一体"来概括各类地域文化的特征（杨志玲，1998），儒家文化是我国多元文化的共同基础，各城市根据不同的自然与人文因素形成具有自己特色的城市文化，且在某一相近地域范围内众多城市具有共同文化特征，共享中华民族的主流文化，便形成了中国城市文化多元统一的特点。近现代以来，随着西学东渐和改革开放，在儒家思想现代化的基础上，中国城市文化不断吸收外来文化的精华，形成新的具有统一性特征的城市文化。

中国现阶段正处在社会主义建设之中，国家倡导的主流文化具有不言自明的权威性和流行性，主要包括中国的传统文化、马克思主义中国化以来的创新文化和中国对西方优秀文化的借鉴三个部分（卢衍鹏，2012）。城市文化的多元性，使当代发展成为文化大发展、大繁荣的时代，各城市依据特色而发展。虽然多元城市文化并存于同一时空中，但是每类、每种文化的地位和作用并不是完全相等的，总有一种主导性的文化起支配作用。曲阜、苏州、西安和哈尔滨4座城市的城市文化各有特色、风格不一，且都属于不同的地域文化范围之中，但是4座城市均属于中国历史文化名城，在继承中国传统文化的基础上发挥自身特色优势，通过借鉴、吸收优秀成果来进行城市文化创新，真正做到多元统一。

三、中国城市文化基础

地域文化是城市发展的灵魂，城市的文化特质在城市发展的过程中，逐渐成为一座城市成熟的重要标志（张卫，2006）。城市的文化建设是一项系统性工程，它对城市的未来发展、合理布局和综合安排城市各项工程建设的综合部署，能够带来现代知识进步、经济增长、政治发展、文化繁荣、社会流动和心理适应等方面的空前变化（单文慧，1998）。21世纪以来，我国城市建设发展迅速，但地域文化却处在快速消亡的状态中，关于城市"文化定位"也逐渐成为许多城市发展关注的热点问题（徐剑，2019）。

1. 地域文化对中国城市发展的影响

城市特色体现了一个城市的魅力，是城市的灵魂以及存在的根基和发展动力，而城市特色形成的源泉则是地域文化（林剑，2004）。地域文化是历史文化的积淀，是城市不可再生的宝贵资源，为城市发展提供重要的经济支撑，同时有利于形成城市的独特个性，构建城市文化与精神，增加市民对自身城市的认同感，进而增强凝聚力（金鸣娟等，2000）。由于地域文化种类繁多，使得各城市在城市建筑、城市形象、城市方言等方面产生差异，因此各城市在相互联系中因特色文化不同而又相互区别。

（1）对城市建筑的影响

建筑风格是指建筑物通过平面布置、立面形式、空间组织、结构方式、形体、装饰、色彩以及建筑群体组织等多方面的处理而形成的一种综合的艺术形象或艺术样式（陈苏柳等，2006）。在人类社会不断发展和变化的过程中，因地域文化的差异形成了多样的建筑风格,如属于东北文化的哈尔滨,异域风情与东方文化相互交融,形成了充满民俗色彩的中西合璧的建筑风格,并构造出以俄罗斯式、新艺术运动和折中主义风格为基调的城市建筑(陈苏柳等,2006);属于黄河文化的延安为边陲要地,位于黄土高原沟壑区,形成了"三山两河"的城市格局,建筑风格呈现依据功能空间的布局平行于河道的特点,在城市与山体的结合部则更加强调依山就势的居住形式,空间分布灵活,突出显示川谷城市的特点。中国南北方因不同的地域文化而导致建筑风格迥异,南方建筑用地比较狭窄,一般建在平原、丘陵间,建筑材料丰富多彩,总体风格属于清新、通透型,整体布局更为灵活;北方建筑用地相对宽松,地形也更为平整,在建筑材料上多采用相对单一的土木之类的材料,在群体布局上呈现出总体整齐、方正的格局,以及质朴、敦厚的建筑特色(李祎,2018)。

(2) 对城市形象的影响

城市形象是城市整体化的精神与风貌,是城市全方位、全局性的形象,是一座城市内在历史底蕴和外在特征的综合表现,其主要包括城市的整体风格与面貌,居民的整体价值观、精神面貌和文化水平等方面(蒋琨和蒋观祯,2011)。城市形象从地域文化的全局和战略的高度出发来提高自身的竞争能力,能够依据不同城市自身特有的地域文化、人文精神和发展方向准确定位城市的形象,同时打造合适的视觉识别系统,为提升城市综合实力增加砝码(霍治乾,2015)。中国各城市对城市形象定位给予高度重视,东部及东北部城市以青岛和大连为典型代表,西部及西南部的代表城市为西安和成都,南部及东南部则以深圳、苏州和杭州为代表(表8.1)。

(3) 对城市方言的影响

地域方言是语言因地域方面的差别而形成的变体,是全民语言的不同地域上的分支,是语言发展不平衡性在地域上的反映,同时也是地域文化的体现。作为文化的载体,方言和地域文化在形成和发展的过程中是相互促进和相互影响的(曹志耘,1997)。中国地域广阔,汉语与少数民族语的方言众多。汉语方言通常分为七大方言:官话方言(包括东北官话区、北京官话区、冀鲁官话区、胶辽官话区、中原官话区、兰银官话区、西南官话区和江淮官话区8个分区)、吴方言、湘方言、赣方言、客家方言、粤方言以及闽方言。其中,粤语定型于两宋时期的移民在珠三角独占优势,属于单纯型方言,其声、韵、调的音类和中古音的对应较为整齐,文白异读较少;徽州方言结构比较杂乱,属于驳杂型方言,早期以吴语为基础,定型于皖南,由于受北部和西部的下江官话及南部的赣语的影响而变得驳杂;北京官话定型于元代大都话的基础之上,通过整合而成为强势方言;晋方言层次深厚,在中古之后变为弱势方言,文白异读较繁(李如龙,1999)。

2. 城市建设发展对地域文化的作用

地域文化是城市和产业发展的基础和灵魂,它对城市建设发展产生方方面面的影

表 8.1 国内部分城市形象定位一览表

城市名称	城市形象定位	组织（策划）方	公示时间	所在位置
上海	精彩之都	庄志民（专家言论）	2002 年	东部
南京	博爱之都	南京市旅游局	2003 年	东部
无锡	太湖明珠	不可考	未知	东部
苏州	天堂苏州，东方水城	苏州市旅游局	2006 年	东部
杭州	休闲之都	杭州市旅游局	2001 年	东南
宁波	东方商埠，时尚水都	宁波市旅游局	2004 年	东南
义乌	小商品海洋，购物者天堂	义乌市政府	2003 年	东南
厦门	海上花园	未知	未知	东南
香港	动感之都，亚洲国际都会	香港特区旅游局，香港特区政府	1998 年；2001 年	南部
深圳	欢乐之都	深圳市旅游局	2006 年	南部
南宁	中国绿城	南宁市政府	2002 年	南部
海口	南海明珠	未知	未知	南部
武汉	东方芝加哥	孙中山《建国方略》	1920 年	中部
长沙	璀璨星城	从民间传说中提取概念	未知	中部
成都	西部之心	王志纲工作室	2003 年	西南
西安	兵马俑的故乡	西安市旅游局	2006 年	西部
青岛	帆船之都	青岛市政府	2004 年	东部
大连	浪漫之都	大连市旅游局	2003 年	东北
哈尔滨	冰城	未知	未知	东北

资料来源：李尔尘. 2007

响，而作用是相互的，反过来城市发展对地域文化也产生了不可忽视的影响。

一方面，城市建设发展能够对地域文化产生较大的积极作用。第一，城市建设发展兼顾传承与创新的原则，不断发展地域文化。历史传承的文化是城市发展的底蕴，弘扬优秀文化传统，新元素会逐渐代替不合理的旧元素，在现代化事业快速发展的浪潮下，积极融合外来文化的精华，在全球文化与地域文化之间建立良性的互动关系（周利敏，2011），有利于促进文化多样性，使得地域文化得到更好的保护。第二，城市建设发展带来空间的开拓，不断丰富地域文化。城市建设产生各式建筑物，形成围合空间，不同的空间具有多样的文化内涵，城市的历史空间因城市建设而不断更新，使居住在城市空间里的人们产生情感共鸣，加深对城市发展的理解，形成地方认同，更使得原本的地域文化变得丰富而形成更具地域特色的城市文化（徐剑，2019）。第三，城市建设发展带动文化相关产业快速发展，不断推广地域文化。城市在建设发展的过程中，促进经济发展，使得文化产业繁荣发展，带来地域文化的非地理空间增值。

中国城市地理基础

另一方面，城市建设发展对地域文化具有不可忽视的消极影响。城市建设发展在众多区域普遍出现同质性的问题，千城一面的现象突出。地域文化是城市发展的灵魂，是城市发展的"内在基因""地方之根"（李菁和段斌，2011）。随着全球化的快速推进，许多城市往往忽略自身的地域特色而盲目模仿国外城市建设模式，出现了"建设模式统一化"和"建设方法一样化"的危机，导致历史传统文化的特质不断遭到忽视和破坏，城市文化逐渐缺失（张中华，2016）。

第二节　中国城市发展的多民族文化基础

中国自古以来就是一个统一的多民族国家，大大小小的城市在历史的发展过程中都会或多或少地保留当地民族的文化痕迹。民族文化是各民族在其历史发展过程中创造和发展起来的，在中国的许多城市中，这种文化往往主导着城市的发展方向，在长期发展过程中逐渐形成了城市文化的特色性。此外，中国的许多城市中并不只是居住着单一的民族，而是共同杂居着多个不同的民族，不同的民族有着不同的文化，这些不同的民族文化共同构成了城市文化的多样性。文化多样性是城市文化发展的固有特性，城市的竞争力来自多样性。

一、中国民族分布

1. 中国民族概况

1949 年中华人民共和国成立以来，通过识别并经中央政府确认，中国共有民族 56 个，即汉族、蒙古族、回族、藏族、维吾尔族、苗族、彝族、壮族、布依族、朝鲜族、满族、侗族、瑶族、白族、土家族、哈尼族、哈萨克族、傣族、黎族、傈僳族、佤族、畲族、高山族、拉祜族、水族、东乡族、纳西族、景颇族、柯尔克孜族、土族、达斡尔族、仫佬族、羌族、布朗族、撒拉族、毛南族、仡佬族、锡伯族、阿昌族、普米族、塔吉克族、怒族、乌孜别克族、俄罗斯族、鄂温克族、德昂族、保安族、裕固族、京族、塔塔尔族、独龙族、鄂伦春族、赫哲族、门巴族、珞巴族和基诺族。其中，汉族人口占绝大多数，其他 55 个民族人口相对较少，习惯上称为少数民族（《中国少数民族》编委会，2010）。中国的少数民族人口持续增加，占全国人口比例呈上升之势。根据已经完成的六次全国人口普查，少数民族人口从 1953 年的 3532 万人（占全国总人口的 6.06%）增加到 2010 年的 11379 万人（占全国总人口的 8.49%）。

中国是一个统一的多民族国家，在悠久的历史长河中，各民族人民相互包容、团结一致、休戚与共，最终形成了现如今中华民族多元统一的格局（刘先照，1994），尤其是新中国成立以来，中国共产党和中国政府牢牢把握新世纪新阶段民族工作的主题：各民族共同团结奋斗、共同繁荣发展，坚持从本国国情出发，总结历史经验，借鉴世界其他国家的有益做法，开创了具有中国特色的解决民族问题的正确道路，确立并实施了以民族平等、民族团结、民族区域自治和各民族共同繁荣为基本内容的民族政策，形成了比较完善的民族政策体系（王明臣，2010）。符合中国国情的正确的民族政策，改善了各民族人民的生活条件，促进了民族地区的繁荣健康发展，提升了民族间的凝聚力与向心力，造就了社会和谐的良好局面，正因为正确的民族政策的实施，所以各民族人民、各民族地区以及民族间关系的面貌都发生了历史性的变化。

2. 中国民族分布

中国各民族分布的最大特点是：大杂居、小聚居、相互交错居住。一方面汉族分布在全国各地，在各少数民族聚居区内或多或少地居住着汉族，即便在以一个少数民族为主的聚居区内，除了有汉族居住外，也有其他的少数民族居住；另一方面在汉族集中居住的地区也聚居或散居着一个或多个少数民族。各民族在长期的历史发展中相互交流、相互认同、相互融合，形成了现在各民族大杂居小聚居相互交错居住的分布格局。

汉族是中国的主体民族，在历经长期的发展融合后，主要集中分布在松辽平原、黄河流域、淮河流域、长江流域以及珠江流域等农业发达地区和城市（李克建，2007），另外，边疆地区也有部分汉族与当地各少数民族交错杂居。

中国少数民族人口虽少，但分布很广。全国各省（自治区、直辖市）都有少数民族居住，绝大部分县级单位都有两个以上的民族居住。中国的55个少数民族中，有许多民族世代聚居在边疆地区，或者靠近边疆地区，具体情况如表8.2所示。

表 8.2 中国少数民族的主要分布情况

地区	少数民族
东北三省	满族、蒙古族、朝鲜族、鄂伦春族、鄂温克族等
西北地区	维吾尔族、哈萨克族、锡伯族、塔吉克族、蒙古族、柯尔克孜族、回族等
西南地区	藏族、傣族、彝族、景颇族、白族、纳西族、哈尼族、布依族、苗族、傈僳族等
广西、海南	壮族、瑶族、黎族等

中国的少数民族主要分布在西南和西北两个区域，其中，西部12个省（自治区、直辖市）居住着全国近70%的少数民族人口，边疆9个省（自治区）居住着全国近60%的少数民族人口。

二、多民族文化城市

1. 民族文化与城市特色性

特色是任何事物区别于其他事物的基础，一个城市的特色也就是其内容和形式明显区别于其他城市的个性特征,是该城市在一定的时空条件下,社会、经济和环境为了自身的生存和发展,以当时所能达到的文明手段,利用自然、改造自然所创造的有别于其他城市的场所和非场所成果的综合表现(于涛方,2004)。建筑形式、自然环境、城市形态和城市文化是体现城市特色的主要形式与内容,其中,建筑形式是城市特色与民族文化的最直观表现。

(1)丽江古城与纳西族文化

云南省丽江市是纳西族的主要聚居区,其中,大研古镇是纳西人口最集中、文化保存最完整的纳西族聚居古镇,也就是我们所熟知的丽江古城,它是一座风景秀丽、历史悠久、文化灿烂的名城,也是我国少有的保存相当完好的少数民族聚居古镇。

丽江古城中的建筑类型有多种,按功能可以分为府邸、官衙、民居、寺院宫观和商铺货栈等。其中明代金碧辉煌的木氏土司府和清代的流官府衙堪称府邸官衙建筑的典型代表,清末至20世纪90年代,由于自然灾害、战乱等自然或人为的原因,官衙建筑在丽江古城中消失殆尽,只剩下零零散散的一些遗迹;临街民居的建筑多为商铺货栈,这些建筑大多是模仿明清古建筑的样式而建,只有少数是历史遗迹通过修复而成。在丽江古城中,大多数的建筑是民居,民居是纳西族人民赖以生存的家园,它不仅反映了丽江古城中纳西族人民的风俗习惯,而且承载着纳西族人的精神和纳西族的文化。因此,古城民居真实具体地展现了纳西族文化的本质特征(于洪,2007)。

丽江古城的民居布局有其独特之处,充分结合了所处的地形、环境条件和道路网络,达到了一种因地制宜的自然状态。院落可以分为很多种,按照所处位置的不同,可分为临街的、沿河的、跨河的和依山的,有的与街道浑然一体,错落有致,有的与河流交相辉映,意趣盎然,有的与青山相依相伴,别有趣味,显露了它们与自然环境融为一体的布局特色;按照房屋规模不同,其建筑形式可分为一坊房、两坊房、三坊一照壁、四合五天井、两重院、多重院,且多数院落临街的一面都设为店铺(杨耀玕,2007)。丽江古城中的民居蕴藏着纳西族的独特文化内涵,体现了纳西族生产生活、宗教信仰、文化艺术等多方面的特色,揭示了丽江古城深厚的"和而不同"的文化特点。"和"即为和谐,古城的和谐内涵比较丰富,不仅表现在古城与自然环境的和谐相处,还表现在古城中人与自然环境的和谐相处,以及古城中人与人之间的和谐相处,甚至还表现在民族与民族之间的和谐相处;"不同"主要体现在丽江古城在保持自身文化特点的基础上,吸纳其他民族的优秀文化,最终形成独一无二的城市文化。丽江古城民居是纳西族百姓的家园,承载着纳西族的历史与文化,不仅反映出纳西族的长幼尊卑的伦理以及亲疏远近的人际关系,而且也能反映出纳西族人民对客观世界,对生命的看法(于洪,2007)。

丽江古城市井有两类,即集市和街市,它们是丽江古城建筑艺术的重要组成部分。丽江古城的集市以四方街为代表,据说纳西族木氏土司让人仿照其印章,用五花石铺就了一个呈方形约400m²的露天集市广场,意为权镇四方。四方街位于古城的中心,其形状很有特点,是一个空旷的集市广场,与四方街相连的4条街巷呈辐射状由此向外四面延伸,而每条主街又有数条支巷呈放射状再向四周辐射,由此形成以四方街为中心,四周店铺客栈环绕,沿街逐层外延的缜密而又开放的建筑格局,古老的集市就这样孕育了城市最初的形状。仔细观察,我们还会发现四方街与中国传统的四四方方的"井"字形街道是不一样的。丽江古城的街市作为四方街集市的延伸和补充,其建筑也很有特点,因为单街独巷经营,渐成特色。例如,新华街,它位于四方街的西侧,是一条拥有理发、织麻和制革等店铺的传统老街,木柱、木门、木花窗以及木柜台等清一色的木结构将整个古色古香的建筑连成一片,与身着传统纳西族服饰正在织麻的老妈妈构成一幅古朴悠闲的风俗画面(和勇,2006)。

纳西族古代建筑是一部凝聚了民族文化的史诗,它的建筑语言是具有强大感召力的民族语言,并在历史长河的冲淘中不断向前发展,虽然民族文化越来越丰富多彩,但是整个城市依旧保持着和谐统一的格调(杨耀玕,2007)。丽江古城的面貌就是丽江纳西民族文化精髓的充分展现,丽江市古城区的发展盛载着纳西族文化发展,纳西族文化不仅有着强大的生命活力,它还吸纳了周边众多的民族文化,最后逐渐形成今天丽江古城的特有形态。

(2)圣城拉萨与藏族文化

拉萨在藏语中的意思为"圣地",她是中国西藏自治区的首府,也是西藏的政治、经济、文化和宗教中心,位于喜马拉雅山脉北侧、西藏高原的中部,海拔3650m,常被称为"日光城",是藏传佛教的"圣城",是中国的历史文化名城,也是享誉世界的旅游城市。她有着悠久的历史,在中华民族文明史中占据着重要的地位,谱写了辉煌的城市发展史卷(徐宗威,2002)。在拉萨这座古老而又神圣的城市里,主要居住着的民族是藏族,藏族是一个文化内涵丰富多彩的民族。就拉萨城市历史景观而言,其物质系统由典型藏式建构筑物、藏传佛教仪典空间、高原环境感知要素与藏族人群特征行为四大要素构成,是拉萨城市历史与文化内涵信息的投影(肖竞,2017)。仅从藏式建筑文化来看,西藏传统建筑有着十分独特和优美的艺术形式,与雪域高原形成完美的组合。不管是宗教的寺庙、贵族的宫殿,还是民间的碉房,都给人以古朴、神奇、自然的美感。不管是石木结构,还是土木结构,白色的墙面、黑色的窗口、木质的窗楣、彩色的门框,在雪域高原之上,在蓝天白云之下,独具特色(禄树晖,2010)。这些藏式传统建筑的艺术和风格,使得拉萨成为中国西部特色鲜明、文化浓厚的民族城市。一般人都认为拉萨是由布达拉宫、八廓街、大昭寺、色拉寺、哲蚌寺以及拉萨河构成的,但在西藏人的眼里,大昭寺和绕大昭寺而建的八廓街才是严格意义上的"拉萨",去拉萨,没去大昭寺和八廓街,都不算真正去过拉萨,如今大昭寺和八廓街俨然成为古城拉萨的精髓。

大昭寺也可称为"祖拉康""觉康"(藏语意为佛殿),其在拉萨市具有中心地位，不仅是地理位置上的中心，也是社会生活方面的中心。大昭寺是由藏王松赞干布建造的一座藏传佛教寺院，后经历代修缮增建，形成了如今庞大的建筑群，在藏传佛教中拥有至高无上的地位，已有1300多年的历史，是西藏现存的最辉煌的吐蕃时期的建筑典范，也是西藏现存的最古老的土木结构建筑，开创了藏式平川式的寺庙布局规式。大昭寺有20多个殿堂，不仅融合了藏族和汉族的建筑风格（金顶、斗拱为汉族特色，碉楼、雕梁则是西藏样式），还吸取了尼泊尔和印度的建筑艺术，成为藏式宗教建筑的千古典范。大昭寺不仅是藏族人民心中的金色圣殿，更是藏汉团结的有力见证。

八廓街又称为八角街，位于拉萨市的旧城区，是拉萨著名的转经道和商业中心，较完整地保存了古城的传统面貌和居住方式。八廓街原街道只是单一围绕大昭寺的转经道，藏族人称为"圣路"，逐渐扩展为围绕大昭寺周围的大片旧式老街区，主要由八廓东街、八廓西街、八廓南街和八廓北街组成的多边形街道环，周长1000余米，街内岔道较多，有街巷35个。八廓街是全世界最有价值的传统文化街区之一，这并不仅仅因为它拥有着超越千年的历史，见证过商业的繁华，承载着藏传佛教的信仰，保存有壮丽可观的建筑；一个更重要的原因是，八廓街是青藏高原上圣城拉萨的雏形，是佛教宇宙观"曼陀罗"在大地上的诗意构筑，是凝注了藏文化理想与信念的典范街区（李霞，2013）。

（3）平遥古城与汉族文化

平遥古城位于山西省中部平遥县内，始建于西周宣王时期（公元前827年～公元前782年），是中国汉民族城市在明清时期的杰出范例，在中国历史的发展中，为人们展示了一幅非同寻常的汉族文化、社会、经济及宗教发展的完整画卷。平遥古城自明洪武三年（公元1370年）重建以后，基本保持了原有格局。

平遥古城讲究建筑的实际性，实际中又不乏对称与和谐的美感，同时也体现出中国传统文化元素（吴晓慧，2015）。它凝聚了几千年来优秀的汉民族传统文化，古城犹如一部时光机，带领人们一起回顾历史情境与光影年轮。平遥古城建筑的价值在于其完整性，尤其体现在其建筑中融入当地生活及日常活动所表现出来的传统文化特质（陶伟，2012）。

平遥古城墙至今历经了600余年的沧桑风雨，长约6公里，有3000个垛口、72座敌楼，它们象征着孔子的三千子弟及七十二贤人，古城墙的修建凝聚了古人的智慧以及对儒家思想的推崇。除此之外，平遥古城内街道纵横交错，街道形成"土"字形的格局，方位上严格遵从八卦，在格局上以南大街为主轴线，布局严谨，上下有序、左右对称，整个古城建筑体现了以儒家文化为主导的礼制程式。

平遥古城内的建筑以砖墙瓦顶的木结构的四合院为主，四合院大多由几个套院组成，其院落布局轴线明确，组合得体，形成二进或三进的"日""目"字形基本形式。四合院门大多四壁高耸、封闭严密，厚重的大门，充分表现了古代北方民居建筑坚固安全的特点，是儒家封闭观念的产物。建院时突出正房，正房房数多以奇数为主，禁用九开间，因按儒教礼制九为数之极，只可用于皇宫。正房的中堂有房门，其余的与内门相通,即体现出"一家之主"的地位。古时建筑十分讲究君君、臣臣、父父、子子的礼制等级次序,也反映出"国有君,家有主"三纲五常的儒家礼制。儒家长幼有序、尊卑有别的中国传统礼制观念的思想完美体现在平遥古城建筑的设计布局文化理念上(姚梦园等,2014)。

平遥古城内的文庙位于县城内东南隅,同云路门、文昌阁与魁星楼共同组成文庙建筑群体。文庙不仅历史悠久,规制齐全,而且文化内涵十分丰厚,充分地显示着汉民族历史中崇儒重道的思想文化特征,体现人们对儒家文化的追求。文庙内的殿宇宽敞,布局壮观,其具体的建筑布局中有道观和寺院,代表了儒、道、佛"三教合一"的思想;同时把庙和县衙署有机地统一在一起,体现了"神人共治"的思想。整个平遥古城的建筑设置,集商、民、儒三位于一体,既遵循了中国古代传统的阴阳五行之说,又合乎了尊卑有序、内外有别的伦理道德礼制,同时还在建筑的局部和细微之处,融入了晋商独有的建筑风格,将造院技巧与造园艺术有机地融为一体(姚梦园等,2014)。

2. 民族文化与城市多样性

城市从来就是各个民族、各种文化相互混合、相互作用的地方,城市滋养了民族,民族成就了城市,是城市给民族发展带来契机,反过来,是民族的力量促进了城市的向前发展。城市文化就是各种民族文化交织而成的混合体,包含着多样的民族文化的养分。在中国,城市人口的多民族聚居(大杂居、小聚居)是城市文化多样性的内在动力。

(1)乌鲁木齐——塞上都会

乌鲁木齐(Urumqi)简称"乌市",旧称迪化,是新疆维吾尔自治区首府和政治、经济、文化、科教和交通中心,中国西北地区重要的中心城市和面向中亚、西亚的国际商贸中心,丝绸之路经济带核心区节点城市。它是一个多民族聚居的城市,有民族51个,第六次全国人口普查结果,乌鲁木齐全市常住人口311.26万人,各少数民族人口78.09万人,占总人口的25.09%。主要世居民族13个,除维吾尔族、汉族外,世居的民族还有回族、哈萨克族、满族、锡伯族、蒙古族、柯尔克孜族、塔吉克族、塔塔尔族、乌孜别克族、俄罗斯族、达斡尔族等。

不同民族的语言、住居形式、空间、物产、宗教、自然形象直至观念、行为等都反映到建筑上来,呈现出乌鲁木齐城市文化繁盛的景象(张彤,2003)。乌鲁木齐的民族文化是多元的,其建筑也是多元的,建筑类型与风格错综复杂。乌鲁木齐的建筑在风格上力图表达一种多元文化汇集的"西域"特征,造型上应用现代建筑技术,为建筑注入鲜明的地方特色,赋予建筑以新意,表现出强烈的新疆乡土风貌(李俊新,2006),在空间和平面布局上吸取了新疆民居的院落式布置方式。

乌鲁木齐各民族文化是相互影响的、相互交融的,其多样化的建筑风格形成了当地的鲜明特性。新疆人民会堂位于乌市友好路北端，昆仑宾馆对面，儿童公园一角。会堂前厅处理成过渡空间，又是共享空间，前厅的壁画"天山之春"表现各族人民大团结，开发建设新疆的主题；新疆人民会堂檐头采用黄色玻璃砖贴面，新疆友谊宾馆把木花格和圆形门结合在一起，都是要表现新疆各民族文化和汉族文化交流的结果，而使建筑产生与伊斯兰文化不同的风格。

新疆国际大巴扎是新疆商业与旅游业繁荣的象征，也是乌鲁木齐作为少数民族聚居城市的景观建筑和标志性建筑，由6个楼群组成。在建筑风格上，准确使用最本质、最有生命力的要素，采用土黄色为主色调，融合了希腊、古罗马、西亚、中亚建筑要素，集伊斯兰文化、建筑、民族商贸于一体，是新疆旅游产品的汇集地和展示中心。另外，以传统磨砖对缝与现代饰面工艺相结合的处理手法，不作舞台布景式的建筑语言堆砌，体现空间和光影的变化，在涵盖了现代建筑的功能性和时代感的基础上，重现了古丝绸之路的商业繁华，其浓郁的民族特色和地域文化对中亚及中东地区的辐射极具亲和力和影响力。

（2）凤凰古城——神秘湘西

说起湘西的凤凰，人们立即会想起一个人，淡淡的微笑，略带几分忧郁，看似如水一般平静的"乡下人"——沈从文先生。提起沈从文，人们又立即会想起《边城》，思绪飞向那个遥远、神奇而美丽的小城——凤凰（田兆元，2010）。

凤凰古城位于湖南省湘西土家族苗族自治州的西南部，东与泸溪县交界，南与麻阳县相连，西同贵州省铜仁市、松桃苗族自治县接壤，北和吉首市、花垣县毗邻，土地总面积约10km^2，由苗族、汉族、土家族等28个民族组成，为典型的少数民族聚居区，因背依的青山酷似一只展翅欲飞的凤凰而得名。

凤凰古城始建于清康熙四十三年（1704年），历经300多年古貌犹存，现东门和北门古城楼尚在。城内青石板街道，江边木结构吊脚楼，以及朝阳宫、古城博物馆、杨家祠堂、沈从文故居、熊希龄故居、天王庙、大成殿、万寿宫等建筑无不具有古城特色。凤凰古城以回龙阁古街为中轴，连接无数的石板小巷，沟通全城。回龙阁古街是一条纵向随势成线、横向交错铺砌的青石板路，自古以来便是热闹的集市。凤凰古城的标志性建筑之一虹桥，原名卧虹桥，历史悠久。凤凰古城分为新旧两个城区，老城依山傍水，清浅的沱江穿城而过，红色砂岩砌成的城墙伫立在岸边，南华山衬着古老的城楼，城楼还是清朝年间的，锈迹斑斑的铁门，还看得出当年威武的模样。北城门下宽宽的河面上横着一条窄窄的木桥，以石为墩，两人对面都要侧身而过，这里曾是当年出城的唯一通道。凤凰古城北门城楼本名"璧辉门"，采用红砂条石筑砌，既有军事防御作用，又有城市防洪功能，是古城一道坚固的屏障。凤凰古街两边建筑飞檐斗拱，店铺中陈设着琳琅满目的民族工艺品，浓浓的古意古韵，透出古街深厚的民族文化底蕴。

民国以前，凤凰城内的居住者多为汉族人，当地苗族、土家族人民则只允许生活在城外。其中，土家族人数少且多居于深山，因而，当地的吊脚楼建筑形态主要受干栏式建筑形态及苗族民俗文化影响。比如苗族人把牛角作为民族图腾来崇拜，因此无论是在服饰、蜡染等物品的装饰处理，还是在其民居的某些结构部件的装饰处理方面，都常常选择"牛角"作为表现题材；又比如吊脚楼内部空间的功能划分通常是以火塘为中心展开的；此外，由于凤凰古镇自古以来的统治阶层以江西籍的汉族人为主，为迎合其喜好，故其建筑形态又不可避免地融入了徽派建筑的某些特征，如山墙、屋脊的处理手法，白墙黑瓦的色彩倾向等。另外，由于受经济条件的制约，出于最质朴的互帮互助的人性思考及生存、生活需要，凤凰古城的吊脚楼多以简洁的形态呈现，并沿江联排而建。由此可见，正是不同民族及地域文化的交融，才造就了凤凰古城吊脚楼建筑的独特面貌和艺术气质（黄健，2016）。

（3）呼和浩特——青色之城

呼和浩特是内蒙古自治区的首府，同时也是其政治、经济、文化、科教和金融中心，历经400多年的建设发展，如今的呼和浩特成为一个以蒙古族为主，汉、满、回等36个民族共同聚居的历史文化名城。呼和浩特历史悠久浓厚，文化多元丰富，正是几十个民族相互包容、团结一致的结果，城市的建筑恰恰充当了一个承载这些民族多样性的熔炉，多种少数民族的风俗习性都体现在了这座城市的建筑中，如内蒙古博物院就体现了蒙古文化的特征；大昭寺则是藏传佛教的典型代表；伊斯兰风情街则是伊斯兰文化在呼和浩特的靓丽风景。这些建筑都是呼和浩特民族建筑的亮点，也顺应了建筑文化多样化的趋势。

内蒙古博物院位于呼和浩特市新华大街和中山路交汇处，原内蒙古博物馆作为1957年自治区成立10周年大庆的重点项目，是全区唯一的自治区级综合性博物馆，也是全国少数民族聚居地区最早建立的博物馆之一。其集合了现代元素、地域表征与民族特色，楼顶塑有凌空奔驰的骏马，象征着内蒙古的吉祥与腾飞，该建筑从建成之日起就成为自治区首府标志性建筑之一。

呼和浩特是一个多民族共同居住生活的城市，在各民族创造的历史和优秀文化中自然包括他们的语言文字、文学艺术和富有浓郁民族色彩的传统节日，这些文化和谐地融合在一起。蒙古文化景观街的修建在一定程度上传承了蒙古文化的历史特点，悠久的历史以及民族的融合使这条大街有着极其深厚的文化底蕴。该景观大道充分体现蒙藏建筑风格，适当融入明清和欧亚风格，并融入现代生活气息，从外挂设施、花坛、绿植到街灯照明、浮雕围墙、道路铺装等。景观街借鉴和提取大量的民族传统元素符号，从蒙古包到蒙古文物，再到蒙古图案，在蒙古族文化中提炼典型的设计元素和符号，在建筑外立面改造中加以利用，凸显蒙古文化元素，包括蒙古包式的建筑，适当融入藏族以及欧式建筑风格，营造浓郁的民族风情特点（郝凯，2012）。

第三节　中国历史文化遗产地与历史文化名城

　　历史文化遗产、历史文化名城在城市发展中得以传承创新，城市中的著名建筑、历史文化街区、特色文化片区是城市文化的载体，是城市文化的体现，是城市文化认同的基础，也是城市发展的根基，并为城市发展提供了不竭的动力。然而，城市化进程中，无序发展导致城市文化破坏（破坏传统文化、文化创新滞后），历史文化作为城市的人文内核，其发展远滞后于城市物质外壳的机械性扩张。

一、世界文化遗产

　　世界遗产是指被联合国教育、科学及文化组织世界遗产委员会（UNESCO，World Heritage Committee）确认的人类罕见的、目前无法替代的财富，是全人类公认的具有突出意义和普遍价值的文物古迹及自然景观。世界遗产具体可分为世界文化遗产、世界自然遗产、世界文化与自然双重遗产、世界文化景观遗产4个类别（李如生，2011）。非物质文化遗产又称为无形文化遗产，被誉为历史文化的"活化石"，属于文化遗产类别的一种。

1. 世界文化遗产

（1）世界文化遗产的基本内涵

　　1）文化遗产。联合国教科文组织大会于1972年11月16日在巴黎通过了《保护世界文化和自然遗产公约》，明确了文化遗产的基本概念。文化遗产是指为国家、民族、群体或个人所拥有、掌握、控制或保护的，具有重大历史、艺术、科学价值的，由特殊文化信息及其无形传媒或有形介质或载体以及特殊文化环境所组成的，能带来潜在、间接或直接社会经济利益的，符合联合国或国家法规规定的各种无形或有形的文化资源。一般来说，"文化遗产"概念上分为有形文化遗产、无形文化遗产，又称之为物质文化遗产和非物质文化遗产。其中，物质文化遗产是具有历史、艺术和科学价值的文物；非物质文化遗产是指各种以非物质形态存在的与群众生活密切相关、世代相承的传统文化表现形式（喻学才和王健民，2008；钟行明，2006；鲍展斌，2002a）。

　　2）世界文化遗产的界定和评选标准。"世界文化遗产"是由联合国世界遗产委员会组织的，由各缔约国政府申请，依据《保护世界文化和自然遗产公约》中第一条有关文化遗产标准的规定，经过严格的考核和审批程序，被批准列入《世界遗产名录》的文化遗产（钟行明，2006）。《执行世界遗产公约的操作准则》提出了"世界文化遗产"的评选标准（喻学才和王健民，2008），规定其至少应具有以下一种特质：①代表一种创造性天才的杰作；②在一定时期内或在世界某一文化区域内，对建筑艺术、技术、纪念物艺术、城镇规划或景观设计的发展产生过重大影响；③能为一种现存的或已经消失的文明的文化传统提供一种独特的或至少是特殊的见证;④或作为一种类型的建筑物、建筑群或景观的杰出范例,展示人类历史上一个(或几个)重要阶段;⑤可作为传统的人类居住地或使用地并代表一种(或几种)文化的杰出范例。

(2) 世界文化遗产的价值构成

世界文化遗产是人类智慧的结晶和历史进步的标志。世界文化遗产基本覆盖了全球各大区域,虽在空间分布上存在着非均衡性,但都展示了各地区文明的典型特点(郑学思,2018),世界文化遗产是人类实践活动的产物,它对社会发展贡献的大小往往取决于其包含的文化内涵,它不仅反映了全球不同文明的悠久历史与文明的多样性,还具有唯一性和不可再生性的特征,拥有重要的历史文化价值、经济价值、艺术价值、精神价值以及科学价值等(鲍展斌,2002b)。

2. 世界文化景观遗产

(1) 文化景观遗产的概念和类别

文化景观这一概念是1992年12月在美国圣菲召开的联合国教科文组织世界遗产委员会第16届会议时提出并纳入《世界遗产名录》中的。文化景观是指人类为了满足某种需要,利用自然界提供的材料,在自然景观之上叠加人类活动的结果而形成的景观,其评价标准与文化遗产相一致(汤茂林,2000)。根据《世界遗产公约》第一条的内容,世界遗产委员会认为:文化景观遗产代表着"自然与人类联合工程",具有多种多样的形式,兼具文化遗产与自然遗产保护的要求与特性。长期以来,世界遗产始终在"文化"与"自然"两个支点之间寻求平衡,而文化景观遗产将文化与自然两种因素联系起来,促进了它们之间的平衡与稳定(单霁翔,2010)。

根据《申报世界遗产操作指南》(2011)将文化景观分为三类,是目前划分文化景观世界遗产类型的权威方式。一般来说,文化景观有3种类型:一是人类有意设计和建筑的景观,如园林和公园景观;二是有机进化的景观,它产生于社会、经济、行政或宗教需要,通过与周围自然环境的相联系或相适应发展形成;三是关联性文化景观,这类景观以与其相关联的自然因素、强烈的宗教、艺术或文化为特征,而不是以文化物证为特征。

(2) 世界文化景观遗产的价值与保护

1) 世界文化景观遗产的价值取向。目前,文化景观在世界遗产中所占比例较小,但具有非常可观的发展前景。全球化的日益深入使得各文化之间的交流越来越密切,体现历史文化价值的文化景观被越来越多的人认可。近年来,人类越来越关注环境问题,而历史延留下来的很多文化景观与其所处自然环境紧密相连,使得这些景观在体现文化价值的同时又具备了一定的科学价值。

我国作为世界四大文明古国之一,目前只拥有5处文化景观遗产,分别是庐山、五台山、杭州西湖文化景观、红河哈尼梯田和花山岩画,说明我国文化景观遗产申遗工作还亟待深入。中国具有悠久的历史,辽阔的疆域,孕育了多民族的缤纷文化,中国各地不仅基本都拥有人类长期生活的景观或遗迹,而且这些景观或遗迹所体现的文化也是十分丰富的,中国应加速文化景观遗产的研究规划和申请保护,早日使更多的文化景观进入《世界遗产名录》。

2)世界文化景观遗产的保护。作为世界遗产里出现最晚的类别,文化景观的保护方式区别于传统的自然遗产、文化遗产或自然文化混合遗产的保护方式,我们必须加大对其文化内涵的挖掘力度,把文化精髓充实和融入遗产地景观的发展过程中来,提高文化在文化景观中的比重。通过文化与景观的深度融合,让文化景观遗产真正体现出世界级遗产地的历史底蕴、文化内涵和自然情调,从而拓展发展空间(牛仁亮等,2013)。

3. 世界非物质文化遗产

(1)非物质文化遗产的定义和范围

非物质文化遗产是指由各族人民世代相承的、与民众生活密切相关的各种传统文化表现形式(如民俗活动、表演艺术、传统知识和技能,以及与之相关的器具、实物、手工制品等)和文化空间。这种文化遗产对于维系社区传统、凝聚民族力量、促进文化交流具有不可替代的作用,是中华民族宝贵的精神财富,也是世界文化多样性和人类创造力的有力见证。

非物质文化遗产的具体范围包括:口头传统,以及作为其载体的语言;传统表演艺术;民俗活动、礼仪、节庆;有关自然界和宇宙的民间传统知识和实践;传统手工艺技能;以及与上述表现形式相关的文化空间(刘魁立,2007)。

(2)世界非物质文化遗产的意义和功能

非物质文化是每个民族历代先辈奋斗和创造的历史实录,是民族历史这棵参天大树的"年轮"。它反映出雄浑的、博大的、涵括整个民族的悠久历史进程(唐海清,2010)。非物质文化遗产由群体或个人创造,代表了来源群体的文化和社会个性。历史价值是非物质文化遗产价值体系中的核心价值;非物质文化遗产包含了丰富的文化资源,非物质文化遗产在与自然、现实、历史的互动中以及不同文化之间的交流与结合中不断发生变异和创新,具有重要的文化价值;经济价值是非物质文化遗产价值体系中一种重要的价值形态,许多国家通过对非物质文化遗产的开发利用开展文化旅游,并取得了显著的效益。

二、中国世界文化遗产地

1. 中国世界文化遗产地的基本特征

中国于1985年加入《保护世界文化与自然遗产公约》。从1987年我国首批6项遗产被列入《世界遗产名录》，至 2018 年在第 42 届世界遗产委员会大会上，中国贵州铜仁梵净山遗产申报成功，中国共有 53 项遗产（包括世界文化遗产 36 项、世界自然遗产 13 项，以及世界文化与自然双重遗产 4 项）列入《世界遗产名录》，数量上仅次于意大利，位居世界第二位。

（1）流域分布特征

我国世界文化遗产地主要集中在黄河流域和长江流域。黄河流域和长江流域是中国文明的发源地，留存有众多的文化遗迹，因此世界文化遗产也相对较多。从表 8.3 中可以看出，包括遗产扩展项目在内，黄河流域有 21 处文化遗产入选《世界遗产名录》，长江流域有 13 处。黄河流域中下游地区遗产数量较多，这一分布特点与中华文明繁荣于中原地带，在此留下众多人文遗存有很大关系。近年来珠江流域、辽河流域的文化遗产逐渐受到重视，珠江流域有 5 处遗产入选世界文化遗产，辽河流域也有 4 处（其中 3 处为遗产扩展项目）入选。

表 8.3 中国世界文化遗产的流域分布

流域	世界文化遗产（文化与自然双重遗产、文化景观）名录
黄河流域	北京：明清皇宫（北京故宫），长城，周口店"北京人"遗址，颐和园，天坛，十三陵*，大运河；河北：明清皇家陵寝（清东陵、清西陵），承德避暑山庄及周边庙宇；河南：龙门石窟，安阳殷墟，登封"天地之中"历史建筑群；山西：平遥古城，云冈石窟，五台山；山东：泰山，孔庙、孔府及孔林；陕西：秦始皇陵及兵马俑；甘肃：敦煌莫高窟；丝绸之路中国段（河南、陕西、甘肃、新疆）；广西：左江花山岩画
长江流域	江苏：苏州古典园林，南京明孝陵*；安徽：黄山，皖南古村落；江西：庐山国家公园；浙江：杭州西湖文化遗产；湖北：武当山古建筑群，明清皇家陵寝（明显陵）；四川：峨眉山-乐山大佛，青城山-都江堰；重庆：大足石刻；云南：丽江古城，哈尼梯田；鄂湘黔：土司遗址；湖北：神农架；青海：可可西里国家级自然保护区；贵州：梵净山
珠江流域	澳门：澳门历史城区；广东：开平碉楼与村落；福建：武夷山，福建土楼，厦门鼓浪屿
辽河流域	吉林：高句丽王城、王陵及贵族墓葬；辽宁：九门口长城*，沈阳故宫*，盛京三陵*
其他	西藏：布达拉宫，大昭寺*，罗布林卡*；内蒙古：元上都遗址

注：表中带"*"号文化遗产表示其为遗产扩展项目。其中：北京十三陵、南京的明孝陵、辽宁盛京三陵为明清皇家陵寝的扩展项目；辽宁九门口长城为长城的扩展项目；辽宁沈阳故宫为明清皇宫的扩展项目；西藏大昭寺和罗布林卡为布达拉宫的扩展项目。另外，苏州古典园林在 1997 年进入《世界遗产名录》，2000 年又有 5 座园林作为扩展项目加入其中

（2）行政分布特征

从遗产分布的行政区划上看，呈现出涉及省份众多，分布不平衡的特点。我国的世界文化遗产分布于 24 个省（自治区、直辖市）（表 8.4），其中最多的是北京市。随着遗产申报策略的转变，在捆绑式、联合式、扩展式申报策略的指导下，未来各省份的文化遗产数量还会不断增加。

2. 中国世界文化遗产地的开发与保护

（1）文化遗产地开发存在的问题

近几年来，我国出现了空前的世界遗产申报热潮，但是全国各地在文化遗产地开

表8.4 中国世界文化遗产各省分布表

遗产	北京*	甘肃	陕西*	山西	河南	河北	山东	辽宁*	吉林	内蒙古	四川	重庆	湖北	湖南	江西	安徽	浙江	江苏*	福建	云南	贵州	广东	西藏*	新疆	澳门	青海	广西
世界文化遗产	7	2	2	3	2	4	1	3	1	1	1		4	1	1		2	2	1	2	1	3	1	1	1	1	
世界文化与自然双重遗产											1			1		1			1								
世界自然遗产											3		1	1	1					1	1					1	1
世界文化景观遗产				1										1		1											1

注：表中带"*"号文化遗产数据包含了扩展项目，其中：北京1项、江苏1项、辽宁3项、西藏2项，具体可见表8.3之"注"；河北的清东陵、清西陵与湖北的明显陵同属"明清皇家陵寝"项目，两省各计1项；丝绸之路中国段涉及河南、陕西、甘肃、新疆，4省（区）各计1项；土司遗址包括湖北唐崖土司城遗址、湖南永顺老司城遗址以及贵州播州海龙屯遗址，3省各计1项

发过程中，不管是对遗产地开发的认识、规划，还是对遗产地日常的管理，都存在许多亟待解决的问题。例如，遗产景观日常性基础维护工作的缺失，遗产旅游的市场化炒作、超容量开发，世界遗产专项规划与遗产所在地城乡总体、土地利用等规划之间甚至出现内容矛盾、难以协调，遗产地的管理人员的专业知识水平普遍缺乏，世界遗产的实际保护制度缺位、力度有限，等等（李如生，2011；陈峰云等，2007；孙克勤，2008）。

（2）文化遗产持续发展的应对策略

实现文化遗产的可持续发展，首先应完善世界遗产保护管理法律法规，尽快将世界遗产纳入法制化的轨道，明确遗产的管理体制、监督方式和处罚措施等具体内容。其次，建立健全世界遗产保护分级分类管理机制，以确保不同类型、不同等级的遗产能够得到有针对性的不同管理。注重与遗产所在地的国民经济和社会发展、城镇等规划相衔接，科学编制世界遗产地保护规划是促进文化遗产可持续发展的重要策略。还应充分发挥政府的财政支持作用，广泛利用社会团体和民间组织的资金投入，通过建立世界遗产专项基金，加大遗产地的保护。最后，还要加大遗产保护的宣传和教育力度，提高公众的保护意识，努力形成全社会关心、爱护世界遗产并自觉参与世界遗产保护的氛围（傅才武和陈庚，2010；曹丹，2005；陈耀华和赵星烁，2003）。

三、国家历史文化名城

1. 国家历史文化名城概况

（1）国家历史文化名城的概念

国家历史文化名城一词最早由《中华人民共和国文物保护法》表述界定，是指保

存文物特别丰富并且具有重大历史价值或者革命纪念意义的城市积极申报并经国务院建设行政主管部门会同国务院文物行政主管部门报国务院核定公布的城市。历史文化名城这一概念反映了城市的特定性质，体现了旅游资源的特性、价值和影响，是中华民族悠久历史、灿烂文化和民族精神的集中体现。

（2）国家历史文化名城的类型

历史文化名城的保护管理与开发利用因1950年代梁思成关于历史文化名城的论述而开始"提上日程"。1982年2月，为了保护那些曾经是古代政治、经济、文化中心或近代革命运动和重大历史事件发生地的重要城市及其文物古迹免受破坏，"历史文化名城"的概念被正式提出。国务院分别于1982年、1986年和1994年先后公布3批国家历史文化名城，共99座。进入21世纪以来，国务院还不断对国家历史文化名城进行增补，截至2018年，我国国家历史文化名城已达135座。国家历史文化名城按照特点和性质主要分为历史古都型、传统风貌型、一般史迹型、风景名胜型、地域特色型、近代史迹型以及特殊职能型7类（表8.5）（阮仪三等，1999）。

表8.5 国家历史文化名城的分类

名城类型	典型特征	典型实例
历史古都型	都城时代的历史遗存物、古都的风貌为特点的城市	郑州、南京、洛阳、西安
传统风貌型	保留了一个或几个历史时期积淀的完整建筑群的城市	商丘、大理、平遥
一般史迹型	分散在全城各处的文物古迹为历史传统主要体现方式的城市	开封、济南
风景名胜型	建筑与山水环境的叠加而显示出鲜明个性特征的城市	苏州、桂林
地域特色型	地域特色或独自的个性特征、民族风情、地方文化构成城市风貌主体的城市	丽江、拉萨
近代史迹型	反映历史上某一事件或某个阶段的建筑物或建筑群为其显著特色的城市	上海、重庆、延安
特殊职能型	某种职能在历史上占有极突出地位的城市	榆林、景德镇、自贡

资料来源：Anon. 中国历史文化名城系列（1）总述. http://www.chla.com.cn/htm/2012/1213/152543.html

2. 国家历史文化名城的特征

（1）地域特征

我国国家历史文化名城遍布于全国31个省（自治区、直辖市）。从我国东中西部三大区域历史文化名城的数量来看，东部地区总数为60座，占全国的44.4%，中部地区总数为38座，占全国的28.2%，西部地区总数为37座，占全国的27.4%，东部地区的国家历史文化名城在数量上占一定优势，中、西部数量相当。从我国三大区域历史文化名城的空间分布特征来看，总体分布呈现出由东到西数量递减的空间分布特征（表8.6）。结合历史文化名城的不同批次，第一批次的历史文化名城分布具有中东部沿海地区集中分布和沿交通干线分布的特点；第二批次的历史文化名城分布偏向于中西部等边境省份和县级行政单元，突出经济导向和民族特色；第三批的历史文化名

中国城市地理基础

城分布逐渐向西部地区以及东北地区扩展；增补批次的历史文化名城较多出现了市辖区级别的历史文化名城（如秦皇岛市山海关区、海口市琼山区等）。

表 8.6 中国百座历史文化名城分布一览表

区域		历史文化名城	数量/个	比例/%
华北	北京市	北京市	33	24
	天津市	天津市		
	河北省	承德市、保定市、正定县、邯郸市、秦皇岛市山海关区、蔚县		
	山东省	济南市、曲阜市、青岛市、聊城市、邹城市、临博市临淄区、泰安市、蓬莱市、烟台市、青州市		
	河南省	洛阳市、开封市、商丘市、安阳市、南阳市、郑州市、浚县、濮阳市		
	山西省	平遥县、大同市、新绛县、代县、祁县、太原市		
	内蒙古自治区	呼和浩特市		
东北	辽宁省	沈阳市	6	4
	吉林省	吉林市、集安市、长春市		
	黑龙江省	哈尔滨市、齐齐哈尔市		
西北	甘肃省	张掖市、武威市、敦煌市、天水市	17	13
	新疆维吾尔自治区	喀什市、吐鲁番市、特克斯县、库车县、伊宁市		
	陕西省	西安市、咸阳市、延安市、韩城市、榆林市、汉中市		
	宁夏回族自治区	银川市		
华中	上海市	上海市	34	25
	浙江省	杭州市、绍兴市、宁波市、衢州市、临海市、金华市、嘉兴市、湖州市、温州市、龙泉市		
	江苏省	南京市、苏州市、扬州市、徐州市、镇江市、淮安县（现淮安市淮安区）、无锡市、南通市、泰州市、常州市、常熟市、宜兴市、高邮市		
	安徽省	亳州市、歙县、寿县、安庆市、绩溪县		
	湖北省	荆州市、武汉市、襄阳市、随州市、钟祥市		
华南	湖南省	长沙市、岳阳市、凤凰县、永州市	25	19
	江西省	南昌市、赣州市、景德镇市、瑞金市		
	福建省	福州市、泉州市、漳州市、长汀县		
	广东省	广州市、潮州市、肇庆市、佛山市、梅州市、雷州市、中山市、惠州市		
	海南省	琼山区、海口市		
	广西壮族自治区	桂林市、柳州市、北海市		
西南	重庆市	重庆市	20	15
	四川省	成都市、自贡市、宜宾市、阆中市、乐山市、都江堰市、泸州市、会理县		
	云南省	昆明市、大理市、丽江市、建水县、巍山县、会泽县		
	贵州省	遵义市、镇远县		
	西藏自治区	拉萨市、日喀则市、江孜县		

总体来看，我国国家历史文化名城的地域分布特征从空间上表现为由东部经济发达省份城市、中部城市向西部、东部边境城市扩展；在时序上表现为优先批复首都、

238

直辖市、省会等大城市，后逐渐向地级、县级、区级等中小城市和边缘区域中心城市扩展的特点。

（2）文化符号特征

我国百座国家历史文化名城均具有各自的历史文脉，其文化符号鲜明，可展现中国不同历史时期的文化特征。北京、南京、洛阳、开封、西安等城市作为我国历史上统一国家的国都，记录了不同王朝的兴衰。作为国家历史文化名城，这些城市可展示不同历史时期的"都城"文化与"王城"风貌，其文化载体遗存主要为城市形态、城市建筑、宗教建筑、城市园林以及皇家陵寝等。中国古代南北对峙或三足鼎立的王朝帝都、不同历史时期的诸侯国或封王都城、兄弟民族历史上割据政权或地方政权的首府，其文化载体遗存大多带有浓郁的地域性与民族性，并记录了中国56个民族的文化融合以及中华民族最终走向统一的历史进程。传统风景名城、中国历史上著名的通商口岸与商埠、革命历史名城、特殊意义的城市，这类历史文化名城的文化载体遗存分别记述了山水文化与中国传统造园艺术、经济发展历史轨迹、政治变迁以及手工艺的传承，这些都体现了国家历史文化名城鲜明的文化符号特征（王景慧等，1999）。

3. 国家历史文化名城保护与城市建设

城市是人类的伟大创造，是历史、思想、政治、文化、艺术以及世世代代市民生活形态的积淀（刘晔，2006），文化遗产和历史文化名城是城市发展的传承创新。城市中的历史文化街区、著名建筑、片区是城市文化的载体，是城市文化认同的基础，也是城市发展取之不尽用之不竭的动力源泉。因此，历史文化名城保护工作的开展已成为城市现代化建设的重要内容，是城市现代化文明进步的重要标志。

（1）历史文化名城保护的基本内容

历史文化名城保护即是"历史保护"，其内容分为两个层次：一是保护城市历史环境以及对其积极因素的更新和利用；二是制定历史保护相关法规、政策以及开展公众参与、宣传、教育和文化活动。城市历史环境可分为自然环境、人工环境和人文环境三大部分，不仅包括可见的物质形态，同时又包含与这些物质形态有关的自然和人工的背景，以及与历史地段环境在时空上有直接联系或经过社会、经济、文化纽带相联系的背景。具体保护内容包括文物古迹、保护历史地段即有历史传统风貌的街区、继承和发扬传统的历史文化等方面（王景慧，2006）。

（2）历史文化名城保护与城市建设的关系现状

城市是一种历史文化现象，历史文化名城则是比较典型地保存了历史上丰富的文物古迹、城市建筑和空间格局等优秀文化遗产的城市，充分体现了城市历史发展脉络特征。在快速的城市化进程中，城市建设的速度在加快，规模在不断扩大，源于土地资源的稀缺性，城市历史文化遗产往往成为大规模城市工程建设的牺牲品，这在一定程度上威胁到城市历史文化内涵的传承。保护旧城，开发新城，保护传统，发展现代文明，这两者不仅并不矛盾，而且相辅相成。保护历史文化名城，实际上是保护历史的延续性，延续人类文明发展的脉络，这也是人类现代文明发展的需要。因此，城市建设与历史文化名城保护应同步进行，协调发展（杨俭波等，2015；李凌岚，2004）。

（3）历史文化名城的保护对策

历史文化名城的保护要时刻体现在城市建设之中，也要融入城市现代化建设之中，为自身空间特色延续注入新的活力。一方面，要突出历史文化名城保护的战略性地位与作用，从城市文化与城市发展的高度整体探究历史文化名城保护的规划总体策略和综合评价体系，并借助城市设计有机延续城市历史空间特色，使城市历史文化保护能与现代和未来城市功能相融合，充分发挥历史文化名城在城市社会生活中的作用。另一方面，要完善历史文化名城保护的实施保障机制，在保护战略、保护模式与保护手段上进行新的探索，建立由多部门、多学科以及广大市民共同参与的综合性机构，形成多层次的社会保护责任机制和合力机制，积极有效地推进历史文化名城保护工作（阳建强，2009；郭凌和王志章，2014）。

四、国家历史文化名镇

1. 国家历史文化名镇概况

我国国家历史文化名镇是由原建设部和国家文物局从2003年起共同组织评选的，保存文物特别丰富且具有重大历史价值或纪念意义的、能较完整地反映一些历史时期传统风貌和地方民族特色的镇和村。评价依据为以下三点：第一，历史价值与风貌特色方面。要求建筑遗产、文物古迹和传统文化比较集中，具有较高的历史、文化、艺术和科学价值，现存有清朝以前建造或在中国革命历史上有重大影响的成片历史传统建筑群、纪念物、遗址等，基本风貌保持完整。第二，原状保存程度方面。要求镇内历史传统建筑群、建筑物及其建筑细部乃至周边环境基本上原貌保存完好；或因年代久远，原建筑群、建筑物及其周边环境虽曾倒塌破坏，但已按原貌整修恢复；或原建筑群及其周边环境虽部分倒塌破坏，但"骨架"尚存，部分建筑细部亦保存完好，依据保存实物的结构、构造和样式可以整体修复原貌。第三，现状规模方面。要求镇的总现存历史传统建筑的建筑面积须在5000平方米以上。通常，国家历史文化名镇评选结果与国家历史文化名村一起公布（张艳玲和肖大威，2006）。

（1）国家历史文化名镇的现状

我国国家历史文化名镇至今已经公布7批名单，数量达到312个，分布范围覆盖了全国31个省（自治区、直辖市）。这些历史文化名镇反映了我国不同地域、不同民族以及不同经济社会发展阶段聚落形成和演变过程。其优秀的传统建筑风貌和建筑艺术，是建造技艺和民族风情的真实载体，在传承我国优秀文化、延续历史文脉以及保持民族文化的多样性等方面具有重要的地位和作用。

中国历史悠久、幅员辽阔，留存下来的众多历史城镇、村落是区域传统文化、民族风情与建筑艺术的物化档案，是记录历史文化和社会发展脉络的宝贵遗产。但是随着经济全球化、现代化以及城镇化进程的加快，许多历史文化名镇及周边环境遭遇了严重的威胁，有的甚至造成了无法挽回的损失。为避免这种不良现象的继续蔓延，更好地保护、继承和发展优秀的历史文化遗产，2002年《中华人民共和国文物保护法》首次将历史文化村镇纳入法治轨道，建设部和国家文物局于2003年10月公布了第一批中国历史文化名镇名村，国务院2008年颁布了《历史文化名城名镇名村保护条例》（张艳玲和肖大威，2010；董艳芳等，2006）。通过相关法律法规的制定，避免了历史文化名镇的人为破坏，更好地保护和继承优秀的历史文化遗产。

（2）国家历史文化名镇的分类

我国历史文化名镇的分类主要以《中国历史文化名镇（村）评选办法》中评选的基本条件与评价标准为依据，结合相关基础资料进行划分（赵勇等，2008）。通过分析各名镇的不同历史价值与风貌特色，以军事革命类、交通贸易类、传统建筑群类、地域民俗民风类四大类为例进行分析（表8.7）。

表8.7 历史文化名镇的分类及典型特征

名镇的类型	典型特征	实例
军事革命类	在革命历史上发生过重大事件，或曾为革命政权机关驻地而闻名于世；历史上发生过抗击外来侵略或经历过改变战局的重大战役，以及曾为著名战役军事指挥机关驻地	瞿家湾镇、葛源镇、七里坪镇
交通贸易类	在一定历史时期内对推动全国或某一地区的社会经济发展起过重要作用，具有全国或地区范围的影响；或系当地水陆交通中心，成为闻名遐迩的客流、货流、物流集散地	万安镇、古田镇、青城镇
传统建筑群类	相对完整且具有一定规模的古建筑群，能体现我国传统选址和规划布局经典理论，或能反映营造法式和精湛的建筑技术	乌镇、三河镇、汾城镇
地域民俗民风类	较好地保留了各种民间传统工艺、风俗习惯以及地方特色技艺的村镇（其中将满族、藏族等民族建筑也归入此类）	青岩镇、芙蓉镇、福宝镇

资料来源：周旭等，2011，并经作者更新

2. 国家历史文化名镇的区域结构特征

（1）国家历史文化名镇的空间分布特征

受自然地理环境、经济发展水平、区域政策导向和评定标准依据等多方面因素的综合影响，中国历史文化名镇总体呈南多、北少的空间分布特征，东、中、西三大地带差异明显。主要有三大集中分布区，即华北、华东和西南地区，且各大区内的走向分布各不相同。华北地区主要以晋中为中心向周围辐射分布；华东地区主要按南北走向分布并向两侧辐射；西南地区主要沿西北—东南走向的轴带分布，且向两侧辐射。中国历史文化名镇主要沿河流分布（表8.8），受益于便捷的水陆交通，历史上多为枢纽

表 8.8　中国历史文化名镇的空间分布区域

区域		历史文化名镇	数量/个	合计/个	比例/%
东北	辽宁	东港市孤山镇、海城市牛庄镇、绥中县前所镇、新宾满族自治县永陵镇	4	8	2.56
	吉林	吉林市龙潭区乌拉街镇、四平市铁东区叶赫镇	2		
	黑龙江	海林市横道河子镇、黑河市爱辉镇	2		
华北	北京	北京市密云区古北口镇	1	30	9.62
	天津	天津市西青区杨柳青镇	1		
	山西	平定县娘子关镇、襄汾县汾城镇、汾阳市杏花村镇、临县碛口镇、灵石县静升镇、曲沃县曲村镇、寿阳县宗艾镇、天镇县新平堡镇、阳城县横河镇、阳城县润城镇、翼城县西阎镇、泽州县大阳镇、泽州县高都镇、泽州县周村镇、长治市上党区荫城镇	15		
	河北	永年县广府镇、邯郸市峰峰矿区大社镇、井陉县天长镇、涉县固新镇、蔚县代王城镇、蔚县暖泉镇、武安市伯延镇、武安市冶陶镇	8		
	内蒙古	多伦县多伦淖尔镇、丰镇市隆盛庄镇、喀喇沁旗王爷府镇、库伦旗库伦镇、牙克石市博克图镇	5		
华东	上海	青浦区朱家角镇、宝山区罗店镇、嘉定区嘉定镇、嘉定区南翔镇、金山区枫泾镇、金山区张堰镇、浦东新区川沙新镇、浦东新区高桥镇、浦东新区新场镇、青浦区金泽镇、青浦区练塘镇	11	116	37.18
	江苏	东台市安丰镇、昆山市千灯镇、南京市高淳区淳溪镇、常熟市古里镇、常熟市沙家浜镇、常州市新北区孟河镇、东台市富安镇、高邮市界首镇、高邮市临泽镇、海门市余东镇、江阴市长泾镇、昆山市巴城镇、昆山市锦溪镇、昆山市周庄镇、如东县栟茶镇、苏州市吴江区黎里镇、苏州市吴江区同里镇、苏州市吴江区震泽镇、苏州市吴中区东山镇、苏州市吴中区光福镇、苏州市吴中区甪直镇、苏州市吴中区木渎镇、太仓市沙溪镇、泰兴市黄桥镇、泰州市姜堰区溱潼镇、无锡市锡山区荡口镇、兴化市沙沟镇、扬州市江都区大桥镇、扬州市江都区邵伯镇、宜兴市周铁镇、张家港市凤凰镇	31		
	山东	桓台县新城镇、泰安市岱岳区大汶口镇、微山县南阳镇、淄博市周村区王村镇	4		
	安徽	肥西县三河镇、六安市金安区毛坦厂镇、东至县东流镇、黄山市徽州区西溪南镇、泾县桃花潭镇、六安市裕安区苏埠镇、青阳县陵阳镇、铜陵市郊区大通镇、歙县许村镇、休宁县万安镇、宣城市宣州区水东镇	11		
	江西	鹰潭市龙虎山风景区上清镇、浮梁县瑶里镇、广昌县驿前镇、贵溪市塘湾镇、横峰县葛源镇、吉安市青原区富田镇、吉安县永和镇、金溪县浒湾镇、萍乡市安源区安源镇、铅山县河口镇、铅山县石塘镇、修水县山口镇、樟树市临江镇	13		
	浙江	江山市廿八都镇、宁海县前童镇、绍兴市越城区东浦镇、义乌市佛堂镇、慈溪市观海卫镇(鸣鹤)、岱山县东沙镇、德清县新市镇、海宁市盐官镇、杭州市富阳区龙门镇、湖州市南浔区菱湖镇、湖州市南浔区南浔镇、湖州市南浔区双林镇、嘉善县西塘镇、景宁畲族自治县鹤溪镇、临海市桃渚镇、龙泉市住龙镇、宁波市江北区慈城镇、平阳县顺溪镇、绍兴市柯桥区安昌镇、嵊州市崇仁镇、桐乡市乌镇、松阳县西屏镇、仙居县皤滩镇、象山县石浦镇、永嘉县岩头镇、永康市芝英镇、诸暨市枫桥镇	27		
	福建	安溪县湖头镇、古田县杉洋镇、晋江市安海镇、南靖县梅林镇、宁德市蕉城区霍童镇、宁德市蕉城区三都镇、宁德市蕉城区洋中镇、宁化县石壁镇、平和县九峰镇、屏南县双溪镇、上杭县古田镇、邵武市和平镇、顺昌县元坑镇、武平县中山镇、武夷山市五夫镇、永安市贡川镇、永春县岵山镇、永定县湖坑镇、永泰县嵩口镇	19		

续表

区域		历史文化名镇	数量/个	合计/个	比例/%
华南	广东	开平市赤坎镇、陆丰市碣石镇、珠海市唐家湾镇、大埔县茶阳镇、大埔县三河镇、东莞市石龙镇、佛山市南海区西樵镇、广州市番禺区沙湾镇、惠州市惠阳区秋长镇、梅州市大埔县百侯镇、梅州市梅县区松口镇、普宁市洪阳镇、吴川市吴阳镇、中山市黄圃镇、珠海市斗门区斗门镇	15	28	8.97
	广西	阳朔县兴坪镇、昭平县黄姚镇、广西灵川县大圩镇、防城港市防城区那良镇、恭城瑶族自治县恭城镇、贺州市八步区贺街镇、鹿寨县中渡镇、兴安县界首镇、阳朔县福利镇	9		
	海南	三亚市崖城镇、儋州市中和镇、定安县定城镇、文昌市铺前镇	4		
华中	河南	社旗县赊店镇、光山县白雀园镇、滑县道口镇、郏县冢头镇、开封县朱仙镇、确山县竹沟镇、遂平县嵖岈山镇、淅川县荆紫关镇、禹州市神垕镇、郑州市惠济区古荥镇	10	33	10.58
	湖北	洪湖市瞿家湾镇、监利县程集镇、郧西县上津镇、当阳市淯溪镇、红安县七里坪镇、监利县周老嘴镇、麻城市歧亭镇、潜江市熊口镇、随县安居镇、咸宁市汀泗桥镇、阳新县龙港镇、宜都市枝城镇、钟祥市石牌镇	13		
	湖南	东安县芦洪市镇、洞口县高沙镇、花垣县边城镇、临湘市聂市镇、浏阳市文家市镇、龙山县里耶镇、泸溪县浦市镇、绥宁县寨市镇、望城县靖港镇、永顺县芙蓉镇	10		
西北	陕西	澄城县尧头镇、宁强县青木川镇、神木县高家堡镇、石泉县熨斗镇、铜川市印台区陈炉镇、旬阳县蜀河镇、柞水县凤凰镇	7	19	6.09
	甘肃	古浪县大靖镇、永登县连城镇、榆中县青城镇、宕昌县哈达铺镇、临潭县新城镇、秦安县陇城镇、永登县红城镇、榆中县金崖镇	8		
	新疆	霍城县惠远镇、新疆鄯善县鲁克沁镇、富蕴县可可托海镇	3		
	青海	循化撒拉族自治县街子镇	1		
西南	四川	成都市双流区黄龙溪镇、古蔺县太平镇、合江县尧坝镇、自贡市沿滩区仙市镇、巴中市巴州区恩阳镇、成都市龙泉驿区洛带镇、崇州市元通镇、达州市达川区石桥镇、大邑县安仁镇、大邑县新场镇、富顺县赵化镇、古蔺县二郎镇、广元市元坝区昭化镇、合江县福宝镇、洪雅县柳江镇、犍为县清溪镇、金堂县五凤镇、阆中市老观镇、隆昌县云顶镇、平昌县白衣镇、屏山县龙华镇、邛崃市平乐镇、三台县郪江镇、通江县毛浴镇、雅安市雨城区上里镇、宜宾市翠屏区李庄镇、宜宾县横江镇、资中县罗泉镇、自贡市大安区牛佛镇、自贡市大安区三多寨镇、自贡市贡井区艾叶镇	31	78	25.00
	重庆	北碚区金刀峡镇、江津区塘河镇、綦江区东溪镇、巴南区丰盛镇、涪陵区青羊镇、合川区涞滩镇、江津区白沙镇、江津区石蟆镇、江津区吴滩镇、江津区中山镇、九龙坡区走马镇、开县温泉镇、黔江区濯水镇、荣昌县路孔镇、石柱县西沱镇、铜梁县安居镇、潼南县双江镇、万州区罗田镇、巫溪县宁厂镇、永川区松溉镇、酉阳土家族苗族自治县龙潭镇、酉阳土家族苗族自治县龚滩镇、渝北区龙兴镇	23		
	云南	剑川县沙溪镇、腾冲县和顺镇、剑川县州城镇、洱源县凤羽镇、凤庆县鲁史镇、禄丰县黑井镇、蒙自县新安所镇、孟连县娜允镇、通海县河西镇、文山市平坝镇、姚安县光禄镇	11		
	贵州	黄平县旧州镇、雷山县西江镇、安顺市西秀区旧州镇、赤水市大同镇、贵阳市花溪区青岩镇、平坝县天龙镇、松桃苗族自治县寨英镇、习水县土城镇	8		
	西藏	山南市乃东区昌珠镇、定结县陈塘镇、贡嘎县杰德秀镇、日喀则市萨迦镇、札达县托林镇	5		

和咽喉部位，只是随着社会经济发展，交通要道逐渐偏移，其地位已不及往昔（王镕等，2017；李亚娟等，2013）。

（2）国家历史文化名镇的地域性特征

1）军事革命类。军事革命类的历史文化名镇主要受到中国近现代革命、中国革命的"农村包围城市、武装夺取政权"方针的影响。中国革命最早集中在中西部偏远的山区或农村，如江西、湖南、广西、贵州、云南、四川、甘肃、宁夏、陕西等省（自治区），地处中西部偏远的山区，作为我国革命的老区，孕育了希望的火种，许多村镇也成为革命的见证。特别是红军长征时期，在所经过的地区都留下了大量革命活动遗址，创建众多的以村镇为基础的革命根据地，并保存至今。

2）交通贸易类。交通贸易类的历史文化名镇的分布主要受到重要水路、陆路交通线的影响。水陆沿线便捷的交通和繁荣的商贸促成了一批商贸城镇的兴起。代表性城镇主要分布于京杭大运河、丝绸之路等古代重要经贸交通路线沿线。

3）传统建筑群类。由于地理特征、气候特征、地质特征、水文特征、植被特征等自然要素的空间差异，各地区的历史文化名镇在空间意象、聚落形态、建筑样式、地方材料的选择上呈现差别。例如，我国各地建筑用材皆取自当地生产的材料，西南地区分布着诸多高原、山地，因此民居多取用石材；南方雨热充沛、树木丰茂，当地多以天然植物来建造房屋。

4）地域民俗民风类。我国西南地区以山地为主，靠近内陆且自古有大山的阻隔，与平原地区相比，一定程度上阻挡或减缓了外来文明对当地民俗文化的冲击，较好地保存了当地的民风民俗资源。例如，在经济全球化的趋势下，西藏独特的自然地理环境以及相对闭塞的交通条件，一定程度上保证了藏族文化的独立性和完整性（周旭等，2011）。

3. 国家历史文化名镇的保护与城乡统筹发展

（1）历史文化名镇保护存在的问题

我国在历史文化名镇开发过程中，往往会忽视城乡区域之间的协调，以及旅游资源的保护与修复、过度商业化以及名镇周围自然环境的保护，也会忽视了对全域旅游资源、产业与设施的整合，小城镇旅游发展经常会陷入同质化竞争、重复性开发的不良境地；资源利用方式也较为单一，小城镇旅游产品特色不明显，文化感染力不强，教育功能不足。同时，旅游利用流于形式，以旅游资源为基础的资源评价存在一定过度包装造成旅游价值虚高从而误导投资的现象，阻碍了小城镇旅游业可持续发展。这些问题都在很大程度上影响了历史文化名镇保护和发展（赵勇，2015；黄秋昊，2003；杨永德，2003；刘锋，2001）。

（2）城乡统筹视角下的名镇保护对策

城乡统筹视角下要求历史文化名镇的保护方式实现3个方面的转变：由历史遗产的孤立保护向周边环境的整体维护转变，确保历史文化资源、背景区域、社会关系、文化环境、生活节奏等方面都得到保护；由历史文化的静态演替向文化脉络的继承创新转变，以发展的眼光看待历史文化名镇，通过将历史文化渗透到城乡经济社会发展的方方面面，完成文化脉络的继承创新；由技术取向的专项规划到城镇复兴的战略基石转变。历史文化遗产保护并不是单纯的技术、专业问题，而是涉及立场、价值观和利益的复杂社会问题，在城乡一体化建设的目标指引下，应改变过去"就保护论保护"的技术取向保护理念，站在更高的战略视角，将历史文化遗产保护作为城镇复兴的战略基石（汪光焘，2012；仇保兴，2009）。

（欧向军）

第九章 中国城市发展的政治制度基础

中国独特的政治制度是城市发展的基础影响因子,对城市发展历程、空间分布和内部空间格局等产生了根本性的影响。其中,行政区划对城市发展的影响较为直接。不同历史时期所形成的政治传统和制度结构构成了中国城市发展的政治制度环境。

第一节 中国城市行政区区域格局

行政区划是国体、政体结构的重要表现形式,是国家政策发布和国家运行的最基本单元,可视为国家结构形式的空间投影,具有管理与空间的双重属性(罗震东,2008;刘君德,2002,2006;周振鹤,1998)。因此,行政区划是事关国家政治、经济、社会发展全局的重大战略问题(王恩涌,2004)。中国的城市包括实体地域、功能地域、行政地域3种地域概念,而且特殊国情和历史发展过程造就了城市行政地域大于实体地域的特点(许学强等,2009)。改革开放以来,中国城市发展与行政级别高度关联。

一、中国城市行政区的区域格局现状

1. 现行行政体制

中国现行行政体制是省(自治区、直辖市、特别行政区)、市(州、地区)、县(县级市、区)、乡(镇)构成的多元化行政区划系统(王恩涌,2004)。这个行政系统由地域型行政区划系统、城市型行政区划系统(由直辖市、地级市、县级市组成,另在直辖市内部和较大城市内部有区的建制)、民族型行政区划系统和特别型行政区划系统组成。同时,中国是一个单一制国家,地方的权限取决于上级政府所赋予的行政管理职能(汪宇明,2002)。

中国现行建制城市分为直辖市、省辖市、自治州辖市3个层次,行政上分为省级(直辖市)市、副省级市、地(州)级市和县级市4个等级,构成中国建制城市"三层四等"的政区体系(图9.1)(王恩涌,2004;汪宇明,2002)。省会城市和较大的地级城市可以设区,县级市不设区。在设区城市,市辖区是一级行政区划建制,有相应的行政

第九章 中国城市发展的政治制度基础

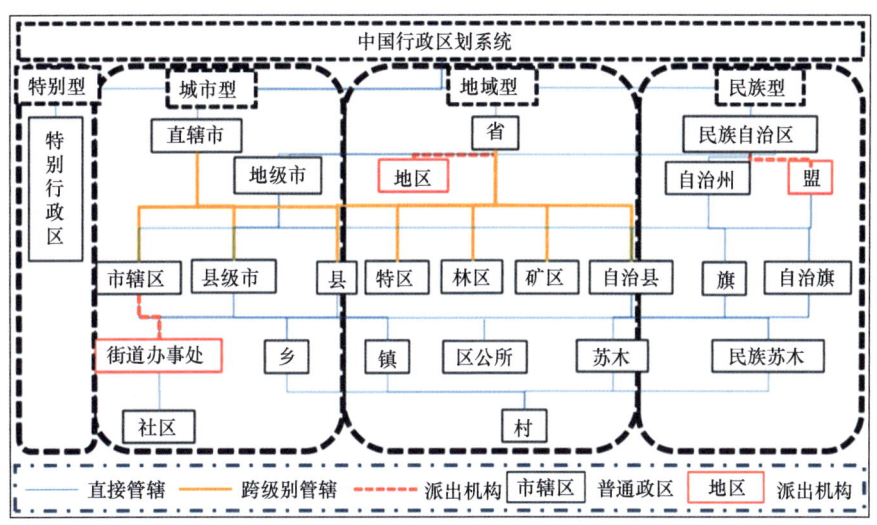

图 9.1 中国现行行政区划系统（王恩涌等，1998，略有修改）

级别和政府组织机构。地级市的市辖区相当于县级建制（图 9.1）。

设区城市一般实行"两级政府、三级管理"模式。市辖区通过其派出的街道机构，对基层社区直接管理，但这种模式仅限于特大城市的中心城区。不过，由于中国城市内部政区建制滞后于城市化进程，相当多的设区城市的市辖区下设置有乡镇。这种现象使中国绝大多数设区城市还实行着"三级政府、四级管理"模式，如许多市辖区还通过乡镇政府行使其对基层社区的行政管理职能（图 9.1）。

在民族自治区范围内，自治州可以管辖县级市。州辖市不设区，实行市-乡镇-村的行政管理体制。地级以上的城市一般都实行"市管县（县级市）"体制，这导致了 3 种行政区域结构关系模式：一是地级市直接领导和管理县的区域模式；二是县、市混合结构关系的区域模式；三是地级市代管县级市的"市辖市"模式（图 9.1）（汪宇明，2002）。

2. 现状格局

2014 年，在中国 34 个省级行政区中，共设有 653 个建制市，包括 4 个直辖市、288 个地级市、361 个县级市，另有 897 个市辖区（表 9.1），尚存在地级市偏多和县级市偏少的城市等级结构失衡的问题，同时"我国的行政结构与中国的城市规模结构体系极不相称"（方创琳，2014a）。

城市型政区（直辖市、地级市、市辖区、县级市）数量大致表现出从东到西递减的特征，而县等形式的行政区数量却与之相反，表现为从东到西递增的特点，这反映了城市化水平和城市发展水平在国家宏观尺度上的差异。东部地区以市辖区和县级市为主，这两者不仅占到全国该行政区总数的半数以上，而且在城市化发达地区集聚态势尤其明显；中部地区虽然县的比例较高，但是市辖区和县级市分布也比较密集；而西

中国城市地理基础

部地区绝大部分行政区都是县的建制,并且县的数量占全国的近一半,市辖区和县级市仅零星分布在少数几个集聚区。同时,自治县作为民族行政区的重要组成形式,其空间分布表现为西部最多、东部次之、中部最少的特点,大体体现了我国民族分布及其城市发展现状(表9.1)。

表 9.1 中国 2014 年各级行政区数量

三大地带	地级		县级					乡镇级
	合计	市	合计	市辖区	市	县	自治县	合计
东部地区	113	113	984	412	155	381	36	13 127
中部地区	116	109	997	318	136	477	13	13 659
西部地区	104	66	873	167	70	567	68	13 595
全国	333	288	2854	897	361	1425	117	40 381

注:本章中"东部地区"包括北京、天津、河北、辽宁、山东、江苏、上海、浙江、福建、广东、广西、海南12个省(自治区、直辖市);"中部地区"包括内蒙古、黑龙江、吉林、山西、河南、湖北、湖南、安徽、江西等9个省(自治区);"西部地区"包括陕西、甘肃、宁夏、青海、新疆、西藏、云南、贵州、四川、重庆等10个省(自治区、直辖市);香港、澳门、台湾不在统计范围之内

资料来源:国家统计局,2015a

城市的城区面积、建成区面积、建设用地面积、征地总面积均表现为从东至西大致依次递减的特征,西部约是东部的1/3,这客观反映出中国城市发展水平的区域差异。但从城市平均城区面积来看,中东部基本持平或中部略高于东部,而西部最低,足以见得近年来中部城市扩张速度之快,中东部差距缩小趋势之明显,但西部城市与中东部城市发展差距仍然不容小视(表9.2)。

表 9.2 中国 2014 年城市建设情况

三大地带	类别	城区面积 /km²	建成区面积 /km²	城市建设用地面积 /km²	征用土地面积 /km²
东部地区	合计值	116 921	26 566	27 355	733
	平均值	7 500.95	1 953.57	1 990.48	56.71
中部地区	合计值	40 599	14 459	14 445	458
	平均值	7 490.53	2 007.67	2 126.20	65.33
西部地区	合计值	26 582	8 747	8 184	285
	平均值	2 658.20	874.70	818.40	31.67
全国	—	184 098.59	49 772.63	49 982.74	1 475.88

资料来源:国家统计局,2015b

地级及以上城市的人口规模表现出明显的区域差异化特征(表9.3)。城市人口规模分布呈纺锤形,城市人口规模明显较大或较小的城市较少,以50万~200万人口的城市最多。另外,不同规模的城市空间分布特征明显,具体表现为:①绝大多数

200 万以上人口的城市集中在东部地区，中西部地区所占比例很小；② 100 万～ 200 万人口的城市中东部地区数量差异不大，是西部地区的两倍左右。③ 50 万～ 100 万人口的城市中部地区多于东部地区，且与西部地区差距悬殊。④人口 20 万～ 50 万的城市，中、西部地区基本持平，且数量远高于东部地区。⑤人口 20 万以下的城市数量最少，且主要分布在西部地区。

表 9.3　中国 2014 年地级及以上城市人口规模分布的区域差异

三大地带	400 万以上	200 万～ 400 万	100 万～ 200 万	50 万～ 100 万	20 万～ 50 万	20 万以下	合计
东部地区	9	24	39	34	9	1	116
中部地区	3	7	34	46	19	0	109
西部地区	5	4	18	18	19	3	67
全国	17	35	91	98	47	4	292

资料来源：国家统计局，2015a

二、改革开放以来中国城市行政区的区域格局变化

1. 区域格局的总体变化趋势

改革开放以来，中国城市发展取得了巨大成就（刘君德，2014），各类城市行政区数量变化迅速。尤其是 1989 年以来，设市城市的数量急剧增加（表 9.4）。

表 9.4　中国 1978 ～ 2014 年行政区与城市数目的变化

年份	地级	地级市	县级	市辖区	县级市	县	自治县	直辖市	城市数
1978	310	98	2653	408	92	2011	65	2	192
1979	315	104	2690	428	109	2002	70	2	215
1980	318	107	2775	511	113	1998	72	2	222
1981	316	108	2780	514	122	2001	69	2	232
1982	322	112	2797	527	130	1998	69	2	244
1983	322	144	2785	552	142	1942	75	2	288
1984	322	147	2814	595	150	1926	80	2	299
1985	327	162	2826	621	159	1893	93	2	323
1986	325	166	2830	629	184	1856	101	2	352
1987	326	170	2826	632	208	1817	110	2	380
1988	334	183	2831	647	248	1765	112	3	434
1989	336	185	2829	648	262			3	450
1990	336	185	2833	651	279	1723	121	3	467
1991	338	187	2833	650	289	1714	121	3	479
1992	339	191	2833	662	323			3	517
1993	335	196	2835	669	371	1617	120	3	570
1994	333	206	2845	697	413	1560	119	3	622
1995	340	210	2849	706	427	1542	118	3	640

中国城市地理基础

续表

年份	地级	地级市	县级	市辖区	县级市	县	自治县	直辖市	城市数
1996	335	218	2859	717	445			3	666
1997	332	222	2862	727	442	1510		4	668
1998	331	227	2863	737	437	1516	117	4	668
1999	331	236	2858	749	427	1510	117	4	667
2000	333	259	2074	787	400	1503	116	4	663
2001	332	265	2053	808	393	1489	116	4	662
2002	332	275	2860	830	381	1478	116	4	660
2003	333	282	2861	845	374	1470	117	4	660
2004	333	283	2862	852	374	1464	117	4	661
2005	333	283	2862	852	374	1464	117	4	661
2006	333	283	2860	856	369	1463	117	4	656
2007	333	283	2859	856	368	1463	117	4	655
2008	333	283	2859	856	368	1463	117	4	655
2009	333	283	2858	855	367	1464	117	4	654
2010	333	283	2856	853	370	1461	117	4	657
2011	332	284	2853	857	369	1456	117	4	657
2012	333	285	2852	860	368	1453	117	4	657
2013	333	286	2853	872	368	1442	117	4	658
2014	333	288	2854	897	361	1425	117	4	653

资料来源：《中国统计年鉴》(1979～2015年)；1989年、1992年、1996年、1997年部分数据缺失

中国城市分布及其空间发展规律大致表现由东向西递减的梯度格局。改革开放初期，中国城市化发展缓慢，城市数量较少，且仅分布于少数历史基础好或是战略位置重要的地区，区域差距巨大，空间布局极不均衡。20世纪90年代以来，随着改革开放的全面深化和社会经济的快速发展，东南沿海及东北地区城市迅速发展，数量增多、集聚态势明显。进入21世纪后，东部城市数目继续增多，城市发展水平持续提高。同时，中西部地区城市数量急剧增多，分布范围扩展。

2. 市域层面的格局变化

1978年以来，中国地级城市行政区的分布格局变化明显。1978～1997年，地级城市主要集中分布于东部沿海和部分中部地区，西部地区较少。之后，伴随着国家政治经济政策在国家尺度上日益均衡的实施过程以及中西部地区社会经济的快速增长，中西部地区的地级市数量迅速增多，但与东部地区仍然存在较大差距，依然呈现为由沿海向内陆递减的梯度格局。

3. 县级城市行政区的格局变化

1978年至今，中国县级市、市辖区大致处于缓慢增长状态。以1982年、1996年、

2003年这3个年份为节点,改革开放以来的城市发展应划分为4个阶段,分别体现出不同的阶段性特征:1978～1982年,县级市、市辖区的数量略微增加,县的数量略有下降;1983～1996年,县级市和市辖区数量大幅增加,如县级市数量在1996年前后达到峰值,县的数量相应迅速减少;1997～2003年,县级市和县的数量继续下降,市辖区快速稳步增长;2004年至今,各类行政单元数量基本趋于稳定(图9.2)。

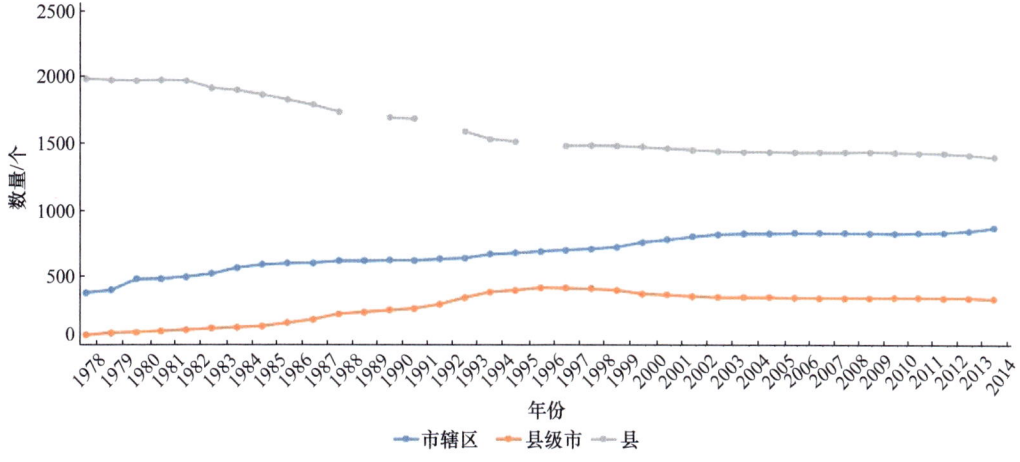

图9.2　改革开放以来中国县级行政单元数量变化
《中国统计年鉴》(1979～2015年);1989年、1992年、1996年部分数据缺失

与城市行政区空间格局演化相一致,各级政区管辖幅度变化趋势差异明显,具体表现为直辖市、规模较大的地级市等设区城市对市辖区的管辖幅度呈现先下降后上升的趋势,最终稳定于3.00左右(表9.5)。

表9.5　改革开放以来中国各级行政区管辖幅度变化

年份	县级	市辖区	年份	县级	市辖区	年份	县级	市辖区
1978	26.53	4.08	1991	14.91	3.42	2004	9.97	2.97
1979	25.38	4.04	1992	14.6	3.41	2005	9.97	2.97
1980	25.46	4.69	1993	14.25	3.36	2006	9.97	2.98
1981	25.27	4.67	1994	13.61	3.33	2007	9.96	2.98
1982	24.54	4.62	1995	13.38	3.31	2008	9.96	2.98
1983	19.08	3.78	1996	12.94	3.24	2009	9.96	2.98
1984	18.89	3.99	1997	12.66	3.22	2010	9.95	2.97
1985	17.23	3.79	1998	12.39	3.19	2011	9.91	2.98
1986	16.85	3.74	1999	11.91	3.12	2012	9.87	2.98
1987	16.43	3.67	2000	7.89	2.99	2013	9.84	3.01
1988	15.22	3.48	2001	7.63	3.00	2014	9.77	3.07
1989	15.05	3.45	2002	10.25	2.97			
1990	15.07	3.46	2003	10	2.95			

1978年以来，中国城市行政区域空间格局发生了很大变化。1978年，中国县级行政区大部分为县的建制，市辖区相对较少，且仅零星分布在城市化发达的地区。1982年，部分县开始被市辖区和县级市所替代，县的数量和分布密度均有所下降，但仍是中国县级行政区的主要形式。1983～1996年，城市行政区划空间格局实现了历史性转变，具体表现为县级市数量激增并在空间上表现为连片集聚，这种趋势在长三角、珠三角、山东半岛、京津冀、辽东半岛等城市化发达区域尤为明显。相较而言，中西部地区虽然县级市数量有所增加，但集聚态势显然不如东部地区明显。同时，中国东部沿海一些发达地区的市辖区数量开始增多。相较1996年，2003年中国县的数量和分布整体上变化不大，但县级市的密度有所下降，最突出的特征是市辖区的主导地位越来越明显，不仅数量增多，而且空间上更加集聚。尽管如此，市辖区仍然主要分布于东部地区，区域差距依然明显。2004～2015年的十余年间，虽然全国（尤其广大西部地区）市辖区均有所增多，且密度增大，但中国县级行政区空间格局变化不大，总体上趋于稳定（朱建华等，2015）。

三、改革开放以来中国城市型行政区的行政区划调整

1. 调整方式及年际变化

中国行政区划调整包括建制变更、政区拆并、政区重组、行政边界调整、新设政区、撤销政区等方式。改革开放以来，中国城市型政区的行政区划调整表现出发生频繁、类型众多（魏衡等，2009），阶段性和区域性强等特征（汪宇明，2008），详见表9.6和图9.3。

表9.6 改革开放以来中国行政区划调整类型与发生次数

调整类型				发生次数
建制变更	升级降级	建制升格	县升市	9
			市升地	0
			县升地	0
			市升市	35
		建制降格	地改县	1
			地改市	0
			市改市	2
			市改县	2
	同级政区建制转换	向城市型转换（正向）	撤地设市	117
			撤县设市	408
			撤县设区	116
		向地域型转换（反向）	市改地	0
			市改县	0
			区改县	17
			区改市	1
政区拆并	地级拆并	拆分	地区	7
			地级市	3
		合并	地区	4
			地级市	1

续表

调整类型				发生次数
政区拆并	县级拆并	拆分	市辖区	29
			县级市	1
			县	27
		合并	市辖区	54
			县级市	1
			县	5
政区重组	地级重组	地市重组	正向	71
			反向	9
	县级重组	区县重组	正向	87
			反向	15
		区市重组	正向	4
			反向	3
		市县重组	正向	76
			反向	2
		区市县重组	正向	3
			反向	0
行政边界调整	同类政区边界调整	地级	地区	6
			地级市	20
		县级	县	10
			市辖区	19
			县级市	0
	多类政区边界调整	地市调整	正向	49
			反向	5
		区县调整	正向	11
			反向	3
		市县调整	正向	7
			反向	1
		区市调整	正向	3
			反向	1
		区市县调整	正向	0
			反向	0

资料来源：根据民政部全国行政区划信息查询平台（http://xzqh.mca.gov.cn/map）、行政区划网（http://www.xzqh.org/html/）等网站历年县级以上行政区划调整记录整理

2. 撤地设市（含地市合并）

"市管县"体制形成于 20 世纪 80 年代中期，属于城乡合治型的建制模式（汪宇明等，2008；刘君德，2002）。1983 年，"市管县"体制开始全面施行，撤地设市（含地市合并）成为行政区划调整的主要形式（图 9.3、图 9.4）。随着"地改市"的推行，市域范围扩张带动了县级行政区划的调整（汪宇明等，2008）。"市管县"体制发挥了"市带县"的作用，加强了市 - 县两级的行政管理，促进了区域中心城市建设、统一了城乡规划、实现了城乡的优势互补。但是，这种体制也因为增加了管理层级而降

低了管理效率，导致市县竞争加剧等问题。可以说，计划体制为"市管县"体制提供了最重要的支撑条件，也构成了该体制运行的最重要的制约因素（刘君德，2002）。直至2000年左右，撤地设市才失去了行政区划调整的主体地位，只在少数边远地区仍有活力。

3. 撤县设市

由于行政区划的历史依赖性，计划经济时期和改革开放初期中国采取了"切块

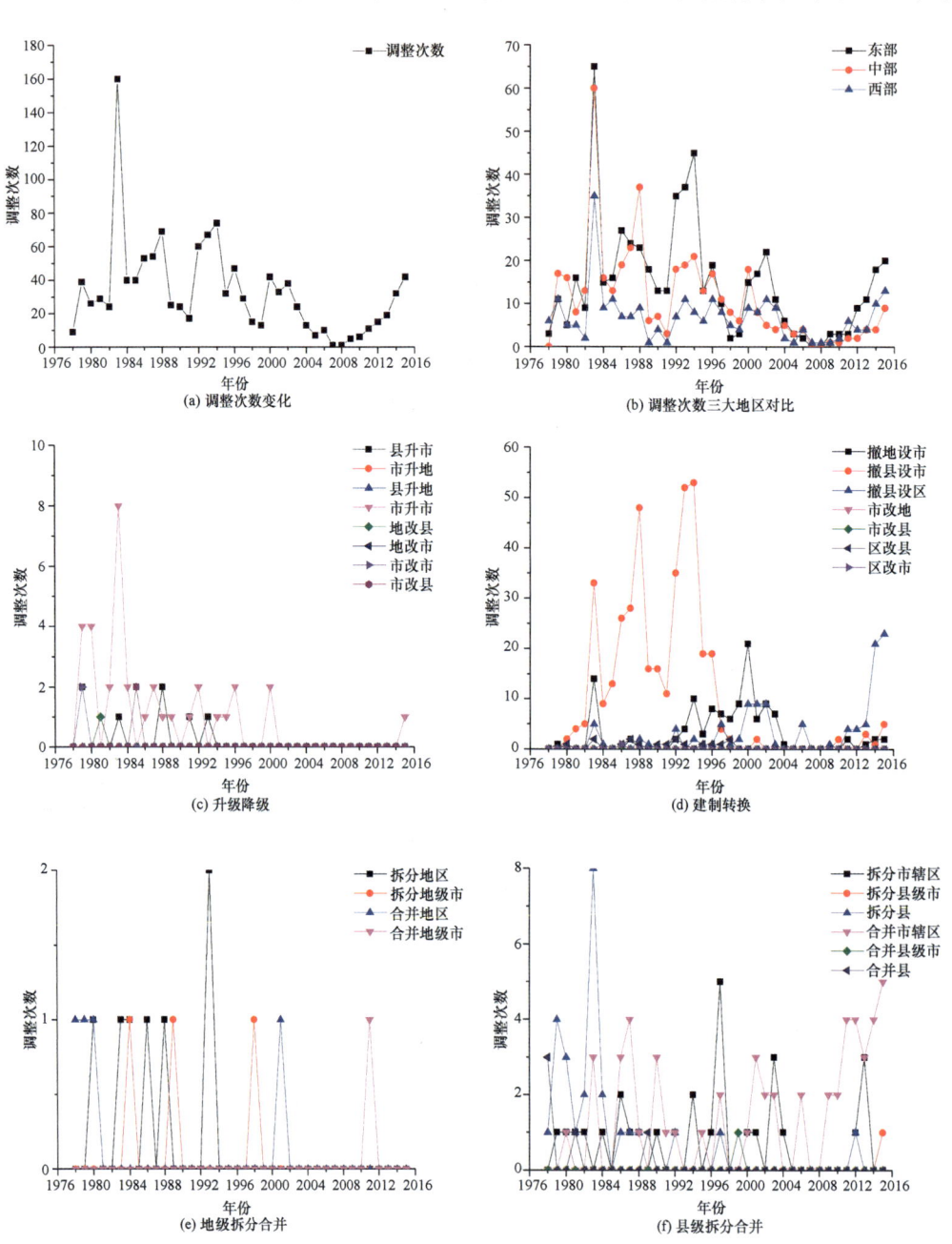

第九章　中国城市发展的政治制度基础

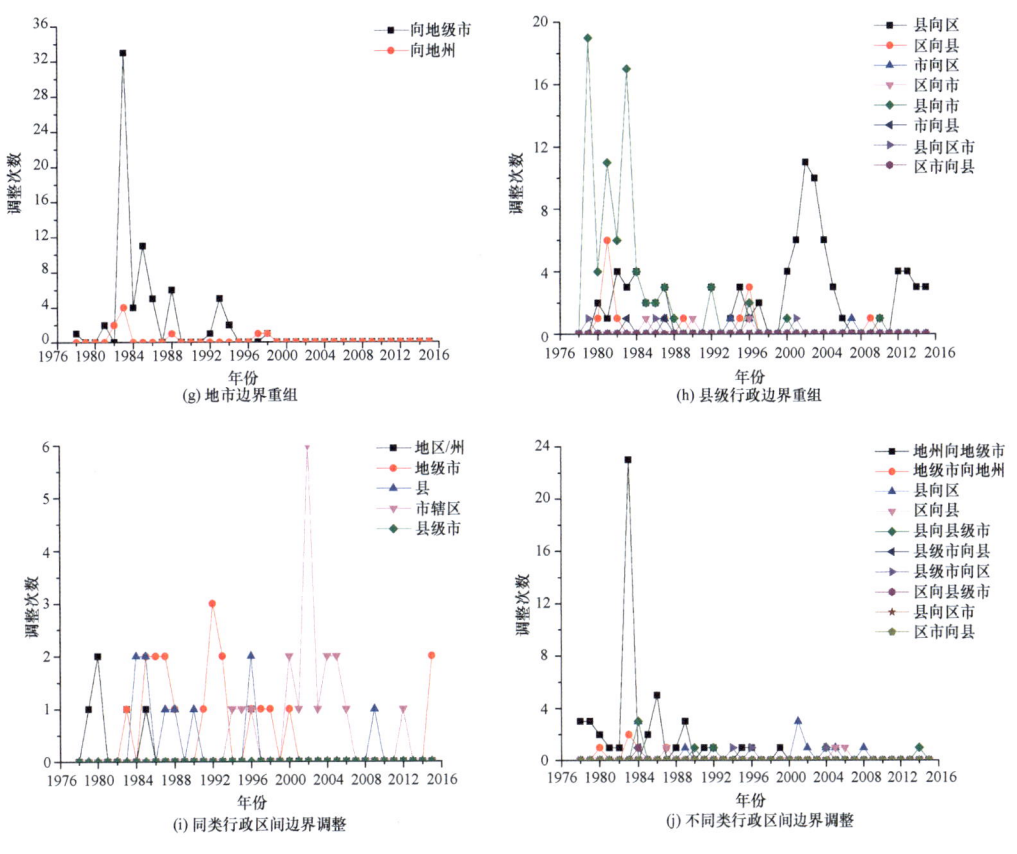

图 9.3　1978 年以来中国行政区划调整的年际变化
同表 9.6，作者自绘

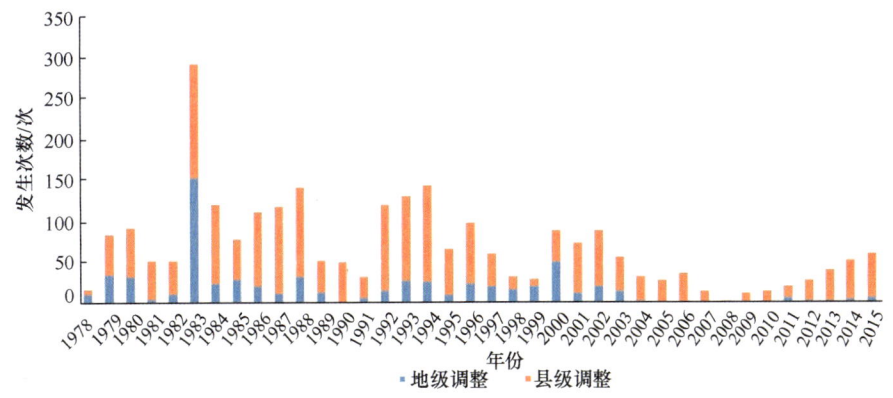

图 9.4　改革开放以来中国地/县级行政区划调整发生时序
同表 9.6，作者自绘

设市"方式设立城市。但是，这种模式存在诸如城乡分割、权责不明、层级较多等内在固有缺陷。因此，中国于 20 世纪 80 年代开始推行"整县改市"模式，撤地设市（含地市合并）和撤县设市成为中国最主要的设市模式（魏衡等，2009；汪宇明等，

255

2008),客观上也促进了中国城市化的快速发展。1984～1996年,中国的"整县改市"最为集中和普及(图9.3)。不过,其也存在如下不容忽视的弊端:第一,撤县设市混同了市制与县制的本质区别,导致中国"城市"概念的泛化;第二,撤县设市造成了假性城市化和县制不稳定的双重矛盾;第三,撤县设市导致两个不同等级的市隶属关系不清、定位不明,这不仅加剧了两个城市主体之间的冲突,而且对完善城市型政区体系造成一定困难(罗震东,2005;汪宇明,2002)。因此,于1997年冻结撤县设市的审批,直到十八届三中全会后才重新放开(刘君德,2014)。

4. 撤县(市)设区

20世纪90年代后期,伴随着相邻城市扩展空间有限、相互牵制,基础设施投资建设加快、生态保护困难等矛盾日益增多和尖锐化,中国开始实施撤县(市)设区的行政区划改革,这适应了"减少管理层级、降低行政成本、提高管理效率"的行政管理需求。1996～2002年和2011～2014年这两个阶段,中国撤县(市)设区最为集中(图9.3)。撤县(市)设区借助行政集权的手段整合资源,拓宽了大城市发展的物理空间和制度空间,有利于大城市的发展(罗震东,2005;汪宇明,2002)。不过,撤县(市)设区模式也存在设区的具体标准不明确、设区过程存在随意性等问题(殷洁和罗小龙,2013)。

5. 市辖区范围调整

随着撤县设区进程的推进,城市市辖区急剧增多、扩展。但由于历史原因,中国(特)大城市市辖区建设尚存在严重的边界划分不合理、布局凌乱、管理低效和不协调等问题,严重制约了城市发展,亟待解决。中国以市辖区为主体的行政区划调整主要包括3种类型:其一,市辖区的拆分和合并,如上海市将面积很小的黄浦区、南市区合并设立新的黄浦区,减少了一个地级建制;其二,地域型行政区与城市型政区之间的边界调整,以正向调整为主,即将某(些)郊区的一部分划归为城区所有;其三,市辖区间的边界微调,具体包括市辖区之间的边界调整(市辖区总数不变)和边界重组(市辖区总数可能变化)两种情况(表9.6)。整体上看,第三种类型即市辖区间管辖范围的微调比较常见,而其他两种类型的调整则相对较少(殷洁和罗小龙,2013)。

第二节 中国城市发展的制度变迁

政治制度结构一直是影响中国城市发展最为基本的因素之一,城市发展的进程和方向因政治制度变迁而相应改变。中央和地方之间层级化的等级政治关系一直是影响中国城市发展的基本政治制度。

一、城市发展初期

1. 封国/藩国制

秦代以前,尤其是在夏商周时代,中国创造性地建构了封国/藩国(方国)制的政治制度(韩光辉等,2012)。这种制度实质上界定了中央和地方的关系,具体体现在封国之间等级化的政治层级及与之对应的差别化的权利、义务中(范今朝,2012),这实质上是中央和地方之间、地方和地方之间不同尺度的分权(罗震东,2005)。"分土而治"的分封制形成了全国性的政治权力等级体系,这种等级体系通过礼制思想规定了中央到不同级别诸侯国城市的建设规模和等级。相应地,封国数量和城市数量基本相等,而且,城市等级体现了政治制度设计的等级思想,这实际上形成了基于政治制度的城市等级体系。

2. 防卫需求

中央政府与拥有巨大权力的诸侯国和藩国在各自城市建设中都期望加强军事防御,以保护其政治经济利益。为此,诸侯国的城市,尤其是国都和边塞城堡都建设了城墙、壕沟等坚固的军事防御设施。这实际上支持了城市起源的"防御说",如"筑城以卫君,造郭以守民"。生产力发展促使商朝的城市结构和功能更加体现出商业发展的痕迹,如商都殷墟的城市中出现了仓储、制造、运输等设施,人口结构和功能分区趋向复杂,商业的发展对城市防御提出更高的要求。同时,闾里制成为社会治理的手段,战国时代基本所有行政系统都以"里"作为基层单位。

3. 营建制度

西周时期,传统的礼乐价值观得到强化,在城市结构上则表现为功能布局更加严谨,可以说西周是中国古代城市建设的第一次高潮(庄林德和张京祥,2002)。例如,《周礼·考工记》记载:"匠人营国,方九里,旁三门,国中九经九纬,经涂九轨,左祖右社,面朝后市,市朝一夫"。这是中国最早的城建哲学思想。另外,《周礼·考工记》还有"经涂九轨,环涂七轨,野涂五轨"的记载,这说明道路宽度有分级,即市内宽、环城窄、郊外更窄。还有规定"环涂以为诸侯经涂,野涂以为都经涂",这说明按照封建等级,不同等级都城不仅大小有别,其中道路宽度也有不同……凡此种种,无不体现了礼制等级思想在社会治理以及城市建设中的作用。

二、封建社会时期

1. 郡县制

战国时期的秦国首创了郡县制。与分封制相比,国君将自己直接掌控的全国土地按照一定的原则，进行不同层次、不同规模的划分，定期撤换官员管理且不得世袭，这不但属行政区划的范畴，而且变"分土而治"为"分民而治"，形成了新的分权模式——中央政府弱化了地方政府的权力（周振鹤，1998）。秦汉以来，郡县制成为中华帝国制度构架中的核心制度，成为影响中国2000余年的核心行政管理制度。

郡县制下，城市作为行政机关驻地及其管理的中心地，资源集中，城建备受重视，城市规模和功能因此取得长足的发展（石约翰，2002）。同时，作为郡县制下帝国统治的节点，城市的政治功能得到加强，逐步形成了等级特征鲜明的城市体系（图9.5）。

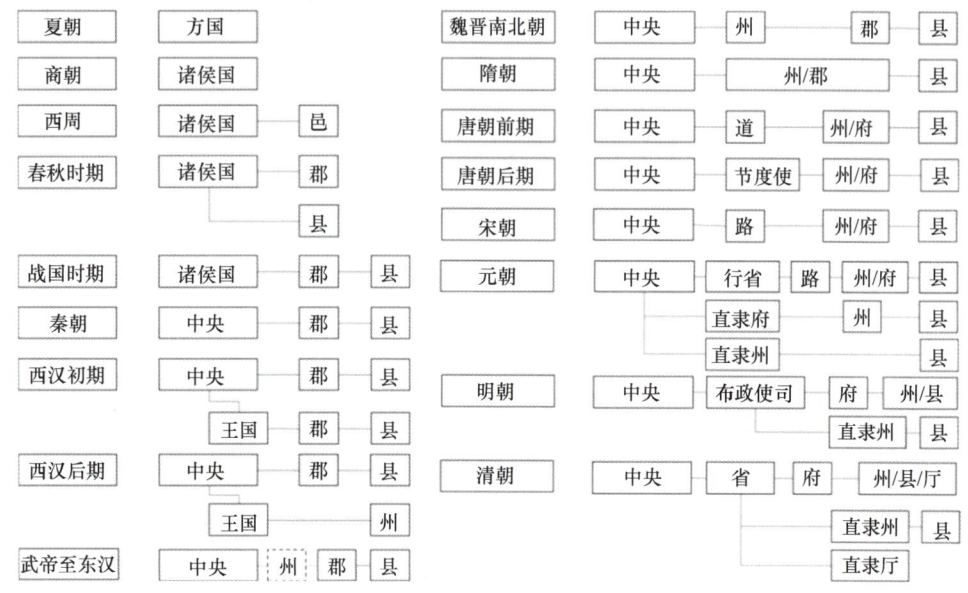

图 9.5　中国古代行政体制变迁（转引自王恩涌，2004，略有修改）

2. 防卫制度

封建时期中国的防卫制度相当严密，主要体现在古代的"治边"思想和具体举措中。中国古代"治边"思想大体形成于秦汉，发展和延续至清代，总体上有两个基本的特点：一是多数统治者对"开疆拓土"持相对保守的态度，"守在四夷"的边疆治理理念备受推崇；二是统治者从"华夷有别"的治边观出发，在边疆地区施行相对宽松的羁縻统治，同时重视在边疆传播封建文化，以利教化（方铁和张维，2003）。封建统治者的治边思想及其对应的具体举措不一而足，对边疆地区的影响复杂多样，但就城市发展而言，卫所制度和屯垦制度最为典型和深远。

（1）卫所制度

基于政治要求，防卫制度体现在国家层面高度统筹的防线体系和要塞体系，这促进了政治、军事城市的产生和发展，如国都和防御重镇的兴起与建设。

边疆防卫制度表现为要塞和边境沿线的防御体系，如长城防御体系，这必然促进国家边疆城市的发展，如明代的卫所制度。边防卫所制度是明朝非常重要而独特的军事组织管理制度。它既是一种军事制度，也是一种行政管理组织形式。明朝的军事管理体系包括都司，都司隶于五军都督府，卫所官军有朝廷调派的都司、行都司、留守司，卫所则指五军都督府下的卫、守御千户所、军民千户所（图9.6）。卫所与地方的关系是综合、互动的，尤其在有实土、准实土卫所的地区表现更突出，由于卫所军士来源集中、居住集中，因此来源地的文化得以在异域中保存下来，其受影响和改变的过程是缓慢的（郭红和于翠艳，2004）。为了维持这样一个庞大体系的正常秩序，明朝政府制定了一系列的制度，涉及赋税、选举、学校、祠祀、恩恤、封爵等方面，使得除军事职能外，卫所对自己所辖人口与地域的管理与府－州/县无异（图9.5）。

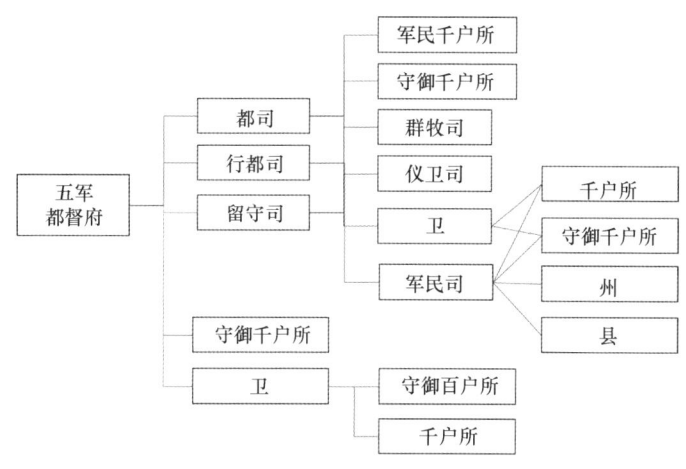

图9.6　明朝的军事管理（郭红和于翠艳，2004）

卫所制是明代在总结前代边疆行政管理制度与兵制的基础上产生的，是军事制度与地方行政管理制度在地理上结合的产物（邓庆平，2008）。卫所是明代统军机构的基本单位。卫所制度是一系列制度的基础（彭勇，2007），建立在卫所制度之上、与之相辅而行的其他制度主要有军户世袭制度、屯田制度、漕运制度、班军制度、征戍制度、募兵制度和驿站制度等。卫所制度的基本特征主要有：第一，卫所军户实行严格的世袭制。第二，卫所制度赖以存在的经济基础是屯田制度。第三，卫所的日常防御职能和行政管理职能并重。卫所在很大程度上还是一种军事性质的地理单位，涉及明帝国的版图、管理体制、土地、户籍制度、人口迁移等一系列问题。最早指出都司卫所是一种行政区划的学者是谭其骧，他在20世纪30年代发表的《释明代都司卫所制度》中提出了明代全国土地分属于行政系统和军事系统的观点，认为明代军事系统的都司、卫所在绝大多数情况下也同行政系统的基层组织——州县一样，是一种地理单位，管辖不属于行政系统的大片明帝国疆土，包括军士的屯田和代管民籍人口耕种的土地，也管辖着不属于军籍的大量民户。顾诚（1988）也认为卫所不仅仅是一种军事制度的规定，还是一种影响地方社会族群认同与划分、政治权力转移、基层社会变迁的契机和资源。

明代的卫所制和镇戍制对清代边防制度产生了深刻影响，如清入关后组建绿营兵，在建置、指挥、兵饷等方面多效法镇戍兵制，只是在兵役方面由募兵制演为世兵制（而世兵制与卫所兵役制有相似之处）（顾诚，1988）。清代虽至雍正时已废除大量卫所，但仍有部分卫所一直存在到清末。顾诚（1988）把清代都司、卫所的变革轨迹归纳为3个步骤：一是都司、卫所官员由世袭制改为任命制；二是卫所内部的"民化"、辖地的"行政化"过程加速；三是"最后以并入或改为州县使卫所制度变为历史，从而完成全国地方体制的基本划一"。清代对明代卫所的裁撤主要包括对屯赋征收额的处理以及对卫所军户军籍的处理两个方面。卫所裁撤后，军户的军籍也是必须要解决的问题。屯赋归并了州县，军户也必然解除军籍，随屯田所在州县编入民籍。另外，卫所制度也促进了清代的漕运、农业经济恢复和发展以及边疆地区的开发。

（2）屯垦制度

屯垦，又称为屯田，是中国历代政府巩固国防、治理边疆和发展边疆的重要国策之一，对保障边疆稳定和促进当地城市发展起到举足轻重的作用（左书谔，1986）。中国古代屯垦总体上具有时间长、范围广、类型全、人数多的特点（邓德芳和段汉明，2009），屯垦地点多分布在交通枢纽和军事地位显要地区（表9.7）。但是，由于管理方式和政治形势的差别，各朝代屯垦的经营模式和效果也不相同（邓德芳和段汉明，2009）。中国古代的屯田始于西汉时期，然而真正大规模的屯田是在地节二年（公元前86年），当时侍郎郑吉、校尉司马熹负责渠犁屯田事务，翌年，郑吉又率士兵屯田车师，长罗侯常惠带领三校（2400人）屯田乌孙赤谷城。西汉以后，屯垦便在西域快速发展起来。魏晋南北朝时期，中原战乱频发，各政权相互对峙、更迭频繁，朝廷对西域的经营远不如两汉王朝，屯田的分布地点和规模也难以与前代相比。在唐王朝统治期间，屯田时间之长、规模之大、分布地点之广都是前代所无法比拟的。由于屯垦的兴盛，唐代在新疆的统治颇为成功，边疆安定，国力强盛，反过来又促进屯垦的发展。宋明两朝均未在西域屯田。元朝的屯垦比较发达，规模大、分布广，但主要集中在内地，在西域的屯垦时间较短，规模也不大。清代的屯垦是历代王朝中最为成功的，清代的屯垦人数众多，面积广大，历时长，形式多样。清王朝在新疆的屯田对于边防建设所起的作用巨大，不仅巩固了军事边防和统治体制，还开发了农业经济，促进了当地的社会繁荣和城市发展（表9.7）。

3. 两京制/陪都制度

中国古代的首都及陪都位置变化频繁，其总体特点表现为从前期的长安—洛阳—开封一带迁移到后期的南京—北京一带，最终北京被确定为国家首都。"两京制"始于先秦，并从此成为中国古代陪都现象的主流。历经数千年发展，中国古代的陪都制度得以完善。丁海斌（2011a，2011b）对中国古代陪都制度进行了细致的研究，并按照都城数量、空间分布、设置目的、具体形式、实际效果等方面的差异将中国古代陪

表 9.7　中国古代主要屯垦地点演变

朝代	屯垦形式	屯垦地点
西汉	军屯	伊犁河谷、渠犁、轮台、姑墨、车师、北胥鞬、伊循
东汉	军屯、民屯、犯屯	伊吾庐、车师、疏勒、于阗
魏晋	军屯为主，少数犯屯	楼兰、高昌、尼雅
唐	军屯、民屯、犯屯	安西四镇（龟兹、焉耆、疏勒、于阗）、北庭地区（庭州、轮台、伊吾、清海）
元	军屯为主，少数民屯	别失八里、哈密力、滕竭儿、曲先、亦里黑、可失哈儿、斡端、阇挥
清	军屯	哈密屯区、吐鲁番屯区、朴城子-奎屯屯区、古城屯区、木垒屯区、乌鲁木齐屯区、济木萨屯区、玛纳斯屯区、库尔喀喇乌苏屯区、晶河屯区、伊犁屯区、塔尔巴哈台屯区、哈喇沙尔屯区、乌什屯区、阿克苏屯区
清	犯屯	哈密、巴里坤、乌鲁木齐、库尔喀喇乌苏、晶河、塔尔巴哈台、辟展、哈喇沙尔
清	民屯	巴里坤、乌鲁木齐、伊犁、（晶河、库尔喀喇乌苏、塔尔巴哈台）、喀喇赫依、巴尔楚克
清	回屯	哈密、吐鲁番、伊犁

资料来源：邓德芳和段汉明，2009

都分为守望型、留都型、两京制、多京制、行都制、军镇型、市集型、霸府型、未就型等多种类型（表 9.8）。需说明，陵县是陪都的一种特殊类型，其产生不是出于防守或统治的考虑，而是出于对祭祀祖先的重视，更具象征意义，客观上也促进了皇陵所在城市的发展。

陪都制度给予了首都之外的城市发展权利和发展机遇，促成了一大批城市的发展，或是经济发展，或是防卫加强。从国家层面上讲，陪都制度（尤其两京制和多京制）均衡了城市发展的空间格局，完善了城市职能体系，促进了国家层面上区域中心城市的形成，这些城市的建设形制、发展水平都高于其他城市。

4. 营建制度

营建制度是对城市具体建设形制的规定，具有广泛而丰富的内涵，是一个庞大的制度体系。营建制度（体系）可以分解为选址制度、建设形制制度等子制度，各子制度既"各司其职"又相互作用，共同影响城市内部结构、外部形态等各个方面。需要提及，礼乐制度和传统文化对我国古代城市营建起到了重要作用，如《周礼·考工记》对城市选址布局、建设形制、要素空间关系及其等级体系等方面的规定。春秋战国时期以来，中国传统文化价值体系中的秩序、中庸、等级等思想完美体现在城市营造上，形成了以方正的形态、棋盘式路网为特色的中国古代城市结构的典型范式，对后续中国城市发展产生了深远的影响。

（1）选址制度

中国古代，无论是都城选址还是一般城市的选址，总体上遵循了五大原则：①临近水源；②位于农业发达区；③选择地势高爽之地；④重视安全防卫因素；⑤契合管理需

中国城市地理基础

表 9.8 中国古代部分重要首都和陪都

朝代	首都	陪都	备注	朝代	首都	陪都	备注
西周前期	镐	丰	守望型	隋	长安	洛阳	两京制
西周后期	镐（丰）	成周	两京制	唐	长安	洛阳、蜀郡、凤翔、大同、太原、京兆府、江陵府等	两京制、行都制
春秋楚国	郢都	陈、蔡、不羹	多京制	五代后唐	魏州	兴唐、东原府、镇州、太原、洛阳等	多京制
战国齐国	临淄	平陆、高唐、即墨、莒	军镇型	北宋	开封	河南府（洛阳）、应天府、大名府	留都型
战国燕国	蓟	下都	军镇型	南宋	临安	建康	行都制
秦	咸阳	洛阳	两京制	辽	临潢	幽州、云州、辽阳、大定	多京制
西汉	长安	洛阳	两京制	金前期	会宁	辽阳、临潢府、大同、大定	多京制
西汉	长安	高帝长陵、惠帝安陵、文帝霸陵、景帝阳陵、武帝茂陵、昭帝平陵、宣帝杜陵、薄太后南陵、赵婕妤云陵	陵县	金中期	中都	汴京、辽阳、大同、北京	多京制
王莽新朝	长安	洛阳、邯郸、临淄、宛、成都	市集型	金晚期	汴梁	洛阳、辽阳、临潢府、大同、大定	多京制
东汉	洛阳	长安、南阳	两京制、留都型	元	大都	上都	行都制
北魏	洛阳	平城	留都型	明洪武	南京	北京、凤阳	两京制、留都型
东魏	邺城	晋阳	霸府型	明永乐	京师	南京	两京制、留都型
孙吴	建业	武昌	军镇型	清	北京	奉天、承德	留都型、行都制
曹魏	邺城	邺、许昌、长安、谯	留都型、多京制	中华民国	南京	洛阳、重庆	两京制、霸府型、行都制
北周	长安	洛阳	未就型				

资料来源：朱士光和叶骁军，1985；丁海斌，2011a

求。需要说明，不同性质和规模的城市对以上各项原则的重视程度和遵循程度会有所不同（马继武，2007）。

（2）城郭制度

中国都城史可划分为防御性城郭阶段和礼仪性城郭阶段（许宏，2013）。早期的防御性城郭会直接导致城郭的有无取决于政治、军事、地理等诸多因素，如所谓的"大都无城"。后来贯穿全城大中轴线的礼仪性城郭，因同时具有权力层级的象征意义（许宏，2013；李自智，1998；张鸿雁，1995），才开启了汉代以后城郭兼备的都城发展的新纪元（表 9.9）。

表 9.9 中国古代城郭演变

阶段	朝代	宫城+郭城	宫城+郭城		都城存废时间
			内城外郭	城郭并立	
防御性城郭	夏	二里头			公元前 1700～公元前 1500 年
	商		郑州商城、偃师商城		公元前 1500～公元前 1300 年
		殷墟			公元前 1300～公元前 1000 年
	西周	丰镐、岐邑、洛邑、临淄、曲阜			公元前 1000～公元前 771 年
	春秋	洛阳王城、晋都新田、楚国郢都	临淄、曲阜、新郑		公元前 700～公元前 403 年
	战国			洛阳王城、临淄、曲阜、韩都新郑、赵都邯郸、楚国郢都、燕下都	公元前 403～公元前 221 年
		秦咸阳			
	秦	咸阳			公元前 221～公元前 207 年
	西汉	长安			公元前 202～公元 23 年
	东汉	洛阳			公元 25～公元 190 年
礼仪性城郭	曹魏	邺城			公元 204～公元 577 年
	北魏	洛阳城			公元 494～公元 534 年
	隋唐	隋大兴城、唐长安城、			公元 582～公元 904 年
		东都洛阳			公元 605～公元 907 年
	北宋	汴梁城			公元 960～公元 1127 年
	金	中都城			公元 1153～公元 1214 年
	元	大都城			公元 1267～公元 1368 年
	明清	北京城			公元 1421～公元 1911 年

资料来源：许宏，2013

（3）中轴线和棋盘式路网

中国古代城市发展和建设史表明，中国城市大都形成了棋盘式路网建设模式，建设了城市中轴线，如汉唐长安城等拥有南北向长距离的都城大中轴线、城郭里坊齐备的古都布局。

北魏洛阳城和曹魏时期的都城邺城奠定了中国古代城市营建的严谨、对称的格局，中轴对称模式在隋唐时期达到高峰。这种模式的出发点是为了更好地宣誓和象征国家不容挑战的权威，客观上对后世城市营建产生了深远影响（王金岩，2010；董鉴泓，2009）。

（4）功能分区与坊市制度

中国历史上存在达千年之久的坊市制主要表现为将住宅区（坊）和交易区（市）严格分开，并用法律和制度对交易的时间和地点进行严加控制。坊，又称为里，或称为坊里，是古代城市的最基本单位。唐人苏鹗在《苏氏演义》中指出，"坊者，方也。言人所在里为方。方者，正也"。"市"为商品交换的场所。"坊市制度创设了一个法治的城市商业空间，实现了对作为居民区的坊和作为商业区的市的严格隔离，并对

'市'进行官设官管,施以监控,一个封闭式的市(市场)制便形成了"(武肖敏,2014;盛会莲,2000)。唐代的坊市制度,既是国家管理城市居民的制度,又是国家管理经济活动的方式。

唐代中期,随着农业、手工业的不断发展,商业出现了新的繁荣局面,单靠白天的市场交换商品显然已不能适应,于是夜市正式出现。当时文人的诗作里出现过"夜市千灯照碧云,高楼红袖客纷纷""水门向晚茶商闹,桥市通宵酒客行"的描述。唐代后期,市坊严格分开的制度被打破,也不再限制商品交易的时间。在繁华城市不论白天还是夜晚,集市贸易都相当发达。宋朝城市居住区出现了街巷式布局,元朝沿用之,明清时期沿袭宋元街巷制。中国古代城市功能空间演变全过程可划分为两个特征明显的阶段:一是周至隋唐,特点是不断完善聚居制度中的社会政治功能;二是五代至明清,特点是聚居制度中的社会经济功能不断地强化,两种不同的社会功能产生了两种不同的聚居组织形式,这是古代城市聚居制度发展的一个重要的转变,这个转变无疑是古代社会文明发展的一个伟大进步(李昕泽和任军,2014)。

中国城市聚落先后出现了闾里制、里坊制、坊巷制和街巷式,反映了城市功能分区从满足城市管理的要求向满足城市交通功能、教化功能等人文功能的转变,同时,聚居制度实现了从以社会政治功能为基础向以社会经济功能为基础的转变(周祥,2009;周长山,2001)。

三、近现代时期

1. 从传统政治体制到资本主义政治体制

近现代时期,中国政治体制逐步从传统政治体制转变为资本主义的政治经济体制。但基于半殖民地半封建社会的国情,中国东部沿海地区更多受到了资本主义政体的影响,而西北内陆地区则更多受到了传统封建政体的影响。同时,在帝国主义的占领区和租界区,西式政体的影响尤为显著。这种多元多层级的政治体制在中国国土上同时出现,深刻地影响了中国城市的发展进程(李百浩和郭建,2003)。

半殖民地半封建的社会性质决定了国家尺度城市发展空间格局的混合结构特征,即西方文明从东南沿海侵入,后又沿长江沿线深入到内陆,即中国近代化进程受到了开埠区域(港口体系和租借地的体系分布在沿海地区和沿长江地区)、外来资本的投资区域(东部沿海地区)、国内资本的投资地(沿海、沿江、资源分布地)的综合影响,这导致中国国家尺度的空间组织从传统均衡状态转为东部沿海与内陆地区的二元梯度空间格局和沿海沿长江的近代"T"形空间结构模式。

以沿海地区城市为代表的中国近代城市,尤其是具有租界或占领区的城市,资本主义的商业、贸易、金融、工业、交通运输、社会公共活动建筑、市政工程和公用设施等近现代功能要素不同程度上打破了相对稳定而传统的城市空间结构,其内部空间结构功能区组成表现为典型的二元"拼贴"的空间结构模式:近代功能的新城区和老城区混合分布（胡俊，1993）。

2. 省县制

民国时期，中国实行了省县制，其本质是郡县制的一种变形：第一，省县制继承了元代的行省制度，省成为重要的政区形式；第二，城市行政区第一次被以法律形式确定下来，这标志着中国进入城乡分治时代（马彦琳，2006）。这是区别于中国古代行政制度的革命性变化，并一直延续至今。城市行政体系与城市等级体系自然相关，但行政制度的统治（管理）作用在资本主义和市场经济的冲击下有所减弱。同时，因为帝国主义的野蛮入侵，其占领区和租界区的行政管理采取了西式的管理方式，弱化了中国传统的行政管理（图9.7）。

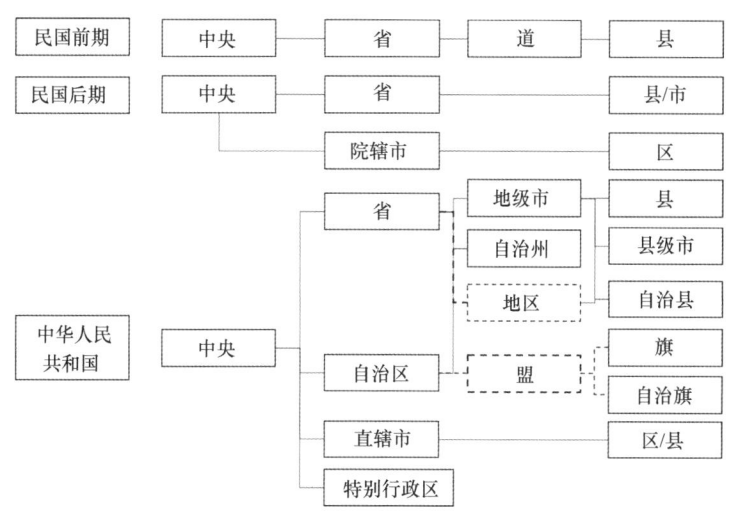

图 9.7　近代以来中国行政体制变革（王恩涌，2004，略有修改）

四、当代时期

1. 计划经济时期

1949~1978年，新中国建立了社会主义制度，即集中式的政治经济制度以及城乡分治体制。计划经济时期，"全能主义"政治经济模式导致中央政府掌控了几乎所有的资源及其分配权。几乎所有计划都是中央各部委制定和下达，地方政府只有执行和小范围二次分配的权力，属于典型的"自上到下"的纵向垂直化的大一统管理模式。通过建立不同行政级别的国有企业单位制度，采用中央各部门计划和控制经济体系的运行以及地方政府仅有配合和执行中央经济政策的政权模式，中国实现了各类资源的统一调配，并通过户籍制度所构造的"城乡二元结构"形成了完全统一供给和分配的劳动力流动和就业模式。而且，国家实行了土地财产权的国有化和集体化，土地管理采取了无偿划拨的"三无系统"管理方式——通过行政手段征地和分配建设用地。

（1）区域均衡发展政策

源于社会主义的均衡发展原则、国家发展战略和安全需要等，新中国采取了区域均衡发展的经济政策。在区域布局与发展政策上把经济建设的重点从东部沿海转向内陆地区，空间政策客观上实施了均衡发展模式，即生产力布局基于传统的六大经济区以及行政区划及其等级，大致实行了区域均衡发展模式，施行了均衡发展的区域发展和空间政策，尤其是将沿海发达地区的企业、资本和人力资源向内陆地区有计划地转移。经过"三线"建设等，内陆地区的经济和城市得到了较快的发展，缩小了与东部地区的差距。同时，也大致形成了基于经济大区、各省的城市体系结构。

依托单位制、计划配给、福利保障等一系列相互依存的制度设计，尤其是省县制的行政等级体系（图9.7），城市体系依托行政能力所形成的等级体系特征异常显著。

（2）生产性城市的形成

根据国家"工业优先"发展战略，确立了"先生产，后生活"的建设方针，大幅度压缩了城市的消费功能，中国城市性质迅速转变为生产性城市，生活等城市服务设施建设严重滞后。

（3）单位制与城市内部空间结构

单位是最富有特色的城市空间组织方式，单位大院遍布工厂、商店、学校、医院、研究机构、文化团体和政府机关（柴彦威等，2011；田毅鹏，2007）。中国主要通过严格的计划经济体制的单位制管理整个社会经济的运行。因此，单位是大陆城市社会生产和社会管理最为有效的工具，这形成了"单位城市"，即在计划经济体制的基础上建构了传统工业城市特征的单位制空间结构。也就是说，城市空间形成了以各类单位院落（围墙）为标志的空间组织状态——一种单位化、蜂巢型、镶嵌式的城市空间结构和组织模式（杨永春，2013）。而且，以计划为基本特征，以单位分配住房的单位制住区分配体制形成了以单位空间分异为特征的住区模式，形成了典型的"单位城市"（柴彦威等，2011）。

（4）城乡分治和户籍制度

基于城市、乡村两种社会身份的户籍制和两种土地所有制，中国城乡分治体制将城乡几乎完全割裂，人为地建立起城乡分治的二元结构（蔡云辉，2011）：城市从事工业品生产，俨然是"工业城市"，而乡村只能从事农业生产。而且，城乡之间的人口流动受到了很强的限制。中国的户籍管理制度将人口分为城市人口和农村人口。城市人口享有定量供应的福利，如物资、教育、医疗、就业等一系列特定权利；农村人口则在公社制度范畴内进行农业生产活动，几乎不能进入非农产业领域。农民只能在各自的村社从事农业生产劳动，很难转换农民身份，即农村人口只有通过招工、招干、参军、入（大）学等途径才能变为"城里人"。而且，户口自身所附带的福利（如口粮等）只在个人所在的街道、单位、公社内，这意味着一个人只有服从体制内安排才有生活和就业的可能性。因此,户籍制度不但有效限制了人口的自由流动,实际上也成为城市、农村两类人口的分水岭,成为社会管理的有效手段。

2. 转型期

1978年至今的改革开放,通过分权化、市场化、全球化建构了中国社会主义市场经济体制。中国创造性地建构了中国特色的社会主义政治经济制度,即一种中央-地方的二元体制——非常适合制度转型期的新的分权化的体制。通过分权化,中国形成了二元政治经济体制架构,即适度扩大了地方政府的政治权力,赋予了地方政府的地方经济发展全权。这种权力层级分享的制度改革虽形成了行政区经济模式,但在保持国家政治稳定的前提下,极大地推动了国家经济的发展,成为中国城市发展的政治制度。而且,中国通过分权化和渐进式改革,不但形成了国有、私有等的多种所有制形式,而且形成了越来越完善的市场经济体制。这是一次制度意义上的"返回"式调整,契合了现代经济学的增长理论模式。

(1)渐进制度变迁与非均衡区域发展政策

基于全球化进程和中国特色的社会主义市场经济体制,中国实施了一种内外结合的空间开发和重构战略,转向了由沿海到内地的非均衡发展模式。中国的改革开放进程与全球化过程及其尺度重构相耦合,在全球与中国的关系重构过程中,产生了相应的路径锁定。中国的市场化和全球化正在重组国家的尺度体系,即在全球的中心-外围模式中,中国顺应了全球产业转移的趋势,成为"世界工厂"。在市场化和对外开放的战略布局上,中国的制度转型在地域空间表现为渐进梯度模式,即在国家层面采取了"政策探索-试验区(天窗)、政策试验后的扩展区、政策成熟后推广区"三大层次的区域政策实施模式,人为营造了一个非均衡转型的制度或政策环境的时空序列和框架(图9.8)。这样,中国的空间格局转向了非均衡的空间格局,整体上形成了东

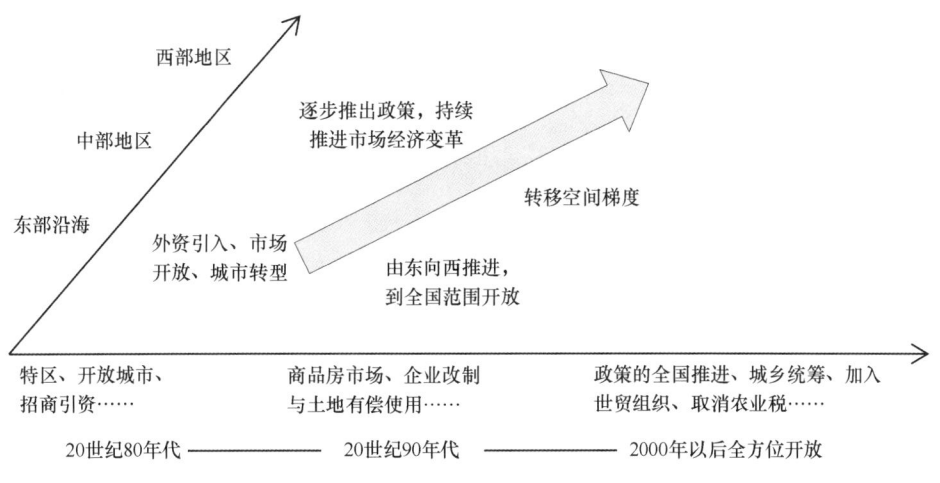

图9.8 改革开放以来制度渐进转型与空间格局转型(杨永春,2013)

部先行区、东北振兴区、中部崛起区、西部开发区四大板块的政策格局和国家宏观空间发展的战略框架（杨永春，2013）。

（2）城市发展的政治经济学的宏观分析框架

中国城市转型是由政治经济转型推动的（魏立华等，2006），并与城市发展及其空间重构相辅相成。中国城市发展是在国内外制度转型的大背景下（罗小龙等，2010；李强，2008；殷洁等，2005），基于制度变迁及其转变后的发展策略（洪世键和张京祥，2009；张京祥等，2008），在各方利益博弈过程中实现的（任东明和吴启焰，1999；吴启焰和任东明，1999）。

政治经济是城市空间重构的制度逻辑与行动逻辑互动的场域（图9.9）。中国经济、政治、社会体制的转型在城市层面的表现之一就是城市政治的变迁（张福磊，2011）。这一变迁过程是城市政治中各种行动者之间力量对比的变化，以及城市政府和其他社会行动者行动逻辑的变化。政治本身也是制度与行动的过程和结果。我国城市发展及其空间演变很大程度上是"构成制度主要内容的各种政策法规发生变化而诱致的结果，政府的作用十分显著"（Ma，2004），城市空间重构中的制度与行动过程也是组成政治经济的一部分，而政治经济又进一步通过制度与行动的互动过程调节和影响着城市空间的生产与重构（张福磊，2011）。

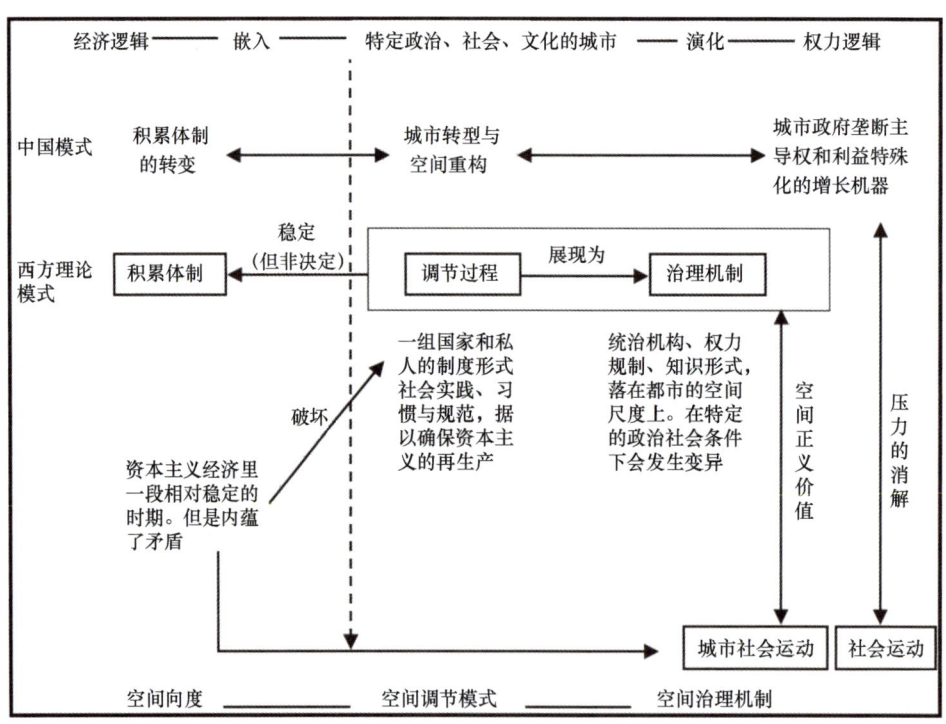

图9.9 转型期中国城市发展及其空间重构的政治经济逻辑（张福磊，2011）

同时，城市空间结构的演化呈现出强烈的经济利益驱动性。从全球化、国际资本转移的角度看，全球化通过资本、生产要素、信息的流动和国际劳动分工体系正在深刻地重塑着中国的城市发展及其空间形态（殷洁等，2005）。

在这种背景下，中国城市发展与制度变迁或者政策演进有十分密切的关系（图9.10）。城市的产业政策、房地产政策、劳动力政策、土地的有偿使用政策等都促进了中国城市从计划经济的生产性城市向消费性城市转变，向中国特色社会主义的市场经济体制下的城市发展模式转变。

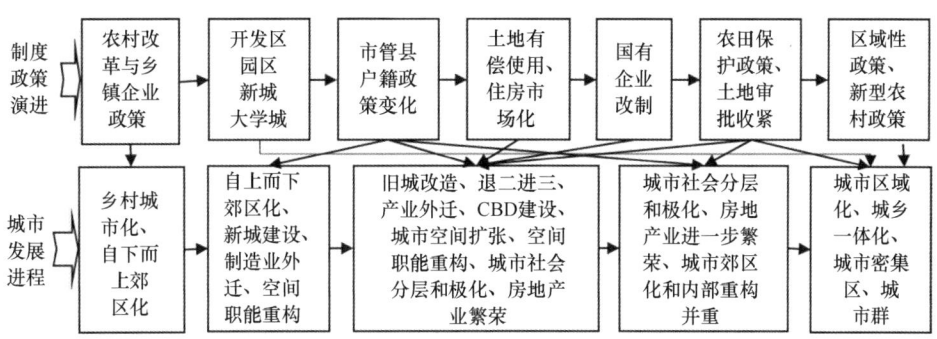

图9.10　中国制度变迁、政策演变与城市发展进程的耦合关系（杨永春，2013）

值得一提的是，中国政府将土地所有权和土地使用权分离，允许土地使用权进行市场交易，推动了土地资本化进程，这是中国大陆城市空间功能结构调整的基本动力之一。中国政府设立的各类园区及其相关制度，如高新技术产业开发区、经济技术开发区、自由贸易区、保税区、工业园区、国家级新区等有力促进了城市空间功能结构重构。在住房制度改革过程中，目前已形成了商品房、单位房、保障房（拆迁安置房、廉租房等）、自建房等类型，构成了中国独特的住房市场体系和混合空间结构模式（杨永春，2015）。党的十八大以来，中国政府已大大弱化了户籍制度的作用，城乡一体化进程显著加快，如部分地区已取消了农业户口。而且，中国政府正在改进区域治理模式，弱化行政区经济的负面影响，着力促进区域一体化进程，如城镇群的规划与建设。

（杨永春　王宝君）

第十章　中国城市发展的地理分区

城市发展划分地理区的目的是加强分区内城市与其周边城市之间的联系，促进各分区城市内部发展，提高各城市分区的综合实力和国际竞争力，推动各分区城市之间的协同发展，进而有利于国家城市化建设（顾朝林，1991）。自然要素与社会经济要素间的密切联系以及实践的需求，使得区划包含不同属性的指标（郑度等，2008）。中国疆域辽阔，地形、地貌、气候和水文等自然条件存在着较大差异；人文、政治和经济等条件存在着较大差别，中国城市地理分区存在着多种划分方式，每种划分方式的主题和侧重点各不相同。本章主要分析中国综合自然地理区划的城市分布以及中国城市经济区划分情况，并根据《中国城市统计年鉴2005》、《中国城市统计年鉴2010》和《中国城市统计年鉴2015》选取反映城市人口、经济、社会和地域景观发展水平的20个指标，对中国地级及以上城市进行综合实力评价，提出中国城市发展的地理分区设想，并对城市区进行介绍。

第一节　中国城市的自然和经济分区

一、城市自然地理分区

中国城市集中分布在平原丘陵区，高原山区较少，且主要集中在亚热带和暖温带，城市分布与人口分布相适应（顾朝林，1996）。地形和河流也深刻地影响到分区内城市的空间分布。以河流、地形对城市分布的影响为例，据《中国城市统计年鉴2015》，全国292个地级及以上城市中距离三级及以上河流50km、100km、200km及200km以上的城市数量分别是175个、75个、34个、8个，占地级及以上城市总数的比例分别为59.93%、25.68%、11.64%、2.74%，说明城市对水资源的依赖程度高。在距河流50km及以内、51～100km、101～200km及200km以上城市所占的比例在逐渐减少，说明距离河流越远，城市数目越少；并且在0～50km到50～100km减少的幅度远远大于50～100km到100～200km减少的幅度，表明城市距河流越远，对水资源的依赖度越低（刘沁萍等，2012）。综合自然地理区划全面反映了自然界的地域分异,每一个被划分出来的综合自然地理区域,具有不同的自然特征、发生发展历史以及开发利用和改造方向,在科学认识上和指导生产实践上均有重大意义(赵松乔,1983;郑度,2015)。中国科学家在综合自然区划方面,以黄秉维、罗开富、林超、任美锷、赵松乔和侯学煜等为代表的科学家开拓了中国自然区划的基础理论与方法,奠定了中国区划的国际地位(高江波等,2010)。这些自然区划无论在理论上还是实践上都具有很高的价值,在国家社会经济建设、区域自然地理教学和中国自然地理的分析等方面发挥着积极的作用。综合自然区划的自然带、自然地区、自然地带的划分既有类型意义,又有鲜明的区域特色(郑度等,1997)。

1. 三大自然区的城市分布

1980年,全国农业自然资源调查和农业区划委员会在《全国综合自然区划概要》中首先把全国划分为东部季风区域、西北干旱区域和青藏高寒区域三大区域。1983年,赵松乔提出按照纬度和海陆等地理位置、地势轮廓及构造运动、气候、植被、土壤、水文等主要特征的差异,人类活动的影响及利用和改造自然的方向的差异,首先划分为东部季风区、西北干旱区和青藏高寒区三大自然区,作为综合自然地理区划单位的第一级。自20世纪90年代以后,随着全球对生态和环境的关注,中国综合自然区划"生态化"明显(高江波等,2010),但是三大自然区的划分仍然较稳定(表10.1)。

表 10.1 中国主要的综合自然区划

代表者(年份)	区划体系
赵松乔(1983)	3大区,7个自然地区,33个自然区
席承藩等(1984)	3大区,14个自然带,49个自然区
赵济(1995)	3大区,7个自然地区,35个自然地理副区
郑度等(1997)	3大区,11个温度带,48个生态自然区
傅伯杰等(2001)	3个生态大区,13个生态地区,57个生态区
郑度(2015)	3大自然区,7个自然地区,33个自然区

东部季风区是东亚及南亚季风区的一部分,约占全国陆地总面积的45%,总人口的95%。与西北干旱区的界线大致为干燥度1.2~1.5的等值线,与青藏高原地区则以250~3000m等高线为界。

西北干旱区横跨欧亚大陆中心的广大草原,荒漠区的一部分,约占全国陆地总面积的30%,总人口的4%。与青藏高寒地区则以昆仑山、阿尔金山、祁连山等一系列青藏高原边缘山地为界。

青藏高寒区是一个独特的自然地理区域,是世界面积最大、海拔最高、形成最新的高原,约占全国陆地总面积的25%,而总人口不足全国总人口的1%。

中国三大自然区城市分布差异明显,东部季风区城市多而密集,西北干旱区城市较少,青藏高寒区城市稀疏(图10.1)。2016年,全国295个地级及以上城市,其中,

中国城市地理基础

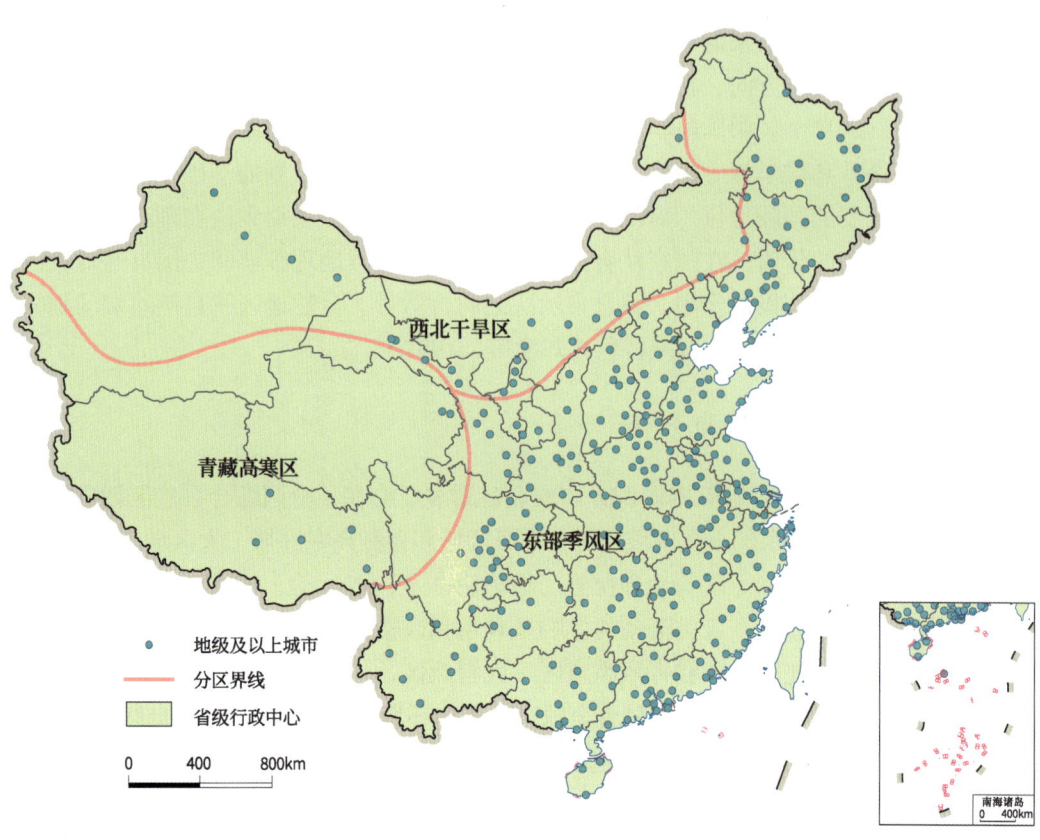

图 10.1 按三大自然区的地级以上城市分布情况

东部季风区有 267 个,城市网密度为每万平方千米 0.618 个;西北干旱区有 22 个,城市网密度为每万平方千米 0.076 个;青藏高寒区有 6 个,城市网密度为每万平方千米 0.025 个(表 10.2)。

表 10.2 三大自然区的城市分布情况(2016 年)

类别	地级及以上城市数 / 个	城市网密度 /(个 / 万 km^2)
东部季风区	267	0.618
西北干旱区	22	0.076
青藏高原区	6	0.025

2. 四大地理区城市分布

樊杰主编的义务教育教科书《地理》根据各地的地理位置及其自然特点的差异,把中国划分为四大地理区域,即北方地区、南方地区、青藏地区和西北地区(樊杰和高俊昌,2015)。其中,秦岭—淮河一线是北方地区和南方地区的分界线(图 10.2)。中国四大自然分区内城市数量空间分布差异明显,表现为北方地区城市和南方地区

第十章 中国城市发展的地理分区

图 10.2 按自然地理四大区划分的城市分布情况

城市数量多，城市分布密集；青藏地区与西北地区城市数目少且空间分布稀疏。北方地区和南方地区城市发育的基础较好，气候温和、降水丰富、土壤肥沃、光热组合条件好，历史上一直是中国城市分布的密集区与经济发展的核心区，如京津冀城市群、长三角城市群、珠三角城市群、中原城市群、长江中游城市群等都分布在这两大区域，形成了以北京为首的北方经济中心、以上海为首的全国经济中心和以广州、深圳为首的南方经济中心。北方地区和南方地区分别有113个和154个地级及以上城市，其城市网密度分别为每万平方千米0.594个和0.642个。西北地区降水稀少、生态环境脆弱，青藏地区海拔较高、冰川冻土广布，城市发育与发展的基础较差。

二、城市经济地理分区

20世纪90年代初，中国社会经济进入重要的转型期，商品经济迅速发展，城市在区域经济发展中的作用日益显著，按照城市经济区组织中国经济区已成为地理学研究的重要课题（顾朝林，1991）。自1997年以来，中国区域发展的格局产生了新的变化，形成了一系列新的产业空间，与产业集聚和发展水平相适应，出现了大城市集聚区，人口城市化出现了新格局（陆大道，2003），京津唐、长三角和珠

中国城市地理基础

三角成为全国的经济核心区（周一星和张莉，2003）。自 2000 年以来，中国先后实施西部大开发、加快东北地区发展、促进中部地区崛起等战略，合理调整区域经济布局，逐渐形成了多支点、全方位的开放新格局（姚鹏等，2015）。2010 年 12 月 21 日，《全国主体功能区规划》发布，以环渤海、长三角、珠三角地区为主体的优化开发区的国际化程度和国际竞争力不断提高；以成渝地区、长江中游地区、海峡西岸经济区、关中-天水、天山北坡等主要工业化和城市化地区形成国家级重点开发区。以国家优化开发和重点开发的城市化地区为支撑，形成"两横三纵"为主体的城市化战略格局（樊杰，2012）。区域或国家的社会经济发展，是由发展轴线和中心地（城市）带动的，点-轴系统可以促进区域或国家的最佳发展（陆大道，2001）。2013 年 9 月和 10 月，中国国家主席习近平在出访中亚和东南亚国家期间，先后提出共建"丝绸之路经济带"和"21 世纪海上丝绸之路"（以下简称"一带一路"）的重大倡议。"一带一路"是中国为推动经济全球化深入发展而提出的一种新的发展理念和国际区域合作模式（刘卫东，2015）。2014 年 3 月 28 日，国家发展和改革委员会、外交部、商务部联合发布了《推动共建丝绸之路经济带和 21 世纪海上丝绸之路的愿景与行动》（以下简称《愿景与行动》）。"一带一路"倡议对国土空间格局产生重要影响，促进内陆地区形成若干个大都市经济区和内陆开放型经济高地，同时，形成全方位对外开放的国土空间格局。沿海地区的国际竞争力将进一步提升，内陆沿边地区主要口岸和沿边城市将加快发展，（刘慧等，2015）。"一带一路"倡议、城市群发展战略、"长江经济带"建设等使中国的区域经济合作形式更加多样化，东部地区将实现加速转型升级，中部将形成综合的交通枢纽和制造业中心，西部基础设施更加完善、能源产业更加优化，东北将实现老工业基地的振兴。中国未来区域发展格局从不平衡发展到相对均衡发展，城市群成为中国经济发展格局中最具活力和潜力的战略支撑点和增长极点，主宰着国家经济发展的命脉（方创琳等，2005）。

城市经济区，就空间形态而言，是以大中城市为核心，并由与之紧密相连的广大地区共同组成、经济紧密联系、生产互相协作，在社会地域分工过程中形成的结节地域。具有中心城市、城镇网络、联系通道、空间梯度和经济腹地五大构成要素。中心城市规定了城市经济区的层次，经济腹地展示了城市经济区的范围（顾朝林，1991）。中国一向重视城市经济区的研究，具有代表性的有顾朝林的 R_d 链城市经济区划分的理论与方法及周一星的通过实证兼顾对内对外两种经济联系划分的城市经济区。

1. 顾朝林城市经济区组建方案

顾朝林（1991）首次对中国城市经济区划分理论与方法进行研究，建立了 $d_\triangle$ 系与 R_d 链法，提出中国城市经济区区划体系。该方案应用反映城市经济发展水平、辐射能力和吸引能力三大类 33 个指标对全国 434 个城市进行 R 型因子分析，并划分不同层次的 d 系，根据 d$_\triangle$系与 R$_d$ 链状况，提出中国城市经济区区划体系为两大经济发展地带、三条经济开发轴带和九大城市经济区。

（1）两大经济发展地带

由沈阳、京津、上海、武汉、广州五大城市经济区组成东部经济发展地带；重庆、西安、乌鲁木齐、拉萨四大城市经济区组成西部经济发展地带。

（2）三条经济开发轴带

由沈阳、京津、上海、广州四大城市经济区组成沿海经济发展轴带；上海、武汉、重庆三大城市经济区组成沿江经济发展轴带；京津和西安两大城市经济区组成黄河陇海铁路沿线经济发展轴带。

（3）九大城市经济区

由沈阳经济区、京津经济区、西安经济区、上海经济区、武汉经济区、重庆经济区、广州经济区、乌鲁木齐经济区和拉萨经济区构成（表 10.3）。当时划分的乌鲁木齐经济区和拉萨经济区实力最弱，还没有形成系和链，但考虑到区位因素以及经济发展潜力，将其列为Ⅰ级城市经济区。

表 10.3　顾朝林中国九大城市经济区组建方案

经济区	中心城市	次级经济区
沈阳经济区	沈阳	沈阳、长春、哈尔滨、齐齐哈尔 4 个Ⅰ级经济区
京津经济区	京津	京津、石家庄、济南、青岛、徐州、郑州、太原、包头 8 个Ⅰ级经济区
西安经济区	西安	西安、兰州 2 个Ⅰ级经济区
上海经济区	上海	上海、南京、杭州、合肥、南昌 5 个Ⅱ级经济区
武汉经济区	武汉	武汉、长沙 2 个Ⅱ级经济区
重庆经济区	重庆	成都、重庆、贵阳、昆明、大理 5 个Ⅱ级经济区
广州经济区	广州	广州、海口、南宁、福州、台北 5 个Ⅱ级经济区
乌鲁木齐经济区	乌鲁木齐	
拉萨经济区	拉萨	

资料来源：顾朝林，1991

2. 周一星城市经济区组织方案

周一星和张莉（2003）利用劳动力指标、流量指标和开放指标三大类 14 项要素研究了 223 个地级及以上城市的中心性，划分了改革开放条件下的中国城市经济区，并指出了三大核心区的内向型和外向型腹地范围。该方案把中国经济地域划分为北方区、东中区和南方区 3 个一级城市经济区和 11 个二级区（表 10.4 和表 10.5）。该研究对于各地区经济联系方向的选择具有重要意义。

中国城市地理基础

表 10.4　周一星中国一级城市经济区组织方案

经济区	中心城市	核心区	紧密腹地	次紧密腹地	竞争腹地	边缘腹地
北方区	北京、天津	京津唐	北京、天津、河北、山西、内蒙古中段锡林郭勒盟、乌兰察布市、巴彦淖尔市、鄂尔多斯市、包头市、呼和浩特市、乌海市	辽宁、吉林、宁夏、甘肃、青海、内蒙古东段呼伦贝尔盟、兴安盟、哲里木盟、赤峰市、阿拉善盟	山东、河南、陕西	新疆、黑龙江
东中区	上海、南京、杭州	长三角	上海、江苏、浙江、安徽	湖北	山东、河南、陕西南部、江西、四川、重庆、贵州、福建	湖南
南方区	广州、深圳、香港、澳门	珠三角	广东、湖南、广西	海南、云南、西藏	江西、贵州、四川、重庆、福建	湖北

资料来源：周一星和张莉，2003

表 10.5　周一星中国二级城市经济区组织方案

二级区	中心城市	核心区	腹地
华北	北京、天津	京津唐	北京，天津，河北，山西，内蒙古中段锡林郭勒盟、乌兰察布市、巴彦淖尔市、鄂尔多斯市、包头市、呼和浩特市、乌海市，河南北部
华东	上海、南京、杭州	长三角	上海、江苏、浙江、安徽、江西北部
华南	广州、香港、深圳、澳门	珠三角	广东、湖南、广西、海南、江西南部
东北	大连、沈阳	辽中南地区	辽宁、吉林、黑龙江、内蒙古东段呼伦贝尔市、兴安盟、通辽市、赤峰市
西南	重庆、成都	四川盆地	四川、重庆、云南、贵州
西北	西安、兰州	关中和兰州地区	陕西、青海、甘肃、宁夏
新疆	乌鲁木齐	乌鲁木齐、石河子、哈密天山北坡	新疆
西藏	拉萨	一江三河地区	西藏
山东	青岛、济南	山东半岛	山东
福建	厦门、福州	闽东南地区	福建
湖北	武汉	武汉地区	湖北、河南南部

资料来源：周一星和张莉，2003

第二节　中国城市发展综合实力及其城市区

一、城市发展综合实力

　　由于城市在区域发展中的作用与城市的综合实力密切相关，城市综合实力的强弱会影响城市对其周边区域影响力的大小，因此对城市综合实力的评价有利于考察区域城市体系的特征，进而有利于城市区的划分。学者们对城市综合实力评价进行了许多有益的探讨。唐晓东（2005）建立了有人文、社会、生态、经济 4 个子系统的共 21 个变量的评价指标体系，对成都市各县（市）的综合发展水平进行了实证分析，闫卫阳等（2007）应用主成分分析法对河南省 38 个城市的综合发展实力进行了评价，并对综合影响力进行了分析，岳立和饶斌（2009）建立了包括人文发展指标、生态环境指标、经济发展指标、社会发展指标在内的城市综合发展评价指标体系，应用因子分析法对城市综合发展水平进行了测度。对评价单元综合实力的测度最重要的步骤是对评价对象指标的选取，它决定了评价结果的客观真实性。

按照"全面、协调、可持续"的原则，建立科学合理的评价指标体系，应用客观赋权中的熵值法，选取《中国城市统计年鉴2005》《中国城市统计年鉴2010》及《中国城市统计年鉴2015》中的数据，测算地级及以上城市综合实力。

1. 评价指标体系

人口发展水平是城市综合质量的核心内容，城市综合发展的核心要以人为本，城市的发展是为满足人民群众物质文化的需要，保证人的全面发展，因此人口发展水平的高低对一个地区城市综合质量有着重要的影响。经济发展水平是城市综合实力的基础，是城市实现现代化的重要标志和根本动力。城市社会发展是城市各项活动的最终目的，反映了城市的文明程度和居民生活的质量水准，同时也是以人为本的可持续发展的客观要求。城市地域景观发展是城市综合发展丰富内涵的重要方面，直观地反映了城市综合发展水平的高低，对城市综合发展水平有着显著的影响。参考相关学者的研究成果，从人口发展水平、经济发展水平、社会发展水平、地域景观发展水平 4 个方面，选取了 20 个指标，构建城市综合实力评价指标体系（表 10.6）。

2. 评价方法与过程

应用熵值法对全国 287 个地级及以上城市的综合实力进行评价，评价过程如下。
1）标准化。
由于选取的指标均为正向性的指标，因此采取正向标准化的计算 x_{ij}

$$x_{ij} = (F_{ij} - F_{j\min}^{*})/(F_{j\max}^{*} - F_{j\min}^{*}) \quad (10\text{-}1)$$

式中，F_{ij} 是第 i 个评价单元第 j 项指标的值；而 $F_{j\max}^{*}$、$F_{j\min}^{*}$ 分别是第 j 项指标所在数据阵列的最大值和最小值。

2）计算第 i 个地域单元第 j 项指标的比例 X_{ij}：

$$X_{ij} = x_{ij} / \sum_{i=1}^{m} x_{ij} \quad (10\text{-}2)$$

式中，m 为地域单元的个数。

3）计算指标的信息熵 e_j：

$$e_j = -\frac{1}{\ln m} \sum_{i=1}^{m} (X_{ij} \times \ln X_{ij}), \text{ 其中 } 0 \leqslant e_j \leqslant 1 \quad (10\text{-}3)$$

4）计算信息的冗余度 d_j：

$$d_j = 1 - e_j \quad (10\text{-}4)$$

表 10.6　城市综合发展水平评价指标体系

目标层	准则层	指标层	单位	指标属性
城市综合实力评价指标体系	人口发展水平	市辖区人口	万人	+
		年末从业人员数	万人	+
		人均国内生产总值	元	+
		万人金融从业人员数	人	+
		居民人民币储蓄存款余额	万元	+
	经济发展水平	国内生产总值	万元	+
		年末财政收入	万元	+
		消费品零售总额	万元	+
		当年实际利用外资额	万元	+
		城镇固定资产投资额	万元	+
	社会发展水平	万人普通高等学校在校学生数	人	+
		国际互联网用户数	户	+
		医院卫生床位数	个	+
		公共图书馆藏书量	千册	+
		移动电话年末用户数	万户	+
	地域景观发展水平	城区建成区面积	km^2	+
		市辖区道路面积	万 m^2	+
		市辖区绿地面积	hm^2	+
		建成区绿化覆盖率	%	+
		人均铺砖道路面积	m^2	+

注："+"表示正项指标

5）计算指标的权重 w_j：

$$w_j = d_j / \sum_{j=1}^{n} d_j \qquad (10\text{-}5)$$

式中，n 为评价指标的个数。

6）每个地域单元指标评价得分 s_{ij}：

$$s_{ij} = w_j \times x_{ij} \qquad (10\text{-}6)$$

7）第个地域单元的综合城镇化水平得分 S_{ij}：

$$S_{ij} = \sum_{j=1}^{n} s_{ij} \qquad (10\text{-}7)$$

从指标权重来看（表 10.7），人口发展水平中的万人金融从业人员数权重最大（0.183），其次是社会发展水平中的年末移动电话用户数（0.096）、国际互联网用户数（0.079），经济发展水平中的当年实际利用外资额（0.076）、年末财政收入（0.063），地域景观发展水平中的市辖区绿地面积（0.058）权重也较大，可以看出对城市综合发展水平的评价不仅反映在城市经济发展水平上，人口发展水平、社会发展水平对城市综合实力也具有较大的影响。此外，公共图书馆藏书量、居民人民币储蓄存款余额、消费品零售总额的指标权重也都在 0.04 以上。

表 10.7 中国地级及以上城市综合发展水平评价指标赋权

准则层	指标层	指标权重
人口发展水平 （0.317）	市辖区人口	0.030
	年末从业人员数	0.036
	人均国内生产总值	0.023
	万人金融从业人员数	0.183
	居民人民币储蓄存款余额	0.044
经济发展水平 （0.258）	国内生产总值	0.039
	年末财政收入	0.063
	消费品零售总额	0.043
	当年实际利用外资额	0.076
	城镇固定资产投资额	0.037
社会发展水平 （0.276）	万人普通高等学校在校学生数	0.023
	国际互联网用户数	0.079
	医院卫生床位数	0.021
	公共图书馆藏书量	0.057
	移动电话年末用户数	0.096
地域景观发展水平 （0.150）	城区建成区面积	0.033
	市辖区道路面积	0.036
	市辖区绿地面积	0.058
	建成区绿化覆盖率	0.003
	人均铺道路面积	0.020

3. 评价结果

依据 2014 年中国 289 个地级及以上城市综合发展水平得分划分 5 种类型的城市。第一类城市综合得分较高，在 0.2893 以上，包括上海市、北京市、重庆市、广州市、天津市和深圳市 6 座城市，其中除重庆市外均位于东部沿海地区。与之前的两个代表城市经济区划分的结果基本一致，仍然是以北方京津、中部上海、南方广（州）深（圳）为顶点组成的东部沿海地区，西南的重庆市的发展得到较大提升，成为新的支撑点。第二类城市的综合得分在 0.1470～0.2892，包括成都市、南京市、苏州市、武汉市、青岛市、大连市、杭州市、沈阳市、厦门市和西安市 10 座城市，一方面这些城市与第一类城市空间联系密切，如成都市与重庆市组成的成渝城市群，南京、杭州与上海形成的长三角城市群；另一方面，沈阳市、武汉市和西安市城市综合发展实力稳定，仍

中国城市地理基础

然是区域发展的重要支点。第三类城市的综合得分在 0.0827～0.1469，包括以郑州市、长沙市、东莞市、无锡市、济南市、哈尔滨市、长春市、宁波市、合肥市、福州市、石家庄市、昆明市、烟台市、南昌市、南宁市等为代表的 25 座城市。第四类城市的综合得分在 0.0501～0.0826，包括以贵阳市、保定市、鄂尔多斯市、淄博市、乌鲁木齐市、济宁市、呼和浩特市、临沂市、洛阳市等为代表的 50 座城市。其余城市综合得分较低在 0.0501 以下归为第五类（表 10.8）。

表 10.8　中国地级以上城市综合实力指数（2014 年）

序号	城市	综合得分	类型	序号	城市	综合得分	类型
1	上海市	0.5072	第一类	28	昆明市	0.1057	
2	北京市	0.4413		29	烟台市	0.1030	
3	重庆市	0.3500		30	南昌市	0.1024	
4	广州市	0.3161		31	南宁市	0.1005	
5	天津市	0.3151		32	佛山市	0.0987	
6	深圳市	0.2893		33	南通市	0.0981	
7	成都市	0.2364	第二类	34	常州市	0.0914	第三类
8	南京市	0.2250		35	唐山市	0.0908	
9	苏州市	0.2211		36	泉州市	0.0896	
10	武汉市	0.2123		37	徐州市	0.0890	
11	青岛市	0.2042		38	太原市	0.0860	
12	大连市	0.2008		39	梅州市	0.0858	
13	杭州市	0.1837		40	潍坊市	0.0853	
14	沈阳市	0.1825		41	温州市	0.0827	
15	厦门市	0.1665		42	贵阳市	0.0788	
16	西安市	0.1470		43	保定市	0.0784	
17	郑州市	0.1448	第三类	44	鄂尔多斯市	0.0749	
18	长沙市	0.1411		45	淄博市	0.0745	
19	东莞市	0.1393		46	乌鲁木齐市	0.0721	
20	无锡市	0.1341		47	济宁市	0.0719	
21	济南市	0.1322		48	呼和浩特市	0.0709	第四类
22	哈尔滨市	0.1288		49	临沂市	0.0708	
23	长春市	0.1288		50	洛阳市	0.0705	
24	宁波市	0.1245		51	嘉兴市	0.0702	
25	合肥市	0.1194		52	绍兴市	0.0696	
26	福州市	0.1065		53	大庆市	0.0688	
27	石家庄市	0.1063		54	镇江市	0.0685	

续表

序号	城市	综合得分	类型	序号	城市	综合得分	类型
55	包头市	0.0683		88	廊坊市	0.0474	
56	珠海市	0.0668		89	株洲市	0.0470	
57	扬州市	0.0661		90	柳州市	0.0467	
58	邯郸市	0.0629		91	德州市	0.0460	
59	兰州市	0.0627		92	肇庆市	0.0453	
60	盐城市	0.0619		93	咸阳市	0.0445	
61	拉萨市	0.0618		94	银川市	0.0437	
62	芜湖市	0.0606		95	滨州市	0.0436	第四类
63	威海市	0.0601		96	湘潭市	0.0434	
64	惠州市	0.0580		97	晋中市	0.0430	
65	金华市	0.0569		98	湖州市	0.0426	
66	台州市	0.0566		99	马鞍山市	0.0423	
67	泰州市	0.0547		100	聊城市	0.0420	
68	鞍山市	0.0542		101	绵阳市	0.0417	
69	衡阳市	0.0539		102	焦作市	0.0406	
70	吉林市	0.0532		103	黄冈市	0.0400	
71	南阳市	0.0529	第四类	104	邢台市	0.0399	
72	淮安市	0.0528		105	锦州市	0.0398	
73	泰安市	0.0526		106	海口市	0.0387	
74	宜昌市	0.0519		107	常德市	0.0387	
75	东营市	0.0517		108	湛江市	0.0387	
76	沧州市	0.0515		109	菏泽市	0.0385	
77	秦皇岛市	0.0512		110	开封市	0.0384	
78	赣州市	0.0511		111	十堰市	0.0384	第五类
79	连云港市	0.0507		112	枣庄市	0.0384	
80	桂林市	0.0504		113	荆州市	0.0382	
81	襄阳市	0.0503		114	遵义市	0.0377	
82	新乡市	0.0501		115	许昌市	0.0374	
83	江门市	0.0501		116	平顶山市	0.0371	
84	九江市	0.0496		117	郴州市	0.0370	
85	漳州市	0.0496		118	营口市	0.0370	
86	汕头市	0.0496		119	周口市	0.0369	
87	中山市	0.0494		120	宿迁市	0.0369	

续表

序号	城市	综合得分	类型	序号	城市	综合得分	类型
121	蚌埠市	0.0365		154	运城市	0.0304	
122	安阳市	0.0364		155	吉安市	0.0304	
123	安庆市	0.0364		156	泸州市	0.0303	
124	抚顺市	0.0359		157	六安市	0.0300	
125	上饶市	0.0354		158	阜阳市	0.0299	
126	滁州市	0.0353		159	淮南市	0.0298	
127	榆林市	0.0347		160	临汾市	0.0298	
128	盘锦市	0.0346		161	西宁市	0.0296	
129	岳阳市	0.0345		162	通辽市	0.0295	
130	商丘市	0.0343		163	辽阳市	0.0289	
131	南充市	0.0340		164	邵阳市	0.0289	
132	齐齐哈尔市	0.0340		165	龙岩市	0.0285	
133	赤峰市	0.0336		166	吕梁市	0.0285	
134	信阳市	0.0334		167	三门峡市	0.0284	
135	宝鸡市	0.0334		168	丽水市	0.0281	
136	丹东市	0.0329		169	莆田市	0.0280	
137	承德市	0.0329	第五类	170	曲靖市	0.0280	第五类
138	日照市	0.0329		171	揭阳市	0.0279	
139	大同市	0.0327		172	渭南市	0.0276	
140	宜春市	0.0326		173	宜宾市	0.0275	
141	驻马店市	0.0324		174	铜陵市	0.0274	
142	黄石市	0.0322		175	韶关市	0.0274	
143	张家口市	0.0322		176	克拉玛依市	0.0270	
144	茂名市	0.0322		177	铁岭市	0.0268	
145	德阳市	0.0320		178	永州市	0.0266	
146	三明市	0.0318		179	乐山市	0.0261	
147	牡丹江市	0.0311		180	宣城市	0.0260	
148	舟山市	0.0311		181	荆门市	0.0260	
149	长治市	0.0310		182	黄山市	0.0259	
150	本溪市	0.0308		183	延安市	0.0258	
151	孝感市	0.0306		184	咸宁市	0.0258	
152	怀化市	0.0305		185	四平市	0.0257	
153	呼伦贝尔市	0.0304		186	衡水市	0.0257	

第十章 中国城市发展的地理分区

续表

序号	城市	综合得分	类型	序号	城市	综合得分	类型
187	南平市	0.0255		220	百色市	0.0215	
188	玉林市	0.0254		221	内江市	0.0211	
189	宿州市	0.0252		222	宁德市	0.0209	
190	达州市	0.0249		223	朝阳市	0.0209	
191	娄底市	0.0249		224	三亚市	0.0206	
192	清远市	0.0246		225	眉山市	0.0206	
193	抚州市	0.0246		226	梧州市	0.0203	
194	淮北市	0.0246		227	六盘水市	0.0202	
195	佳木斯市	0.0246		228	萍乡市	0.0201	
196	益阳市	0.0246		229	阳江市	0.0198	
197	新余市	0.0245		230	忻州市	0.0198	
198	乌兰察布市	0.0244		231	资阳市	0.0197	
199	绥化市	0.0243		232	朔州市	0.0195	
200	漯河市	0.0240		233	崇左市	0.0194	
201	随州市	0.0239		234	阳泉市	0.0191	
202	自贡市	0.0239		235	北海市	0.0191	
203	松原市	0.0236	第五类	236	鹤壁市	0.0189	第五类
204	毕节市	0.0236		237	石嘴山市	0.0186	
205	遂宁市	0.0234		238	巴彦淖尔市	0.0186	
206	葫芦岛市	0.0233		239	乌海市	0.0183	
207	濮阳市	0.0233		240	鄂州市	0.0182	
208	景德镇市	0.0232		241	河源市	0.0178	
209	汉中市	0.0232		242	广安市	0.0176	
210	阜新市	0.0232		243	贵港市	0.0173	
211	莱芜市	0.0231		244	雅安市	0.0172	
212	丽江市	0.0230		245	铜仁市	0.0170	
213	衢州市	0.0228		246	鸡西市	0.0169	
214	通化市	0.0226		247	池州市	0.0169	
215	攀枝花市	0.0225		248	天水市	0.0169	
216	晋城市	0.0224		249	潮州市	0.0167	
217	钦州市	0.0219		250	白城市	0.0166	
218	玉溪市	0.0218		251	嘉峪关市	0.0164	
219	亳州市	0.0217		252	酒泉市	0.0163	

续表

序号	城市	综合得分	类型	序号	城市	综合得分	类型
253	伊春市	0.0161		272	防城港市	0.0125	
254	辽源市	0.0161		273	安顺市	0.0122	
255	广元市	0.0159		274	贺州市	0.0121	
256	庆阳市	0.0158		275	保山市	0.0121	
257	安康市	0.0156		276	吴忠市	0.0120	
258	白山市	0.0151		277	张家界市	0.0119	
259	云浮市	0.0148		278	武威市	0.0117	
260	昭通市	0.0147		279	汕尾市	0.0116	
261	河池市	0.0146		280	铜川市	0.0114	
262	鹰潭市	0.0145	第五类	281	平凉市	0.0114	第五类
263	黑河市	0.0142		282	临沧市	0.0112	
264	双鸭山市	0.0138		283	金昌市	0.0110	
265	张掖市	0.0135		284	七台河市	0.0104	
266	普洱市	0.0134		285	定西市	0.0099	
267	巴中市	0.0132		286	中卫市	0.0087	
268	商洛市	0.0130		287	固原市	0.0082	
269	鹤岗市	0.0128		288	陇南市	0.0079	
270	来宾市	0.0127		289	海东市	0.0075	
271	白银市	0.0126					

从2004年、2009年和2014年的城市综合实力空间分布来看（图10.3），综合实力较高的城市密集地分布在京津冀地区、长三角地区、珠三角地区；城市分布较为密集的山东半岛地区、成渝地区、中原地区、长江中游地区、海峡西岸地区、东北地区、关中地区等核心城市综合实力也较高；西部地区地级以上城市较少，尤其是新疆和西藏极少，其中西安市、呼和浩特市、乌鲁木齐市和兰州市综合实力较高。

二、城市经济区组建方案

应用反距离加权法对城市区进行划分（图10.4）。京津冀地区、长三角地区、珠三角地区核心和周边城市综合实力均较强，依托发达的交通基础设施网络，形成了空间组织紧凑、经济联系紧密的3个城市密集区；山东半岛地区、成渝地区、中原地区、长江中游地区、海峡西岸地区、东北地区、关中地区等地区的核心城市综合实力较高，但其周边城市综合实力较弱；西部地区除省会城市综合实力较高外，周边城市综合实力较弱，且城市之间的联系较弱，但是西部中心城市在国家区域发展中具有重要的战略和支撑作用。

第十章 中国城市发展的地理分区

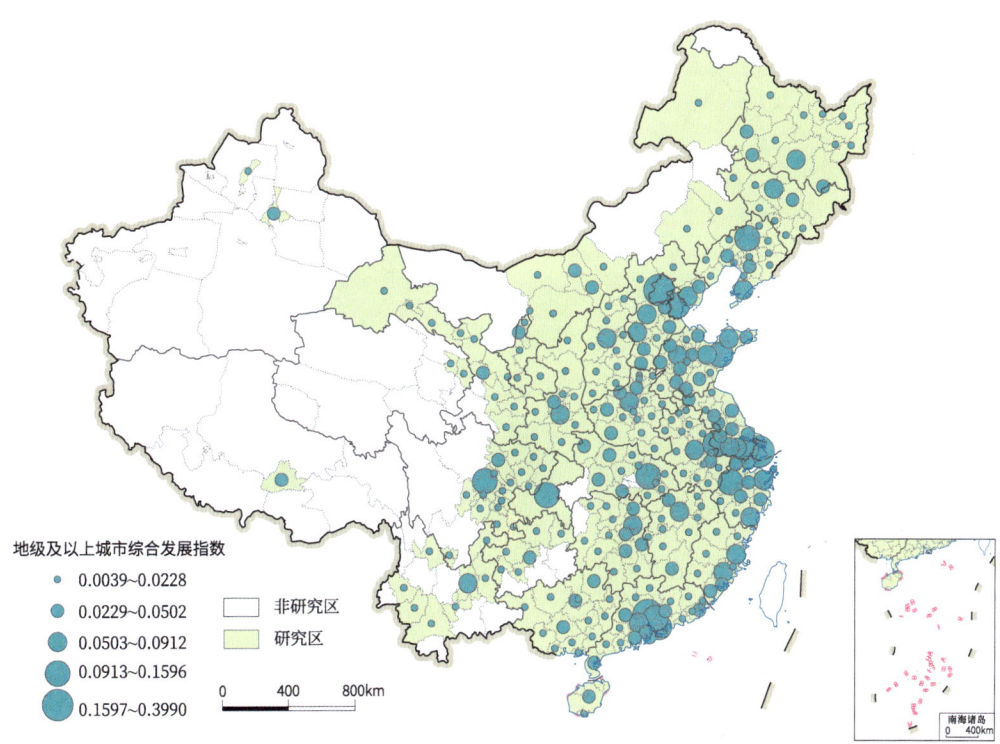

图 10.3a　中国地级及以上城市综合实力空间分布图（2004 年）

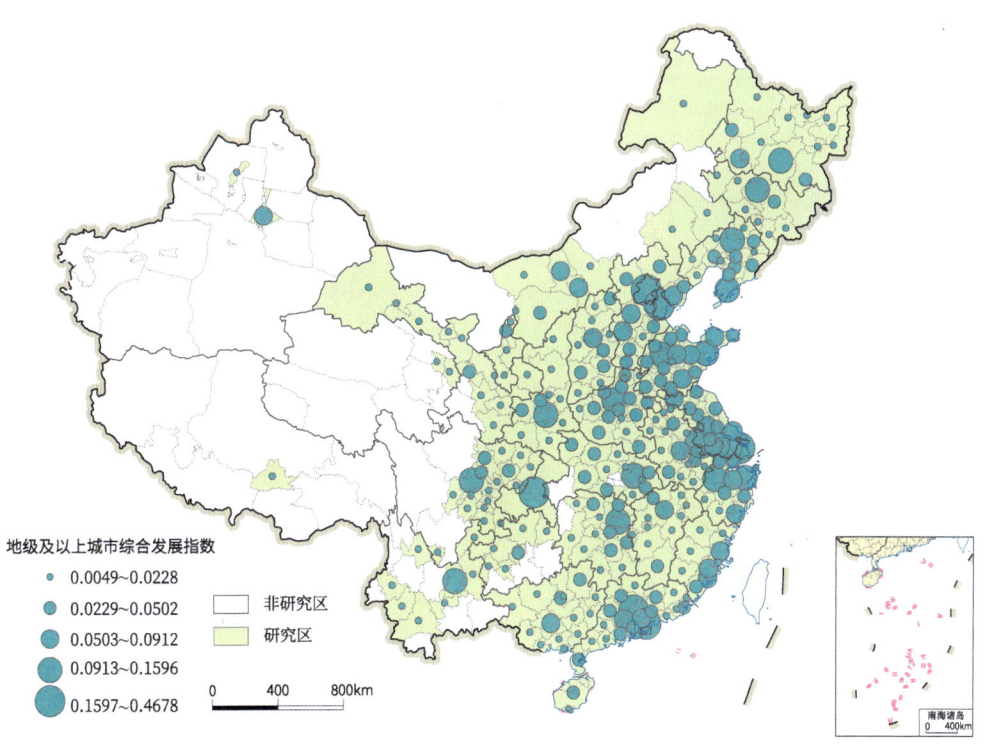

图 10.3b　中国地级及以上城市综合实力空间分布图（2009 年）

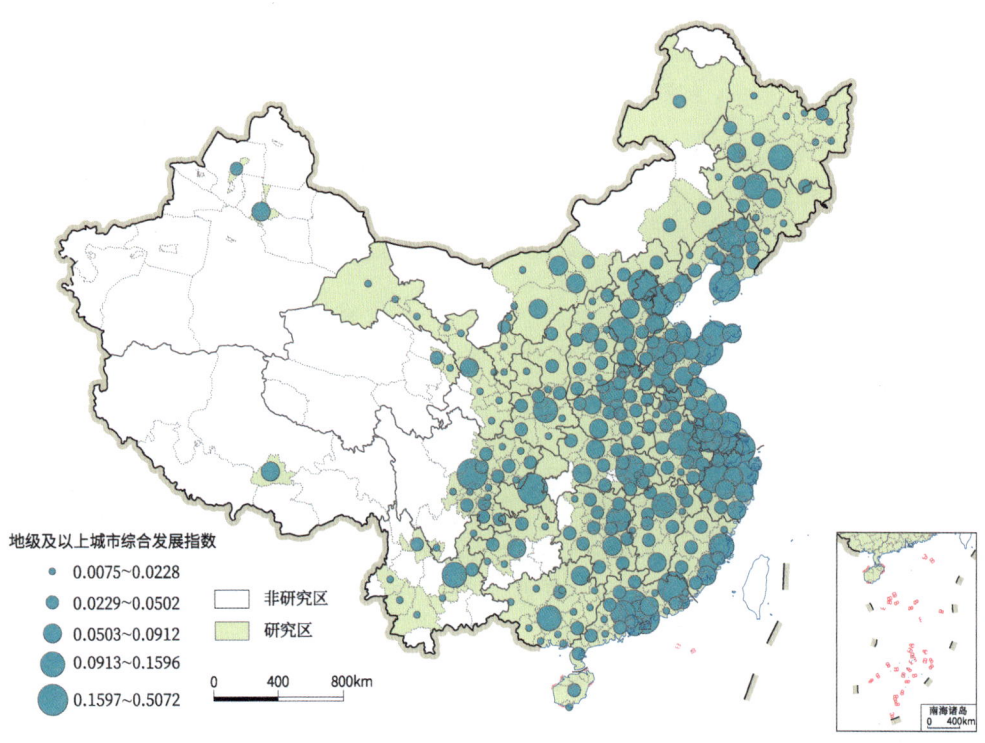

图 10.3c　中国地级及以上城市综合实力空间分布图（2014 年）

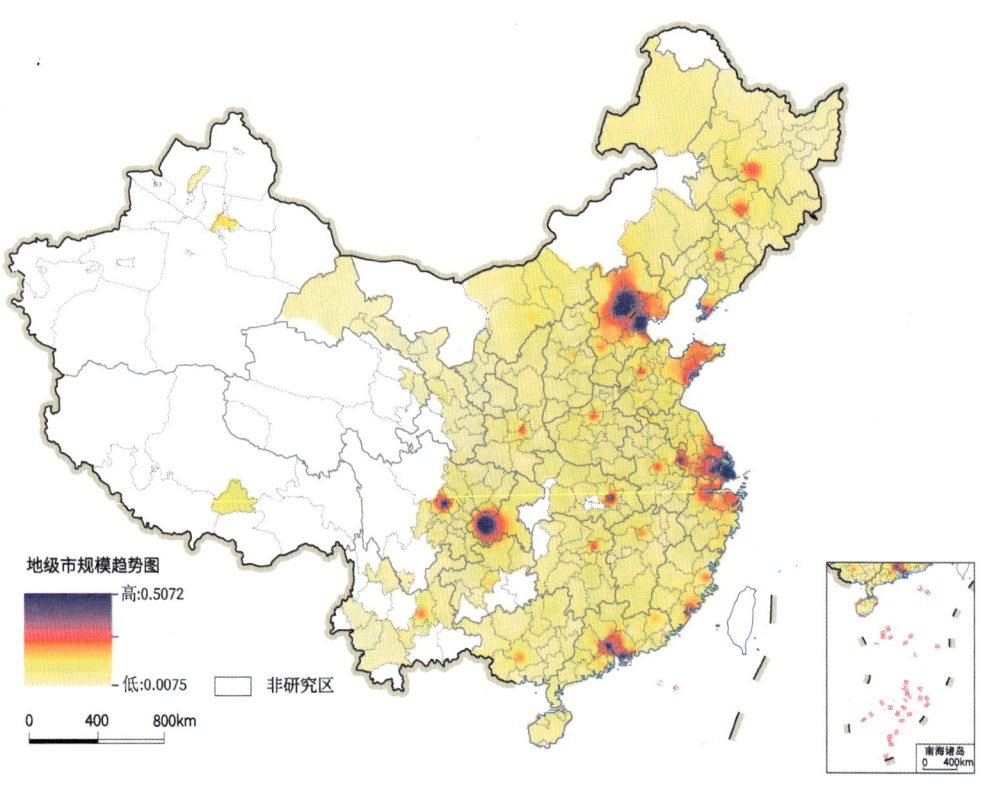

图 10.4　中国地级及以上城市规模趋势图

以各地级市综合实力为基础、相关的城市经济区与国家城市群的划分方案（顾朝林，1991；周一星和张莉，2003；方创琳等，2011），将中国经济区划分为5个一级经济带，11个二级经济区（表10.9和图10.5）。

表10.9 中国城市经济区划分（2014年）

一级经济区	二级经济区	中心城市	核心区	经济腹地	交叉腹地
长江流域经济带	长三角城市经济区	上海、南京、杭州	长三角城市群	上海、江苏、浙江、安徽	江西
	长江上游城市经济区	重庆、成都	成渝城市群、滇中城市群	重庆、四川	云南、贵州
	长江中游城市经济区	武汉、长沙、南昌	武汉都市圈、长株潭城市群	湖北、湖南	江西、河南
黄河-陇海-兰新铁路沿线经济带	环渤海城市经济区	北京、天津、济南、青岛	京津冀城市群、山东半岛城市群	北京、天津、河北、山东、山西、内蒙古中部四市（乌兰察布市、呼和浩特市、包头市、鄂尔多斯市）	辽宁、河南
	黄河上中游城市经济区	西安、兰州、郑州	关中-天水城市群、中原城市群	陕西、甘肃、宁夏、内蒙古西一盟两市（阿拉善盟、巴彦淖尔市、乌海市）、河南	山西、青海
	新疆城市经济区	乌鲁木齐	天山北坡城市群	新疆	
珠江-闽台经济带	珠三角城市经济区	广州、深圳、香港	珠三角城市群	广东、海南	湖南、江西
	海峡城市经济区	厦门、福州、台北	海峡西岸城市群	福建、台湾	广东北部、浙江南部、江西
	北部湾城市经济区	南宁	北部湾城市群	广西、云南、贵州	
松花江流域经济带	东北城市经济区	大连、沈阳、哈尔滨、长春	辽中南城市群、哈长城市群	辽宁、吉林、黑龙江、内蒙古东二盟三市（锡林郭勒盟、兴安盟、呼伦贝尔市、通辽市、赤峰市）	
雅鲁藏布江流域经济带	西藏城市经济区	拉萨		西藏	

第三节 中国城市经济区

一、长三角城市经济区

长三角城市经济区处于东亚地理中心和西太平洋的东亚航线要冲，是"一带一路"与长江经济带的重要交汇地带，在国家现代化建设大局和全方位开放格局中具有举足轻重的战略地位。以长三角城市群为主要核心区域，地域上包括上海市、江苏省、浙江省以及安徽省的合肥市、安庆市、池州市、铜陵市、芜湖市、滁州市、宣城市、马鞍山市，江西省的上饶市、鹰潭市、景德镇市等地区。该区是全国最为发达的区域，同时也是全国最大的城市密集区和都市连绵区，有超大城市1座、特大城市1座、大城市13座、中等城市9座和小城市42座，小城镇星罗棋布，城镇分布密度每万平方

中国城市地理基础

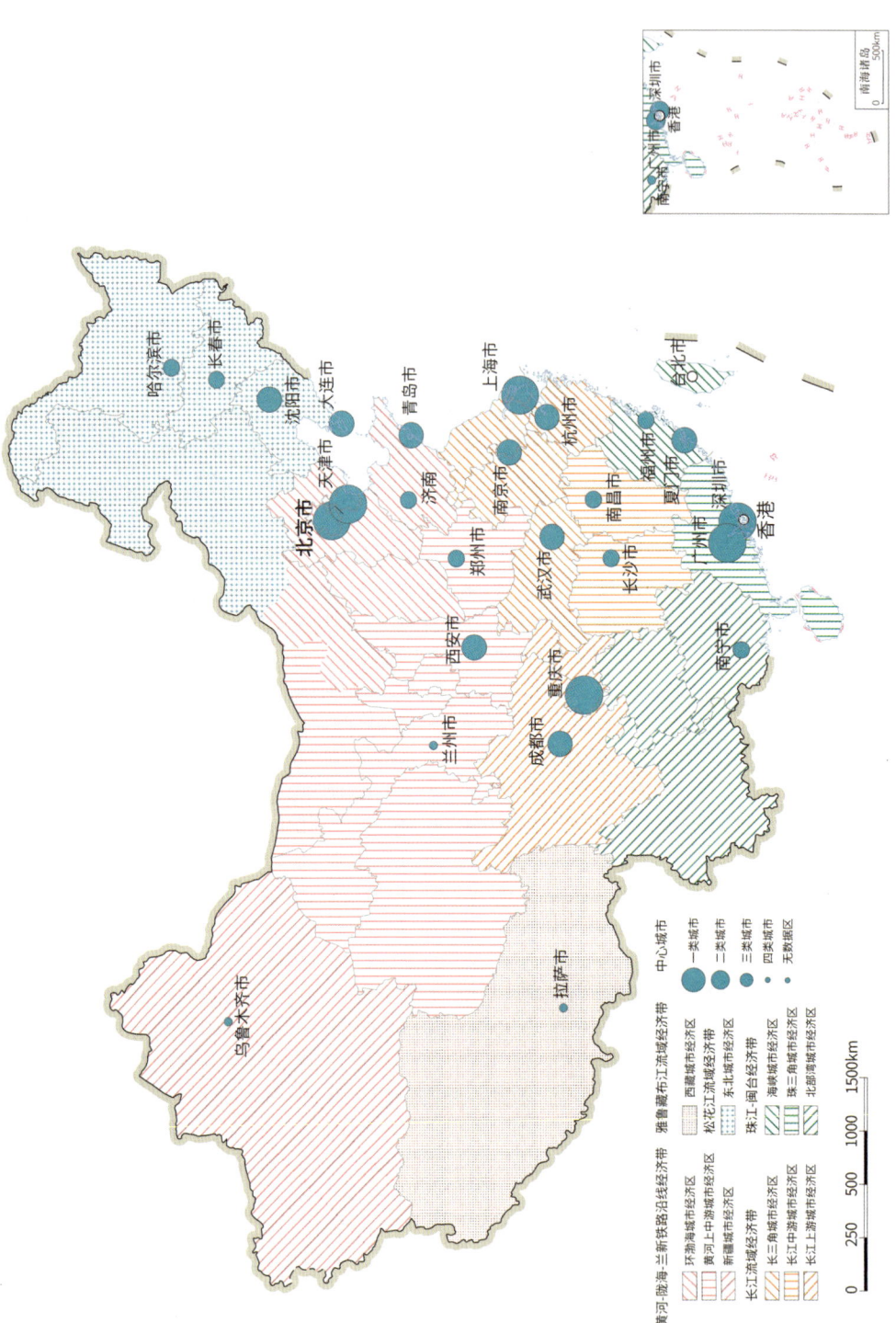

图 10.5 中国城市经济区划分（2014年）

288

千米80多个，是全国平均水平的4倍左右，常住人口城镇化率68%。该区是亚太地区重要国际门户，全球重要的先进制造业基地，中国率先跻身世界级城市群的地区。上海、南京、杭州作为该经济区的三大中心城市在有力地带动区域经济社会发展的同时，也对全国社会经济的发展起着引擎作用。已从原来以上海为中心的单核心模式完成了向多中心模式的转变，但是，中心城市上海与全球城市纽约、东京、伦敦相比全球城市功能相对较弱，城市国际竞争力和国际化程度较低；区内城市空间发展的速度过快，城市建设无序蔓延，空间利用效率不高，生态系统功能退化，环境质量趋于恶化；城市普遍存在产业与空间不协调的特征，尤其是城市区的边缘人口与空间不协调突出（朱江丽和李子联，2015），给经济社会发展带来诸多风险隐患。

国家"一带一路"倡议和长江经济带战略的实施，为长三角城市经济区充分发挥区位优势和开放优势，更高层次更高水平参与国际合作和竞争带来了新空间。国家新型城镇化战略实施，为创新长三角城市群空间管理模式和提升城镇化质量提供了新动力。生态文明理念和绿色城镇化要求，为推进长三角城市群绿色转型，促进生态环境步入良性循环轨道指明了新路径。未来，长三角城市经济区围绕上海国际经济、金融、贸易、航运中心建设以及中国（上海）自由贸易试验区建设，加快制度创新和先行先试，成为资源配置效率高、辐射带动能力强、国际化市场化法治化制度体系完善的资源配置中心。按照打造世界级城市群核心城市的要求，加快提升上海全球城市功能，依托交通运输网络培育形成多级多类发展轴线，推动南京都市圈、杭州都市圈、合肥都市圈、苏锡常都市圈、宁波都市圈的同城化发展，强化沿海发展带、沿江发展带、沪宁合杭甬发展带、沪杭金发展带的聚合发展，促进形成网络化空间格局。

二、长江上游城市经济区

长江上游城市经济区以重庆、成都为核心，以四川、云南、贵州为腹地，成渝、贵昆、成昆等交通干线构成了区域内联系的主要通道。西南3省1市在内向型联系中，以成都、重庆为核心形成相对完整的地域联系系统，形成"双核放射状"成渝城市群城际联系网络，以贵阳市为中心的黔中区域性城市群和以昆明市为中心的滇中城市群城际联系网络。但该区域人口超过1亿，是中国经济区中人口较多的区域，也是西部人口稠密的区，大量的人口在为区域经济发展提供充足劳动力的同时，也加大对该区域本就脆弱生态环境的压力。该区域应加强城市群内部经济联系和交通物流网建设。尤其要提升滇中城市群与黔中城市群城市交通物流竞争力，扩大区域联系。重庆市应发挥长江上游城市群中心枢纽作用，增强对丝绸之路经济带的战略支撑。发挥成都市的战略支点作用，把成渝城市群培育成长江经济带连接丝绸之路经济带的重要纽带（王圣云和翟晟阳，2015）。

三、长江中游城市经济区

长江中游城市经济区是以武汉为中心城市，长沙、南昌为副中心城市，涵盖武汉都市圈、环洞庭湖经济圈、长株潭城市群、环鄱阳湖经济圈等中部地区。以浙赣线、长江中游交通走廊为主轴，依托沿江、沪昆和京广、京九、二广等重点轴线，呼应长三角城市经济区和珠三角城市经济区，打造全国区域发展新的增长极（唐承丽等，2012）。其中武汉都市圈包括武汉市、黄冈市、黄石市、孝感市、鄂州市、仙桃市、天门市、潜江市等城市；长株潭城市群包括长沙市、常德市、岳阳市、益阳市、衡阳市、湘潭市等城市；环鄱阳湖城市群包括南昌市、九江市、上饶市、新余市等城市。该区众多的城市群与不同等级的城市通过长江经济带以及便利的交通运输网联系起来，成为一个跨不同区域、涵盖不同城市功能的密集型城市区。该城市区的发展定位为中国经济发展新的增长极、中西部新型城镇化先行区、内陆合作示范区和"两型"社会建设引领区。

四、环渤海城市经济区

环渤海城市经济区以京津冀城市群为主要核心区域，涵盖了北京市、天津市、河北省、山西省、山东省以及内蒙古中部的乌兰察布市、呼和浩特市、包头市和鄂尔多斯市4市等区域，其中北京市和天津市是环渤海城市经济区的两大中心城市。环渤海地区在推进实施"一带一路"建设、京津冀协同发展等国家重大战略和区域发展中具有重大意义。2015年10月15日，国家发展和改革委员会印发《环渤海地区合作发展纲要的通知》（发改地区〔2015〕2310号），明确提出把环渤海地区建设成为中国经济增长和转型升级新引擎、区域协调发展体制创新和生态文明建设示范区、面向亚太地区的全方位开放合作门户。在国家新型城镇化宏观格局中，京津冀城市群是国家创新能力最强的世界级城市群（方创琳等，2014）。未来京津冀城市群应加强城际互动，合理布局和分散中心城市职能，强化空间网络联系，以首都为核心建设世界级城市群，打造京津冀协同创新共同体。通过规划同编、交通同网、产业同链、城乡同等、市场同体、科技同兴、金融同城、信息同享、生态同建和污染同治，实现城市群高级协同发展（方创琳，2017），辐射带动环渤海地区和北方腹地发展。重点是以北京为核心，突出北京全国政治中心、文化中心、国际交往中心、科技创新中心的功能定位，进一步强化京津双城联动，加快实现同城化发展，突出天津全国先进制造研发基地、北方国际航运核心区、金融创新运营示范区、改革开放先行区的功能定位，共同发挥高端引领和辐射带动作用。河北围绕建设全国现代商贸物流重要基地、产业转型升级试验区、新型城镇化与城乡统筹示范区、京津冀生态环境支撑区的功能定位，积极承接京津产业转移和对接京津新兴产业发展，加快经济转型升级、绿色崛起。

山东半岛地区是中国北方重要开放门户，全国重要先进制造业、高新技术产业基地和海洋经济示范区。山东半岛地区以济南、青岛为中心，以烟台、潍坊、淄博、威海、德州、东营等城市为支撑，统筹建设山东半岛蓝色经济区和黄河三角洲高效生态经济区，加快青岛西海岸新区发展，不断提升对环渤海东南部地区的辐射带动能力。山西、内蒙古是保障环渤海地区持续发展的战略空间和强力支撑，也是环渤海地区与中西部、东北地区联动发展的重要平台和联系纽带。山西重点建设太原城市群，加快城市空间优化和功能提升，进一步促进太原 - 榆次同城化，密切与阳泉、晋中、忻州、吕梁等城市联动发展。加快提升传统产业，建设原材料、能源化工、装备制造、清洁能源生产基地和国家资源型经济转型综合配套改革试验区，提升对外开放水平，突出地方文化特色，引领带动环渤海西南部地区转型升级。内蒙古以呼和浩特为中心，包头、鄂尔多斯和榆林为支撑，加大资源开发力度，不断延伸产业链和提高产品精深加工水平，积极培育战略性新兴产业，构筑多元化产业体系，将该地区建设成为国家级特色产业基地、西部特色现代城市群、西部统筹城乡发展示范区、循环经济和生态修复示范区、全国节水型社会建设示范区，带动提升环渤海西北部地区的整体实力。

五、黄河上中游城市经济区

黄河上中游城市经济区以关中 - 天水城市群和中原城市群为主要核心区，西安、兰州、郑州是黄河上中游经济区的中心城市，其主要经济腹地为陕西、甘肃、宁夏、河南、内蒙古西部一盟两市（阿拉善盟、巴彦淖尔市、乌海市）。黄河上中游经济区很多城市曾经是古丝绸之路上的重要驿站，在古代经贸往来中扮演了重要的角色，如今在全国经济发展中具有重要的战略地位及明确的发展定位，即全国内陆型经济开发开放战略高地、统筹科技资源改革示范基地、全国先进制造业重要基地、全国现代农业高技术产业基地、彰显华夏文明的历史文化基地。但由于受地理位置、环境等客观因素的限制以及新中国成立以来不平衡发展政策的影响，黄河上中游经济区各城市的发展与东部不少城市有着明显的差距。黄河上中游经济区地广人稀，与环渤海、长三角、珠三角等人口稠密区有着较大的差别，在交通基础设施方面还较为落后，中心城市的极化和扩散效应有限，势必造成城市规模的不均衡发展。黄河上中游经济区虽拥有丰富的自然资源，但环境极为脆弱，在城市化发展的道路上，黄河上中游经济区必须寻求适合自身发展的道路。在这一过程中，比速度更为重要的是，提升黄河上中游经济区城市的品位（朱逸宁，2013）。黄河是中华民族的母亲河，黄河流域生态保护和高质量发展是重大国家战略，共同抓好大保护，协同推进大治理，让黄河成为造福人民的幸福河。从目前黄河上中游经济区面临的主要问题来看，未来黄河上中游经济区的发展应从以下几个方面着手：把环境保护、生态治理与地区产业发展结合起来，完善交通基础设施网络，加强城市间的联系与交流，发挥区内中心城市的辐射带动作用，加快城镇化进程以及充分挖掘开发民族特色文化，使黄河上中游经济区在"一带一路"倡议中真正成长起来。

六、新疆城市经济区

新疆城市经济区在地理环境上是一个完整的地理单元（顾朝林，1996），截至2019年包含4个地级市（乌鲁木齐市、克拉玛依市、哈密市和吐鲁番市）、5个地区（阿克苏地区、喀什地区、和田地区、阿勒泰地区和塔城地区）、5个自治州（伊犁哈萨克自治州、昌吉回族自治州、博尔塔拉蒙古自治州、巴音郭楞蒙古自治州、克孜勒苏柯尔克孜自治州)、26个县级市、67个县（自治县）。该区域具有面积广大的行政地域、山盆相间的地貌格局、干旱少雨的荒漠戈壁、西风带影响的山区湿岛、绿洲经济的基本结构、独特的区位优势、向西开放的重要窗口、民族文化的多元融合等特征。由于新疆地域广，城镇空间格局在不同尺度的地域单元表现不同，城镇空间具有更复杂和规律的结构模式，"多级（行政级别）、多极（城镇分散）、多中心（中心城市）、多网络（网络化）"成为新疆城镇体系未来发展的理想模式（张小雷，1993；张小雷，2010）。新疆城镇发展空间形成和变化是多种动力机制作用的结果。绿洲的分散性决定了城镇的分散性，以绿洲为依托的城镇呈串珠状分布在塔里木盆地和准噶尔盆地边缘，干旱区城镇发展特征明显。区位和交通是重要动力，新疆城镇沿北疆、南疆铁路沿线分布密集，尤其是北疆铁路沿线形成了天山北坡城镇群和乌鲁木齐都市圈。国家沿边开放政策的实施和新疆面向中亚的经济发展趋势，带动了沿边境城镇的发展，新疆城镇发展形成"一圈、三带"的空间格局（张小雷，2006）。新时期，新疆形成了以特色农牧业、石油石化、煤电煤化工、冶金建材、轻工食品、机械制造、民族医药、先进装备制造、节能环保、新材料、新能源、新一代信息技术、生物医药、现代商贸物流业、旅游业、会展业、电子商务等为主的新疆特色现代化经济体系。未来新疆城市经济区发展重点是破解资源环境承载力的制约，发挥比较优势，以天山北坡经济带和天山南坡产业带为重点发展区，带动扶持边境地区和南疆四地州发展，逐步缩小区域发展差距，实现区域一体化发展。以天山北坡城市群为核心，培育乌鲁木齐都市圈、哈密、石河子-沙湾、玛纳斯、克拉玛依-奎屯-乌苏-胡杨河、博乐-阿拉山口-精河、伊犁河谷绿洲城镇组群，率先发展天山北坡经济带，打造我国区域经济协调发展的战略支撑点，成为我国重要的能源基地、特色制造业基地、战略性新兴产业基地、现代服务业基地、现代高效特色农业产业基地以及区域性交通枢纽和能源资源陆上大通道，将天山北坡经济带建设成丝绸之路经济带核心区的骨干中枢。以库尔勒-铁门关、阿克苏-阿拉尔、库车-沙雅-新和-拜城等绿洲城镇组群为重点加快发展天山南坡产业带，依托能源矿产资源、特色农业和旅游资源优势，将天山南坡产业带打造成我国重要的石油天然气化工基地、农产品精深加工基地、纺织服装工业基地和新疆特色旅游目的地，发挥该区域北接天山北坡经济带南连喀什城市圈、东通库格铁路出疆新通道的特殊区位优势和深度参与中巴经济走廊建设的特殊支撑作用，引领带动南疆地区高质量发展。培育喀什-阿图什、阿勒泰-北屯、塔城-额敏、麦盖提-莎车-泽普-叶城、和田-墨玉-洛浦、且末-若羌绿洲城镇组群，打造沿边城镇发展带，构建喀什-和田新兴城镇发展轴，优化沿边经济带城镇布局，加强边境地区基础设施和公共服务设施建设，补齐区域基础设施、公共服务、生态环境和产业发展短板，协调新疆区域发展，融入"一带一路"。

七、珠三角城市经济区

珠三角城市经济区是以广州、深圳和香港为中心城市，范围包括广东、香港、澳门、海南。该区地理位置十分优越，是海上丝绸之路的始发地之一，自古就是对外贸易、文化交流中心，该区以北、以西分别是另一海上丝绸之路起点的海峡经济区与海上丝绸之路重要节点的北部湾经济区，在海上丝绸之路中起到重要的承接作用。该区域是中国经济最有活力、城市化率最高、城市间联系最紧密、人均 GDP 及土地单位面积产出最高、经济密度最大和国际化程度最高的区域之一。由于受区位条件的限制及长三角腹地的挤压，该区域的内向型腹地相对较小，但是毗邻港澳的优越地理位置为珠三角城市经济区外向型经济赋予更大的腹地。珠三角地区内城市功能各有侧重，多元互补，城市间联系通道广泛（刘涛等，2015b）。2019 年 2 月 18 日国家发布的《粤港澳大湾区发展规划纲要》中明确提出粤港澳大湾区"建设富有活力和国际竞争力的一流湾区和世界级城市群"。建设粤港澳大湾区既是新时代推动形成全面开放新格局的新尝试，也是推动"一国两制"事业发展的新实践。《粤港澳大湾区发展规划纲要》中划分的粤港澳大湾区范围包括香港特别行政区、澳门特别行政区和广东省广州市、深圳市、珠海市、佛山市、惠州市、东莞市、中山市、江门市、肇庆市，是我国开放程度最高、经济活力最强的区域之一。未来将建设国际科技创新中心，加快基础设施互联互通，构建具有国际竞争力的现代产业体系，推进生态文明建设，建设宜居宜业宜游的优质生活圈，紧密合作共同参与"一带一路"建设，共建粤港澳合作发展平台等。

八、海峡城市经济区

海峡城市经济区是以福州、厦门、台北为三大中心城市，由福州市、厦门市、泉州市、漳州市、莆田市、龙岩市、三明市、南平市、宁德市、平潭综合实验区为主体的海峡西岸经济区和台湾地区组成。海峡西岸经济区与海上丝绸之路沿线国家和地区的经贸文化往来密切，是 21 世纪海上丝绸之路核心区；与台湾地区联系紧密，具有地缘近、血缘亲、文缘深、商缘广、法缘久的"五缘"优势，未来将加快推动经贸合作畅通、基础设施联通、能源资源互通、行业标准共通的"四通"，加快实现沿海地区与金门、马祖通水、通电、通气、通桥，在推动两岸融合发展上做出示范，着力打造台胞台企登陆第一家园。区域内山海差异显著，以福州都市圈和厦漳泉都市圈为核心的沿海城镇密集带，人口密集、经济发达，城镇空间呈现带状连绵态势；山区城镇沿铁路、河谷等轴线串珠状分布特征明显。资源、能源缺乏，是制约该区发展的重要因素，经济腹地十分有限，为扩大海峡西岸城市群的腹地，应提升福州都市圈和厦漳泉都市圈的引擎带动能力，带动山区城镇发展，并与对岸的台北都会区、高雄都会区等联动，共同构筑更具竞争力的海峡城市群。鉴于海峡城市经济区特殊的地理位置，今后要在国家政策的大力支持下，继续提升福州、厦门两大中心城市能级，增强福州都市圈和厦漳泉都市圈引擎带动能力，推动两岸深度融合，构筑更加紧密联系、更有全球竞争力的海峡城市经济区。

九、北部湾城市经济区

北部湾城市经济区地处中国沿海西南端，以南宁为中心城市，由北海、钦州、防城港、玉林、崇左所辖行政区域组成。南宁作为广西壮族自治区的首府，是全区政治、经济和文化中心，发展实力较雄厚，城市社会服务及社会保障水平较高。2008年1月16日，国家提出把北部湾经济区建设成为重要国际区域经济合作区，成为全国第一个国际区域经济合作区。北部湾经济区是中国西部大开发和面向东盟开放合作的重点地区。北部湾经济区将推进南宁组团、钦（州）防（城港）组团、北海组团、铁山港（龙潭）组团、东兴（凭祥）组团5个城市组团发展。其中，南宁组团将发挥首府中心城市作用，重点发展高技术产业、加工制造业、商贸业和金融、会展、物流等现代服务业，建设保税物流中心，成为面向中国与东盟合作的区域性国际城市、综合交通枢纽和信息交流中心。钦（州）防（城港）组团将发挥深水大港优势，建设保税港区，发展临海重化工业和港口物流，成为加工制造基地和物流基地。北海组团将发挥亚热带滨海旅游资源优势，开发滨海旅游和跨国旅游业，重点发展电子信息、生物制药、海洋开发等高技术产业和出口加工业，保护良好生态环境，成为人居环境优美舒适的海滨城市。北部湾经济区将建设成为中国-东盟开放合作的物流基地、商贸基地、加工制造基地和信息交流中心，成为带动、支撑西部大开发的战略高地和开放度高、辐射力强、经济繁荣、社会和谐、生态良好的重要国际区域经济合作区。

十、东北城市经济区

东北城市经济区是以辽中南城市群和哈长城市群为核心，包括辽宁、吉林、黑龙江3省和内蒙古东2盟3市（锡林郭勒盟、兴安盟、呼伦贝尔市、通辽市、赤峰市）。该区是中国最早建立的工业基地，拥有沈阳市、大连市两个中心城市和哈尔滨、长春两个次中心城市。以四大中心城市形成了辽中南城市群和哈长城市群，形成一条纵贯东北平原和辽东半岛的核心经济带。辽中南城市群包括沈阳、大连、鞍山、抚顺、本溪、营口、辽阳、铁岭、阜新等城市；哈长城市群包括哈尔滨、长春、吉林、辽源、松源、四平、大庆、齐齐哈尔、肇东、安达等城市，是吉林和黑龙江工业化水平最高的地区。2016年4月26日，《中共中央 国务院关于全面振兴东北地区等老工业基地的若干意见》发布实施，标志着新一轮东北振兴战略的全面启动。东北地区未来发展主动融入、积极参与"一带一路"建设，推动外接俄罗斯和欧洲，内联国内腹地的贸易大通道建设；加强与环渤海地区的经济联系，积极推进东北地区与山东半岛经济区互动合作、与长江经济带和港澳台地区加强经贸投资合作，构建区域合作新格局。

十一、西藏城市经济区

西藏城市经济区是以拉萨市为核心，广大的西藏全境为腹地的城市经济区（周一星和张莉，2003）。行政区辖拉萨市、昌都市、山南市、日喀则市和林芝市5个地级市，阿里和那曲2个地区（合计7个地级行政单位），6个市辖区、68个县（合计74个县级行政单位）。由于西藏各个地区的自然环境、资源状况等不同，区域差异显著。

以拉萨、日喀则、山南、林芝为主的藏中南地区，是西藏人口最稠密，农业基础优良，现代工业较发达的地区，是《全国主体功能区划》规划的国家层面的重点开发区之一（杨明洪等，2013）。未来西藏城市经济区发展重点是增强藏中南引领带动作用，促进藏东、藏北、藏西协调发展，加快培育日喀则、林芝、昌都、那曲和阿里各具特色的经济增长极，发挥藏中南引领带动作用，打造以拉萨为中心，辐射日喀则、山南、林芝、那曲的3小时经济圈。推进拉萨与山南一体化发展，构建藏中经济高地，承接"一带一路"建设和全区扩大对外开放的中心城市、全区金融商贸物流中心。在城镇化空间上，通过点、轴、面相结合的开发，构建"一圈两翼三点两线"的格局，"一圈"是指以拉萨市为中心、乃东区泽当镇为重要支撑、其他小城镇为组成部分，以拉萨至墨竹工卡、拉萨至泽当为两轴线的拉萨-泽当城镇圈；"两翼"是指西翼（以日喀则市桑珠孜区为区域中心、拉孜县曲下镇和江孜县江孜镇为重要节点、其他小城镇为组成部分，拉日铁路、国道318和国道562为轴线的雅鲁藏布江中上游城镇）和东翼（以巴宜区为区域中心、波密县扎木镇为重要节点、其他小城镇为组成部分，国道318为轴线的尼洋河中下游城镇）；"三点"即以卡若区为中心的藏东、以那曲县那曲镇为中心的藏北、以噶尔县狮泉河镇为中心的藏西；"两线"是指边境沿线重点乡镇和交通沿线重要小城镇。

（张小雷　雷　军　杨　振）

参考文献

阿里研究院. 2016. 2015年中国县域电子商务报告. 阿里研究中心.

安宇, 沈山, 孟召宜, 等. 2005. 和谐社会的区域文化战略(江苏建设文化大省与发展文化产业研究). 北京: 中央民族大学出版社.

白欲晓. 2011. "地域文化"内涵及划分标准探析. 江苏社会科学, (1): 76-80.

鲍超. 2014. 中国城镇化与经济增长及用水变化的时空耦合关系. 地理学报, 69(12): 1799-1809.

鲍超, 方创琳. 2008. 干旱区水资源对城市化约束强度的时空变化分析. 地理学报, 63(11): 1140-1150.

鲍宗豪. 2006. 城市精神文化论. 学术月刊, (01): 17-24.

毕秀晶. 2014. 长三角城市群空间演化研究. 华东师范大学博士学位论文.

卞敏. 2011. 城市文化与地域文化. 阅江学刊, (2): 39-44.

博克P K. 1998. 多元文化与社会进步. 余兴安, 彭振云, 童奇志译. 沈阳: 辽宁人民出版社.

蔡昉. 2007. 中国劳动力市场发育与就业变化. 经济研究, (7): 4-22.

蔡建明. 2001. "世界城市"论说综述. 国外城市规划, (6): 32-35.

蔡云辉. 2011. 新中国成立60年来我国城乡关系研究述评. 学术探索, (4): 5-11.

蔡运龙. 2007. 自然资源学原理. 第二版. 北京: 科学出版社.

曹传新, 董黎明, 官大雨. 2005. 全球化时期我国城市规划思维变化解析及发展图景. 自然科学进展, 15(9): 1042-1047.

曹丹. 2005. 跨文化视野下的中国世界文化遗产研究及其意义. 四川师范大学硕士学位论文.

曹广忠, 柴彦威. 1998. 大连市内部地域结构转型与郊区化. 地理科学, 18(3): 234-241.

曹广忠, 刘涛. 2011. 中国城镇化地区贡献的内陆化演变与解释. 地理学报, 66(12): 1631-1643.

曹燕. 2015. 永定河: 北京的母亲河. 中国国家地理(门头沟附刊): 1-6.

曹志耘. 1997. 谈谈方言与地域文化的研究. 语言教学与研究, (03): 71-77.

柴彦威. 1996. 以单位为基础的中国城市内部生活空间结构: 兰州市的实证研究. 地理研究, 15(1): 30-38.

柴彦威. 2005. 行为地理学研究的方法论问题. 地域研究与开发, 24(2): 1-5.

柴彦威, 等. 2012. 城市地理学思想与方法. 北京: 科学出版社.

柴彦威, 李昌霞. 2005. 中国城市老年人日常购物行为的空间特征——以北京、深圳和上海为例. 地理学报, 60(3): 401-408.

柴彦威, 周一星. 2000. 大连市居住郊区化的现状、机制及趋势. 地理科学, 20(2): 127-132.

柴彦威, 塔娜, 毛子丹. 2011. 单位视角下的中国城市空间重构. 现代城市研究, 26(3): 5-9.

柴彦威, 赵莹, 马修军, 等. 2010. 基于移动定位的行为数据采集与地理应用研究. 地域研究与开发, 29(6): 1-7.

陈丙欣, 叶裕民. 2013. 中国流动人口的主要特征及对中国城市化的影响. 城市问题, (3): 2-8.

陈昌文. 1998. 汉代城市的布局及其发展趋势. 江西师范大学学报, (1): 56, 58-61.

陈春林, 陈才, 杨青山, 等. 2014. 区域经济地理学视角下的我国城市化理论思考. 经济地理, 5: 41-47.

陈大路, 谷晓红. 2007. 地域文化基本特征的新审视. 学术交流, (11): 174-177.

陈峰云, 范玉仙, 朱文晶, 等. 2007. 世界文化遗产旅游开发与保护研究——以平遥古城为例. 华中师范大学学报(自然科学版), 41(1): 157-160.

陈耕. 2004. 闽南文化与台湾社会. 东南学术, (S1): 180-181.

陈光林, 吴团英. 2010. 草原文化的历史传承与创新发展. 求是, (19): 45-47.

陈明星. 2013. 城市化与经济发展关系的研究综述. 城市发展研究, (8): 16-23.

陈明星. 2015. 城市化领域的研究进展和科学问题. 地理研究, 4: 614-630.

陈明星, 李扬, 龚颖华, 等. 2016. 胡焕庸线两侧的人口分布与城镇化格局趋势——尝试回答李克强总理之问. 地理学报, 71(2): 179-193.

陈明星, 陆大道, 刘慧. 2010. 中国城市化与经济发展水平关系的省际格局. 地理学报, 65(12): 1443-1453.

陈明星, 陆大道, 张华. 2009. 中国城市化水平的综合测度及其动力因子分析. 地理学报, 64(4): 387-398.

陈群元, 宋玉祥. 2010. 城市群空间范围的综合界定方法研究——以长株潭城市群为例. 地理科学, 5: 660-666.

陈群元, 宋玉祥, 喻定权. 2009. 城市群发展阶段的划分与评判——以长株潭和泛长株潭城市群为例. 长江流域资源与环境, 4: 301-306.

陈述彭. 2000. 城市化与地理信息系统. 北京: 科学出版社.

陈苏柳, 刘生军, 徐苏宁. 2006. 兼收并蓄多元发展: 把脉城市建筑风格. 城市规划, (4): 73-75.

陈田. 1987. 我国城市经济影响区域系统的初步分析. 地理学报, (4): 308-318.

陈雯. 1996. 试论我国城市发展方针. 地理研究, (3): 16-22.

陈雯, 王珏. 2013. 长江三角洲空间一体化发展格局的初步测度. 地理科学, 8: 902-908.

陈雯, 宋伟轩, 杨桂山. 2013. 长江三角洲城镇密集区的城市化发展态势、动力与趋势. 中国科学院院刊, 28(1): 28-38.

陈小卉. 2003. 都市圈发展阶段及其规划重点探讨. 城市规划, 6: 55-57.

陈彦光. 2012. 城市化水平增长曲线的类型、分段和研究方法. 地理科学, (1): 12-17.

陈彦光, 刘继生. 2004. 地理学的主要任务与研究方法——从整个科学体系的视角看地理科学的发展. 地理科学, 24(3): 257-263.

陈彦光, 周一星. 2005. 城市化Logistic过程的阶段划分及其空间解释——对Northam曲线的修正与发展. 经济地理, 25(6): 817-822.

陈耀华, 赵星烁. 2003. 中国世界遗产保护与利用研究. 北京大学学报(自然科学版), 39(4): 572-578.

陈勇, 陈嵘, 艾南山, 等. 1993. 城市规模分布的分形研究. 经济地理, (3): 48-53.

陈渝. 2013. 城乡统筹视角下的历史文化名镇保护与发展研究. 重庆大学硕士学位论文.

陈郇山. 1993. 柔性户籍制度与我国城市化. 城市问题, 12(2): 38-41.

陈泽泓. 2013. 广州水城的历史记忆. 见：广东文化网. http://gdwh.com.cn/lnwh/2013/0427/article. 2548. html.[2017-2-20].

陈志杰, 张志斌. 2015. 兰州城市社会空间结构分析. 兰州大学学报(自然科学版), 51(2): 285-296.

陈忠暖, 阎小培. 2001. 中国东南6省区城市职能特点与分类. 经济地理, 6: 709-713.

陈忠暖, 杨士弘. 2001. 广东省城市职能分类探讨. 华南师范大学学报(自然科学版), 3: 26-32.

陈子源. 2015. 试析城市文化多元性及其在规划中的塑造. 建筑工程技术与设计, (18): 1-4.

程大林, 李侃桢, 张京祥. 2003. 都市圈内部联系与圈层地域界定——南京都市圈的实证研究. 城市规划, 11: 30-33.

程民生. 1997. 宋代地域文化. 开封：河南大学出版社.

仇保兴. 2009. 应对机遇与挑战——中国城镇化战略研究主要问题与对策. 北京：中国建筑工业出版社.

崔功豪. 1989. 近十年中国城市化研究的进展. 地域研究与开发, 8(1): 1-5.

崔功豪. 1992a. 城市地理学. 南京：江苏教育出版社.

崔功豪. 1992b. 中国城镇发展研究. 北京：中国建筑工业出版社.

崔功豪, 马润潮. 1999. 中国自下而上城市化的发展及其机制. 地理学报, (2): 106-115.

崔功豪, 武进. 1990. 中国城市边缘区空间结构特征及其发展：以南京等城市为例. 地理学报, 45(4): 399-411.

戴鞍钢. 2010. 城市化与"城市病"——以近代上海为例. 上海行政学院学报, 11(1): 77-84.

单霁翔. 2010. 从"文化景观"到"文化景观遗产"(下). 东南文化, (03): 7-12.

单文慧. 1998. 城市发展的内涵与内驱力. 城市发展研究, (2): 19-21.

邓德芳, 段汉明. 2009. 古代新疆屯垦的时空分布特征与动力机制分析. 西北农林科技大学学报(社会科学版), (1): 56-61.

参 考 文 献

邓庆平. 2008. 明清卫所制度研究述评. 中国史研究动态, (4): 14-21.

邓元慧. 2015. 城际轨道交通与城市群空间结构演化及协调研究. 北京交通大学博士学位论文.

丁成日. 2009. 城市增长与对策——国际视角与中国发展. 北京: 高等教育出版社.

丁海斌. 2011a. 论中国古代陪都现象. 社会科学战线, (1): 79-84.

丁海斌. 2011b. 中国古代陪都十大类型论. 辽宁大学学报(哲学社会科学版), (4): 81-86.

丁家钟, 贺云翱. 1998. 长江文化体系中的吴越文化. 南京大学学报(哲学. 人文科学. 社会科学版), (04): 69-72.

董鉴泓. 1989. 中国古代城市建设史. 上海: 同济大学出版社.

董鉴泓. 2009. 中国古代城市发展的历史文化特征. 城市规划学刊, (6): 24-27.

董黎. 1996. 中国城市化现象的若干问题探讨. 城市规划汇刊, (3): 29-33.

董艳芳, 杜白操, 薛玉峰. 2006. 我国历史文化名镇(村)评选与保护. 建筑学报, (5): 12-14.

董志凯. 2009. 中国工业化60年——路径与建树(1949—2009). 中国经济史研究, (3): 3-13.

杜德斌, 冯春萍, 李同升, 等. 2010. 世界经济地理. 北京: 高等教育出版社.

段成荣. 1998. 人口迁移研究: 原理与方法. 重庆: 重庆出版社.

段成荣, 孙玉晶. 2006. 我国流动人口统计口径的历史变动. 人口研究, (4): 70-76.

段成荣, 袁艳, 郭静. 2013. 我国流动人口的最新状况. 西北人口, (6): 1-7, 12.

段霞. 2002. 世界城市的基本格局与发展战略. 城市问题, (4): 9-11.

樊杰. 2012. 主体功能区战略与优化国土空间开发格局. 中国科学院院刊, 28(2): 54-67.

樊杰, 高俊昌. 2015. 地理(八年级下册). 北京: 人民教育出版社.

樊杰, 田明. 2003. 中国城市化与非农化水平的相关分析及省际差异. 地理科学, 23(6): 641-648.

樊杰, 陶岸君, 吕晨. 2010. 中国经济与人口重心的耦合态势及其对区域发展的影响. 地理科学进展, 29(1): 87-95.

樊杰, 王强, 周侃, 等. 2013. 我国山地城镇化空间组织模式初探. 城市规划, 37(5): 9-15.

范今朝. 2012. 试论城市本质、城市化道路与适应城乡统筹发展的行政区划体制. 城乡规划, (1): 33-43.

方创琳. 2014a. 中国城市发展方针的演变调整与城市规模新格局. 地理研究, (4): 674-686.

方创琳. 2014b. 中国城市群研究取得的重要进展与未来发展方向. 地理学报, (8): 1130-1144.

方创琳. 2017. 京津冀城市群协同发展的理论基础与规律性分析. 地理科学进展, 36(1): 15-24.

方创琳, 等. 2014. 中国新型城镇化发展报告. 北京: 科学出版社.

方创琳, 鲍超, 马海涛. 2016. 2016中国城市群发展报告. 北京: 科学出版社.

方创琳, 陈田, 刘盛和. 2011a. 走进新时代的中国城市地理学——建所70周年城市地理与城市发展研究成果及展望. 地理科学进展, 30(4): 397-408.

方创琳, 刘毅, 林跃然. 2013. 中国创新型城市发展报告. 北京: 科学出版社.

方创琳, 马海涛, 王振波, 等. 2014. 中国创新型城市建设的综合评估与空间格局分异. 地理学报, 69(4): 459-473.

方创琳, 祁魏锋, 宋吉涛. 2008. 中国城市群紧凑度的综合测度分析. 地理学报, 63(10): 1011-1021.

方创琳, 宋吉涛, 蔺雪芹, 等. 2010.中国城市群可持续发展理论与实践. 北京: 科学出版社.

方创琳, 宋吉涛, 张蔷, 等. 2005. 中国城市群结构体系的组成与空间分异格局. 地理学报, 60(5): 827-840.

方创琳, 姚士谋, 刘盛和. 2011b. 2010中国城市群发展报告. 北京: 科学出版社.

方铁, 张维. 2003. 论中国古代治边思想的特点、演变和影响. 中国边疆史地研究, (1): 13-20, 116.

费希杰. 2000. 构建世界最大的城市连绵区——对长江三角洲未来发展的新构想. 现代城市研究, (5): 10-12.

冯德显, 汪雪峰. 2013. 传统农区城镇化研究. 中国科学院院刊, 28(1): 54-65.

冯健. 2005. 北京城市居民的空间感知与意象空间结构. 地理科学, 25(2): 143-154.

冯健. 2010. 城市社会的空间视角. 北京: 中国建筑工业出版社.

冯健, 叶宝源. 2013. 西方社会空间视角下的郊区化研究及其启示. 人文地理, (3): 20-26.

付德申. 2015. 我国城市特色文化问题研究. 广西教育学院学报, (1): 26-29.

傅伯杰, 刘国华, 陈利顶, 等. 2001. 中国生态区划方案. 生态学报, 21(1): 1-6.

傅才武, 陈庚. 2010. 当代中国文化遗产的保护与开发模式. 湖北大学学报(哲学社会科学版), 37(4): 93-98.

傅林祥. 2006. 宋代吴淞江两岸大浦考. 历史地理, 1: 10-24.

盖永霞. 2007. 开放交流的黄河文化综述. 重庆三峡学院学报, 23(5): 70-72.

高大伟. 2015. 北京城市历史变迁与生态文化. 绿化与生活, (2): 4-9.

高江波, 黄姣, 李双成, 等. 2010. 中国自然地理区划研究的新进展与发展趋势. 地理科学进展, 29(11): 1400-1407.

高军波, 周春山, 王义民, 等. 2011. 转型时期广州城市公共服务设施空间分析. 地理研究, 30(3): 424-435.

高晓路, 颜秉秋, 季珏. 2012. 北京城市居民的养老模式选择及其合理性分析. 地理科学进展, 10: 1274-1281.

葛斌昂. 2011. 地域文化对"南人""北人"生活的影响. 中学地理教学参考, (Z1): 59-60.

葛丰. 2014. "大城市病"的根子在中小城市. 四川水泥, (3): 1.

顾朝林. 1991. 城市经济区理论与应用. 长春: 吉林科学技术出版社.

顾朝林. 1991. 中国城市经济区划分的初步研究. 地理学报, 46(2): 129-141.

顾朝林. 1992. 中国城镇体系: 历史·现状·展望. 北京: 商务印书馆.

顾朝林. 1994. 论中国城市持续发展研究方向. 城市规划汇刊, (6): 1-9, 2.

顾朝林. 2005. 城镇体系规划——理论·方法·实例. 北京: 中国建筑工业出版社.

顾朝林. 2009. 经济全球化与新城市经济现象. 国外城市规划, 24(1): 20-23.

顾朝林. 2011. 城市群研究进展与展望. 地理研究, 30(5): 771-784.

顾朝林, 克斯特洛德C. 1997. 北京社会极化和空间分异研究. 地理学报, 52(5): 385-393.

顾朝林, 李满春. 1999. "数字城市"研究漫谈. 城市规划学刊, (5): 25-27.

顾朝林, 宋国臣. 2001. 北京城市意象空间及构成要素研究. 地理学报, 56(1): 64-74.

顾朝林, 孙樱. 1999. 经济全球化与中国国际性城市建设. 城市规划学刊, (3): 1-6.

顾朝林, 吴莉娅. 2008. 中国城市化研究主要成果综述. 城市问题, (12): 2-12.

顾朝林, 袁晓辉. 2012. 建设北京世界城市的思考. 城市与区域规划研究, (1): 1-28.

顾朝林, 柴彦威, 蔡建明, 等. 1999a. 中国城市地理. 北京: 商务印书馆.

顾朝林, 丁金宏, 陈田. 1995. 中国大城市边缘区研究. 北京: 科学出版社.

顾朝林, 王法辉, 刘贵利. 2003. 北京城市社会区分析. 地理学报, 58(6): 917-926.

顾朝林, 于涛方, 李王鸣. 2008. 中国城市化: 格局·过程·机理. 北京: 科学出版社.

顾朝林, 张勤, 蔡建明, 等. 1999b. 经济全球化与中国城市发展——跨世纪城市发展战略研究. 北京: 商务印书馆.

顾诚. 1988. 卫所制度在清代的变革. 北京师范大学学报, (2): 15-22.

郭红, 于翠艳. 2004. 明代都司卫所制度与军管型政区. 军事历史研究, (4): 78-87.

郭杰. 2010. 地域特征 民族本质 世界背景——岭南文化研究的三个维度. 华南师范大学学报(社会科学版), (6): 5-9.

郭亮, 樊纪相. 2008. 论城市文化与城市形象塑造——以武汉市为例. 湖北经济学院学报(人文社会科学版), 5(11): 118-119.

郭凌, 王志章. 2014. 历史文化名城老街区改造中的城市更新问题与对策——以都江堰老街区改造为例. 四川师范大学学报(社会科学版), (4): 61-68.

郭学信. 2009. 论宋代城市发展的时代特征. 西北师大学报(社会科学版), 46(5): 33-37.

国家发展和改革委员会, 外交部, 商务部. 2015. 推动共建丝绸之路经济带和21世纪海上丝绸之路的愿景与行动. 北京: 外交出版社.

国家统计局. 1986. 中国统计年鉴1986. 北京: 中国统计出版社.

国家统计局. 1991. 中国城市统计年鉴1991. 北京: 中国统计出版社.

国家统计局. 1996. 中国统计年鉴1996. 北京: 中国统计出版社.

国家统计局. 2001a. 中国统计年鉴2001. 北京: 中国统计出版社.

国家统计局. 2001b. 中国城市统计年鉴2001. 北京: 中国统计出版社.

国家统计局. 2004. 中国城市统计年鉴2004. 北京: 中国统计出版社.

国家统计局. 2005. 中国统计年鉴2005. 北京: 中国统计出版社.

国家统计局. 2006a. 2006中国工业经济统计年鉴. 北京: 中国统计出版社.

国家统计局. 2006b. 中国统计年鉴-2006. 北京: 中国统计出版社.

国家统计局. 2009. 庆祝新中国成立60周年. http://www.stats.gov.cn/ztjc/ztfx/qzxzgcl60zn/.2009-10-29. [2016-6-16].

国家统计局. 2011a. 中国统计年鉴2011. 北京: 中国统计出版社.

国家统计局. 2011b. 第六次全国人口普查主要数据公报. http://www.stats.gov.cn/tjsj/tjgb/rkpcgb/qgrkpcgb/201104/t20110428_30327.html.2011.4.28. [2016-6-10].

国家统计局. 2014. 中国统计年鉴2014. 北京: 中国统计出版社.

国家统计局. 2015a. 中国统计年鉴. 北京: 中国统计出版社.

国家统计局. 2015b. 中国城市统计年鉴. 北京: 中国统计出版社.

国家统计局. 2016. 2015年国民经济和社会发展统计公报. http://www.stats.gov.cn/tjsj/zxfb/201602/t20160229_1323991.html.2016-2-29.[2017-01-09].

国家统计局工业交通统计司, 国家发展和改革委员会能源局. 2007. 中国能源统计年鉴-2006. 北京: 中国统计出版社.

国家统计局工业统计司. 2011. 中国工业经济统计年鉴2011. 北京: 中国统计出版社.

国家统计局人口和就业统计司, 人力资源和社会保障部规划财务司. 2012. 中国劳动统计年鉴2012. 北京: 中国统计出版社.

韩光辉, 林玉军, 魏丹. 2011. 论中国古代城市管理制度的演变和建制城市的形成. 清华大学学报(哲学社会科学版), (4): 58-65, 159.

韩明安. 1991. 新语词大辞典. 哈尔滨: 黑龙江人民出版社.

韩英. 2014. 战火阴云下的城市变迁: 宋代战争与城市发展进程的嬗变. 兰州学刊, (8): 45-53.

韩增林, 李彬, 张坤领. 2015. 中国城乡基本公共服务均等化及其空间格局分析. 地理研究, 34(11): 2035-2048.

郝凯. 2012. 蒙元文化在内蒙古城市建设中的传承与创新——以呼和浩特城市建设为例. 生产力研究, (6): 108-110, 113.

郝鹏展. 2006. 论近代以来郑州的城市规划与城市发展. 陕西师范大学硕士学位论文.

何深静, 刘玉亭. 2010. 市场转轨时期中国城市绅士化现象的机制与效应研究. 地理科学, 30(4): 496-502.

何盛明. 1990. 财经大辞典, 上卷. 北京: 中国财政经济出版社.

何一民. 2004. 近代中国城市发展与社会变迁. 北京: 科学出版社.

何一民. 2012. 中国城市史. 武汉: 武汉大学出版社.

何一民. 2014. 清代城市数量的变化及原因. 社会科学, (8): 146-159.

和勇. 2006. 世界文化遗产丽江古城建筑艺术. 民族艺术研究, (2): 64-68.

洪世键, 张京祥. 2009. 新区域主义视野下的大都市区管治. 城市问题, 09: 73-77.

洪涛, 张传林. 2015. 2014～2015年我国农产品电子商务发展报告. 中国商贸, Z1: 44-46.

洪银兴. 2003. 城市功能意义的城市化及其产业支持. 经济学家, (2): 29-36.

侯红蕊. 2013. 城市文化多元性的解析及其在规划中的塑造. 西安: 西北大学硕士学位论文.

胡沧泽. 2011. 关于闽南文化研究的若干思考. 漳州师范学院学报(哲学社会科学版), (1): 101-106.

胡俊. 1993. 中国城市空间结构模式的发展研究. 南京大学博士学位论文.

胡序威. 1998. 区域与城市研究. 北京: 科学出版社.

胡序威. 2000. 有关城市化与城镇体系规划的若干思考. 城市规划, 24(1): 16-20.

胡序威, 杨冠雄. 1990. 中国沿海港口城市. 北京: 科学出版社.

胡序威, 周一星, 顾朝林, 等. 2000. 中国沿海城镇密集地区空间集聚与扩散研究. 北京: 科学出版社.

胡兆量, 福琴. 1994. 北京人口的圈层变化. 城市问题, 4: 42-45.

胡振. 2002. 南昌城的历史变迁及其习俗内涵. 南方文物, (3): 48-51.

黄爱东, 何逸英. 2006. 建设海峡西岸经济区与构建城市群. 厦门特区党校学报, (5): 50-54.

黄健. 2016. 美丽的千年古城——凤凰. http://www.qqgfw.com/News_1Info.aspx?News_1ID=28065.

黄金川, 方创琳. 2003. 城市化与生态环境交互耦合机制与规律性分析. 地理研究, 22(2): 211-220.

黄亮, 杜德斌. 2014. 创新型城市研究的理论演进与反思. 地理科学, 34(7): 773-779.

黄秋昊, 赵媛, 颜敏. 2003. 对小城镇发展旅游存在问题的思考. 小城镇建设, (06): 70-71.

黄叶芳, 梁怡, 沈建法. 2007. 全球化与城市国际化: 国际城市的一项实证研究. 世界地理研究, 16(2): 1-9.

黄月波. 1936. 中外条约汇编. 北京: 商务印书馆.

霍治乾. 2015. 地域文化影响下的城市品牌视觉识别系统. 大舞台, (06): 242-243.

基钦R, 泰特N J. 2006. 人文地理学研究方法. 蔡建辉译. 北京: 商务印书馆.

贾百俊, 李建伟, 王旭红. 2012. 丝绸之路沿线城镇空间分布特征研究. 人文地理, (2): 103-106.

贾萍. 2015. 落实生态文化观 传承发展草原文化. 实践: 思想理论版, (7): 51-53.

贾芝锡. 1992. 矿产资源经济学. 北京: 地震出版社.

江沛, 熊亚平. 2005. 铁路与石家庄城市的崛起: 1905—1937年. 近代史研究, (3): 170-197.

姜道章. 2006. 现代地理学的概念与方法. 台北: 文津出版社.

姜世国. 2004. 都市区范围界定方法探讨——以杭州市为例. 地理与地理信息科学, 1: 67-72.

姜晔. 2012. 民国时期东北移民与东北地区的开发. 鞍山师范学院学报, (1): 24-27.

姜振寰, 吴明泰, 王海山, 等. 1990. 技术学辞典. 沈阳: 辽宁科学技术出版社.

蒋琨, 蒋观祯. 2011. 构建城市形象的价值及意义. 文艺争鸣, (4X): 21-22.

蒋子龙, 樊杰, 陈东. 2014. 2001—2010年中国人口与经济的空间集聚与均衡特征分析. 经济地理, 34(5): 9-13, 82.

焦晓云. 2015. 新型城镇化进程中农村就地城镇化的困境、重点与对策探析——"城市病"治理的另一种思路. 城市发展研究, 22(1): 108-115.

金淑婷, 李博, 杨永春, 等. 2015a. 地学视角下的中国县级行政区空间格局演变. 经济地理, 35(1): 29-37.

金淑婷, 李博, 杨永春, 等. 2015b. 中国城市分布特征及其影响因素. 地理研究, (7): 1352-1366.

金彤. 2011. 城市化与上海城市发展. 上海企业, (1): 75-77.

克罗基乌斯. 1982. 城市与地形. 钱治国, 王连贵, 常连贵等译. 北京: 中国建筑工业出版社.

孔翔. 2016. 地方认同、文化传承与区域生态文明建设. 北京: 科学出版社.

寇荣鑫. 2010. 大连近代历史文化变迁与城市风格研究. 辽宁师范大学硕士学位论文.

蓝仁哲, 廖七一, 冯光荣, 等. 1998. 加拿大百科全书. 成都: 四川辞书出版社.

蓝颜. 2010. 上海的历史沿革. 国学, (5): 21-23.

雷军. 2016. 中国多民族聚居城市社会空间结构研究——以乌鲁木齐市为例. 北京: 科学出版社.

雷军, 张利, 刘雅轩. 2014. 乌鲁木齐市城市社会分布空间研究. 干旱区地理, 37(6): 1291-1304.

冷疏影, 等. 2016. 地理科学三十年: 从经典到前沿. 北京: 商务印书馆.

黎夏, 叶嘉安. 1999. 约束性单元自动演化CA模型及可持续城市发展形态的模拟. 地理学报, 54(4): 289-298.

李百浩, 郭建. 2003. 近代中国日本侵占地城市规划范型的历史研究. 城市规划汇刊, (4): 43-48, 95-96.

李程骅. 2013. 中国城市转型的战略路径与重点突破. 中央浙江省委党校学报, 156(2): 5-12.

李德华, 朱自煊. 2005. 中国土木建筑百科辞典·城市规划与风景园林. 北京: 中国建筑工业出版社.

李尔尘. 2007. 浅谈城市形象识别. 广东轻工职业技术学院学报, 6(1): 77-80.

李国平. 2000. 世界城市格局演化与北京建设世界城市的基本定位. 城市发展研究, 7(1): 12-16.

李国平. 2008. 我国工业化与城市化的协调关系分析与评估. 地域研究与开发, 27(5): 6-16.

李国平, 刘霄泉, 孙铁山. 2010. 北京建设世界城市的市域空间发展模式研究. 北京联合大学学报(人文社会科学版), 08(3): 5-9.

李嘉曾. 2015. 闽南文化的特征、优势与走向世界的意义. 见: 福建省炎黄文化研究会. 闽南文化的当代性与世界性论文集. 福州: 海峡文艺出版社.

李建平. 2006. 关于地域文化研究的几个问题. http: //theory.people.com.cn/GB/49157/ 49165/4198898. html. [2017-2-26].

李菁, 段斌. 2011. 让文化成为城市的灵魂——读任致远先生城市文化系列文章有感. 城市, (3): 13-14.

李俊新. 2006. 乌鲁木齐地域性建筑形式与文化研究. 西安建筑科技大学硕士学位论文.

李克建. 2007. 中国民族分布格局的形成及历史演变. 西南民族大学学报(人文社科版), 28(9): 26-31.

李凌岚. 2004. "城市经营"理念下的历史文化名城保护机制研究. 长安大学硕士学位论文.

李敏纳, 覃成林. 2010. 中国社会性公共服务空间分异研究. 人文地理, 25(1): 26-30.

李敏纳, 覃成林, 李润田. 2009. 中国社会性公共服务区域差异分析. 经济地理, 29(6): 887-893.

李明华. 1996. 地域文化研究的新领域——岭南文化概述之一. 语文月刊, (10): 2-3.

李明术. 2014. 武汉港城空间关系变迁趋势研究. 湖北社会科学, (6): 76-79.

李铭阳. 2014. 地域文化方面探析与新文化观点. 法制与社会, (36): 184-185.

李培林. 2015. 新型城镇化与突破"胡焕庸线". 经济信息研究, 1: 11-12.

李平华. 2005. 三角洲的顶点城市研究——以南京为例. 南京师范大学博士学位论文.

李强. 2008. 货币数量目标宜逐渐淡出. 现代商业银行, 04: 12.

李勤德. 1995. 中国区域文化. 太原: 山西高校联合出版社.

李蓉, 李军, 赵君, 等. 2014. 论中国文化统一性的历史渊源. 西藏大学学报(社会科学版), 29(2): 175-181.

李如龙. 1999. 闽粤方言的不同文化特征. 暨南学报(哲学社会科学), (06): 4-10.

李如龙. 2005. 关于方言与地域文化的研究. 泉州师范学院学报(社会科学), 23(1): 48-56.

李如生. 2011. 中国世界遗产保护的现状、问题与对策. 城市规划, (5): 38-44.

李润田. 1985. 自然条件对洛阳城市历史发展的影响. 见: 中国古都学会. 中国古都研究(第三辑)——中国古都学会第三届年会论文集. 杭州: 浙江人民出版社.

李双成, 王羊, 黎夏, 等. 基于元胞自动机的城市发展密度模拟. 地理科学, 26(2): 165-172.

李伟. 2014. 中国新型城镇化道路、模式和政策. 北京: 中国发展出版社.

李文华, 沈长江. 1985. 自然资源科学的基本特点及其发展的回顾与展望. 见: 中国自然资源研究会. 自然资源研究的理论与方法. 北京: 科学出版社.

李霞. 2013. 街区记忆与旅游认同. 中央民族大学博士学位论文.

李祥根. 2006. 中国自然环境. 北京: 地震出版社.

李昕泽, 任军. 2014. 里坊制度发展演变特点新论. 建筑与文化, (3): 94-95.

李旭. 2015. 城市形态地域特征识别与生成原则探析——以成渝两地城市形态历史演变为例. 城市发展研究, (5): 24-30.

李旭旦. 1984. 人文地理学. 北京: 中国大百科全书出版社.

李雪铭, 李建宏. 2006. 大连城市空间意象分析. 地理学报, 61(8): 809-817.

李郇, 许学强. 1993. 广州市城市意象空间分析. 人文地理, 8(3): 27-35.

李亚娟, 陈田, 王婧, 汪德根. 2013. 中国历史文化名村的时空分布特征及成因. 地理研究, 32(08): 1477-1485.

李彦军. 2008. 都市圈的空间界定方法研究——以武汉都市圈为例. 理论与改革, (4): 152-155.

李扬, 刘慧, 汤青. 2015. 1985—2010年中国省际人口迁移时空格局特征. 地理研究, 34(6): 1135-1148.

李祎. 2018. 浅析中国南北建筑中门窗风格差异化. 中外建筑, (08): 76-77.

李毓芳. 1966. 论铁道与工商业之关系. 见: 经世文社辑民国经世文编(交通、宗教、道德分册). 台北: 文海出版社.

李云庆. 2006. 对石家庄建城历史的再认识——石家庄市城市发展源流考辨. 石家庄职业技术学院学报 (1): 32-36.

李志刚, 吴缚龙, 高向东. 2007. "全球城市"极化与上海社会空间分异研究. 地理科学, 27(3): 304-311.

李自智. 1998. 略论中国古代都城的城郭制. 考古与文物, (2): 62-68.

理查德·P格林, 詹姆斯·B皮克. 2011. 城市地理学. 柴彦威, 张景秋等译. 北京: 商务印书馆.

林家彬, 王大伟. 2012. 城市病的病理与处方: 中国城市病的制度性根源与对策研究. 北京: 中国发展出版社.

林剑. 2004. 城市特色对城市竞争力的影响. 规划师, (07): 22-24.

林先扬, 陈忠暖. 2003. 长江三角洲和珠江三角洲城市群职能特征及其分析. 人文地理, 4: 79-83.

林毅夫, 蔡昉, 李周. 1999. 中国的奇迹: 发展战略与经济改革. 上海: 格致出版社.

林彰平, 闫小培. 2006. 转型期广州市金融服务业的空间格局变动. 地理学报, 61(8): 818-828.

蔺雪芹, 王岱, 任旺兵, 等. 2013. 中国城镇化对经济发展的作用机制. 地理研究, 32(4): 691-700.

凌怡莹, 徐建华. 2003. 长江三角洲地区城市职能分类研究. 规划师, 2: 77-79, 83.

刘昌明. 2014. 中国水文地理. 北京: 科学出版社.

刘春腊, 刘卫东, 陆大道. 2014. 生态补偿的地理学特征及内涵研究. 地理研究, 33(5): 803-816.

刘纯彬. 1990. 二元社会结构与城市化(续)——四、城市病与城市规模. 社会, (4): 34-35.

刘登翰. 2003. 论闽南文化——关于类型、形态、特征的几点辨识. 福建论坛(人文社会科学版), (05)79-84.

刘锋. 2001. 新时期中国旅游规划创新. 旅游学刊, 16(5): 49-54.

刘海滨, 刘振灵. 2009. 辽宁中部城市群城市职能结构及其转换研究. 经济地理, 8: 1293-1297.

刘恒飞, 张庆全, 周源, 等. 2015. 数字城市地理空间框架成果在智慧城市建设中的应用研究——以黑龙江省数字城市建设为例. 测绘与空间地理信息, 38(2): 150-158.

刘慧, 叶尔肯. 吾扎提, 等. 2015. "一带一路"倡议对中国国土开发空间格局的影响. 地理科学进展, 34(5): 545-553.

刘锦藻. 2000. 清朝续文献通考. 杭州: 浙江古籍出版社.

刘君德. 2002. 城市规划行政区划社区建设. 城市规划, 02: 34-39.

刘君德. 2003. 新时期中国城市型政区改革的思路. 中国行政管理, (7): 48-54.

刘君德. 2006. 学习贯彻十六届五中全会精神推进我国行政区划体制改革健康发展. 经济地理, (1): 3-5, 10.

刘君德. 2014. 论中国建制市的多模式发展与渐进式转换战略. 江汉论坛, (3): 5-12.

刘魁立. 2007. 论全球化背景下的中国非物质文化遗产保护. 河南社会科学, 15(1): 25-34, 171.

刘敏, 方如康. 2009. 现代地理科学词典. 北京: 科学出版社.

刘沁萍, 田洪阵, 杨永春. 2012. 基于GIS和遥感的中国城市分布与自然环境关系的定量研究. 地理科学, 32(6): 686-693.

刘荣增. 2003. 我国城镇密集区发展演化阶段的划分与判定. 城市规划, 9: 78-81.

刘盛和, 陈田, 蔡建明. 2003. 中国非农化与城市化关系的省际差异. 地理学报, 58(6): 937-946.

刘士林. 2009. 上海城市的起源与发展. 江苏行政学院学报, (3): 42-46.

刘士林. 2012. 城市群的全球化进程及中国经验. 学术界, (6): 19-28.

刘世薇, 张平宇, 李静. 2013. 黑龙江垦区城镇化动力机制分析. 地理研究, 32(11): 2066-2078.

刘树成. 2005. 现代经济词典. 南京: 凤凰出版社; 江苏人民出版社.

刘涛, 曹广忠, 边雪, 等. 2010. 城镇化与工业化及经济社会发展的协调性评价及规律探讨. 人文地理, (6): 47-52.

刘涛, 齐元静, 曹广忠. 2015a. 中国流动人口空间格局演变机制及城镇化效应: 基于2000年和2010年人口普查分县数据的分析. 地理学报, 70(4): 567-581.

刘涛, 仝德, 李贵才. 2015b. 基于城市功能网络视角的城市联系研究——以珠江三角洲为例. 地理科学, (3): 306-313.

刘卫. 2015. 广州古城水系与城市发展关系研究. 华南理工大学博士学位论文.

刘卫东. 2015. "一带一路"倡议的科学内涵与科学问题. 地理科学进展, 34(5): 538-544.

刘卫东, 甄峰. 2004. 信息化对社会经济空间组织的影响研究. 地理学报, 59(z1): 67-76.

刘先照. 1994. 中国共产党主要领导人论民族问题. 北京: 民族出版社.

刘小平, 黎夏, 叶嘉安. 2006. 基于多智能体系的空间决策行为及土地利用格局演变的模拟. 中国科学, D辑, 36(11): 1027-1036.

刘晓晓, 叶持跃, 李加林, 等. 2014. 城市职能分类中周一布方法与SOFM网络方法比较研究. 经济地理, 6: 87-91.

刘晔. 2006. 历史文化名城保护与城市更新研究. 天津大学硕士学位论文.

刘亦师. 2006. 近代长春城市发展历史研究. 清华大学硕士学位论文.

刘易斯·芒福德. 2009. 城市文化. 北京: 中国建筑工业出版社.

刘益. 1997. 岭南文化的特点及其形成的地理因素, 人文地理, 12(1): 44-46.

刘玉亭. 2005. 转型期中国城市贫困的社会空间. 北京: 科学出版社.

刘云刚. 2009. 中国资源型城市的职能分类与演化特征. 地理研究, 1: 153-160.

刘云刚, 许学强. 2008. 中国地理学的二元结构. 地理科学, 28(5): 587-593.

龙茂乾, 孟晓晨. 2015. 城镇化、郊区化与中国城市空间扩张. 地域研究与开发, 34(3): 53-60.

龙昱. 2012. 城市地理分析. 武汉: 中国地质大学出版社.

卢衍鹏. 2012. 以核心价值体系重塑中国主流文化. 福建论坛(人文社会科学版), (10): 45-48.

陆大道. 2001. 论区域的最佳结构与最佳发展——提出"点-轴系统"和"T"型结构以来的回顾与再分析. 地理学报, 56(2): 127-135.

陆大道. 2002. 关于"点-轴"空间结构系统的形成机理分析. 地理科学, 22(1): 1-6.

陆大道. 2003. 中国区域发展的新因素与新格局. 地理研究, 22(3): 261-271.

陆大道. 2010. 还没摆脱城市化冒进误区. 人民论坛, (13): 26.

陆大道, 姚士谋, 刘慧, 等. 2007. 2006中国区域发展报告: 城市化过程及空间扩张. 北京: 商务印书馆.

禄树晖. 2010. 拉萨城市特色保护与塑造. 东北林业大学硕士学位论文.

路柳. 2004. 关于地域文化研究的几个问题——第一次十四省市区地域文化与经济社会发展研讨会综述. 山东社会科学, (12): 88-92.

路旭, 马学广, 李贵才. 2012. 世界城市对珠三角城镇群的影响力研究. 城市发展研究, 19(5): 16-21.

罗昌智. 2004. 长江文化的历史生成与中华民族精神. 理论月刊, (8): 51-52.

罗丽. 2007. 中国古代城市起源动力及类型. 延边大学学报(社会科学版), 40(2): 87-91.

罗小龙, 殷洁, 田冬. 2010. 不完全的再领域化与大都市区行政区划重组: 以南京市江宁撤县设区为例. 地理研究, (10): 1746-1756.

罗晓光. 2009. 湘西凤凰古城河岸吊脚楼建筑特色探析. 湖南工业大学学报(社会科学版), 14(4): 142-144.

罗震东. 2005. 中国当前的行政区划改革及其机制. 城市规划, (8): 29-35.

罗震东. 2008. 改革开放以来中国城市行政区划变更特征及趋势. 城市问题, (6): 77-82.

吕婧. 2005. 天津近代城市规划历史研究. 武汉理工大学硕士学位论文.

吕拉昌. 2000. 世界城市体系的形成与中国国际城市化. 世界地理研究, (1): 57-61.

吕明强, 都金康. 1993. 城市水文与水资源导论. 北京: 中国科学技术出版社.

吕玉印. 1995. 体制变革与城市化进程: 中国城市化偏态发展的制度分析. 城市问题, 14(2): 2-5.

吕云峰. 2010. 长春市城市空间结构的历史演变研究. 长春师范学院学报(自然科学版), (6): 62-67.

马昂主. 2008. 全球化空间重组与中国长三角城市"呼应构想". 经济地理, (6): 999-1003.

马布里 D F, 安姆松 S E, 沈建法. 1990. 微机地理信息系统及其在城市与区域规划中的作用. 地理科学进展, 9(4): 11-14.

马布里 D F, 沈建法. 1990. 微机地理信息系统及其在城市与区域规划中的作用. 土地管理: 科技情报资料汇编, 9(4): 11-14.

马红旗, 陈仲常. 2012. 我国省际流动人口的特征: 基于第六次人口普查数据. 人口研究, 36(6): 87-99.

马慧强, 韩增林, 江海旭. 2011. 我国基本公共服务空间差异格局与质量特征分析. 经济地理, 31(2): 212-216.

马继武. 2007. 中国古城选址及布局思想和实践对当今城市规划的启示. 上海城市规划, (5): 18-22.

马建华. 2012. 闽南文化述略. 艺苑, (2): 6-11.

马克斯·韦伯. 2003. 儒教与道教. 洪天富, 刘东译. 南京: 江苏人民出版社.

马丽, 金凤君. 2011. 中国城市化发展的紧凑度评价分析. 地理科学进展, 30(8): 1014-1020.

马清裕, 陈田, 牛亚菲. 1999. 北京城市贫困人口特征、成因及其解困对策. 地理研究, 18(4): 400-406.

马欣如, 朱洪兴. 2014. 上海市城镇化与经济发展关系研究. 农村经济与科技, 25(8): 82-85.

马彦琳. 2006. 城乡分治与城乡合治: 中国大陆城市型政区发展的回顾与展望. 华中科技大学学报(社会科学版), (3): 54-58.

麦克·帕西诺, 李志刚, 李楚婷, 等. 2010. 21世纪的城市地理学: 一个研究议程. 城市与区域规划研究, 3(2): 88-117.

毛汉英. 1994. 北京市石景山区经济社会发展规划. 北京: 中国科学技术出版社.

毛汉英. 2008. 区域发展与发展规划: 理论·方法·实践. 北京: 商务印书馆.

毛汉英, 方创琳. 1997. 新时期区域发展规划的基本思路与完善途径. 地理学报, 52(1): 1-9.

毛曦. 2002. 中华文明形成的地理条件分析. 西安联合大学学报, 5(3): 12-16.

毛翔, 李江海, 高危言. 2010. 世界遗产文化景观现状、保护与发展. 五台山研究, (2): 56-58.

孟长云. 2006. 从"共生理论"的视角探析河套文化. 河套大学学报(哲学社会科学版), 3(3): 101-104.

穆光宗. 2010. 人口增长与"大城市病"诊治——以北京市为例. 人民论坛, 32(11): 8-9.

倪峰. 2012. 地域文化与城市建设的关系. 河南科技, (17): 26-27.

倪鹏飞. 2013. 中国部分城市已患上严重"城市病". 中国经济周刊, (8): 24-25.

倪志娟. 2006. 中国城市文化的内涵及其特点. 南京师范大学文学院学报, (2): 73-80.

年福华, 姚士谋, 陈振光. 2002. 试论城市群区域内的网络化组织. 地理科学, 5: 568-573.

宁登, 蒋亮. 1999. 转型时期的中国城镇化发展研究. 城市规划, (12): 17-19.

宁吉喆. 2016. 居民恩格尔系数降至30.6%. http://www.jlszyy.com/hot/HTr1x60329n44266 4566XH.html. 2016-3-29.[2016-6-18].

宁越敏. 1991. 新国际劳动分工、世界城市与中国中心城市的发展. 城市问题, (3): 2-7.

宁越敏. 1998. 新城市化进程——90年代我国城市化动力机制和特点探讨. 地理学报, 53(5): 470-477.

宁越敏. 2000. 上海市区生产服务业及办公楼区位研究. 城市规划, 24(8): 9-12.

宁越敏. 2008. 建设中国特色的城市地理学——中国城市地理学的研究进展评述. 人文地理, 23(2): 1-5.

宁越敏. 2011. 中国都市区和大城市群的界定: 兼论大城市群在区域经济发展中的作用. 地理科学, 31(3): 257-263.

宁越敏. 2015. 未来30年世界城市体系发展趋势与上海的地位和作用. 科学发展, (3): 19-24.

宁越敏, 李健. 2007. 上海城市功能的转型: 从全球生产系统角度的透视. 世界地理研究, 16(4): 47-54.

宁越敏, 严重敏. 1993. 我国中心城市的不平衡发展及空间扩散的研究. 地理学报, 48(2): 97-104.

牛仁亮, 毕晋锋. 2013. 世界文化景观遗产的可持续发展策略研究——以五台山为例. 科学技术哲学研究, 30(01): 101-104.

潘锦云, 姜凌, 丁羊林. 2014. 城镇化制约了工业化升级发展吗——基于产业和城镇融合发展的视角. 经济学家, (9): 41-49.

庞晶, 叶裕民. 2012. 全球化对城市空间结构的作用机制分析. 城市发展研究, 19(4): 50-54.

彭邦炯. 1988. 商史探微. 重庆: 重庆出版社.

彭明. 1998. 中国城市化发展的若干对策. 城市发展研究, (2): 37-40.

彭燕霞. 2012. 岭南民俗文化, 一块根植"广东精神"的土壤. 神州民俗: 通俗版, (1): 16.

彭勇. 2007. 明代卫所制度流变论略. 民族史研究(增刊): 147-174.

戚伟, 刘盛和, 赵美风. 2015. "胡焕庸线"的稳定性及其两侧人口集疏模式差异. 地理学报, 70(4): 551-566.

齐元静, 杨宇, 金凤君. 2013. 中国经济发展阶段及其时空格局演变特征. 地理学报, 68(4): 517-531.

秦波. 2015. "十三五"时期新疆经济社会发展思路和战略选择. 宏观经济管理, (11): 79-81.

邱文山. 2003. 齐文化与先秦地域文化. 济南: 齐鲁书社.

曲英杰. 1989. 近年来中国古代区域文化研究概览. 中国史研究动态, (3): 8-15.

全国农业区划委员会《中国自然区划》编写组. 1984. 中国自然区划概要. 北京: 科学出版社.

任东明, 吴启焰. 1999. 全球地缘经济形势的变化与我国沿海地区今后区域发展政策的目标选择. 未来与发展, 1: 22-25.

任世芳. 2011. 古城太原水文化恢复策略研究. 太原师范学院学报(社会科学版), (4): 48-50.

任云兰. 2005. 600年天津: 历史上的城市规划. 北京规划建设, (5): 53-55.

阮仪三, 王景慧, 王林. 1999. 历史文化名城保护与规划. 上海: 同济大学出版社.

商务部. 2015. 2014年中国电子商务报告. 北京: 中国商务出版社.

深圳市统计局. 2015. 深圳市统计年鉴. 北京: 中国统计出版社.

沈道齐, 崔功豪. 1996. 中国城市地理学近期进展. 人文地理, (S1): 49-62.

沈金箴, 周一星. 2003. 世界城市的涵义及其对中国城市发展的启示. 城市问题, (3): 13-16.

沈惊宏. 2013. 改革开放以来泛长江三角洲空间结构演变研究. 南京师范大学博士学位论文.

沈镭, 魏秀鸿. 1998. 区域矿产资源开发概论. 北京: 气象出版社.

沈玉麟. 1989. 外国城市建设史. 北京: 中国建筑工业出版社.

盛会莲. 2000. 唐代坊市制度的发展变化. 西北师大学报(社会科学版), (3): 99-102.

石忆邵. 1999. 中国城市化若干理论问题刍议. 城市规划学刊, (1): 28-30.

石忆邵. 2002. 都市经济圈: 一个新的国家城市化发展战略. 经济理论与经济管理, 9: 17-20.

石约翰. 2002. 封建、郡县与中国历史传统. 安徽史学, (3): 2-10.

史念海. 1991. 河山集. 西安: 陕西师范大学出版社.

史育龙, 周一星. 1997. 关于大都市带(都市连绵区)研究的论争及近今进展述评. 国外城市规划, 02: 2-11.

宋吉涛, 方创琳, 宋敦江. 2006. 中国城市群空间结构的稳定性分析. 地理学报, 12: 1311-1325.

宋家泰, 顾朝林. 1988. 城镇体系规划的理论与方法初探. 地理学报, (2): 97-107.

宋启超. 2010. 论河套文化在草原文化中的区域特征和重要地位. 河套大学学报, 7(1): 12-19.

宋协毅, 王禹浪. 2004. 大连城史纪元的新思考. 大连大学学报, (3): 5-7.

苏雪串. 2006. 西方世界城市理论的发展和演变综述. 现代城市研究, 21(12): 56-59.

苏振芳. 2004. 闽南文化与中华文化的内在联系及其特点. 福建论坛(人文社会科学版), (02): 104-107.

睢宁县人民政府网. 2016. 沙集镇电子商务产业发展情况. http://sjz.cnsn.gov.cn/shajz/tzhj/201506/3ea56c90721842d594d0bad69144 22d2.shtml. 2015-6-13.[2016-6-20].

孙东琪, 张京祥, 张明斗, 等. 2013. 长江三角洲城市化效率与经济发展水平的耦合关系. 地理科学进展, 32(7): 1060-1071.

孙娟. 2003. 都市圈空间界定方法研究——以南京都市圈为例. 城市规划汇刊, 4: 73-77, 96.

孙克勤. 2008. 中国的世界遗产保护与可持续发展研究. 中国地质大学学报(社会科学版), 3: 36-40.

孙铁山. 2015. 郊区化进程中的就业分散化及其空间结构演化——以北京都市区为例. 城市规划, 39(10): 9-15.

孙亚冰. 2010. 商代地理与方国. 北京: 中国社会科学出版社.

孙燕. 2005. 两宋前钱塘江流域城市起源与演化研究. 浙江师范大学硕士学位论文.

覃剑. 2012. 中国城市病问题研究: 源起、现状与展望. 现代城市研究, (5): 58-64.

谭成文, 杨开忠, 谭遂. 2000. 中国首都圈的概念与划分. 地理学与国土研究, 4: 1-7.

谭其骧. 1962. 何以黄河在东汉以后会出现一个长期安流的局面——从历史上论证黄河中游的土地合理利用是消弭下游水害的决定性因素. 学术月刊, (2): 23-35.

谭其骧. 1991. 简明中国历史地图集. 北京: 中国地图出版社.

谭勇, 皮灿, 何东进, 等. 2014. 广州市城乡公共服务设施空间特征及其成因分析. 热带地理, 34(2): 241-247.

汤茂林. 2000. 文化景观的内涵及其研究进展. 地理科学进展, 19(1): 70-79.

唐承丽, 唐凯, 周国华, 等. 2012. 论长株潭城市群开发区的整合发展. 经济地理, 32(3): 65-70+83.

唐海清. 2010. 非物质文化遗产的国际法保护问题研究. 武汉大学博士学位论文.

唐姣艳, 刘新有. 2007. 地域文化变迁的历史进程与趋势研究. 边疆经济与文化, (12): 78-80.

唐绍军. 2011. 民国时期资源型城市变迁研究综述. 西安社会科学, (5): 71-73.

唐晓东. 2005. 中国城市发展水平评价指标体系及实证研究. 生产力研究, (7): 70-73.

唐永进. 2004. 繁荣地域文化, 促进经济社会发展——"地域文化与经济社会发展研讨会"述要. 天府新论, (5): 143-144.

唐子来, 李粲, 肖扬, 等. 2015. 世界经济格局和世界城市体系的关联分析. 城市规划学刊, (1): 1-9.

陶伟. 2012. 平遥古城形态研究: 西方视野中的探索、分析与发现. 城市规划学刊. 112-119.

田毅鹏. 2007. "典型单位制"的起源和形成. 吉林大学社会科学学报, (4): 56-62.

田兆元. 2010. 民族风情. 北京: 外语教学与研究出版社.

汪斌锋. 2009. 中国创新城市建设报告. 北京: 中国时代经济出版社.

汪光焘. 2012. 城乡统筹规划从认识中国国情开始——论中国特色城镇化道路. 城市规划, 36(1): 9-12.

汪明峰, 宁越敏. 2004. 互联网与中国信息网络城市的崛起. 地理学报, 59(3): 446-454.

汪宇明. 2002. 中国的城市化与城市地区的行政区划体制创新. 城市规划, (6): 22-25.

汪宇明, 王玉芹, 张凯. 2008. 近十年来中国城市行政区划格局的变动与影响. 经济地理, (2): 196-200.

王成金, 王伟, 张梦天, 等. 2014. 中国道路网络的通达性评价与演化机理. 地理学报, 69(10): 1496-1509.

王聪, 曹有挥, 姚士谋, 等. 2013. 长江三角洲地区城市全球化进程的时空差异分析——基于两省一市的实证研究. 地理科学, 33(7): 779-788.

王大用. 2005. 中国的城市化及带来的挑战. 经济纵横, (1): 2-9.

王恩涌. 2000. 人文地理学. 北京: 高等教育出版社.

王恩涌. 2004. 中国政治地理. 北京: 科学出版社.

王恩涌, 王正毅, 楼耀亮, 等. 1998. 政治地理学: 时空中的政治格局. 北京: 高等教育出版社.

王发曾. 2004. 城市犯罪中的边际空间盲区及其综合治理. 人文地理, 19(1): 9-12.

王法辉. 1989. 我国城市规模分布的统计模式研究. 城市问题, 1: 14-20, 4.

王富德. 2003. 中国国家历史文化名城与旅游业发展. 北京第二外国语学院学报, (3): 83-89.

王国霞, 秦志琴, 程丽琳. 2012. 20世纪末中国迁移人口空间分布格局——基于城市的视角. 地理科学, 32(3): 273-281.

王海荣. 2008. 草原文化对中华文明的贡献. 实践: 思想理论版, (1): 52.

王海荣. 2009. 河套文化形成的决定因素. 河套大学学报, 6(1): 9-12.

王惠. 2009. 资源与环境概论. 北京: 化学工业出版社.

王金岩. 2010. 生命理性与多维生成——中国古代空间范式下规划体系隐性框架探源. 规划师, (8): 122-125.

王景慧, 阮仪三, 王林. 1999. 历史文化名城保护理论与规划. 上海: 同济大学出版社.

王景慧. 1996. 历史文化名城的保护内容及方法. 城市规划, (01): 15-17.

王丽. 2006. 国家历史文化名城的保护与发展. 工程与建设, 20(4): 296-298, 301.

王明臣. 2010. 中国共产党几代领导人对中国特色民族理论的探索创新. 管理学家, (11): 25-27.

王宁. 2015. 特大城市空间结构缺陷与"城市病"治理. 区域经济评论, (1): 153-160.

王镕, 段焕娥, 闫浩文, 孙立, 2017. 历史文化名镇(村)空间布局与传统文化区的地域联系. 西部人居环境学刊, 32(05): 104-108.

王圣云, 翟晟阳. 2015. 长江经济带城市集群网络结构与空间合作路径. 经济地理, 35(11): 61-70.

王士君, 宋飏, 冯章献, 等. 2011. 东北地区城市群组的格局、过程及城市流强度. 地理科学, 03: 287-294.

王书明, 周艳. 2009. 海峡西岸城市群的定位: 文献研究综述. 海洋开发与管理, 26(9): 47-51.

王小东, 谢洋. 2014. 历史舆图中的乌鲁木齐——清代至今城市建设发展过程梳理. 城市研究, (3): 103-109.

王兴中. 2000. 中国城市社会空间结构研究. 北京: 科学出版社.

王洋, 方创琳, 王振波. 2012. 中国县域城镇化水平的综合评价及类型区划分. 地理研究, 31(7): 1305-1316.

王禹浪, 王文轶. 2016. 辽东半岛地区山城的初步研究. 中国边疆史地研究, (1): 150-159, 182.

王玉明. 2008. 港口在天津城市发展中的作用. 港口经济, (2): 43-44.

王煜坤, 黄建中. 2010. 2000年以来长三角城市群交通与空间布局演变研究. 见: 中国城市规划学会. 规划创新: 2010中国城市规划年会论文集: 1-10.

王战和, 许玲. 2005. 高新技术产业开发区与城市经济空间结构演变. 人文地理, 2: 98-100.

王肇磊. 2015. 抗战时期东北城市数量、规模、布局与体系的变迁. 大连海事大学学报(社会科学版), (6): 18-23.

王振波, 方创琳, 许光, 等. 2015. 2014年中国城市$PM_{2.5}$浓度的时空变化规律. 地理学报, 70(11): 1720-1734.

魏衡, 魏清泉, 曹天艳, 等. 2009. 城市化进程中行政区划调整的类型、问题与发展. 人文地理, (6): 55-58.

魏立华, 闫小培. 2006. 有关"社会主义转型国家"城市社会空间的研究述评. 人文地理, 4: 7-12.

魏立华, 卢鸣, 闫小培. 2006. 社会经济转型期中国"转型城市"的含义、界定及其研究架构. 现代城市研究, 9: 36-44.

魏晓金. 2009. 清代乌鲁木齐城市兴起与演变研究. 新疆大学硕士学位论文.

文平. 2009. 浅析长江文化. 现代企业教育, (8): 138-139.

吴必虎. 1996. 中国文化区的形成与划分. 学术月刊, (3): 10-15.

吴传钧. 1984. 经济地理学. 见: 李旭旦. 中国大百科全书·人文地理学. 北京: 中国大百科全书出版社.

吴莉娅. 2004. 中国城市化理论研究进展. 城市规划汇刊, 4: 43-48, 95.

吴良镛. 2002. 营造21世纪"人间新天堂"——上海及其周边地区空间发展的启示. 港口经济, (6): 4-6.

吴聘奇, 黄民生. 2005. SOM网络在福建省城市职能分类中的应用. 经济地理, 1: 68-70, 83.

吴启焰. 1999. 城市密集区空间结构特征及演变机制——从城市群到大都市带. 人文地理, 1: 15-20.

吴启焰. 2001. 大城市居住空间分异理论与实证研究. 北京: 科学出版社.

吴启焰, 崔功豪. 1999. 南京市居住空间分异特征及其形成机制. 城市规划, 23(12): 23-35.

吴启焰, 任东明. 1999. 改革开放以来我国城市地域结构演变与持续发展研究——以南京都市区为例. 地理科学, 2: 13-18.

吴启焰, 张京祥, 朱喜刚. 2005. 世界城市的未来及面临的区域政策问题. 人文地理, 16(2): 25-29.

吴晓慧. 2015. 平遥古城文化景观中汉民族文化的体现. 大众文艺: 学术版, (1): 129.

吴友仁. 1979. 关于我国社会主义城市化问题. 城市规划, 5: 13-25.

伍玉林, 杨淑艳, 任春华, 等. 2012. 区域科技创新主体概念分析. 科技与管理, 14(3): 29-32.

武进. 1990. 中国城市形态: 结构、特征及其演变. 南京: 江苏科学技术出版社.

武强. 2011. 近代上海城港关系研究. 复旦大学博士学位论文.

武肖敏. 2014. 唐代坊市制度存在的合理性与局限性. 太原师范学院学报(社会科学版), (3): 22-25.

肖建乐. 2008. 试论唐代城市发展的原因. 云南民族大学学报(哲学社会科学版), 25(1): 98-102.

肖竞. 2017. 拉萨城市历史景观的地域特征与层积过程研究. 建筑学报, (9): 58-63.

肖照青. 2004. 上海在近代中国中心城市地位的确立及其历史因素. 华东师范大学硕士学位论文.

谢守红, 宁越敏. 2004. 世界城市研究综述. 地理科学进展, 23(5): 56-66.

谢守红, 汪明峰. 2005. 信息时代的城市空间组织演变. 山西师大学报: 社会科学版, 32(1): 16-20.

谢守红, 谭志美, 周驾易. 2014. 中国县级市综合实力评价与比较. 城市问题, (12): 9-16.

邢兰芹, 王慧, 曹明明. 2004. 1990年代以来西安城市居住空间重构与分异. 城市规划, 28(4): 484-498.

徐光春. 2016. 黄帝文化与黄河文化. 中华文化论坛, (7): 5-14.

徐红宇, 陈忠暖, 李志勇. 2005. 中国城市职能分类研究综述. 云南地理环境研究, 2: 33-36.

徐吉军. 1999. 论黄河文化的概念与黄河文化区的划分. 浙江学刊, (6): 134-139.

徐建华, 岳文泽. 2001. 20年来中国人口重心与经济重心的演变及其对比分析. 地理科学, 21(5): 385-389.

徐剑. 2019. 国际文化大都市指标设计及评价. 上海交通大学学报(哲学社会科学版), 27(02): 17-27.

徐小东, 徐宁. 2008. 地形对城市环境的影响及其规划设计应对策略. 建筑学报, (1): 25-28.

徐昀, 汪珠, 朱喜钢, 等. 2009. 南京城市社会空间结构——基于第五次人口普查数据的因子生态分析. 地理研究, 28(2): 484-498.

徐占春. 2006. 近代上海转口贸易研究. 西北大学硕士学位论文.

徐宗威. 2002. 西藏城市特色问题. 城乡建设, (11): 43-44.

许抄军, 罗能生, 王家清. 2007. 中国城市化动力机制研究进展. 城市问题, (8): 20-25.

许宏. 2013. 大都无城——论中国古代都城的早期形态. 文物, (10): 61-71.

许熙巍, 王雨洁. 2016. 海河水系变迁对天津城市空间形态演变的影响. 建筑与文化, (2): 71-73.

许学强. 1982a. 中国城镇规模体系的演变和预测. 中山大学学报: 哲学社会科学版, 22(3): 40-49.

许学强. 1982b. 省会城市人口规模的发展与控制. 城市规划, (4): 41-45.

许学强, 胡华颖. 1988. 对外开放加速珠江三角洲市镇发展. 地理学报, 42(3): 201-212.

许学强, 姚华松. 2009. 百年来中国城市地理学研究回顾及展望. 经济地理, 29(9): 1412-1420.

许学强, 叶嘉安. 1986. 我国城市化的省际差异. 地理学报, 41(1): 8-22.

许学强, 周素红. 2003. 20世纪80年代以来我国城市地理学研究的回顾与展望. 经济地理, 23(4): 433-440.

许学强, 朱剑如. 1986. 努力发展中国的城市地理学. 经济地理, 6(1): 10-14.

许学强, 朱剑如. 1988. 现代城市地理学. 北京: 中国建筑工业出版社.

许学强, 胡华颖, 叶嘉安. 1989. 广州市社会空间结构的因子生态分析. 地理学报, (4): 385-399.

许学强, 胡华颖, 张军. 1983. 我国城镇分布及其演变的几个特征. 经济地理, 3: 205-212.

许学强, 周一星, 宁越敏. 1997. 城市地理学. 北京: 高等教育出版社.

许学强, 周一星, 宁越敏. 2009. 城市地理学. 第二版. 北京: 高等教育出版社.

薛德升, 王立. 2014. 1978年以来中国城市地理研究进展. 地理学报, 69(8): 1117-1129.

薛德升, 黄耿志, 翁晓丽, 等. 2010. 改革开放以来中国城市全球化的发展过程. 地理学报, 65(10): 1155-1162.

薛德升, 黄鹤绵, 王阳. 2014. 历史时期全球化作用下的城市空间转变——以1890s—1930s广州东山地区为例. 地理科学, 34(6): 687-695.

薛东前, 孙建平. 2003. 城市群体结构及其演进. 人文地理, 4: 64-68.

薛东前, 姚士谋, 李波. 2000. 我国省会城市职能类型的分离与职能优化配置. 地理科学进展, 2: 150-154.

薛凤旋. 1986. 中国的大都市. 香港: 商务印书馆香港分馆.

薛凤旋, 杨春. 1995. 外资影响下的城市化: 以珠江三角洲为例. 城市规划, (6): 21-27.

薛军. 2014. 初中历史民族融合内容教学刍议. 教学月刊·中学版: 教学参考, (2): 45-47.

薛俊菲, 陈雯, 张蕾. 2010. 中国市域综合城市化水平测度与空间格局研究. 经济地理, 30(12): 2005-2011.

闫卫阳, 刘静玉. 2009. 城市职能分类与职能调整的理论与方法探讨——以河南省为例. 河南大学学报(自然科学版), 3: 265-270.

闫卫阳, 王发曾, 秦耀辰. 2007. 河南省城市综合实力评价与空间影响力分析. 河南大学学报(自然科学版), 37(2): 157-161.

闫小培. 1994. 近年来我国城市地理学主要研究领域的新进展. 地理学报, 49(6): 533-542.

闫小培. 1995. 经济全球化与世界城市体系的形成. 城市, (2): 20-23.

闫小培. 1998. 西方地理学界关于信息产业与城市发展研究述评. 人文地理, 13(3): 13-22.

闫小培. 1999. 广州信息密集服务业的空间发展及其对城市地域结构的影响. 地理科学, 19(5): 405-410.

闫小培, 林初升. 1994. 第三世界城市化: 西方城市化过程的重现?——理论探讨. 人文地理, 9(2): 31-37.

闫小培, 林彰平. 2004. 近期西方城市地理研究动向分析. 地理学报, 59(S1): 77-84.

闫小培, 钟韵. 2005. 区域中心城市生产性服务业的外向功能特征研究: 以广州市为例. 地理科学, 25(5): 537-543.

闫小培, 魏立华, 周锐波. 2004. 快速城市化地区城乡关系协调研究——以广州市"城中村"改造为例. 城市规划, 3: 30-38.

闫小培, 周春山, 冷勇, 等. 2000. 广州CBD的功能特征与空间结构. 地理学报, 4: 475-486.

严飞生. 2006. 地域文化学的若干问题研究. 南昌大学硕士学位论文.

严重敏, 宁越敏. 1980. 我国城镇人口发展变化特点初探. 胡焕庸, 人口研究论文集. 上海: 华东师范大学出版社.

严重敏, 宁越敏. 1992. 略论上海市中心商务区的改造与发展. 城市问题, (4): 28-32.

阳建强. 2009. 基于城市发展机制的历史文化名城保护. 城市发展研究, 16(11): 139-142.

杨波. 2019. 中国人地关系演进的地理开发条件研究. 北京: 中国科学技术出版社.

杨耕. 文化的作用是什么. http://news.gmw.cn/2015-10/14/content_17336150.htm.

杨国安, 甘国辉. 2003. 人文地理学研究方法述要. 地域研究与开发, 22(1): 1-4.

杨济亮. 2015. 新型城镇化背景下传统文化的传承与利用——以闽江口历史文化名镇名村为例. 福建省社会主义学院学报, (1): 58-61.

杨俭波, 李凡, 黄维. 2015. 历史文化名城改造中城市更新概念的衍生、想象和认知局限性——以佛山岭南天地"三旧"改造为案例. 热带地理, 35(2): 170-178.

杨军. 2009. 论汉族民间舞蹈的突出特点. 活力, (24): 97.

杨明洪, 李国政, 杨峰. 2013. 关于将藏中南地区大开发大开放纳入国家重点开发战略的建议. 西藏研究, 4: 28-33.

杨吾扬. 1994. 北京市零售商业与服务业中心和网点的过去、现在和未来. 地理学报, 49(1): 9-17.

杨吾扬, 杨齐. 1986. 论城市的地域结构. 地理研究, 5(1): 1-11.

杨小波, 吴庆书, 等. 2006. 城市生态学. 第二版. 北京: 科学出版社.

杨彦龙. 2006. 西安城市地域结构探源及演化特征分析. 西安建筑科技大学硕士学位论文.

杨耀玭. 2007. 纳西族生态文化及其对丽江城镇建设的影响. 西安建筑科技大学硕士学位论文.

杨永春. 2012. 河流文明: 河谷型城市生长与建设原理——兴起、布局、演化、规划. 兰州: 兰州大学出版社.

杨永春. 2013. 中国模式: 渐进制度转型与地理空间演变. 兰州: 兰州大学出版社.

杨永春. 2015. 中国模式: 转型期混合制度"生产"了城市混合空间结构. 地理研究, 34(11): 2021-2034.

杨永春, 赵鹏军. 2000. 中国西部河谷型城市职能分类初探. 经济地理, 6: 61-64.

杨永春, 冷炳荣, 谭一洺, 等. 2011. 世界城市网络研究理论与方法及其对城市体系研究的启示. 地理研究, 30(6): 1009-1020.

杨永德. 2003. 谈我国旅游规划中存在的主要问题. 规划师, 19(1): 65-68.

杨拯, 燕翀, 李实, 等. 2015. 中小城市绿皮书——审慎稳妥增设中小城市(建制市). 北京: 社会科学文献出版社.

姚梦园. 2014. 浅谈平遥古城建筑的文化内涵. 美术大观, (1): 73.

姚鹏, 孙久文, 鞠晓颖. 2015. 我国区域经济发展格局: 回顾、现状与展望. 区域经济评论, (5): 147-152.

姚士谋. 1992. 中国城市群. 合肥: 中国科学技术大学出版社.

姚士谋, 吴楚材. 1981. 我国农村人口城市化初探明. 工业、城镇布局与区域规划研究. 地理学报, 2: 155-163.

姚士谋, 陈振光, 朱英明, 等. 1992. 中国城市群. 合肥: 中国科学技术大学出版社.

姚士谋, 陈振光, 朱英明. 2006. 中国城市群. 第三版. 合肥: 中国科学技术大学出版社.

姚士谋, 顾朝林, Kamwing Cheng. 2001. 南京大都市空间演化与地域结构发展策略. 地理学与国土研究, (3): 7-11.

姚士谋, 陆大道, 陈振光, 等. 2012. 顺应我国国情条件的城市化问题的严峻思考. 经济地理, 32(5): 1-6.

姚士谋, 张平宇, 余成, 等. 2014. 中国新型城镇化理论与实践问题. 地理科学, 34(6): 641-647.

姚士谋, 朱英明, 陈振光, 等. 2001. 中国城市群. 第二版. 合肥: 中国科学技术大学出版社.

姚亦锋. 2015. 洛阳古都地理景观变迁研究. 中国名城, (4): 54-60.

叶岱夫. 2009. 岭南文化与地理环境. 中学地理教学参考, (3): 20-23.

叶舜赞, 马清裕, 陈田, 等. 1994. 城市化与城镇体系. 北京: 科学出版社.

叶裕民. 2001. 中国城市化之路. 北京: 商务印书馆.

一舟. 2007. 解读海口市历史. 椰城, (3): 10-11.

易红. 2009. 中国文化景观遗产的保护研究. 西北农林科技大学硕士学位论文: 20-21.

殷洁, 罗小龙. 2013. 从撤县设区到区界重组——我国区县级行政区划调整的新趋势. 城市规划, (6): 9-15.

殷洁, 张京祥, 罗小龙. 2005. 基于制度转型的中国城市空间结构研究初探. 人文地理, 3: 59-62.

尹国蔚. 1998. 论南宁城市兴起的地理基础与平面布局的演变. 广西民族学院学报(哲学社会科学版), (4): 78-85.

尹钧科. 2003. 论永定河与北京城的关系. 北京社会科学, (4): 12-18.

尹钧科. 2007. 永定河是北京的母亲河. 北京历史文化研究, (3): 11-22.

雍际春. 2008. 地域文化研究及其时代价值. 宁夏大学学报(人文社会科学版), 30(3): 52-57.

尤建新, 郑海鳌, 卢超. 2012. 新型城市建设路径的思考——上海好于深圳的比较. 北京: 清华大学出版社.

于洪. 2007. 丽江古城形成发展与纳西族文化变迁. 中央民族大学博士学位论文.

于洪俊, 宁越敏. 1983. 城市地理概论. 合肥: 安徽科学技术出版社.

于连水, 赵志明, 许丽红. 2009. 浅谈中西方文化差异的对比. 商场现代化, (2): 203-204.

于讴. 2014. 地域文化影响城市品牌形象的差异性探析. 工业设计, (8): 77-80.

于涛方. 2004. 城市特色、竞争优势与竞争战略. 规划师, 20(7): 14-17.

于涛方, 刘娜. 2005. 中国城市全球化与地方化程度分析. 地理与地理信息科学, 21(3): 65-69.

于涛方, 吕拉昌, 刘云刚, 等. 2011. 中国城市地理学研究进展与展望. 地理科学进展, 30(12): 1488-1497.

于云汉. 1998. 论中国古代城市发展的第一次高潮. 城市史研究, (Z1): 139-149.

于云瀚. 1998. 略论北宋时代的城市分布. 社会科学战线, (2): 167-172.

余瑞林. 2013. 武汉城市空间生产的过程、绩效与机制分析. 华中师范大学博士学位论文.

余长坤. 2015. 交通运输对城市空间扩展的影响机理和实证研究——以郑州市为例. 浙江大学博士学位论文.

俞思念. 2010. 当代中国地域文化与城市文化建设. 学习论坛, 26(9): 55-58.

俞晓群. 1991. 中国地域文化丛书. 沈阳: 辽宁教育出版社.

虞蔚. 1986. 城市社会空间的研究与规划. 城市规划, 6: 25-28.

喻述君. 2012. 论先秦的城市与城市文化. 重庆科技学院学报: 社会科学版, (19): 163-165.

喻学才, 王健民. 2007. 关于世界文化遗产定义的局限性研究. 云南师范大学学报(哲学社会科学版), (04): 79-82.

喻学才, 王健民. 2008. 世界文化遗产定义的新界定. 华中建筑, 26(1): 20-21.

袁晓辉, 顾朝林. 2012. 世界城市研究的几个核心问题. 城市与区域规划研究, (1): 29-52.

袁媛, 薛德升, 许学强, 等. 2006. 转型时期我国城市贫困研究述评. 人文地理, 21(1): 93-99.

岳立, 饶斌. 2009. 城市发展水平综合评价指标体系的设计及评估方法. 统计与决策, (11): 155-157.

岳升阳, 苗水, 徐海鹏. 2011. 北京古蓟城城址古地貌环境演变研究——以广义大厦工程剖面为例. 北京大学学报(自然科学版), (5): 845-852.

曾明星, 吴瑞君, 张善余. 2013. 中国人口再分布新形势及其社会经济效应研究——基于"六普"数据的分析. 人口学刊, 35(5): 15-25.

曾鹏, 程皓. 2014. 中国十大城市群公共服务体系运行状况比较研究. 地域研究与开发, 33(2): 11-15.

曾普凡. 2007. 文献研究昆明古代城市形态发展影响因素及其特征. 昆明理工大学硕士学位论文.

曾小彬, 包叶群. 2008. 论区域创新主体及其能力体系. 经贸论坛, 24(6): 12-16.

曾长秋, 赵剑芳. 2007. 我国现代化进程中的"城市病"及其治理. 湖南城市学院学报, 28(5): 61-66.

张笃勤, 程明华, 刘松, 等. 2012. 武汉城市空间的历史演变和当代特色重塑. 江汉大学学报(社会科学版), (2): 37-43.

张凤琦. 2008. "地域文化"概念及其研究路径探析. 浙江社会科学, (4): 63-66.

张福磊. 2011. 中国城市空间重构的逻辑——城市政治的视角. 山东大学硕士学位论文.

张广照, 吴其同. 2003. 当代西方新兴学科词典. 长春: 吉林人民出版社.

张浩, 刘忠. 2014. 河套文化对外宣传翻译述评. 前沿, (Z7): 186-188.

张鸿雁. 1995. 中国古代城墙文化特质论——中国古代城市结构的文化研究视角. 南方文物, (4): 11-16.

张鸿雁. 2002. 城市形象与"城市文化资本"论——从经营城市、行销城市到"城市文化资本"运作. 南京社会科学, (12): 24-31.

张鸿雁, 谢静. 2011. 城市进化论——中国城市化进程中的社会问题与治理创新. 南京: 东南大学出版社.

张京祥. 2000. 城镇群体空间组合. 南京: 东南大学出版社.

张京祥, 吴缚龙. 2004. 从行政区兼并到区域管治——长江三角洲的实证与思考. 城市规划, 5: 25-30.

张京祥, 吴缚龙, 马润潮. 2008. 体制转型与中国城市空间重构——建立一种空间演化的制度分析框架.

城市规划, 6: 55-60.

张婧, 李诚固, 周国磊, 等. 2015. 长春市公共服务设施用地演变格局与机制. 地理学报, 70(12): 1939-1952.

张雷. 1997. 中国矿产资源开发与区域发展. 北京: 海洋出版社.

张雷. 2004. 矿产资源开发与国家工业化——矿产资源消费生命周期理论研究及意义. 北京: 商务印书馆.

张雷. 2008. 对现代城市(镇)化发育的再认识. 中国人口·资源与环境, 18(1): 26-33.

张雷. 2009. 中国城镇化进程中的资源环境基础. 北京: 科学出版社.

张雷. 2013. 中国城镇化进程的节能减排路径选择. 中国名城, 7: 27-34.

张雷, 等. 2009. 中国城镇化进程的资源环境基础. 北京: 科学出版社.

张雷, 朱守先. 2008. 现代城市化的产业结构演进初探——中外发展研究比较. 地理研究, 27(4): 863-872.

张雷, 唐志鹏, 黄园淅, 等. 2013. 中国城镇化的节能减排路径选择. 中国软科学增刊(下), (12): 292-301.

张磊, 黄明同, 吕克坚, 等. 1998. 岭南文化志. 上海: 上海人民出版社.

张利, 雷军, 张小雷, 等. 2012. 乌鲁木齐城市社会区分析. 地理学报, 67(6): 817-828.

张莉, 李伟. 2014. 1997年以来我国城市行政区划调整的特征与影响. 见: 中国城市规划学会·城乡治理与规划改革——2014中国城市规划年会论文集(11-规划实施与管理): 1281-1291.

张明华, 王惠菊. 1990. 上海成陆研究综述. 东南文化, (1): 141-145.

张南, 周伊. 1989. 秦汉城市发展论. 安徽史学, (4): 6-12.

张楠楠, 顾朝林. 2002. 从地理空间到复合式空间——信息网络影响下的城市空间. 人文地理, 17(4): 20-24.

张平宇. 2004. 城市再生: 21世纪中国城市的趋势. 地理科学进展, 23(4): 72-79.

张全明. 1998. 论中国古代城市形成的三个阶段. 华中师范大学学报: 人文社会科学版, (2): 83-81.

张善余. 2002. 我国区域城市化发展水平的差异分析. 人口学刊, (5): 37-42.

张淑敏. 1994. 中国城镇化进程的土地资源基础研究. 中国科学院地理科学与资源研究所博士学位论文.

张彤. 2003. 整体地区建筑. 南京: 东南大学出版社.

张卫. 2006. 我国城市建设个性化发展的内涵及方略. 中南民族大学学报(人文社会科学版), 26(1): 103-106.

张文奎, 刘继生, 王力. 1990. 论中国城市的职能分类. 人文地理, 3: 1-7, 80-88, 8.

张文忠, 刘旺, 李业锦. 2003. 北京城市内部居住空间分布与居民居住区位偏好. 地理研究, 22(6): 751-759.

张小雷. 1993. 塔里木盆地城镇的地域演化. 干旱区地理, 16(4): 51-57.

张小雷, 雷军. 2006. 水土资源约束下的新疆城镇体系结构演进. 科学通报, S1: 148-155.

张小雷, 李春华, 杜宏茹. 2010. 新疆城镇体系的理论与实证. 乌鲁木齐: 新疆人民出版社.

张艳玲, 肖大威. 2010. 历史文化名镇名村客观评价体系研究. 华中建筑, (8): 161-163.

张中华. 2016年1月11日. 城市发展的"要"与"不要". 西安日报, (11).

张忠. 2011. 哈尔滨早期市政近代化研究(1898—1931). 吉林大学博士学位论文.

赵锋. 2013. 天津历史及其发展. http: //www.docin.com/p-191776750.html.[2017-2-20].

赵济. 1995. 中国自然地理. 北京: 高等教育出版社.

赵善德. 2002. 关于番禺城起源的讨论. 文博, (2): 54-61.

赵松乔. 1983. 中国综合自然地理区划的一个新方案. 地理学报, 38(1): 1-10.

赵万民, 王纪武. 2005. 人居环境研究的地域文化视野探析. 重庆建筑大学学报, (6): 1-5.

赵勇. 2008. 中国历史文化名镇名村保护理论与方法. 北京: 中国建筑工业出版社.

赵勇, 张捷, 卢松等. 2008. 历史文化村镇评价指标体系的再研究——以第二批中国历史文化名镇(名村)为例. 建筑学报, (3): 64-69.

赵峥. 2013. 科技创新驱动中国城市发展研究. 学习与探索, 3: 98-101.

甄峰. 2004. 信息时代的区域空间结构. 北京: 商务印书馆.

甄峰, 翟青. 2013. 移动信息时代的中国城市地理研究. 科学: 上海, 65(1): 42-44.

甄峰, 魏宗财, 杨山, 等. 2009. 信息技术对城市居民出行特征的影响研究: 以南京为例. 地理研究, 28(5): 1307-1317.

甄峰, 翟青, 陈刚, 等. 2012. 信息时代移动社会理论构建与城市地理研究. 地理研究, 31(2): 197-206.

郑度. 2015. 中国自然地理总论. 北京: 科学出版社: 187-191.

郑度, 欧阳, 周成虎. 2008. 对自然地理区划方法的认识与思考. 地理学报, 63(6): 563-573.

郑度, 杨勤业, 赵名茶, 等. 1997. 自然地域系统研究. 北京: 中国环境科学出版社: 75-76.

郑伟. 2006. 晚清以来关内移民东北问题研究. 南京师范大学硕士学位论文.

郑鑫. 2014. 城镇对中国经济增长的贡献及其实现途径. 中国农村经济, (6): 4-15.

郑学思, 孙文睿, 黄旭等. 2018. 世界文化遗产时空分布及其与人类城市文明的关系. 热带地理, 38(03): 424-431.

郑镛. 2010. 论闽南文化的特质及其生态保护. 福建师范大学学报(哲学社会科学版), (1): 45-50.

支军. 2007. 太原地区城镇历史发展研究. 沧桑, (1): 43-44.

中共中央国务院. 2014. 国家新型城镇化规划(2014—2020). http://www.gov.cn/gongbao/content/2014/content_2644805.htm.[2017-2-26].

中共中央国务院. 2014年3月30日. 国家新型城镇化规划(2014—2020). 2014年第9号(总号1476).

《中国金融年鉴》编辑部. 2015. 中国金融年鉴2015. 北京: 中国金融年鉴杂志社有限公司.

《中国少数民族》编委会. 2010. 中国少数民族. 北京: 中央民族大学出版社.

中国乡镇企业年鉴编辑委员会. 2006. 2006中国乡镇统计年鉴. 北京: 中国农业出版社.

钟行明. 2006. 世界文化遗产地旅游解说系统研究. 东南大学硕士学位论文.

周春丽. 2014. 浅谈当代中国社会主流文化与亚文化. 教育教学论坛, (20): 163-164.

周春山, 叶昌东. 2013. 中国城市空间结构研究评述. 地理科学进展, 7: 1030-1038.

周红妹, 葛伟强, 周成虎, 等. 2001. 基于遥感和GIS的城市热场分布规律研究. 地理学报, 56(2): 189-197.

周丽. 1986. 城市发展轴与城市地理形态. 经济地理, 3: 184-191.

周利敏. 2011. "全球地域化"思想及对区域发展的意义. 人文地理, (1): 24-28, 9.

周明长. 2014. 三线建设与中国内地城市发展. 中国经济史研究, (1): 150.

周牧之. 2004. 鼎: 托起中国的大城市群. 北京: 世界知识出版社.

周尚意. 2010. 人文地理学野外方法. 北京: 高等教育出版社.

周淑贞, 束炯. 1994. 城市气候学. 北京: 气象出版社.

周素红, 闫小培. 2006. 基于居民通勤行为分析的城市空间解读——以广州市典型街区为案例. 地理学报, (2): 179-189.

周素红, 林耿, 闫小培. 2008. 广州市消费者行为与商业业态空间及居住空间分析. 地理学报, 63(4): 395-404.

周天勇, 旷建伟. 2014. 中国城市创新报告(2014). 北京: 社会科学文献出版社.

周伟林, 王幸. 2012. 全球化背景下中国城市体系演化过程. 城乡规划, (1): 23-32.

周祥. 2009. 古代城市封闭的闾里形成因素探析. 建筑师, (2): 81-84.

周祥. 2010. 广州城市公共空间形态及其演进研究(1759—1949). 华南理工大学博士学位论文.

周旭, 何兆阳, 金熙等. 2011a. 基于地域性的中国历史文化名镇的特征分析. 中南林业科技大学学报, 31(6): 212-216.

周旭, 何兆阳, 金熙, 等. 2011b. 历史文化名镇的空间分布及文化特征. 城乡建设, (3): 60-61.

周一星. 1982. 城市化与国民生产总值关系的规律性探讨. 人口与经济, (1): 28-33.

周一星. 1986. 关于明确我国城镇概念和城镇人口统计口径的建议. 城市规划, (3): 10-15.

周一星. 1995. 城市地理学. 北京: 商务印书馆.

周一星. 2000. 新世纪中国国际城市的展望. 管理世界, (3): 18-25.

周一星, R. 布鲁德肖. 1988. 中国城市(包括辖县)的工业职能分类: 理论、方法和结果. 地理学报, 43(4): 287-297.

周一星, 布雷德肖R. 1988. 中国城市(包括辖县)的工业职能分类——理论、方法和结果. 地理学报, 4: 287-298.

周一星, 孟延春. 1997. 沈阳的郊区化: 兼论中西方郊区化的比较. 地理学报, 52(4): 289-298.

周一星, 孟延春. 2000. 北京的郊区化及其对策. 北京: 科学出版社.

周一星, 史育龙. 1995. 建立中国城市的实体地域概念. 地理学报, 50(4): 289-301.

周一星, 孙则昕. 1997. 再论中国城市的职能分类. 地理研究, 16(1): 11-22.

周一星, 杨齐. 1986. 我国城镇等级体系变动的回顾及其省区地域类型. 地理学报, 4(2): 97-111.

周一星, 于海波. 2004. 中国城市人口规模结构的重构(一)/(二). 城市规划, (06): 49-55/(8): 33-42.

周一星, 于艇. 1988. 对我国城市发展方针的讨论. 城市规划, (3): 33-36.

周一星, 张莉. 2003. 改革开放条件下的中国城市经济区. 地理学报, 58(2): 271-284.

周颖. 2011. 浅议天津城市的起源和发展. http://wenku.baidu.com/view/45boa35d804d2b 160b4ec09f.html.[2017-2-20].

周长山. 2001. 汉代的里. 大同职业技术学院学报, (2): 30-39.

周振鹤. 1998. 地方行政制度志. 上海: 上海人民出版社.

周振华. 2004. 世界城市理论与我国现代化国际大都市建设. 经济学动态, (3): 37-41.

朱传耿, 王振波, 仇方道. 2006. 省际边界区域城市化模式研究. 人文地理, 21(1): 1-5, 128.

朱建华, 陈田, 王开泳, 等. 2015. 改革开放以来中国行政区划格局演变与驱动力分析. 地理研究, (2): 247-258.

朱江丽, 李子联. 2015. 长三角城市群产业-人口-空间耦合协调发展研究.中国人口资源与环境, 25(2): 75-82.

朱鹏. 2009. 中国城镇化进程的淡水资源基础研究. 中国科学院地理科学与资源研究所博士学位论文.

朱士光, 叶骁军. 1985. 试论我国历史上陪都制的形成与作用. 杭州: 浙江人民出版社.

朱喜钢, 张京祥, 徐逸伦, 等. 2001. 世界城市的未来及面临的区域政策问题. 人文地理, 16(6): 25-29.

朱翔. 1996. 湖南省城市职能体系优化研究. 湖南师范大学自然科学学报, 2: 82-87.

朱英明. 2005. 城市群经济空间分析. 北京: 科学出版社.

朱颖慧. 2011. 城市六大病: 中国城市发展新挑战. 今日国土, (2): 14-15.

庄林德, 张京祥. 2002. 中国城市发展与建设史. 南京: 东南大学出版社.

邹兵. 2002. 经济全球化背景下中国城市规划体系的发展和完善. 规划师, 18(2): 21-24.

左书谔. 1986. 明代西北屯田与西北开发. 开发研究, (6): 75-78.

Berry B J L. 1964. Cities as systems within systems of cities. Joural of Regional Science, 13(13): 147-163.

Carter H. 1972. The Study of Urban Geography. London: Edward Arnold.

Chen M X, Liu W D, Tao X L. 2013. Evolution and assessment on China's urbanization 1960-2010: Under-urbanization or over-urbanization? Habitat International, 38(4): 25-33.

Cooke P. 1992. Regional innovation systems: competitive regulation in the New Europe. Geoforum, 23(3): 365-382.

Freeman C. 1987. Technology Policy and Economic Performance: Lessons from Japan. London: Pinter Publishers.

Frobel F, Heinvichs J, et al. 1980. The New International Division of Labor. Cambridge: Cambridge University Press.

Golledge R G, Amedeo D W. 1968. On laws in geography. Annals of the Association of American Geographyers, 58: 560-574.

Haggett P. 2001. Geography—A Global Synthesis. Harlow, UK: Prentice Hall.

Herbert D T, Johnston R J. 1978. Geography and the urban environment //Herbert D, Joohnston R. Geography and the urban environment Vol 1.

Johnston R J. 1983. Philosophy and Human Geography: An Introduction to Contemporary Approaches. London: Edward Arnold.

Landry C, Bianchini F. 1995. The Creative City. London: Demos.

Ma L J C. 2002. Urban transformation in China, 1949-2000: a review and research agenda. Environment and Planning A, 34(9): 1545-1569.

Ma L J C. 2004. Urban administrative restructuring, changing scale relations and local economic development in China. Political Geography, 24: 477-497.

Ma L J C, Cui G H. 2002. Economic transition at the local level: Diverse forms of town development in China. Eurasian Geography and Economics, 43(2): 79-103.

Ma L J C, Wu F. 2005. Restructuring the Chinese City: Changing Society, Economy and Space. New York, NY: Routledge.

Ma L J C, Cui G H. 1987. Administrative changes and urban-population in China. Annals of the Association of American Geographers, 77(3): 373-395.

Peng G, Song L, Carlton E J, et al. 2012. Urbanization and health in China. The Lancet, 379(9818): 843-852.

Perloff H S, Wingo L Jr. 1961. Natural resource endowment and regional economic growth. //Spengler J J, ed. Natural resources and economic growth. Washington, DC: Resources for the future: 191-212.

World Bank. 2014. World Data Bank. http://databank.worldbank.org/data/home.aspx.[2017-01-09].

Xu X Q, Ouyang N J, Zhou C S. 1995. The changing urban system of China: new developments since 1978.

Urban Geography, 16(6): 493-504.

Zhu Y G, Ioannidis J, Li H, et al. 2011. Understanding and harnessing the health effects of rapid urbanization in China. Environmental Science & Technology, 45(12): 5099-5104.

索 引

B

比较成本说 29

C

漕运交通 157, 158
草原文化 217, 219
长江文化 217, 218
撤地设市 252, 253, 255
撤县（市）设区 256
撤县设市 252, 254, 255, 256
城郭制度 262
城市 1, 90, 180, 214, 246
城市病 11, 12, 147, 154
城市地理学 1, 5, 14, 26, 34
城市分类 2, 20
城市规划学 15, 21, 22
城市规模分布理论 32
城市化 5, 34, 118, 270
城市基本活动 32
城市金字塔 32
城市经济区 8, 15, 39, 270, 274
城市经济学 3, 15, 22
城市空间 10, 95, 102, 106

城市空间结构 12, 42
城市历史学 3
城市内部空间组织 3
城市气候学 50
城市群 9, 40, 173, 177, 289
城市社会空间 10, 42
城市生态系统 12, 66, 153
城市首位度 32, 175
城市水文学 49, 50
城市体系 2, 8, 37
城市体系规划 8
城市形态 10, 21, 42, 239
城市形态学 22
城市再生 34
城市职能 9, 38, 93, 143, 261
城市总体规划 18, 37
城镇化 118
乘数效应 32
传染扩散 33
创新城市 201

D

大城市 7, 31, 127, 188, 192
大都市带 3, 9, 40, 41

等级扩散 33

低碳城市 12, 43, 196

地理学 4, 14

地形破碎度 55

地形起伏度 55

地域方言 222

地域分工理论 26, 28

地域文化 214, 215, 230, 231

都市连绵区 3, 9, 16, 37, 40

都市区 8, 9, 16, 37

都市圈 19, 40, 287, 289, 293

渡口交通 156, 163, 171

多水带 57, 58

F

防卫制度 258

非物质文化遗产 232, 234

丰水带 57

G

工业化 1, 87, 118, 134

国际城市 5, 9, 25, 203, 294

国家历史文化名城 236

国家历史文化名镇 240

H

河港交通 158

河套文化 217, 219

胡焕庸线 124, 125, 184, 192

H-O理论 30

黄河文化 217, 218, 219, 222

J

基本/非基本率 31

集聚效应 118, 136, 153, 175, 199

建成区 6, 40, 67, 248, 279

建筑学 24, 42

交通 156, 166, 173

郊区化 7, 34, 42

经济城镇化 75, 118

经济地理学 3, 4, 14, 23

经济学 4, 9, 33, 202

居住空间 10, 11, 176

聚落地理学 4

绝对优势说 29

郡县制 96, 114, 257, 258, 265

K

科技创新 180, 195

克里斯塔勒中心地理论 26

空间管治 9, 38

空间扩散 26, 33

空间扩展效应 87

扩张型扩散 33

L

劳动地域分工理论 26, 28

两城市指数 32
两京制 260, 262
廖什景观 27
岭南文化 217, 218
陆路交通 157, 161, 169, 172, 226

M

民族文化 214, 224, 225, 227, 229
闽南文化 217, 219

P

贫水带 57, 58, 59

Q

区域创新系统理论 200
全球竞争力指数 196

R

人口城镇化 75, 78, 87, 118, 121
人口分布 184, 191
人口结构 104, 180, 182, 194, 257
人口流动 122, 188, 191, 192, 266
人口数量 6, 155, 180, 184, 190
人类生态学 33

S

少水带 57, 58, 59

社会公共服务体系 205, 209, 213
社会学 4, 42
生态城市 12, 43
省县制 265, 266
世界城市 1, 13, 14, 15, 195
世界文化遗产 232, 233, 234, 235, 236
世界遗产 232, 233, 234, 235, 236
数字城市 13, 20, 21

T

特大城市 127
屯垦制度 258, 260

W

位序-规模法则 32
文化地理学 3, 215
污染集聚 153

X

现代城市地理学 19
乡村城镇化 16
相互需求论 29, 30
消费集聚 145
新国际分工论 30, 31
新型城镇化 8, 19, 40, 124, 193
信息城市 13
信息消费 145, 152
行为学 3
行政管理体制 247

选址制度 261

Y

研究与试验发展 196

宜居城市 12, 17, 43

Z

政治地理学 3

政治经济学 3, 29, 268

智慧城市 12, 13, 43

中国民族 224

中心城市 10

中心地理论 26, 42

转型期 42, 123, 267, 268, 273

资源 30, 37, 44, 64, 207

资源禀赋理论 29, 30

资源环境基础 37, 44, 46, 47, 49

资源型城市 23, 115

自然地理学 3

自然资源禀赋 47